अखिल
भारतीय
प्रशासनिक
कोश

Comprehensive
Administrative
Glossary

हमारे प्रमुख कोश

❉ बृहत् विश्व सूक्ति कोश (खंड-1)	सं. श्याम बहादुर वर्मा
❉ बृहत् विश्व सूक्ति कोश (खंड-2)	सं. श्याम बहादुर वर्मा
❉ बृहत् विश्व सूक्ति कोश (खंड-3)	सं. श्याम बहादुर वर्मा
❉ प्रभात बृहत् अंग्रेज़ी-हिंदी कोश	सं. बदरीनाथ कपूर
❉ हिंदी पर्यायवाची कोश	भोलानाथ तिवारी
❉ हिंदी-अंग्रेजी मुहावरा-लोकोक्ति कोश	कैलाशचंद्र भाटिया
❉ अंग्रेजी-हिंदी प्रशासनिक कोश	कैलाशचंद्र भाटिया
❉ हिंदी-अंग्रेजी अभिव्यक्ति कोश	कैलाशचंद्र भाटिया
❉ अखिल भारतीय प्रशासनिक कोश	तिवारी/भाटिया
❉ रसायन विज्ञान कोश	शिवगोपाल मिश्र
❉ अंग्रेजी-हिंदी जीव विज्ञान कोश	महेश्वर सिंह सूद
❉ अंग्रेजी-हिंदी जंतु विज्ञान कोश	महेश्वर सिंह सूद
❉ मानक हिंदी-अंग्रेजी कोश	राममूर्ति सिंह

अखिल भारतीय
प्रशासनिक कोश

Comprehensive
Administrative Glossary

भोलानाथ तिवारी • कैलाशचन्द्र भाटिया
जयपाल सिंह

प्रभात
प्रकाशन

प्रकाशक • **प्रभात प्रकाशन प्रा. लि.**
4/19 आसफ अली रोड,
नई दिल्ली–110002

संस्करण • 2026
मूल्य • पंद्रह सौ रुपए
मुद्रक • नरुला प्रिंटर्स, दिल्ली

AKHIL BHARATIYA PRASHASNIK KOSH
Edited by Shri Bhola Nath Tiwari, Kailash Chandra Bhatia & Jaipal Singh
Published by Prabhat Prakashan Pvt. Ltd., 4/19 Asaf Ali Road, New Delhi-2
e-mail: prabhatbooks@gmail.com ISBN 978-93-5266-412-2
₹ 1500.00

यह पुस्तक क्यों ?

एक प्रश्न सहज ही उठता है कि हम लोगों ने यह अखिल भारतीय प्रशासनिक शब्दकोश क्यों प्रकाशित किया है ?

हममें से एक (भोलानाथ तिवारी) के यहाँ एक बार एक मिनिस्ट्री से टेलीफ़ोन आया कि बिहार का एक पत्र आया है, जिसमें अमुक शब्द का प्रयोग है। यह शब्द अमुक अँग्रेज़ी शब्द का हिन्दी पर्याय लगता है, किंतु हमारे पास जो केन्द्रीय हिंदी निदेशालय की प्रशासनिक शब्दावली है, उसमें उस अँग्रेज़ी शब्द के लिए यह हिंदी शब्द नहीं है, क्या आप इस संबंध में कुछ बता सकेंगे ? सौभाग्य से मेरे पास बिहार का कोश था और मैंने उसमें देखकर उन्हें बतला दिया। तभी मेरे मन में आया कि विभिन्न केन्द्रीय मन्त्रालयों में बिहार, मध्य प्रदेश, उत्तर प्रदेश, राजस्थान, हरियाणा, हिमाचल प्रदेश आदि सभी से इस प्रकार के पत्र आते होंगे किंतु यह जानने का कोई भी साधन नहीं है कि एक ही प्रशासनिक अँग्रेज़ी शब्द के लिए अलग-अलग हिंदी प्रदेश किन-किन शब्दों का प्रयोग कर रहे हैं, क्यों न ऐसा एक कोश बनाया जाए ? और परिणाम है हम लोगों का यह कोश।

समय-समय पर एक बात प्रायः सुनाई पड़ती रही है कि केन्द्र तथा सभी हिंदी प्रदेशों में प्रशासनिक शब्दावली एक होनी चाहिए, किंतु ऐसा है नहीं। हम लोग जब इस काम को कर रहे थे तो हमारे मन में यह भी बात थी कि देखा जाए कि यह अनेकरूपता कितनी है, बहुत ज्यादा है या बहुत ज्यादा नहीं है, और यदि है भी तो एकरूपता के लिए क्या बहुत प्रयास करना पड़ेगा या थोड़े से ही एकरूपता लाई जा सकती है। हम यह कहने में प्रसन्नता का अनुभव कर रहे हैं कि इस तुलनात्मक कोश को तैयार करके हम इस निष्कर्ष पर पहुँचे कि कुछ अनेकरूपता तो है, किंतु उतनी अधिक नहीं है जितनी बहुत से लोग कहते हैं। यदि कुछ अनेकरूपता है तो कुछ एकरूपता भी है। कोई भी व्यक्ति हमारे इस कोश पर एक दृष्टि डालकर इसे सहज ही जान सकता है।

भारत के संविधान के अनुच्छेद 343 के अनुसार भारत में 'संघ की राजभाषा हिंदी और लिपि देवनागरी' स्वीकार की गई है। इसके पूर्व अँग्रेज़ी थी और आज भी अँग्रेज़ी का सहभाषा के रूप में पर्याप्त प्रचलन बना हुआ है। हमें विश्वास है कि वह दिन दूर नहीं जबकि हिंदी इस पद को पूर्णतः प्राप्त कर लेगी, क्योंकि हिंदी सक्षम तथा समर्थ भाषा है। वह समय भी दूर नहीं जब अँग्रेज़ी की भाँति हिंदी को सम्मान प्राप्त होगा।

एक समय था जब अँग्रेज़ी भी बहुत समर्थ तथा सशक्त नहीं मानी जाती थी फलतः सभी कार्य लैटिन, ग्रीक और कालान्तर में फ्राँसीसी में किए जाते थे, पर आज अँग्रेज़ी विश्वभाषा बन चुकी है। ज्यों-ज्यों भिन्न-भिन्न संस्कृतियों से अँग्रेज़ी का सम्पर्क बढ़ता गया, अँग्रेज़ी को भी नये अनुभव, नवीन शब्दावली तथा नई-नई अभिव्यक्तियाँ प्राप्त हुई, फलतः भाषा समृद्ध होती गई।

आज हिंदी की स्थिति लगभग वही है। स्वतन्त्रता के बाद जो शब्दावली बनी है, बन रही है उससे हिंदी की सामर्थ्य स्वयंसिद्ध हो गई है। हिंदी का विस्तृत क्षेत्र जहाँ लोकभाषाओं से हिंदी को शब्दावली प्रदान कर रहा है वहाँ क्षेत्रीय भाषाओं के लेखक तथा प्रशासक भी हिंदी को नई अर्थ-व्यंजनाएँ प्रदान कर रहे हैं। समय ही इस शब्दावली को मानक रूप प्रदान करेगा जिससे मानक शब्दावली में निश्चितार्थता एवं बोधगम्यता बढ़ती जाएगी।

हिंदी भाषा-भाषी राज्यों की राजभाषा के रूप में हिंदी को मान्यता मिल चुकी है। उत्तर प्रदेश, मध्य प्रदेश, बिहार, राजस्थान, हरियाणा, हिमाचल प्रदेश एवं केन्द्रशासित प्रदेश दिल्ली-चण्डीगढ़ आदि ने अपना सभी सरकारी कामकाज हिंदी में करना प्रारम्भ कर दिया है। इसके साथ ही पंजाब, महाराष्ट्र और गुजरात की सरकारों ने भी हिंदी को केन्द्र के साथ पत्र-व्यवहार के लिए संपर्क भाषा के रूप में स्वीकार कर लिया है। सभी हिंदी भाषी राज्यों की जनता द्वारा अपने प्रशासन संबंधी कार्य को हिंदी में ही करने से हिंदी का महत्व स्वयं बढ़ता जा रहा है।

भारत-सरकार के शिक्षा-मंत्रालय के अन्तर्गत वैज्ञानिक तथा तकनीकी शब्दावली आयोग के तत्त्वावधान में प्रशानिक शब्दावली का काम प्रारंभ किया गया था। प्रशासन संबंधी शब्दावली का प्रथम प्रारूप मुद्रित रूप में 15 जनवरी 1965 को उपलब्ध हुआ क्योंकि 26 जनवरी 1965 से हिंदी को राजभाषा का पद प्राप्त होना था।

इस शब्दावली की भूमिका में आयोग के तत्कालीन सचिव डॉ० विश्वनाथ प्रसाद ने शब्दावली के निर्माण की पद्धति पर प्रकाश डालते हुए लिखा था—

"इन शब्दों के हिंदी पर्यायों का निर्माण 27 अप्रैल 1960 को दिये गये राष्ट्रपति के आदेश के अनुसार सरलता, संक्षिप्ति तथा सहज बोधगम्यता को दृष्टि में रखकर किया गया है और साथ ही विभिन्न क्षेत्रों में इन शब्दों के वर्तमान प्रचलन को भी ध्यान में रखा गया है। सबसे अधिक ध्यान इस महत्त्वपूर्ण नीति का रखा गया है, कि इस शब्दावली में सभी भारतीय भाषाओं के बीच अधिक से अधिक समरूपता की उपलब्धि की जा सके।"

बाद में यही शब्दावली सन् 1968 में "समेकित प्रशासन शब्दावली" शीर्षक से संशोधित रूप में प्रकाशित हुई और इसका ही बृहत् संशोधित संस्करण सन् 1974 में प्रकाशित हुआ तथा बाद में पुनर्मुद्रण भी हुआ। इस शब्दावली के निर्माण में केन्द्र को सभी राज्यों के प्रतिनिधियों से सहयोग प्राप्त हुआ था। इसके पीछे एक ही उद्देश्य था कि यह शब्दावली सभी राज्यों में समान रूप से प्रयुक्त हो सके। लेकिन यह उद्देश्य पूर्णतया प्राप्त नहीं किया जा सका, अहिंदी भाषी राज्यों को तो छोड़िए, हिंदी भाषी राज्यों ने भी अपने-अपने राज्य में प्रशासन तबंधी शब्दावली का निर्माण पहले ही प्रारम्भ कर दिया था।

वैसे तो मध्यभारत शासकीय भाषा विधान, 1950 के द्वारा पूर्वमध्य भारत में समस्त शासकीय कार्यों के लिए हिंदी राजभाषा घोषित की गयी थी पर नए मध्यप्रदेश के निर्माण के बाद पुनः समस्त सरकारी कामों के लिए हिंदी को अपनाने का निर्णय लिया गया और राजभाषा अधिनियम 1957 बना, जिसके फलस्वरूप 7 फरवरी 1958 से हिंदी का उपयोग अनिवार्य हो गया। राज्य के लिए शब्दावली का निर्माण बड़ी तेजी से आरम्भ किया गया फलतः प्रशासन शब्दकोश सन् 1964 में प्रकाशित हो गया।

इसी प्रकार बिहार सरकार ने सन् 1948 में हिंदी को राजभाषा के रूप में स्वीकार किया, और राज्य सरकार ने 'राजकीय प्रशासन शब्दावली' शीर्षक से एक लघुकोश सन 1955 में ही प्रकाशित कर दिया। इस कोश का ही बृहद् रूप राजकीय पारिभाषिक शब्दार्णव (प्रथम खंड) 1970 में तथा द्वितीय खंड 1976 में प्रकाशित हुआ।

उत्तर प्रदेश ने अक्टूबर 1947 में हिंदी को राजभाषा घोषित कर दी थी। सरकारी कार्यों में हिंदी के प्रयोग के लिए राज्य सरकार ने सन् 1948 में एक समिति गठित की, और उत्तर प्रदेश शासन के भाषा-विभाग ने 1962 ई० में अपने छोटे-छोटे प्रकाशनों के आधार पर 'उत्तर प्रदेश प्रशासन शब्दकोश' प्रकाशित किया। केवल उत्तर प्रदेश शासन ने ही सर्वप्रथम "हिंदी शब्दावली की एकरूपता को दृष्टि में रखते हुए (राज्य सरकार ने) हिंदी शब्दकोश समिति का कार्यकाल समाप्त कर आयोग (वैज्ञानिक तथा तकनीकी शब्दावली आयोग) द्वारा प्रस्तुत शब्दावली को अपनाने का निश्चय किया।" इस प्रकार सन् 1971 में इसके पुनर्मुद्रण के समय 'प्रशासन शब्दावली' तथा 'पदनाम शब्दावली' भी समाविष्ट कर दी गयी। राज्य के मुख्य सचिव ने इस 'प्रशासन शब्दकोश' की प्रस्तावना में घोषणा की—

"यह शब्दकोश मुख्यतः इस प्रदेश में प्रचलित प्रशासनिक शब्दों पर आधारित है, परन्तु साथ ही देश के सार्वदेशिक स्वरूप की एकरूपता की दृष्टि से भारत सरकार द्वारा परिनिश्चित शब्दों को प्राथमिकता प्रदान की गई है।"

प्रसन्नता होगी यदि एकरूपता की दृष्टि से सभी हिंदी भाषा-भाषी राज्य एक हो जाएँ, जिसकी पहल पिछले वर्ष उत्तर प्रदेश के माननीय मुख्यमंत्री की ओर से की गई है।

जब राजस्थान सरकार ने सन् 1977 में 'हिंदी प्रयोग मार्गदर्शिका' प्रकाशित की तो उसमें शब्दावली की नीति पर प्रकाश डालते हुए भाषाविभाग के निदेशक महोदय ने 'प्राक्कथन' में लिखा था—

"इस ग्रन्थ में पहले प्रशासनिक पर्यायों की अँग्रेज़ी-हिंदी सूची है जो अकरादिक्रम से है। इसमें इस विभाग द्वारा 1971 में प्रकाशित प्रशासन शब्दावली के शब्द तो हैं ही, उनमें विपुल परिवर्धन और संशोधन भी कर दिये गये हैं। इन शब्दों में अधिकांश वे पर्याय हैं जो भारत सरकार द्वारा स्वीकृत हैं। एकरूपता के लिए इन शब्दों का चलन हमारी नीति रहा है, किंतु जहाँ

थोड़ा परिवर्तन आवश्यक हुआ है, उसे करके प्रशासन शब्दावली का प्रकाशन किया गया है।"

इसी प्रकार कुछ प्रयास हरियाणा, दिल्ली तथा हिमाचल प्रदेश ने भी किये। 'एकरूपता' की ओर ध्यान सभी राज्यों का रहा फिर भी इन विविध प्रयासों के फलस्वरूप क्या स्थिति बन गई है इसपर विचार एवं इसका विवेचन, मनन तथा विश्लेषण अब आवश्यक हो गया है, और उसके लिए आधार-स्वरूप प्रस्तुत है यह तुलनात्मक कोश।

इस कोश का सबसे बड़ा लाभ यह है कि जब इस रूप में अखिल भारतीय (हिंदी प्रदेशों की) प्रशासनिक शब्दावली एक स्थान पर तुलनात्मक रूप में उपलब्ध है तो इसके आधार पर दो काम बहुत ही आसानी से किए जा सकते हैं :

(क) कितनी एकरूपता है, इसका पता लगाया जा सकता है।

(ख) जिन-जिन अँग्रेज़ी शब्दों के हिंदी प्रतिशब्दों में विभिन्न प्रदेशों में अनेकरूपता है, उनके हिंदी प्रतिशब्दों में तीन बातों की दृष्टि से सरलता से एक शब्द का चयन करके एकरूपता लाई जा सकती है। ये तीन बातें हैं। (i) अँग्रेज़ी शब्द के ठीक अर्थ की दृष्टि से हिंदी में विभिन्न प्रदेशों द्वारा प्रयुक्त शब्दों में कौन-सा अधिक उपयुक्त है? (ii) कौन-सा बहुत कठिन न होकर अपेक्षाकृत सरल है? तथा (iii) किस शब्द के अधिक प्रचलित होने की सम्भावना है। इस तरह इस कोश की सहायता से किसी अँग्रेज़ी शब्द के लिए प्राप्त कई हिंदी शब्दों में अर्थ की सटीकता, सरलता तथा प्रचलन की संभावना की दृष्टि से किसी एक शब्द को खोज पाना कठिन नहीं है, और इस प्रकार बड़ी सरलता से इस अनेकरूपता के भीतर एकरूपता की खोज की जा सकती है।

इस कोश को बनाते समय जिन बातों की ओर हमारा ध्यान गया है या जो सुझाव हमें देते हैं, उनमें से कुछ मुख्य नीचे दिए जा रहे हैं।

काफ़ी अँग्रेज़ी शब्दों के हिंदी पर्यायों में केन्द्र तथा सभी हिंदी प्रदेशों में एकरूपता है। जैसे Abandonment के लिए 'परित्याग', Abbreviation के लिए 'संक्षेप', Absurd के लिए 'अर्थहीन','बेतुका', Joint Account के लिए 'संयुक्त लेखा', Administrator के लिए 'प्रशासक',Alleged के लिए 'कथित', Aprove के लिए 'अनुमोदन करना', Aproval के लिए 'अनुमोदन',Civil के लिए सिविल', Complimentary के लिए 'मानार्थ',Contract के लिए 'ठेका,संविदा',Division के लिए 'विभाजन',Etiquette के लिए 'शिष्टाचार',Extract के लिए 'उद्धरण', Fluctuation के लिए 'घटबढ़', Impress के लिए 'अग्रदाय', Irregular के लिए 'अनियमित', Leave vacancy के लिए 'अवकाश रिक्ति', Original Copy के लिए 'मूल प्रति' तथा Public interest के लिए 'लोकहित' आदि। अतः एकरूपता की दृष्टि से कुछ काम तो सहज ही हो गया है।

ऐसे शब्द भी हैं जिनमें केन्द्र तथा सभी राज्यों में एकरूपता नहीं है। इससे बोधगम्यता की समस्या उठ खड़ी होती है। उदाहरण के लिए केन्द्र 'प्रावरण पत्र' का प्रयोग करता है तो मध्य प्रदेश उसे नहीं समझता तथा मध्य प्रदेश और बिहार 'उपरिपत्र' तथा 'व्याख्या पत्र' का प्रयोग करते हैं तो केन्द्र उन्हें नहीं समझ पाता। उत्तर प्रदेश इसी को 'सहपत्र' या 'आवरण पत्र' कहता है। संकेत्य है कि ये सभी शब्द Covering Letter के लिए हैं। ऐसे ही Face Value के लिए कहीं 'अंकित मूल्य' है तो कहीं इसके साथ 'प्रत्यक्ष मूल्य' तथा 'मुख्य मूल्य' भी हैं।

ऐसे अंग्रेज़ी शब्दों के हिंदी प्रतिशब्दों में एकरूपता लाने के लिए जो शब्द अधिकांश स्थानों पर चल रहे हैं, उन्हें अन्यों द्वारा अपना लिया जाना चाहिए। उदाहरणार्थ, Academic qualification के लिए मध्यप्रदेश में 'विद्यार्हता' का प्रयोग चल रहा है किंतु केन्द्र, राजस्थान आदि कई में 'शैक्षणिक योग्यता' या 'शैक्षणिक अर्हता' का अतः यदि मध्य प्रदेश भी यही स्वीकार कर ले तो सहज ही एकरूपता आ सकती है। ऐसे ही Academic year तथा Registering Authority के लिए उत्तर प्रदेश में 'शिक्षा वर्ष' तथा 'निबंधक प्राधिकारी' चल रहे हैं किंतु अन्यत्र 'शैक्षणिक वर्ष' तथा 'पंजीयन प्राधिकारी' यदि उत्तर प्रदेश बहुमत के आधार पर शैक्षणिक वर्ष तथा पंजीयन प्राधिकारी ले ले तो एकरूपता आ-सकती है। वस्तुतः इस तरह के बहुत सारे प्रशासनिक शब्द हैं जिनमें अनेकरूपता केवल एक-दो प्रदेशों के अलग प्रयोग के कारण है और ऐसी अनेकरूपता सरलता से एकरूपता में बदली जा सकती है।

जहाँ इससे भी अधिक अनेकरूपता है, वहाँ भी बहुमत के आधार पर किसी एक शब्द को शेष प्रदेश स्वीकार कर लें तो एकरूपता लाई जा सकती है। इस प्रसंग में यह उल्लेख्य है कि जब केन्द्र द्वारा स्वीकृत शब्द सरल तथा प्रचलन-योग्य है तो फिर विभिन्न राज्यों को नये-नये शब्दों को अपनाने का कोई औचित्य नहीं है, यद्यपि ऐसा किया गया है। उदाहरण के लिए Gratuitous के लिए

केन्द्र ने 'आनुग्राहिक' तथा 'मुफ़्त' रखा है तो उत्तर प्रदेश ने इनके साथ 'नि:शुल्क' बिहार ने 'अयाचित' और 'बेमाँगे' तथा 'मध्य प्रदेश ने 'निर्मूल्य' और 'अकारथ' भी ले लिया है। Grievance के लिए केन्द्र द्वारा स्वीकृत 'शिकायत' से किसी भी राज्य को शिकायत नहीं है किंतु उत्तर प्रदेश ने 'कष्ट' बिहार ने 'व्यथा' और मध्य प्रदेश ने 'दु:ख' आदि शब्दों को भी स्वीकार कर लिया है। ऐसे ही Hall के लिए केन्द्रीय सरकार द्वारा स्वीकृत 'हॉल/भवन' को अपनाते हुए भी उत्तर प्रदेश ने 'सभा' बिहार ने 'प्रशाल' और मध्य प्रदेश 'बड़ा कमरा' आदि शब्दों को जोड़ लिया है तो Homage के लिए केन्द्रीय सरकार द्वारा स्वीकृत 'श्रद्धांजलि' के साथ-साथ उत्तर प्रदेश ने 'श्रद्धा' बिहार ने 'वश्यता अंगीकार' तथा मध्य प्रदेश ने 'भक्तिभाव' व 'निष्ठाभाव' बढ़ा लिये हैं, Implementation के लिए केन्द्र द्वारा स्वीकृत 'परिपालन', 'अमल में लाना' तथा 'कार्यान्विति' के साथ-साथ बिहार ने 'क्रियान्विति' मध्य प्रदेश ने 'अमल/पूर्ति/अभिपूर्ति' और उत्तर प्रदेश ने 'अन्वयन' जोड़ लिए हैं और Incentive के लिए केन्द्र द्वारा स्वीकृत 'प्रोत्साहन' के साथ-साथ उत्तर प्रदेश ने 'उत्तेजना' व 'प्रेरणा', बिहार ने 'बढ़ावा' और 'उत्प्रेरणा' तथा मध्य प्रदेश ने 'उद्दोषक' और 'उत्तेजक' आदि शब्दों को भी रख लिया है

वस्तुत: केन्द्र द्वारा प्रयुक्त ऐसे शब्दों को जिन्हें कई राज्यों ने भी लिया है, शेष राज्यों को भी ले लेना चाहिए।

यों कुछ अंग्रेज़ी शब्दों के संबंध में ऐसा भी है कि केन्द्र द्वारा स्वीकृत शब्द, कठिन हैं या नहीं चलने योग्य हैं या बहुत ठीक नहीं हैं या उनकी तुलना में कई राज्यों द्वारा प्रयुक्त शब्द सरल, तथा चलने योग्य हैं, अत: ऐसे शब्दों को केन्द्र को अपना लेना तथा अपने शब्द छोड़ देना एकरूपता, सरलता, बोधगम्यता तथा प्रचलन की दृष्टि से अच्छा रहेगा। उदाहरण के लिए—

	केन्द्र द्वारा स्वीकृत	अधिकांश राज्यों द्वारा प्रयुक्त
Abnormal	अपसामान्य	असामान्य
Compaign	विशेष-प्रचार	अभियान
Cheque, bearer	धनीजोग चेक	वाहक/देय चेक
Cheque,Crossed	शाहजोग चेक	नामदेय चेक
Defer	आस्थगित करना	स्थगित करना
Escort	अनुरक्षक	मार्गरक्षी/रक्षण
Implied	विवक्षित	ध्वनित, अभिप्रेत
Nationality	राष्ट्रिकता	राष्ट्रीयता
Panel	नामिका	तालिका, पेनल
Procurement	आसादन, प्रापण	वसूली, प्राप्ति, अधिप्राप्ति
Promulgation	प्राख्यापन	ऐलान, प्रवर्तन
Redundant	व्यतिरिक्त	फालतू, निरर्थक

मात्र सरलता तथा प्रचलन को ही आधार माना जाए तो कुछ मान्य शब्द न तो चल रहे हैं और न उनके चलने की संभावना है। उनके स्थान पर सरल शब्द अपनाए जाने चाहिए—

	केन्द्र द्वारा स्वीकृत	जिन्हें अपनाना चाहिए
Arbitration	माध्यस्थ्य, विवाचन	पंचफ़ैसला, पंचनिर्णय
Call money	अविलम्ब राशि	माँग धन/राशि
Caretaker	रखवाल, अवधायक	केयर टेकर
Caution money	अवधान द्रव्य	काशन मनी
Good will	सुनाम, सदिच्छा	साख
Out station Allowance	वहि:स्थान भत्ता	बाहर रहने का भत्ता

ऐसे ही Announcement के लिए 'घोषणा' तथा 'ऐलान' बहुप्रयुक्त हैं अतएव इन्हें ही चलाना चाहिए। केन्द्र द्वारा स्वीकृत 'आख्यापन' तथा कुछ राज्यों द्वारा अपनाया गया 'अभिज्ञापन' छोड़ देने चाहिए। ऐसा नहीं है कि केन्द्र का इस ओर ध्यान नहीं गया। अगर पुरानी सूची को देखा जाए तो साफ़ पता लगता है कि Academic के लिए 'आधिविद्य' के स्थान पर 'शैक्षणिक',Acquire के लिए 'अवाप्त' के स्थान पर 'अर्जन करना', Compulsury के लिए 'विवश्यक' के स्थान पर 'अनिवार्य बाध्य' तथा Confidence के लिए 'विश्रम्भ' के स्थान पर 'विश्वास', 'भरोसा' अब अपनाये गये हैं, जिनसे स्पष्ट है कि सरलता तथा प्रचलन की दृष्टि से समय-समय पर परिवर्तन किए जाते रहे हैं। इसी प्रकार Contribution के लिए 'अंशदान', 'योगदान', 'अभिदान' के साथ लोकप्रचलित शब्द 'चन्दा' भी होना चाहिए।

वस्तुतः सरल शब्द स्वतः चल पड़ते हैं। Promissory note के लिए लोकप्रचलित 'रुक्का' चलेगा या 'प्रोनोट', 'वचन-पत्र' तो अभी तक नहीं चल सका है। Promulgation के लिए 'प्रवर्तन' या 'ऐलान' ही चल सकेगा, 'प्राख्यापन' की संभावना कम है। प्रेस के संदर्भ में 'प्रूफ़' ही मान्य है और वही प्रचलन में है, चाहे बिहार का 'प्रामुद्र' या मध्य प्रदेश द्वारा स्वीकृत 'प्रामुद्रण' कोशों में भले हों। 'रिट' के लिए केन्द्र से स्वीकृत अँग्रेज़ी शब्द 'रिट' ही अधिक प्रचलन में है, कोई हिंदी रूप प्रचलन में नहीं आ सका, चाहे वह **'प्रादेश'** हो अथवा **'प्रशिष्टि'**।

यह भी ध्यान देने योग्य है कि यदि कुछ नए शब्द चल रहे हैं या अपना लिए गए हैं तो उनके साथ कुछ ऐसे शब्द भी जोड़े जा सकते हैं जो सरल तथा लोक प्रचलित हों। इससे हमारी प्रशासनिक शब्दावली अपेक्षाकृत अधिक लोकप्रिय हो सकेगी। उदाहरणार्थ—

	केन्द्र द्वारा मान्य शब्द	अन्य जोड़े जाने योग्य शब्द
Appraiser	मूल्य-निरूपक	मूल्यनिर्धारक, आंकनेवाला, कूतनेवाला
Association	संघ, समाज, संगम	संस्था, सभा, मंडली
Book-value	अंकित मूल्य	बही-मूल्य, पुस्तक/किताबी मूल्य
Caution	सावधानी	चेतावनी
Compel	विवश करना	मजबूर करना, बाध्य करना
Discharge (debt)	उन्मोचन	ऋणमोचन, भारमुक्त
Displeasure	अप्रसाद	अप्रसन्नता, नाराज़गी, कोप
Effective	प्रभावी	कारगर, सफल
Equipment	उपस्कर	उपकरण
Interval	अंतरावधि, अंतराल	बीच का फ़ासला, अन्तर
Interview	प्रत्यक्ष भेंट, साक्षात्कार	मुलाकात
Irregular	अनियमित	बेकायदा, बेतरतीब
Joint	संयुक्त	सह-, सम्मिलित
Labour	श्रमिक वर्ग	मज़दूर, कामगार
Legitimate	धर्मज (दूसरे अर्थ में)	औरस
Letter-box	पत्रपुस्ती	लेटरबक्स
Lien	पुनर्ग्रहणाधिकार	लियन
Machine-tool	उपयंत्र	मशीनटूल
Negligence	उपेक्षा, प्रमाद, गफ़लत	लापरवाही
Neutral	तटस्थ	उदासीन
Patronage	संरक्षण	प्रश्रय
Rebate	घटौती, छूट	बट्टा
Script writer	वस्तुलेखक	लिपिकार
Seizure	अभिग्रहण	कब्ज़ा, जाम होना
Set-aside	अपास्त करना	रद्द/ख़ारिज करना
Specific	विनिर्दिष्ट	विशेष, विशिष्ट
Stricture	अवक्षेप	निन्दा, टीका, आलोचना, कटाक्ष
Subsistence	निर्वाह, वर्तिता	गुज़ारा
Surplus	अधिशेष	बचत, बेशी
Surrender	अभ्यर्पण	समर्पण, आत्मसमर्पण

केन्द्र तथा सभी हिन्दी भाषा-भाषी राज्यों में एक अथवा एक से अधिक भिन्न अर्थों में समान रूप से मिलते-जुलते / समान शब्दों का प्रचलन प्रायः है पर कहीं-कहीं यह भी देखा गया है कि किसी एक अथवा एकाधिक राज्यों ने कुछ अतिरिक्त अर्थच्छटाएँ व्यक्त करने के लिए कुछ नये शब्दों का प्रयोग भी किया है। ऐसी स्थिति में यदि भिन्न भाव व्यक्त करने के लिए इन अतिरिक्त शब्दों को आवश्यक समझा जाए, तो केन्द्र तथा शेष राज्य भी उन्हें अपना लें। इस प्रकार के कुछ उदाहरण यहाँ द्रष्टव्य हैं —

		अतिरिक्त भाव में
Abridge	1. वंचित करना	2. प्रतिहासन करना
Abrogate	1. तोड़ना	2. रद्द करना
Absolve	1. दोषमुक्त करना	

Abuse	1. उपशब्द	
Accord	1. सहमति, एकमत्य	
Accretion	1. भूमिवृद्धि, क्षेत्रवृद्धि	
Accuracy	1. शुद्धता	
Administer	1. प्रबंध/व्यवस्था करना	
Admonition	1. फटकार, चेतावनी	
Affirm	1. निश्चयपूर्वक कहना	
Aggregate	1. समूह, समुदाय	
Agree	1. मेल खाना (लेखा)	
Agreement	1. मेल	
Alleged	1. आरोपित, आक्षिप्त	
Allotment	1. प्रदेशन, प्रदिष्टि, नियतन वितरण, विभाजन	
Annexure	1. उपगृह, उपभवन	2. संलग्न, परिशिष्ट
Appendage	1. उपांग	
Appreciation	1. अधिमूल्यन(केन्द्र—वृद्धि)	2. विवेचन, रसग्रहण, रसस्वाद
Assume	1. मान लेना	
Attached	1. कुर्क किया हुआ	
Award	1. पुरस्कार, पुरस्कृत	2. देना, प्रदान करना
Block	1. गुट	2. रोक देना
Breach	1. टूट, दरार, तोड़, टूटफूट	2. संधि-भंग/भेद
Brief	1. वाद-सारांश	
Capacity	1. हैसियत/पद	
Circulation	1. चालू, चलन, परिवहन	
Column	1. कालम	
Commission	1. कृत, करना, किया जाना	2. कार्यादेश, समाज्ञप्ति
Communication	1. संपर्क	
Concern	1. चिन्ता, व्यग्रता	
Conciliation	1. संराधन	
Confirmation	1. स्थायीकरण	
Consistent	1. अविचल, दृढ़	
Correspondence	1. अनुरूपता	
Cover	1. हानिरक्षा, रक्षाराशि	
Defence	1. प्रतिवाद, प्रतिपक्ष, बचाव, सफ़ाई	
Define	1. सीमांकित करना	
Dissolution	1. विच्छेद, प्रविलयन	
Establishment	1. कर्मचारी-वर्ग	
Execute	1. पालन करना, कार्यान्वित करना	2. फांसी/प्राणदंड देना
Exercise	1. अभ्यास करना	
Findings	1. अधिगम	
Head	1. अध्यक्ष	
Incumbent	1. आश्रयी	2. लाज़िमी
Installation	1. अभिषेक	
Intent	1. कृत संकल्प	
Interpretation	1. भाषान्तरण	
Labour	1. प्रसव, प्रसव-वेदना	
Landmark	1. उल्लेखनीय घटना/वस्तु	
Lapse	1. चूक	
Liability	1. ऋण/देनदारी	
Maintenance	1. व्यवस्था, रखरखाव	
Manipulation	1. कुशल प्रयोग	
Motion	1. गति	
Movement	1. आंदोलन	
Mutation	1. फेरफार, उत्परिवर्तन	
Narrator	1. सूत्रधार	

Negative	1. अभावात्मक, ऋणात्मक	
Noted	1. लिखित, अंकित	2. लब्धप्रतिष्ठ, विश्रुत, प्रख्यात
Null & Void	1. प्रभावशून्य, निष्प्रभाव	
Offer	1. प्रस्तुति	2. निवेदन, पेश करना
Outstanding	1. बकाया, शेष	
Posting	1. प्रविष्टि, प्रेषण	
Practice	1. व्यवहार, प्रयोग-रूढ़ि	2. अभ्यास
Proviso	1. प्रतिबंध	
Reduce	1. अवनत करना	
Restoration	1. पुनर्नवीकरण	2. प्रत्यावर्तन
Scarcity	1. दुष्काल, अकाल, दुर्भिक्ष	
Scope	1. गुंजाइश	
Security	1. ऋणपत्र	
Source	1. साधन	
Statutory	1. परिनियम	
Stricture	1. संकोच, संकोचनन	
System	1. व्यवस्था, क्रम	
Technical	1. पारिभाषिक	
Technique	1. क्रियाविधि	
Transaction	1. लेनदेन	2. व्यवहार, संव्यवहार

प्रशासनिक शब्दावली में कुछ शब्द अर्धपारिभाषिक भी होते हैं जो सामान्यतः भी प्रयुक्त होते हैं; अतः कुछ अन्य पर्याय भी यदि जुड़ जाएँ तो बुरा नहीं होगा, उदाहरण Ability के लिए प्रायः केन्द्र तथा सभी राज्यों में बहु प्रचलित शब्द 'योग्यता' ही अपनाया गया है। शब्द सरल तथा प्रचलन में है; पर इसके साथ ही 'कार्यक्षमता'; 'क्षमता', 'सामर्थ्य', 'निपुणता', 'प्रवीणता' भी अपनाये जा सकते हैं। जहाँ मुक्त प्रयोग संभव है उसका स्पष्ट निर्देश दिया जाए अन्यथा भिन्न-भिन्न अर्थच्छाओं के लिए अलग-अलग शब्दों को सुनिश्चित कर दिया जाए। इस प्रकार के बहुत से शब्दों को लिया जा सकता है। उदाहरणार्थ—

	केन्द्र द्वारा स्वीकृत	अन्य उपयुक्त शब्द
Absurd	अर्थहीन तथा बेतुका	निरर्थक, युक्तिहीन, असंगत अयुक्त, अपार्थक, वाहियात
Access	प्रवेश तथा पहुँच	अभिगमन, साधन, अभिवृद्धि, उपाय, स्थान, अपागमन
Active	सक्रिय तथा क्रियाशील	कर्मनिष्ठ, कर्मरत, चपल, चंचल, फुर्तीला, कर्मठ, कार्यशील, क्रियात्मक
Aggrieved	व्यथित, आर्त्त तथा असंतुष्ट	परिवेदित, दुःखी, नाराज़, पीड़ित, सन्तप्त, खिन्न
Ambiguous	संदिग्धार्थी	द्वयर्थक, संदिग्ध, द्वयर्थी, अनेकार्थी, अस्पष्ट
Argument	तर्क	युक्ति, बहस, दलील
Benefit	हित, फ़ायदा, सुविधा	लाभ
Contemplated	अवक्षित	संकल्पित, अनुध्यात, अपेक्षित, आयोजित, विचाराधीन, चिन्तित, परिकल्पित
Contraband	निषिद्ध	विनिषिद्ध, प्रतिषिद्ध, विधि-निषिद्ध
Criterion	मानदण्ड, कसौटी	मापदण्ड, निकष, परख, स्तर
Deduction	कटौती, घटाना	अनुमान, निगमन, व्यकलन अनुमानिक, परिणाम, निष्कर्ष
Defunct	निष्क्रिय	निष्प्रभाव, निश्चेष्ट, समाप्त, मृत, निर्जीव, कार्यविरत, निकम्मा
Identify	पहचान	अभिन्नता, तद्रूपता, अनन्यता, एकात्मता, समानत्व, तादात्म्य, अभिज्ञान, स्वरूप

Inferior	निम्न, अवर, छोटा	घटिया, हलका, निचला, निम्नस्थ, निम्नश्रेणी का निम्नकोटि का अधोवर्ती, अवकृष्ट
Invalid	अशक्त	असमर्थ, रोगदुर्बल, दुर्बल, अपांग
Option	विकल्प	इच्छा, पसन्द, वरणाधिकार
Performance	निष्पादन, पालन	संपादन, प्रदर्शन, अनुष्ठान, काम, कृति
Primary	प्राथमिक	मुख्य, प्रधान, प्रारंभिक, पूर्ववर्ती
Resolution	संकल्प	निश्चय, प्रस्ताव, वियोजन
Serious	गंभीर	भारी, सख्त, घोर, चिंताजनक, गहन

ऊपर एक ही अंग्रेज़ी शब्द के लिए विभिन्न राज्यों द्वारा कई हिंदी शब्दों के स्वीकृत होने से उत्पन्न अनेकरूपता की चर्चा की गई। दो अन्य प्रकार की अनेक-रूपताओं की ओर भी हमारा ध्यान विभिन्न राज्यों के शब्दों को देखने से गया। इनमें एक तो है वर्तनी की अनेकरूपता। जैसे Stamp के लिए किसी राज्य ने 'मुहर' को स्वीकार किया है तो किसी ने 'मोहर' को। इसी प्रकार Attache के लिए केन्द्र ने 'अताशे' रखा है तो बिहार ने 'अटैशे'। एक दूसरे प्रकार की अनेक-रूपता समस्त शब्दों में मिलती है। किसी राज्य ने उन्हें मिलाकर लिखा है तो किसी ने योजक चिह्न से जोड़कर तो किसी ने अलग-अलग दो शब्द रूप में। उदाहरण के लिए देखभाल, देख-भाल, देख भाल। इस दृष्टि से एक राज्य की भी पूरी शब्दावली में एकरूपता नहीं है। यदि इन दोनों दृष्टियों से भी एकरूपता लाई जा सके तो बहुत अच्छा हो।

प्रायः यह समझा जाता है कि बड़े-बड़े तथा अपेक्षाकृत अल्पप्रयुक्त शब्द ही हमारे सामने विभिन्न प्रकार की समस्याएँ उत्पन्न करते हैं किंतु वास्तविकता यह है कि छोटे-छोटे और बहुप्रयुक्त शब्द भी इस दृष्टि से पीछे नहीं हैं। उदाहरण के लिए Slip शब्द लें। इसके लिए केन्द्र ने 'पर्ची' दिया है तो उत्तर प्रदेश तथा बिहार ने पाँच-पाँच शब्द दिए हैं और मध्य प्रदेश ने नौ। Set तथा Section जैसे अनेक अन्य शब्दों के विषय में भी प्रायः यही स्थिति है।

हिंदी की प्रशासनिक शब्दावली में काफ़ी शब्द ऐसे भी आते हैं जो अँग्रेज़ी से ज्यों-त्यों ले लिए गए हैं तथा वे सभी लोग समझ लेते हैं। जैसे बैंक, बोनस, बुलेटिन, कलैंडर, चालान (यह मूलतः हिंदी शब्द है जिसे अँग्रेज़ी ने लिया और फिर नए अर्थ में अंग्रेज़ी से हिंदी ने लिया है) चार्ट, सर्किट हाउस आदि। ऐसे शब्दों को विस्तारभय से इस कोश में नहीं लिया गया है। इसी प्रकार मूल शब्द तो लिए गए हैं, किंतु विस्तारभय से उनसे बनने वाले बहुत से समस्त शब्दों को छोड़ दिया गया है। पदनामों को भी प्रायः नहीं लिया गया है, क्योंकि उनमें एक सीमा तक एकरूपता है, अतः बोधगम्यता की दृष्टि से कोई समस्या नहीं है।

हमारे इस कोश में एक ही अंग्रेज़ी शब्द के लिए हिंदी प्रतिशब्दों में कुछ के बीच में/या, का प्रयोग है। ऐसे शब्द पर्याय या लगभग पर्याय हैं। जहाँ अर्थ में अंतर है उन्हें अलग-अलग अंकों (जैसे 1,2,3 आदि) से अलगाया गया है। यदि किसी विशिष्ट अर्थ में किसी राज्य ने कोई शब्द नहीं दिया है तो उसे ख़ाली छोड़ दिया गया है। अर्थ की दृष्टि से अलगाने में कहीं-कहीं; का भी प्रयोग है।

कुछ संक्षेपों का भी इस कोश में प्रयोग हुआ है जैसे हरि० = हरियाणा, वि० या विशे० = विशेषण, क्रि० = क्रिया तथा सं० = संज्ञा, आदि।

प्रूफ़ देखने में काफ़ी सावधानी बरतने के बावजूद कई स्थानों पर ग़लतियाँ रह गई हैं जिनके लिए हम क्षमाप्रार्थी हैं।

आशा है इस कोश को बनाने में जो उद्देश्य हमारे सामने थे, उनकी दृष्टि से यह कोश उपयोगी सिद्ध होगा।

—संपादकद्वय

A

	केन्द्र सरकार	राजस्थान	उत्तर प्रदेश	बिहार	मध्य प्रदेश	हरियाणा/अन्य
1	2	3	4	5	6	7
Abandonment	1. परित्याग	1. परित्याग	1. परित्याग, परित्यजन 2. सम्प्रदान	1. परित्याग	1. परित्याग, परित्यजन	1. परित्याग (हरि०)
Abate	1. उपशमन करना, उपशमन होना 2. कमी होना	1. उपशमन करना, उपशमन होना 2. कमी होना, घट जाना, कम करना, घटाना 3. समाप्त करना (विधि)	1. शमन करना, शान्त करना 2. कम होना, घट जाना, कम करना, घटाना 3. समाप्त करना	1. उपशमित होना/करना (अधिकार) 2. कम होना (ताप)	1. उपशमन करना/होना 2. कम होना, कम करना, न्यून होना, करना 3. समाप्त होना/करना 4. उतरना	
Abbreviation	1. संक्षेप, संक्षेपण	1. संक्षेप, संक्षेपण	1. संक्षेप 2. अल्पाक्षर, (पूरे शब्द के स्थान पर उसके कुछ अक्षर जैसे, Chief Minister के लिए C. M.) संकेताक्षर	— — अल्पाक्षर, अल्पन संकेताक्षर	1. संक्षेप	1. संक्षेप, संक्षेपण (हरि०)

1	2	3	4	5	6	7
Ability	1. योग्यता	1. योग्यता	1. योग्यता	1. योग्यता	1. योग्यता 2. कार्यक्षमता, क्षमता 3. सामर्थ्य 4. निपुणता 5. प्रवीणता	1. योग्यता (हरि०)
Ab initio	1. आदितः, आरंभ से, शुरू से	1. आदितः, आरंभ से, शुरू से	1. आरंभतः, आरंभ से	1. आदितः, आरम्भ से, शुरू से	1. आरम्भतः, आरम्भ से आदि-नियमत	1. आदितः, आरम्भ से, शुरू से (हरि०)
Abnormal	1. अपसामान्य	1. अपसामान्य	1. असामान्य	1. असामान्य, 2. अप्राकृत	1. असामान्य, असाधारण 2. अस्वाभाविक 3. नियम बाह्य	1. असामान्य (हरि०)
Abolition	1. उन्मूलन, उत्सादन, अंत	1. उन्मूलन, उत्सादन, अंत, 2. समाप्ति	1. उन्मूलन, उत्सादन, अंत, 2. तोड़ देना, समाप्त करना	1. उन्मूलन, उत्सादन, अंत 2. समाप्ति, तोड़ना	1. उत्सादन, अंत 2. समाप्ति, अन्तःकरण 3. दन्ड-परिहार	1. उन्मूलन, उत्सादन, अंत (हरि०)
Aboriginal	1. आदिवासी	1. आदिवासी	1. आदिवासी	1. आदिवासी	1. आदिवासी	1. आदिवासी (हरि०)
Above par	1. अधिमूल्य, औसत से ऊंचा	1. औसत से ऊंचा, अधिमूल्य पर	1. अधिमूल्य पर, औसत से ऊंचा	1. अधिमूल्य पर, औसत से ऊंचा,	1. अधिमूल्य पर,	1. अधिमूल्य पर, औसत से ऊंचा (हरि०)

1	2	3	4	5	6	7
				2. नफे से	2. प्रत्यक्ष मूल्य से ऊपर	
Abridge	1. संक्षेप करना 2. न्यून करना	संक्षेप करना	1. संक्षेप करना 2. कम करना	1. संक्षिप्त करना 2. न्यून करना	1. संक्षेप करना, सक्षिप्त करना 2. कम करना, न्यून करना 3. वंचित करना 4. प्रतिहासन करना	1. संक्षेप करना (हरि०)
Abrogate	1. निराकरण करना	1. निराकरण करना, निराकृत करना	1. निराकृत करना	1. निराकरण करना,	1. निराकरण करना निराकृत करना 2. तोड़ना 3. रद्द करना	1. निराकरण करना (हरि०)
Absence	1. अनुपस्थिति, गैरहाजिरी	1. अनुपस्थिति, गैरहाजिरी	1. अनुपस्थिति, नोपास्थाता	1. अनुपस्थायी, अनुपस्थिति	1. अनुपस्थायी	1. अनुपस्थित, गैरहाजिर (हरि०)
Absente Statement	1. अनुपस्थिति-विवरण	1. अनुपस्थिति-विवरण	1. अनुपस्थिति-विवरण, 2. नौपास्था-विवरण	1. अनुपस्थिति-विवरण 2. अनुपस्थायी-विवरण	2. अनुपस्थायी-विवरण	1. अनुपस्थिति-विवरण (हरि०)
Absolute			1. निरपेक्ष 2. पूर्ण 3. परम 4. ऐकांतिक, अनन्य, अबोध	1. निरपेक्ष 2. सम्पूर्ण, पूर्ण 3. चरम, परम 4. आत्यान्तिक, अबाधित, पक्का	1. निरपेक्ष 2. पूर्ण, पूर्ण एकांकी 3. परम 4. निरंकुश, अबाधित, दृढ़	1. स्पष्ट 2. पूर्ण 3. अंतिम 4. आत्यंतिक

1	2	3	4	5	6	7
Absolve	1. विमुक्त करना	1. विमुक्त करना	1. विमुक्त करना, मुक्त करना 2. दोषमुक्त करना	1. निमुक्त करना	1. निर्मुक्त करना 2. दोषमुक्त करना	1. विमुक्त करना (हरि०)
Absorb	1. अवशोषण करना 2. समाहृत करना	1. अवशोषण करना 2. समाहृत करना	2. समाविष्ट करना, संविलीन करना	1. अवशोषण करना 2. अन्तर्लीन करना	1. चूसना, सोखना 2. समाविष्ट करना, संविलीन करना, अन्तर्लीन करना, खपाना, समाना 3. निमग्न करना	1. अवशोषण करना 2. समाहृत करना (हरि०) 3. आमेलित करना (विधि)
Abstract	1. सार 2. संक्षिप्ति (विधि)	1. सार	1. सार 2. सार-पत्र	1. सार, सारांश 2. सार तैयार करना 3. (चोरी से) निकालना	1. संक्षेप, संक्षिप्त, संक्षप करना, संक्षिप्त करना 2. घटाना, निकालना 3. शुद्ध 4. अमूर्त	1. सार (हरि०)
Abstract book	1. सार-पुस्तिका	1. सार-पुस्तिका	1. सार-पुस्तिका	1. सार-पुस्तक, पुस्तिका	1. संक्षिप्त-पुस्तक	1. सार-पुस्तिका (हरि०)
Absurd	1. अर्थहीन, बेतुका	1. अर्थहीन, बेतुका	1. अर्थहीन, बेतुका, निरर्थक 2. युक्तिहीन, 3. असंगत	1. अर्थहीन, बेतुका, वाहियात 2. अपार्थक 3. अयुक्त	1. बेतुका 3. अयुक्त, असंगत	1. अर्थहीन, बेतुका (हरि०)

1	2	3	4	5	6	7
Absurdity	1. अर्थहीनता, बेतुकापन	1. अर्थहीनता, बेतुकापन	1. अर्थहीनता, बेतुकापन	1. अर्थहीनता, बेतुकापन	1. अर्थहीनता, बेतुकापन	1. अर्थहीनता, बेतुकापन (हरि०)
Abuse	1. दुरुपयोग	1. दुरुपयोग	1. दुरुपयोग 2. अपशब्द	1. दुरुपयोग 2. अपशब्द	1. दुरुपयोग 2. अपशब्द, गाली, दुर्वचन	1. दुरुपयोग (हरि०)
Academic	1. शैक्षणिक, शिक्षा सम्बन्धी	1. शैक्षणिक,	1. शैक्षिक, शिक्षा शैक्षणिक 2. ज्ञान सम्बन्धी, विद्या सम्बन्धी 3. आधिविद्य	1. शिक्षा सम्बन्धी 2. आधिविद्य, शास्त्रीय	1. शैक्षणिक 2. विद्या सम्बन्धी, विद्याविषयक 3. आधिविद्य, शास्त्रीय	1. शैक्षगिक 2. विद्या सम्बन्धी 3. आधिविद्या (हरि०)
Academic council	1. विद्या-परिषद्	1. विद्या-परिषद्	1. विद्या-परिषद्, शिक्षा-परिषद्	1. विद्यापरिषद् विद्वत्-परिषद्	1. विद्यापरिषद् अधिविद्य-परिषद्	1. विद्या-परिषद्
Academic-qualification	1. शैक्षणिक-अर्हता, शैक्षणिक-योग्यता	1. शैक्षणिक-अर्हता, शैक्षणिक-योग्यता	1. शैक्षणिक योग्यता शैक्षणिक-योग्यता	1. शैक्षिक-योग्यता	1. विद्यार्हता	1. शैक्षणिक-योग्यता, शैक्षिक-योग्यता
Academic year	1. शैक्षणिक वर्ष	शैक्षणिक वर्ष,	1. शिक्षा वर्ष	1. शैक्षणिक वर्ष, शिक्षावर्ष	1. शैक्षणिक वर्ष, अधिविद्य वर्ष	1. शैक्षणिक-वर्ष
Academy	1. अकादमी	1. अकादमी	1. अकादमी, ज्ञानपीठ, ज्ञानपरिषद्	1. अकादमी	1. अकादमी, विद्यापीठ-विद्यासंस्थान	1. अकादमी (हरि०)

1	2	3	4	5	6	7
Accede	1. मान लेना	1. मान लेना	1. मान लेना, स्वीकार करना	1. मान लेना	1. मानना, स्वीकार करना, जुड़ जाना, जुड़ना	1. मान लेना
	2. अधिमिलन (क्रि०), शामिल होना, सम्मिलित होना (सं०)	2. अधिमिलन, शामिल होना, सम्मिलित होना	2. अधिमिलन, शामिल होना सम्मिलित होना	2. अधिमिलन, शामिल होना, सम्मिलित होना	2. प्रविष्ट होना, सम्मिलित होना, शामिल होना	2. अधिमिलन, शामिल होना, सम्मिलित होना (हरि०)
Acceding to	—	—	—	—	—	1. अंगीकार करना (विधि०)
Accept	1. स्वीकार करना, मानना	1. स्वीकार करना, मानना	1. स्वीकार करना, मानना, सकारना	1. स्वीकार करना, मानना	1. स्वीकार करना, मानना	1. स्वीकार करना (हरि०)
				2. प्रतिगृहीत करना, ग्रहण करना (उपहार आदि)	2. सकारना, लेना	
Acceptability	1. स्वीकार्यता	1. स्वीकार्यता	1. स्वीकार्यता	1. स्वीकार्यता	1. स्वीकार्यता	1. स्वीकार्यता (हरि०)
Acceptance	1. स्वीकार, स्वीकृति	1. स्वीकृति	1. स्वीकार, स्वीकृति	1. स्वीकार	1. स्वीकृति, ग्रहण, मंजूरी	1. स्वीकृति (हरि०)
	2. प्रतिग्रहण		2. सकार, सकारी, सकराई	2. सकारना (वाणिज्य में)		
Acceptance of office	1. पद की स्वीकृति	1. पद की स्वीकृति,	1. पद की स्वीकृति	1. पद की स्वीकृति	1. पद-स्वीकृति	1. पद की स्वीकृति (हरि०)
Acceptance of tender	1. निविदा की स्वीकृति,	1. निविदा की स्वीकृति,	निविदा की स्वीकृति,	1. निविदा की स्वीकृति	1. निविदा की स्वीकृति,	1. निविदा की स्वीकृति(हरि०)

1	2	3	4	5	6	7
	टेंडर की स्वीकृति	टेंडर की स्वीकृति	टेंडर की स्वीकृति	टेंडर की स्वीकृति	टेंडर की स्वीकृति	
Access	1. प्रवेश, पहुंच	1. प्रवेश, पहुंच	1. प्रवेश, पहुंच	1. प्रवेश, पहुंच 2. अभिगमन	1. प्रवेश, पहुंच 2. अभिगमन, साधन 3. अभिवृद्धि 4. उपाय 5. स्थान, मार्ग 6. उपागमन	1. प्रवेश, पहुंच (हरि०)
Accessible			1. अभिगम्य, पहुंचने योग्य	1. अभिगम्य, पहुंचने के भीतर	1. अभिगम्य, सुगम, सुगमदर्शन, पहुंच के भीतर 2. प्रवेश्य 3. प्राप्य, सुलभ	1. पहुंच में/सुगम (विधि)
Accession	1. राज्यारोहण 2. पदारोहरण 3. अधिमिलन	1. राज्यारोहण 2. पदारोहण 3. अधिमिलन	1. राज्यारोहण 2. पदारोहण 3. अधिमिलन, सम्मिलन, सम्मिलित होना	1. राज्यारोहण 2. आरोहण 3. अधिमिलन 4. अनुवृद्धि	1. आरोहण 2. सहमिलन 3. अभिगमन 4. अभिवृद्धि, अभिवर्धनी 5. प्रवेश	1. राज्यारोहण 2. अधिमिलन (हरि०)
Accessory	1. उपसाधक (वि०), उपसाधक (सं०) 2. अतिरिक्त, सहायक	1. उपसाधन, उपसाधक 2. अतिरिक्त, सहायक	1. उपसाधन, उपसाधक	1. उपसाधन 2. सहायक 3. अनुषंगी (अपराध में) 4. उपांग(मन्त्र का) 5. अतिरिक्त	1. अपराध, सहायक(विधि)	1. उपसाधक, उपसाधन 2. अतिरिक्त, सहायक (हरि०)

1	2	3	4	5	6	7
Accord	1. अनुकूलता (सं०) 2. प्रदान करना, देना (क्रि०) 3. मेल खाना, अनुकूलन होना (क्रि०)	1. अनुकूलता, 2. प्रदान करना, देना 3. मेल खाना, अनुकूल होना	1. अनुकूलता 2. प्रदान करना, देना 3. मेल खाना, अनुकूल होना 4. सहमति, एकमत्य, मेल	1. स्वीकृति 2. देना, मेल खाना 3. सहमति 4. अभिसंविदा 5. सामंजस्य	1. एक्य 2. समनुमति 3. संवाद 4. स्वेच्छा 5. अभिसंविदा	1. सानुकूलता 2. प्रदान करना, देना 3. मेल खाना, अनुकूल होना (हरि०)
Account	1. लेखा, खाता 2. हिसाब	1. लेखा, खाता 2. हिसाब	1. लेखा, खाता 2. विवरण	1. लेखा, खाता 2. हिसाब 3. विवरण	1. लेखा, खाता 2. हिसाब 3. विरण 4. गणना, गणक, कणकु, स्पष्टीकरण 5. वृत्तान्त, विवरण 6. महत्व, अर्थ	1. लेखा, खाता 2. हिसाब (हरि०)
Account (Virb)			1. लेखा देन, ब्योरा देन 2. कारण बताना 3. समाधान करना 4. उत्तरदायी होना		1. लेखा देना 2. कारण बताना, स्पष्टीकरण देना 3. लेखांकन करना 4. उत्तरदायी होना 5. आकलन करना, खाते में जमा करना	1. लेखा देना 2. कारण बताना 3. कैफ़ियत देना 4. लेखा-जोखा देना

1	2	3	4	5	6	7
Account Joint	1. संयुक्त लेखा, संयुक्त खाता	1. संयुक्त लेखा संयुक्त खाता	1. संयुक्त लेखा, संयुक्त खाता	1. संयुक्त खाता	1. संयुक्त-लेखा, संयुक्त-खाता, संयुक्त-हिसाब	1. संयुक्त लेखा, संयुक्त खाता (हरि०)
Account book	1. लेखा बही	1. लेखा बही	1. लेखा बही, लेखा पंजी	1. लेखा बही	1. लेखा पुस्तक, लेखा खाता	1. लेखा बही (हरि०)
Account head	1. लेखाशीर्ष	1. लेखाशीर्ष	1. लेखाशीर्ष	1. लेखाशीर्ष, लेखा शीर्षक	1. लेखाशीर्ष	1. लेखाशीर्ष (हरि०)
Accounting unit	1. लेखा एकक	1. लेखा एकक	1. लेखा एकक	1. लेखा इकाई	1. लेखा इकाई/ एकक	1. लेखा एकक
Accoutrements	1. साजसज्जा	—	1. साज सज्जा (पुलिस)	1. लवाजमा, साज-सामान	1. साज-सज्जा, सैनिक पोशाक सैनिक वर्दी	—
Accreditation	1. प्रत्यायन	1. प्रत्यायन	1. प्रत्यायन	1. प्रत्यायन	— 1. अधिस्वीकृति, मान्यता	1. प्रत्यायन
Accretion	1. उपचय, जमा होना 2. अनुवृद्धि	1. जमा होना, उपचय होना 2. — 3. प्रोद्भवन	1. उपचय, जमा होना 2. वृद्धि (वन), अभिवृद्धि 3. प्रोद्भवन	1. उपचय, जमा होना, इकट्ठा होना 1. अनुवृद्धि 3. भूमिवृद्धि 4. क्षेत्रवृद्धि	1. अभिवृद्धि	1. उपचय, जमा होना 2. अनुवृद्धि (हरि०)
Accrue	1. जमा होना, उपचित होना	1. जमा होना, उपचित होना	—	—	1. उपार्जित होना, उत्पन्न होना	1. उपचित होना, जमा होना

1	2	3	4	5	6	7
	2. प्रोद्भूत होना	2. प्रोद्भूत होना	—	—	2. प्रोद्भूत होना	2. प्रोद्भूत होना (हरि०)
Accuracy	1. यथार्थता	1. यथार्थता, 2. शुद्धता	1. यथार्थता, 2. परिशुद्धता	1. यथार्थता, यथातथ 2. सटीकता	1. यथार्थता 2. परिशुद्धता	1. यथार्थता (हरि०) 2. शुद्धता/ठीक होना/ सही होना
Accurate	1. यथार्थ	1. यथार्थ	1. यथार्थ 2. परिशुद्ध 3. ठीक-ठीक	1. यथार्थ, सटीक, सही 2. परिशुद्ध 3. ठीक-ठीक	1. यथार्थ, सही, ठीक, सम्यक् 2. परिशुद्ध	1. यथार्थ (हरि०)
Accurately	1. यथार्थतः, यथार्थ रूप से	1. यथार्थतः, यथार्थ रूप से	1. यथार्थतः, यथार्थ रूप से	1. यथार्थतः, ठीक-ठीक	1. — ठीक-ठीक, परिशुद्धतया	1. यथार्थतः, यथार्थ रूप से (हरि०)
Accuse	1. अभियोग लगाना	1. अभियोग लगाना	1. अभियोना, लगाना	1. अभियोग लगाना, अभियुक्त	1. अभियोग लगाना, दोषारोपण करना, दोष लगाना	1. अभियोग लगाना (हरि०)
Accusation	1. अभियोग	1. अभियोग	1. अभियोग	1. अभियोग, अभियोग लगाना	1. अभियोग, अभियुक्ति, दोषारोप	1. अभियोग (हरि०)
Acknowledge (fact etc.)	1. अभिस्वीकार करना, मानना, कबूल करना	1. अभिस्वीकार करना, मानना, कबूल करना	1. अभिस्वीकार करना, मानना, कबूल करना	1. अभिस्वीकार करना, मानना, स्वीकार करना	1. अभिस्वीकृत, स्वीकृत, प्राप्ति स्वीकृत	1. अभिस्वीकार करना, मानना, कबूल करना (हरि०)

1	2	3	4	5	6	7
Acknowledge (receipt of)	1. प्राप्ति स्वीकार करना, प्राप्ति सूचना देना, पावती देना	1. प्राप्ति स्वीकार करना, प्राप्ति सूचना देना, पावती देना	1. प्राप्ति स्वीकार करना, प्राप्ति सूचना देना, पावती देना	1. पावती देना	1. पावती देना	1. प्राप्ति स्वीकार करना, प्राप्ति सूचना देना, पावती देना (हरि०)
Acknowledge-ment	1. पावती, प्राप्ति सूचना,	1. पावती, प्राप्ति सूचना,	1. पावती, प्राप्ति स्वीकृति,	1. पावती, प्राप्ति स्वीकार, प्राप्ति-पत्र,	1. पावती, रसीद,	1. पावती, प्राप्ति, (हरि०)
	2. अभिस्वीकृति	2. अभिस्वीकृति	2. स्वीकार, अभिस्वीकृति	2. अभिस्वीकार	2. स्वीकृति, अभिस्वीकृति	
Acknowledge-ment due	1. रसीदी, पावती सहित	1. रसीदी, पावती सहित	1. रसीदी, पावती सहित, प्राप्ति सूच्य	1. पावती सहित	1. रसीदी, पावती, प्राप्य स्वीकृति	1. रसीदी, पावती सहित, (हरि०)
Acquire	1. अर्जन करना,	1. अर्जन करना, अर्जित करना	1. अर्जन करना, अर्जित करना	1. अर्जित करना	1. अर्जित करना, प्राप्त करना	1. अर्जित करना (हरि०)
		2. अवाप्त करना	2. अध्याप्त करना (सामान्य अर्थ)	2. आवाप्त करना	2. आवाप्त करना, ले लेना, उपार्जित करना	
Acquisition	1. अर्जन	1. अर्जन	1. अर्जन,	1. अर्जन, (जमीन)	1. अर्जन	1. अर्जन (हरि०)
		2. अवाप्ति	2. अध्याप्ति	2. संलब्धि (ज्ञान)	2. अधिप्राप्ति, 3. अवाप्ति	
Act	1. कार्य	1. कार्य	1. कार्य	1. कार्य, क्रिया, कर्म	1. कार्य, क्रिया, कृत्य, कर्म	1. कार्य

1	2	3	4	5	6	7
	2. अधिनियम	2. अधिनियम	2. अधिनियम	2. अधिनियम, एक्ट	2. अधिनियम (पार्लियामेंट का), एक्ट	2. अधिनियम (हरि०)
		3. कार्य करना (क्रि०)				
Act of misconduct	1. अवचार, कदाचार	1. अवचार, कदाचार	1. अवचार, कदाचार	1. कदाचार	1. अवचार, दुराचार	1. अवचार, कदाचार (हरि०)
Acting (as in acting Director)	1. कार्यकारी	1. कार्यकारी	1. कार्यकारी	1. कार्यकारी	1. कार्यकारी	1. कार्यकारी (हरि०)
		2. कार्यवाहक	2. कार्यवाहक	2. कार्यापन्न, कार्य करना	2. कार्यवाहक	
			3. कार्य करते हुए		3. स्थानापन्न	
Acting allowance	1. कार्यकारी भत्ता	1. कार्यकारी भत्ता	1. कार्यकारी भत्ता, कार्यापन्न भत्ता	1. कार्यकारी भत्ता, कार्यापन्न भत्ता	1. कार्यकारी भत्ता	1. कार्यकारी भत्ता (हरि०)
Action	1. क्रिया	1. क्रिया	1. क्रिया	1. क्रिया	1. क्रिया, कार्य, कर्म	1. क्रिया
	2. कार्यवाही/कार्रवाई	2. कार्यवाही/कार्रवाई	2. कार्रवाई/कार्यवाही	2. कार्रवाई	2. कार्यवाही, अनुयांजन	2. कार्यवाही/कार्रवाई
	3. कार्यकलाप		3. प्रभाव	3. प्रभाव 4. वाद	3. अभियोग	3. कार्यकलाप (हरि०
Active	1. सक्रिय, क्रियाशील	1. सक्रिय, क्रियाशील	1. सक्रिय, क्रियाशील	1. सक्रिया, क्रियाशील	1. सक्रिय, क्रियाशील, क्रियात्मक	1. सक्रिय, क्रियाशील (हरि०)
			2. कर्मनिष्ठ, कर्मरत	2. कार्यशील	2. चपल, चंचल, फुर्तीला, कर्मठ	

1	2	3	4	5	6	7
Activities	1. क्रियाकलाप	1. क्रयाकलाप	1. कार्यकलाप	1. कार्यकलाप, गतिविधि क्रियाशीलता हरकत	1. कार्यकलाप, क्रियाकलाप, क्रियाएं, गतिविधियां	1. क्रियाकलाप, कार्यकलाप (हरि०)
Actuals	1. वास्तविक आंकड़े	1. वास्तविक-आंकड़े	1. वास्तविक-आंकड़े	1. वास्तविक-आंकड़े, असल आंकड़े, वास्तविकी, वास्तविक, आय-व्यय	1. वास्तविक आंकड़े, असल आंकड़े	1. वास्तविक आंकड़े (हरि०)
Adaptation	1. रूपांतर, रूपांतरण 2. अनुकूलन	1. रूपान्तर, रूपान्तरण (सूचना तथा प्रसारण)	1. रूपान्तर, रूपान्तरण 2. अनुकूलन	1. रूपान्तरण (उपन्यास आदि का) 2. अनुकूलन	1. अनुकूलीकरण, अनुकूलन	1. रूपांतर, रूपान्तरण 2. अनुकूलन (हरि०)
Addendum	1. अनुशेष, संयोजनी	1. अनुशेष, संयोजनी, परिशिष्ट, योजन, अनुपूरक	1. अनुशेष, संयोजनी, परिशिष्ट, अनुपूरक	1. अनुशेष	1. परिशिष्ट, संयोजनी, अनुपूरक	1. अनुशेष
Additional (as in Additional Director/ Secretary)	1. अपर	1. अपर	1. अपर	1. अपर	1. अपर 2. समधिक और अधिक	1. अपर (हरि०)
Additional (as in addl.expt.)	1. अतिरिक्त	1. अतिरिक्त	1. अतिरिक्त	1. अतिरिक्त	1. अतिरिक्त	1. अतिरिक्त (हरि०)

1	2	3	4	5	6	7
Adhere	1. दृढ़ रहना 2. अनुवर्तन करना	1. दृढ़ रहना 2. अनुवर्तन करना	1. दृढ़ रहना, दृढ़ता से पालन करना	1. चिपकना	1. साथ लगना, चिपकना 2. अनुसरण करना, पालन करना	1. दृढ़ रहना 2. अनुवर्तन करना (हरि०)
Ad hoc	1. तदर्थ	1. तथर्थ	1. तदर्थ	1. तदर्थ	1. तदर्थ	1. तदर्थ (हरि०)
Adjacent	1. पार्श्वस्थ	1. पार्श्वस्थ	1. पार्श्वस्थ	1. पार्श्वस्थ	1. पार्श्वस्थ	1. पार्श्वस्थ (हरि०)
Adjourn	1. स्थगित करना, काम रोकना	1. स्थगित करना, काम रोकना	1. स्थगित करना, काम रोकना, कालान्तरित करना	1. स्थगित करना, होना	1. स्थगित करना, काल दान करना, अवधिदान करना	1. स्थगित करना, काम रोकना
Adjournment	1. स्थगन	1. स्थगन	1. स्थगन	1. स्थगन, कार्य स्थगन 2. स्थगन काल	1. स्थगन 2. स्थगन काल	1. स्थगन
Adjustment	1. समायोजन	1. समायोजन	1. समायोजन 2. अनुकूलन, समनुकूलन 3. .... 4. जमाखर्च	1. समायोजन, समंजन	1. समायोजन, व्यवस्थापन, समाधान	1. समायोजन (हरि०)
Administer	1. प्रशासन करना 2. देना/दिलाना	1. प्रशासन करना 2. देना/दिलाना	1. प्रशासन करना 2. दिलाना, प्रदान करना	1. प्रशासन करना 2. देना, दिलाना (शपथ). 3. व्यवस्था करना	1. प्रशासन करना, शासन करना 2. देना/दिलाना (दवा) (शपथ) 3. प्रबन्ध/व्यवस्था करना 4. देना (न्याय)	1. प्रशासन करना 2. देना, दिलाना (हरि०)

1	2	3	4	5	6	7
Administer oath	1. शपथ दिलाना	1. शपथ दिलाना	1. शपथ दिलाना	1. शपथ दिलाना	1, शपथ दिलाना	1. शपथ दिलाना (हरि०)
Administration	1. प्रशासन	1. प्रशासन	1. प्रशासन	1. प्रशासन 2. प्रबन्ध	1. प्रशासन, शासन, 2. प्रबन्ध, व्यवस्था 3. औषधि दान	1. प्रशासन (हरि०)
Administration of Justice	1. न्यायकरण 2. न्याय प्रशासन	1. न्याय करना 2. न्याय प्रशासन	1. न्याय करना 2. न्याय प्रशासन	1. न्यायकरण 2. न्याय प्रशासन	— 2. न्याय प्रशासन	1. न्यायकरण 2. न्याय प्रशासन (हरि०)
Administrative	1. प्रशासी, प्रशासकीय, प्रशासन	1. प्रशासकीय, प्रशासनिक	1. प्रशासकीय, प्रशासनिक, प्रशासन, प्रशासी, प्रशासन संबंधी	1. प्रशासनिक, प्रशासन, प्रशासी, प्रबन्ध	1. प्रशासकीय, प्रशासनिक, प्रशासनीय, प्रशासन-प्रबन्ध संबंधी प्रशासी (न्यायालय)	1. प्रशासी, प्रशासकीय, प्रशासन (हरि०)
Administrative ability	1. प्रशासन-योग्यता	1. प्रशासन-योग्यता	1. प्रशासन-योग्यता	1. प्रशासन-योग्यता, प्रबन्ध-योग्यता	1. प्रशासन-योग्यता	1. प्रशासन-योग्यता (हरि०)
Administrative approval	1. प्रशासकीय-अनुमोदन	1. प्रशासकीय-अनुमोदन, प्रशासनिक-अनुमोदन	1. प्रशासनिक-अनुमोदन प्रशासकीय-अनुमोदन	1. प्रशासनिक-अनुमोदन	1. प्रशासनिक-अनुमोदन	1. प्रशासकीय-अनुमोदन (हरि०)
Administrative Convenience	1. प्रशासन-सुविधा	1. प्रशासन-सुविधा	1. प्रशासन-सुविधा	1. प्रशासन-सुविधा	1. प्रशासन-सुविधा	1. प्रशासन-सुविधा (हरि०)

1	2	3	4	5	6	7
			2. प्रशासन-सुकरता, 3. प्रशासनिक-सुकरता	2. प्रबन्ध-सुविधा		(हरि०)
Administrative department	1. प्रशासकीय-विभाग	1. प्रशासनिक-विभाग	1. प्रशासनिक-विभाग, प्रशासकीय-विभाग	1. प्रशासन-विभाग	1. प्रशासन-विभाग	1. प्रशासनिक विभाग (हरि०)
Administrative junction	1. प्रशासन-कार्य, प्रशासकीय कार्य	1. प्रशासकीय-कार्य	1. प्रशासन कार्य, प्रशासकीय कार्य	1. प्रशासन-कार्य	1. प्रशासनिक कार्य, कृत्य	1. प्रशासन कार्य (हरि०)
Administrative Head	1. प्रशासी प्रधान	1. प्रशासी प्रधान	1. प्रशासी प्रधान	1. प्रशासी-प्रधान, प्रशासन प्रसुख	1. प्रशासी प्रधान	1. प्रशासी प्रमुख (हरि०)
Administrative Ministry	1. प्रशासी मंत्रालय	1. प्रशासी मंत्रालय	1. प्रशासी मंत्रालय	1. प्रशासी मंत्रालय	1. प्रशासी-मंत्रालय	1. प्रशासी-मंत्रालय (हरि०)
Administrative Offi er	1. प्रशासन-अधिकारी	1. प्रशासन-अधिकारी	1. प्रशासन-अधिकारी	1. प्रशासन-अधिकारी	1. प्रशासन-अधिकारी	1. प्रशासन-अधिकारी(हरि०)
Administrative Sanction	1. प्रशासनिक-मंजूरी	1. प्रशासकीय मंजूरी	1. प्रशासनिक-मंजूरी, प्रशासकीय-मंजूरी/स्वीकृति	1. प्रशासनिक-मंजूरी	1. प्रशासनिक-मंजूरी	1. प्रशासनिक-मंजूरी (हरि०)
Administrative System	1. प्रशासन-पद्धति	1. प्रशासन-पद्धति	1. प्रशासन-पद्धति	1. प्रशासन-पद्धति/प्रणाली 2. प्रशासन तंत्र	1. प्रशासनिक-पद्धति	1. प्रशासन-पद्धति (हरि०)

1	2	3	4	5	6	
Administrator	1. प्रशासक	1. प्रशासक	1. प्रकाशक	1. प्रशासक	1. प्रशासक 2. प्रबन्धक, व्यवस्थापक	1. प्रशासक
Admissible	1. ग्राह्य, स्वीकार्य	1. ग्राह्य, स्वीकार्य	1. ग्राह्य, स्वीकार्य	1. ग्राह्य, अनुमान्य	1. ग्राह्य, स्वीकार्य, प्रतिग्राह्यता	1. ग्राह्य, स्वीकार्य (हरि०)
Admission	1. अभिस्वीकृति	1. अभिस्वीकृति	1. स्वीकार	1. स्वीकृति कबूलना (बात का)	1. स्वीकृति, स्वीकार, स्वीकारोक्ति, अंगीकरण	1. अभिस्वीकृति
	2. प्रवेश, दाखिला, अन्दर आना	2. प्रवेश, अन्दर आना, दाखिला	2. प्रवेश	2. प्रवेश	2. प्रवेश, दाखिला	2. प्रवेश, अन्दर आना (हरि०)
			3. ग्रहण 4. अंगीकरण/ अंगीकार	3. ग्रहण, प्रवेशन (अपील) 4. नाम लिखाना (विद्यालय में)	3. प्रतिग्रहण	
Admit	1. प्रवेश करने देना, अन्दर आने देना	1. प्रवेश करने देना, अन्दर आने देना	1. प्रवेश की अनुज्ञा देना	1. प्रवेश करने देना, अन्दर आने देना	1. प्रवेश करने देना, प्रवेश देना, आने देना, दाखिला करना	1. प्रविष्ट करना, दाखिला करना (हरि०)
	2. स्वीकार करना	2. स्वीकार करना	2. स्वीकार करना, अंगीकृत करना	2. कबूल करना (बात को), मान लेना	2. स्वीकार करना, मानना, अंगीकार करना, प्रति ग्रहण करना	

1	2	3	4	5	6	7
	3. प्रविष्ट करना, दाखिल करना	3. प्रविष्ट करना, दाखिल करना	3. प्रविष्ट करना, दाखिल करना	3. प्रविष्ट करना, नाम लिखना (स्कूल में) 4. मान्यता देना 5. गुंजाइश करना		
Admonition	1. भर्त्सना	1. भर्त्सना	1. भर्त्सना 2. प्रबोधन	1. भर्त्सना 2. फटकार 3. तम्बीह	1. भर्त्सना 2. फटकार 3. चेतावनी	1. भर्त्सना (हरि०)
Adopt	1. अंगीकार करना, अपनाना	1. अंगीकार करना, अपनाना 2. गोद लेना	1. अंगीकार करना, अपनाना 2. गोद लेना, दत्तक लेना 3. ग्रहण करना	1. अंगीकार करना 2. गोद लेना/ दत्तक ग्रहण करना 3. ग्रहण करना 4. स्वीकार करना	1. अंगीकार करना/ अपनाना 2. गोद लेना/ दत्तक ग्रहण 3. मान लेना	1. अंगीकार करना, अपनाना (हरि०)
Adoption	1. अंगीकरण 2. दत्तक ग्रहण	1. अंगीकरण —	1. अंगीकरण 2. दत्तक ग्रहण/ गोद लेना	1. अंगीकरण 2. दत्तक ग्रहण/ गोद लेना 3. स्वीकरण 4. ग्रहण	1. अंगीकरण/ अंगीकार 2. दत्तक ग्रहण/ गोद लेना	1. अंगीकरण 2. दत्तक-ग्रहण
Adult	1 प्रौढ़, वयस्क	1. वयस्क, प्रौढ़	1. प्रौढ़, वयस्क	1. प्रौढ़, वयस्क, सयाना	1. प्रौढ़, वयस्क, बालिग	1. प्रौढ़, वयस्क

1	2	3		5	6	7
Adult Franchise	1. वयस्क-मताधिकार	1. वयस्क-मताधिकार	1. वयस्क-मताधिकार, बालिग मताधिकार	1. वयस्क-मताधिकार	1. वयस्क-मताधिकार, बालिग मताधिकार	1. वयस्क-मताधिकार (हरि०)
Advance	1. अग्रिम, पेशगी	1. अग्रिम, पेशगी 2. आगे बढ़ना	1. अग्रिम, पेशगी, अग्रिमधन 2. बढ़ाव	1. अग्रिम पेशगी, अग्रगमन 2. सेना-मुख 3. पहले 4. कालपूर्व 5. प्रगति	1. अग्रिम, पेशगी 2. अग्रिम धन 3. पहले 4. कालपूर्व, अगाऊ 5. उधार	1. अग्रिम, पेशगी (हरि०) 2. अधिदाय करना (विधि) 3. अभिवृद्धि
Advancement	1 उन्नति	1. उन्नति	1. उन्नति, प्रगति 2. पदोन्नति, प्रोन्नति	1. उन्नति, प्रगति 2. पदोन्नति 3. पूर्वदान (विधि में) 4. उन्नयन	1. उन्नति 2. तरक्की 3. प्रगति 4. त्वरण	1. उन्नति (हरि०) 2. अभिवर्द्धन (improvement) 3. अग्रसर करना (furtherances) 4. वृद्धि (going forward)
Adverse	1. प्रतिकूल	1. प्रतिकूल	1. प्रतिकूल	1. प्रतिकूल	1. प्रतिकूल, विरुद्ध 2. विपक्षीय, विरुद्ध	1. प्रतिकूल (हरि०)
Adverse entry	1. प्रतिकूल-इन्दराज	1. प्रतिकूल-प्रविष्टि,	1. प्रतिकूल-प्रविष्टि,	1. प्रतिकूल-प्रविष्टि,	1. प्रतिकूल प्रविष्टि	1. प्रतिकूल इन्दराज (हरि०)

1	2	3	4	5	6	7
		प्रतिकूल-इन्दराज	प्रतिकूल-इन्दराज	प्रतिकूल-इन्दराज		
Adverse party	1. प्रतिपक्षी	1. प्रतिपक्षी	1. प्रतिपक्षी, प्रतिकूल पक्ष	1. प्रतिपक्ष, प्रतिकूल पक्ष	1. प्रतिपक्ष, विपक्ष, विरोधी पक्ष	1. प्रतिपक्षी (हरि०)
Adverse remarks	1. प्रतिकूल-अभ्युक्ति	1. प्रतिकूल-अभ्युक्ति	1. प्रतिकूल-अभ्युक्ति 2. टीका	1. प्रतिकूल-अभ्युक्ति, प्रतिकूल-टिप्पणी	1. प्रतिकूल अभ्युक्ति 2. टीका-टिप्पणी	1. प्रतिकूल अभ्युक्ति(हरि०)
Adverse report	1. प्रतिकूल रिपोर्ट	1. प्रतिकूल रिपोर्ट	1. प्रतिकूल रिपोर्ट 2. प्रतिकूल आख्या	1. प्रतिकूल रिपोर्ट	1. प्रतिकूल रिपोर्ट	1. प्रतिकूल रिपोर्ट
Advice	1. परामर्श सलाह, 2. सूचना, संज्ञापन	1. परामर्श, सलाह 2. सूचना, संज्ञापन	1. परामर्श, सलाह 2. सूचना, संज्ञापन	1. सलाह 2. संज्ञापन, सूचना	1. परामर्श, सलाह 2. सूचना 3. मंत्रणा 4. उपदेश	1. परामर्श, सलाह 2. सूचना, संज्ञापन
Advice note	1. संज्ञापन-पत्र	1. संज्ञापन-पत्र	1. संज्ञापन-पत्र, सूचना-पत्र	1. संज्ञाप्ति-पत्र, सूचना-पत्र	1. सूचना-पत्र, सूचना···	1. संज्ञापन-पत्र (हरि०)
Advice of despatch	1. प्रेषण की सूचना	1. प्रेषण की सूचना	1. प्रेषण की सूचना	1. प्रेषण की सूचना	1. प्रेषण की सूचना	1. प्रेषण की सूचना
Advice of payment	1. भुगतान-संज्ञापन	1. भुगतान-संज्ञापन	1. भुगतान-संज्ञापन	1. भुगतान-संज्ञापन	1. भुगतान-संज्ञापन	1. भुगतान-संज्ञापन (हरि०)
Advice or concurrance	1. सलाह या सहमति	1. सलाह या सहमति	1. सलाह या सहमति	1. सलाह या सहमति	1. सलाह या सहमति	1. सलाह या सहमति (हरि०)
Adviser or Advocacy	1. सलाहकार	1. सलाहकार	1. सलाहकार परामर्शदाता,	1. सलाहकार, परामर्शदाता, परामर्शद	1. सलाहकार, परामर्शदाता, मंत्रणा दाता	1. सलाहकार

1	2	3	4	5	6	7
	1. वकालत, पक्ष-समर्थन	1. वकालत, पक्ष-समर्थन	1. वकालत; पक्ष-समर्थन 2. अधिवचन	1. पक्ष-समर्थन, पक्षारोपण, पक्ष-प्रतिवादन 2. वाद-कौशल	1. वकालत, पक्षपोषण, समर्थन	1. वकालत, पक्ष-समर्थन (हरि०)
Affairs	1. कार्य, मामले	1. कार्य, मामले	1. कार्य, मामले	1. कार्य, काज, मामले	1. कार्य, कामकाज, लोक कार्य 2. मामले 3. परिस्थिति, विषय	1. कार्य, मामले (हरि०)
Affidavit	1. शपथ-पत्र हलफनामा	1. शपथ-पत्र, हलफ़नामा	1. शपथ-पत्र, हलफ़नामा	1. शपथ-पत्र, हलफ़नामा	1. शपथ-पत्र, हलफ़नामा, पत्र-शपथ 2. सशपथलेखी कथन	1. शपथ-पत्र, हलफ़नामा
Affiliote	1. संबद्ध करना	1. संबद्ध करना	1. संबद्ध करना	1. संबद्ध करना	1. संबद्ध करना, सम्बन्ध जोड़ना 2. दत्तक लेना, गोद लेना 3. पितृ निश्चय करना	1. सम्बद्ध करना
Affiliation	1. संबंधन	1. संबंधन,	1. संबंधन, सम्बद्धता	1. संबंधन	1. सम्बन्धन-सम्बद्धता, सम्बद्धीकरण 2. दत्तकग्रहण 3. पितृ निश्चय	1. सम्बन्धन

1	2	3	4	5	6	7
Affirm	1. पुष्टि करना	1. पुष्टि करना	1. पुष्टि/अभिपुष्टि करना	1. अधिपुष्टि करना	1. पुष्ट करना, पक्का करना, दृढ़ करना	1. पुष्ट करना
	2. प्रतिज्ञान करना (विधि)	2. प्रतिज्ञान करना (विधि)	2. प्रतिज्ञान करना (विधि)	2. प्रतिज्ञान करना	2. प्रतिज्ञा करना, प्रतिज्ञान करना	2. प्रतिज्ञान करना (विधि) (हरि०)
					3. निश्चयपूर्वक कहना	
Affirmative	1 स्वीकारात्मक	1. स्वीकारात्मक	1. स्वीकारात्मक	1. स्वीकारात्मक, सकारात्मक	1. स्वीकारात्मक सकारात्मक	1. स्वीकारात्मक
		2. प्रतिज्ञानित	2. प्रतिज्ञानित (विधि)	2. विधायक	2. पुष्टिकारी, दृढ़कारी	
					3. अस्तिवाची	
Affix	1. जोड़ना, लगाना	1. जोड़ना, लगाना	1. लगाना, जोड़ना, चिपकाना	1. जोड़ना, लगाना, अन्त में जोड़ना, मिला लेना	1. जोड़ना, लगाना, करना	1. जोड़ना, लगाना
				2. चिपकाना	2. चिपकाना, लगाना, अनुबन्धन करना	
				3. करना (विधि)		
Afforestation	1. वन-रोपण	1. वन-रोपण	1. वन-रोपण, वनीकरण	1. वनरोपण	1. वनरोपण, जंगल लगाना, वनीकरण	1. वन-रोपण
Aforesaid	1. पूर्वोक्त	1. पूर्वोक्त,	1. पूर्वोक्त,	1. पूर्वोक्त,	1. पूर्वोक्त,	1. पूर्वोक्त,

1	2	3	4	5	6	7
	पहले कहा	पहले कहा	पहले कहा 2. उपयुक्त	पूर्वकथित	उपर्युक्त, पहले कहा	पहले कहा
Age of retirement	1. कार्य-निवृत्ति-वय सेवा-निवृत्ति की उम्र	1. कार्य-निवृत्ति-वय, सेवा-निवृत्ति की उम्र	1. कार्य-निवृत्ति-वय, सेवा-निवृत्ति-वय, निवृत्ति वय	1. सेवा निवृत्ति की उम्र	1. अवकाश ग्रहण की आयु, सेवा-निवृत्ति की आयु	1. कार्य-निवृत्ति-वय, सेवा-निवृत्ति की उम्र
Agency	1. अभिकरण/ एजेंसी	1. अभिकरण, एजेंसी	1. अभिकरण, एजेंसी	1. अभिकरण, एजेंसी	1. अभिकरण, एजेंसी, साधन 2. आदत 3. प्रतिनिधित्व 4. द्वारा, के द्वारा	1. अभिकरण/ एजेंसी 2. माध्यम/द्वारा (विधि)
Agenda	1. कार्य-सूची, कार्यक्रम	1. कार्यसूची, कार्यक्रम	1. कार्यसूची, कार्यक्रम	1. कार्यसूची, एजेंडा	1. कार्य सूची, कार्यक्रम, समयावली, समयसारणी	1. कार्य-सूची
Aggravation	1 अपवृद्धि 1. गुरुतर होना	1. अपवृद्धि 2. गुरुतर होना	1. अपवृद्धि 2. गुरुत्तर होना	1. अपवृद्धि 2. गुरुतर होना	1. अपवृत्ति 2. गुरुतर होना	1. अपवृद्धि 2. गुरुतर होना
Aggregate	1. कुल, समाहार, पूर्ण योग	1. कुल, पूर्णयोग, समाहार	1. सम्पूर्ण योग, समस्त योग	1. कुल जोड़, पूर्ण योग	1. समस्त, सम्पूर्ण, योग, **जोड़** 2. समूह/समुदाय	1. कुल, समाहार, पूर्ण योग
Aggrieved	व्यथित	1. व्यथित,	1. व्यथित,	1. व्यथित,	1. व्यथित,	1. व्यथित,

1	2	3	4	5	6	7
	असंतुष्ट, आर्त्त	असन्तुष्ट, परिवेदित, नाराज़	असन्तुष्ट, आर्त्त, दुःखी, पीड़ित	सन्तप्त	असंतुष्ट, खिन्न, दुखित, पीड़ित, परिवेदित	असंतुष्ट, आर्त्त (हरि०)
Agitation	1. आंदोलन	1. आंदोलन	1. आंदोलन	1. आंदोलन	1. आंदोलन, क्षोभ	1. आंदोलन
	1. भूमि संबंधी	1. भूमि संबंधी	1. भूमि संबंधी	1. भूमि संबंधी	1. भूमि संबंधी क्षेत्रिक, कृषि/खेती संबंधी	1. भूमि संबंधी
Agrarian	1. करार करना, अनुबंध करना	1. अनुबंधन करना, करार करना	—	1. करार करना,	1. करार करना,	1. करार करना, अनुबंध करना
Agree	2. सहमत होना, राज़ी होना	2. सहमत होना, राज़ी होना	2. सहमत होना, राज़ी होना	2. सहमत होना	2. सहमत होना, राज़ी होना, सम्मत होना, मान लेना	2. सहमत होना, राज़ी होना
				3. मिलना, मेल खाना (लेखा आदि का)		
Agreement	1. करार, अनुबंध	1. करार अनुबंध	1. करार अनुबंध-पत्र, इकरारनामा	1. करार, इकरारनामा, सहमति रजामन्दी	1. करार, समझौता	1. करार समझौता
	2. सहमति	2. सहमति करारनामा	2. सहमति 3. मेल	2. मेल	2. सहमत, सम्मति	2. सहमति, सम्मति (हरि०)

1	2	3	4	5	6	7
Aid	1. सहायता, मदद	1. सहायता, मदद	1. सहायता	1. सहायता, मदद	1. सहायता, मदद	1. सहायता, मदद (हरि०)
Aid, grant in	1. सहायता, अनुदान	1. सहायता, अनुदान	1. सहायता, अनुदान	1. सहायता, अनुदान	1. सहायता-अनुदान, सहायतार्थ अनुदान	1. सहायता, अनुदान (हरि०)
Aid and advice	1. सहायता और सलाह	1. सहायता और सलाह	1. सहायता और सलाह	1. सहायता और सलाह	1. सहायता और सलाह	1. सहायता और सलाह (हरि०)
Aided (as a school)	1. सहायता-प्राप्त	1. सहायता-प्राप्त	1. सहायता-प्राप्त	1. सहायता प्राप्त, इमदादी	1. सहायताप्राप्त, साहाम्मित	1. सहायता प्राप्त (हरि०)
Airconditioning	1. वातानुकूलन	1. वातानुकूलन	1. वातानुकूलन	1. वातानुकूलन	1. वातानुकूलन, वात-नियंत्रण	1. वातानुकूलन
Alderman	1. पौरमुख्य	1. पौरमुख्य	1. नगरवृद्ध	1. एल्डरमैन, पौरमुख, नगरवृद्ध	1. पौरमुख्य,	1. पौरमुख्य
Altegation	1. आरोप, अभिकथन	1. आरोप, अभिकथन	1. आरोप, अभिकथन	1. आक्षेप, अभिकथन	1. आरोप, दोषारोपण, अभिकथन 2. प्रतिज्ञा (विधि)	1. आरोप (हरि०)
Alleged	1. कथित, अभिकथित	1. कथित, अभिकथित	1. अभिकथित, 2. आरोपित	1. अभिकथित, 2. आक्षिप्त	1. कथित, अभिकथित, तथाकथित 2. आरोपित	1. कथित (हरि०)
Allegiance	1. निष्ठा	1. निष्ठा	1. निष्ठा	1. निष्ठा, राजनिष्ठा, वफादारी	1. निष्ठा, राजनिष्ठा	1. निष्ठा (हरि०)

1	2	3	4	5	6	7
Alliance	1. मैत्री	1. मैत्री	1. मैत्री, मित्रता 2. संबंध	1. मैत्री 2. ...... 3. समैत्री	1. मैत्री, मेल, मैत्री-संबंध	1. मैत्री (हरि०)
Allocation	1. बंटवारा, विभाजन	1. बंटवारा, विभाजन	1. बांटना, बंटवारा करना, विभाजित करना, प्रतिभाजन करना 2. नियत करना	1. बांटना, संभाजित करना	1. बांटना, विभक्त करना, वितरण करना, आबंटित करना 2. नियत करना	1. निधि-नियतन (हरि०)
Allotment	1. आवंटन, बांट	1. आवंटन बांट	1. आवंटन, बांट 2. प्रदेशन, प्रविष्द, नियतन 3. प्रदिष्ट धन-राशि	1. आवंटन, बांट	1. बंटन, बांट, वितरण, विभाजन	1. आवंटन (हरि०)
Allotment letter	1. आवंटन-पत्र	1. आवंटन-पत्र	1. आवंटन-पत्र 2. प्रदेशन-पत्र	1. आवंटन-पत्र	1. आवंटन-पत्र	1. आवंटन-पत्र (हरि०)
Allotment of fund	1. निधि आवंटन	1. निधि-आवंटन	1. निधि-आवंटन,	1. निधि-आवंटन, निधि-बांट	1. निधि-आवटन	1. निधि-आवंटन (हरि०)
Allotment order	1. आवंटन-आदेश	1. आवंटन-आदेश	1. वंटन आदेश, प्रदेशन आदेश	1. आवंटन-आदेश	1. आवंटन-आदेश	1. आवंटन-आदेश
Allowance	1. भत्ता	1. भत्ता	1. भत्ता	1. भत्ता	1. भत्ता	1. भत्ता (हरि०)

1	2	3	4	5	6	7
Allowance, city	1. नगर भत्ता,	1. नगर भत्ता,	1. नगर भत्ता	नगर भत्ता,	1. नगर भत्ता	1. नगर भत्ता (हरि०)
Allowance, Conveyance	1. सवारी भत्ता वाहन भत्ता	1. सवारी भत्ता, वाहन भत्ता	1. सवारी भत्ता, वाहन भत्ता	1. सवारी भत्ता, वाहन भत्ता	1. सवारी भत्ता, वाहन भत्ता	1. सवारी भत्ता (हरि०)
Allowance, Dearness	1. महंगाई भत्ता	1. महंगाई भत्ता	1. महगाई भत्ता	1. महंगाई भत्ता	1. महंगाई भत्ता	1. महंगाई भत्ता (हरि०)
Allowance, Extra Duty	1. अतिरिक्त-ड्यूटी भत्ता	1. अतिरिक्त ड्यूटी भत्ता	1. अतिरिक्त-ड्यूटी भत्ता	1. अतिरिक्त-ड्यूटी भत्ता	1. अतिरिक्त ड्यूटी भत्ता	1. अतिरिक्त ड्यूटी भत्ता
Allowance, Out Station	1. वहिः स्थान भत्ता	1. वहिःस्थान-भत्ता 2. बाहर रहने का भत्ता, बाह्य स्थान-भत्ता	1. वहिःस्थान भत्ता	1. वहिःस्थान भत्ता	1. वहिःस्थान भत्ता	1. बाहर रहने का भत्ता
Allowance, Over time	1. समयोपरिभत्ता, अतिरिक्त समय भत्ता	1. समय से ऊपर काम करने का भत्ता, समयोपरि-भत्ता	1. समयोपरि भत्ता, अतिरिक्त समय-भत्ता	1. समयोपरि भत्ता, अतिरिक्त समय-भत्ता	1. समयोपरि भत्ता, अतिरिक्त-समय भत्ता	1. समयोपरि भत्ता, अतिरिक्त-समय-भत्ता (हरि०)
Travelling	1. यात्रा-भत्ता	1. यात्रा भत्ता	1. यात्रा भत्ता	1. यात्रा-भत्ता	1. यात्रा भत्ता	1. यात्रा भत्ता
Alteration	1. हेर-फेर, परिवर्तन	1. हेर-फेर, परिवर्तन	1. परिवर्तन, हेर-फेर	1. परिवर्तन, 2. एकान्तरण 3. प्रत्यावर्तन	1. परिवर्तन, अदल-बदल, तब्दीली	1. हेर-फेर परिवर्तन (हरि०)

1	2	3	4	5	6	7
Alternativel	1. विकल्प, वैकल्पिक	1. विकल्प, वैकल्पिक	1. विकल्प	1. विकल्प वैकल्पिक, अनुकल्प	1. विकल्प, पर्याय, वैकल्पिक	1. विकल्प, वैकल्पिक (हरि०)
Ambiguous	1. संदिग्धार्थी	1. संदिग्ध, 2. द्वयर्थक	1. संदिग्ध, 2. द्वयर्थक अस्पष्ट	1. संदिग्ध, 2. द्वयर्थक,	1. संदिग्ध, 2. द्वयर्थी, द्वयर्थ, अनेकार्थी, अस्पष्ट	1. संदिग्ध (हरि०)
Amendment	1. संसोधन	1. संशोधन	1. संशोधन	1. संशोधन	1. संशोधन 2. सुधारक	2. संशोधन (हरि०)
Amenity	1. सुख-सुविधा	1. सुख-सुविधा	1. सुविधा	1. सुख-सुविधा, सुख-साधन	1. सुख-सुविधा, सुविधा	1. सुख-सुविधा (हरि०)
Amount	1. राशि, रकम 2. मात्रा, परिमाण 3. मिश्रधन	1. राशि, रकम 2. मात्रा, परिमाण 3. मिश्रधन	1. राशि, धनराशि 2. मात्रा, परिमाण 3. मिश्रधन	1. राशि, रकम 2. मात्रा, परिमाण 3. मिश्रधन	1. राशि, रकम 2. मात्रा, 3. धनराशि	1. राशि, (हरि०) रकम 2. मात्रा, परिमाण 3. मिश्रधन 4. अनुगम होना (resulting) 5. समतुल्य होना (equally in effect) (विधि)
Annex	1. अनुबद्ध करना, जोड़ना, नत्थी करना, 2. राज्य में मिला देना	1. अनुबद्ध करना, जोड़ना, नत्थी करना 2. राज्य में मिला देना	1. अनुबद्ध करना, जोड़ना, नत्थी करना 2. राज्य में मिला देना 3. अनुलग्न करना	1. अनुबद्ध करना, जोड़ना 2. राज्य में मिला देना	1. अनुबद्ध करना, जोड़ना 2. मिला लेना मिलाना	1. अनुबद्ध करना, जोड़ना, नत्थी करना 2. राज्य में मिला देना

1	2	3	4	5	6	7
Annexure	1. अनुबंध	1. अनुबंध 2. संलग्न, परिशिष्ट	1. अनुबंध 2. अनुलग्नक	1. अनुबंध	1. अनुबंध 2. परिशिष्ठ 3. उपगृह, उपभवन 4. अनुबद्ध (विशे०)	1. अनुबंध (हरि०)
Announcement	1. आख्यापन, एलान	1. आख्यापन, एलान, घोषणा	1. आख्यापक, वाचक	1. आख्यापन, एलान, अभिज्ञापन	1. अभिज्ञापन, घोषणा	1. आख्यापन. एलान (हरि०)
Anomaly	1. असंगति	1. असंगति	1. असंगति, अनियमितता	1. विसंगति,	1. असंगति, विसंगति विषमता	1. असंगति (हरि०)
Antecedents	1. पूनवृत्त	1. पूर्ववृत्त	1. पूर्ववृत्त	1. पूर्ववृत्त, 2. पूर्वगामी, पूर्ववत्ती	1. पूर्ववृत्त, पूर्वइतिहास 2. पहला, पूर्व, पूर्ववर्ती	1. पूर्ववृत्त
Anticipation	1. प्रत्याशा 2. पूर्वानुमान	1. प्रत्याशा 2. पूर्वानुमान	1. प्रत्याशा 2. पूर्वानुमान	1. प्रत्याशा 2. पूर्वानुमान,	1. प्रत्याशा 2. पूर्वानुमान, अनुमानित 3. पूर्वकल्पित	1. प्रत्याशित, 2. पूर्वानुमान (हरि०)
Appeal	1. अपील (करना)	1. अपील (करना)	1. अपील	1. अपील, पुनरावेदन	1. अपील,	1. अपील 2. दुहाई (a call for help) विधि
Appellation	1. अभिधान, पदवी	1. अभिधान, पदवी	1. अभिधान	1. अभिधान,	1. अभिधान,	1. अभिधान

1	2	3	4	5	6	7
			2. उपपद	2. पदवी, उपाधि 3. नाम	2. पदवी	2. पदवी (हरि०)
Appendage	1. संलग्नक	1. संलग्न	1. संलग्न	1. संलग्न	1. संलग्न वस्तु	1. संलग्नक (हरि०)
			2. उपांग	2. परिशिष्ट, उपांग	2. उपांग	
Appendix	1. परिशिष्ट	1. परिशिष्ट	1. परिशिष्ट	1. परिशिष्ट	1. परिशिष्ट 2. अनुलग्न	1. परिशिष्ट (हरि०)
Appliance	1. साधन, उपकरण 2. साधित्र	1. साधन, उपकरण 2. साधित्र	1. साधन, उपकरण 2. साधित्र	1. उपकरण उपसाधन,	1. साधन, उपकरण 2. प्रयोग, उपयोग	1. साधन, उपकरण 2. साधित्र (हरि०)
Applicability	1. प्रयोज्यता, लागू होना	1. प्रयोज्यता, लागू होना	1. प्रयोज्यता, लागू होना, विनियोज्यता	1. प्रयोज्यता	1. प्रयोज्यता	1. प्रयोज्यता, लागू होना, (हरि०)
Application	1. आवेदन, आवेदन-पत्र, अर्जी	1. आवेदन-पत्र, प्रार्थना-पत्र	1. आवेदन-पत्र, प्रार्थना-पत्र, अर्जी, आवेदन	1. आवेदन-पत्र आवेदन	1. आवेदन-पत्र दरखास्त	1. आवेदन, आवेदन-पत्र, अर्जी (हरि०)
	2. प्रयोज्यता, लागू होना	2. प्रयुक्ति	2. विनियोग, विनियोजन, लागू करना, लागू होना 3. प्रयोज्यता, प्रयोग 4. तत्परता	2. लागू होना, लगना, लगाना 3. प्रयोग 4. अभ्यास	2. प्रयोग, उपयोग, लागू होना, लागू किया 3. नियुक्त 4. परायणता	2. प्रयोज्यता, लागू होना (हरि०)

1	2	3	4	5	6	7
Apply	1. लागू होना 2. उपयोजन करना 3. आवेदन करना 4. लगाना (विधि)	1. लागू करना 2. 3. आवेदन पत्र देना	1. लागू होना 2. का विनियोग करना 3. आवेदन देना 4. को लागू होना	1. लागू होना 2. मनोनिवेश होना 3. आवेदन करना, आवेदन-पत्र देना	1. लागू होना/ करना 2. — 3. आवेदन देना/ करना 4. लगाना/ प्रयोग करना	1. लागू होना 2. 3. आवेदन देना 4. लगाना
Appoint	1. नियुक्त करना 2. नियत करना 3. स्थापित करना (विधि)	1. नियुक्त करना 2. नियत करना	1. नियुक्त करना 2. नियत करना	1. नियुक्त करना 2. निर्धारित करना	1. नियुक्त करना 2. नियत करना	1. नियुक्त करना 2. नियत करना
Appointee	1. नियुक्त-व्यक्ति	1. नियुक्त-व्यक्ति	1. नियुक्त-व्यक्ति	1. नियुक्त (व्यक्ति)	1. नियुक्त (व्यक्ति)	1. नियुक्त (व्यक्ति) (हरि०)
Appointing Authority	1. नियुक्ति-प्राधिकारी	1. नियुक्ति-प्राधिकारी	1. नियुक्ति-अधिकारी	1. नियुक्ति प्राधिकारी	1. नियुक्ति प्राधिकारी	1. नियुक्ति-प्राधिकारी (हरि०)
Appointment	1. नियुक्ति	1. नियुक्ति	1. नियुक्ति 2. नियत करना	1. नियुक्ति, 2. निर्धारण 3. नौकरी	1. नियुक्ति	1. नियुक्ति (हरि०)
Appointment, Permanent	1. स्थायी नियुक्ति	1. स्थायी नियुक्ति	1. स्थायी नियुक्ति	1. स्थायी नियुक्ति	1. स्थायी नियुक्ति	1. स्थायी नियुक्ति (हरि०)
Appointment, Temporary	1. अस्थायी-नियुक्ति	1. अस्थायी-नियुक्ति	1. अस्थायी-नियुक्ति	1. अस्थायी-नियुक्ति	1. अस्थायी-नियुक्ति	1. अस्थायी-नियुक्ति (हरि०)

1	2	3	4	5	6	7
Appraiser	1. मूल्य-निरूपक	1. मूल्य-निरूपक	1. मूल्य-निरूपक	1. मूल्य निरूपक, मूल्य निर्धारण	1. मूल्यनिरूपक, मूल्यांकन कर्त्ता, मूल्य आंकने वाला, मूल्य कूतनेवाला	1. मूल्य निरूपण (हरि०)
Appreciation	1. सराहना	1. सराहना	1. मूल्यांकन	1. सराहना, परिशंसा	1. प्रशंसा	1. सराहना
	2. वृद्धि (cas of price)	2. वृद्धि	2. मूल्य-वृद्धि	2. अधिमूल्यन	2. मूल्यवृद्धि, अधिमूल्यन	2. वृद्धि (हरि०)
			3. अधिमूल्यन	3. अन्वालोचन	3. विवेचन	
			4. विवेचन	4. अवधारण	4. रसस्वाद, रसग्रहण	
Apprentice	1. शिशु, अप्रैंटिस	1. शिशु, अप्रैंटिस	1. शिशु, अप्रैंटिस	1. शिशु, अप्रैंटिस	1. शिशिक्षु, अप्रैंटिस, उम्मीदवार, शिक्ष्यमाण शिक्षार्थी, शिक्षाधीन	1. शिशु, अप्रैंटिस (हरि०)
Appropriate	1. उपयुक्त/उचित (कि० वि०)	1. उपयुक्त/उचित	1. उपयुक्त, समुचित, यथोचित	1. उपयुक्त, समुचित, समुपयुक्त	1. उपयुक्त, समुचित, यथार्थ	1. उपयुक्त/उचित
	2. विनियोजन करना (क्रि०)	2. विनियोजन-करना		2. विनियोजन-करना, हस्त-गत करना	2. विनियोजन करना, विनियोग करना, विनियुक्त	2. विनियोजन करना (हरि०)

1	2	3	4	5	6	7
					करना, काम में लाना, अलग-अलग करना	
Appropriate head	1. उचित-शीर्ष	1. उचित-शीर्ष	1. उचित-शीर्ष, उचित-शीर्षक	1. उचित-शीर्ष, समुचित शीर्ष	1. समुचित-शीर्ष, उपयुक्त शीर्ष	1. उचित शीर्ष (हरि०)
Appropriation	1. विनियोजन	1. विनियोजन	1. विनियोजन, विनियोग	1. विनियोजन, विनियोग	1. विनियोजन, विनियोग	1. विनियोजन
Appropriation account	1. विनियोजन-लेखा, विनियोग-लेखा	1. विनियोग-लेखा, विनियोजन-लेखा	1. विनियोग-लेखा, विनियोजन-लेखा	1. विनियोग-लेखा विनियोजन-लेखा	1. विनियोग-लेखा	1. विनियोजन-लेखा, विनियोग-लेखा
Appropriation act	1. विनियोजन-अधिनियम	1. विनियोजन-अधिनियम	1. विनियोजन-लेखा, विनियोग-लेखा	1. विनियोजन-लेखा, विनियोग-लेखा	1. विनियोग-लेखा,	1. विनियोजन-अधिनियम
Approve	1. अनुमोदन-करना	1. अनुमोदन-करना	1. अनुमोदन-करना, अनुमोदित-करना	1. अनुमोदन-करना	1. अनुमोदन करना, पसन्द करना	1. अनुमोदन-करना
Approved contractor	1. अनुमोदित-ठेकेदार, अनुमोदित-संविदाकार	1. अनुमोदित-ठेकेदार, अनुमोदित-संविदाकार	1. अनुमोदित-ठेकेदार	1. अनुमोदित-ठेकेदार	1. अनुमोदित-ठेकेदार, अनुमोदित-संविदाकार	1. अनुमोदित-ठेकेदार (हरि०)
Approval	1. अनुमोदन	1. अनुमोदन	1. अनुमोदन	1. अनुमोदन	1. अनुमोदन, मान्यता 2. पसन्दगी	1. अनुमोदन, (हरि०)

1	2	3	4	5	6	7
Appurtenance	1. अनुलग्नक, उपाबन्ध	1. अनुलग्नक, उपाबन्ध	1. अनुलग्नक, उपाबन्ध	1. उपबंध 2. उपरवद्धवस्तु	1. अनुलग्नक, वस्तु, अंग, अनुबंध	1. अनुलग्नक, उपाबंध (हरि०)
Arbitration	1. माध्यस्थ्य, विवाचन	1. मध्यस्थ, पंचफैसला	1. माध्यस्थ्य, विवाचक	1. माध्यस्थ्य, विवाचन	1. पंचनिर्णय, विवाचन	1. माध्यस्थ, विवाचन (हरि०)
Arbitrator	1. मध्यस्थ, विवाचक	—	1. मध्यस्थ, विवाचक, पंच	1. मध्यस्थ, विवाचक	1. मध्यस्थ, विवाचक, पंच	1. मध्यस्थ, विवाचक
Arboriculturist	1. वृक्ष-संवर्धन-विज्ञानी	(राज०)	1. वृक्ष-संवर्धन-विज्ञानी	1. वृक्ष-संवर्धन-विज्ञानी	1. वृक्ष-विज्ञानी, वृक्ष-वर्धन-विज्ञानी	1. वृक्ष-संवर्धन-विज्ञानी (हरि०)
Archaeologist	1. पुरातत्त्वज्ञ	... ...	1. पुरातत्वज्ञ, पुरातत्वविद्	... ... 1. पुरातत्वविद्	1. पुरातत्वज्ञ, पुरातत्ववित्ता, पुरातत्वविद्	1. पुरातत्वज्ञ (हरि०)
Archaeology	1. पुरातत्त्व 2. पुरातत्त्व-विज्ञान	1. पुरातत्त्व 2. पुरातत्त्व-विज्ञान	1. पुरातत्त्व 2. पुरातत्त्व-विज्ञान	1. पुरातत्त्व 2. पुरातत्त्व-विज्ञान	1. पुरातत्त्व 2. पुरावशेष	1. पुरातत्त्व 2. पुरातत्त्व विज्ञान (हरि०)
Architect	1. वास्तुक, वास्तुविद् 2. स्थपति		1. वास्तुक, वास्तुविद्, वस्तुशिल्पी 2. स्थपति	1. वास्तुक, वास्तुविद्, वास्तुकार	1. वास्तुविद् 2. स्थपति	1. वास्तुक, वास्तुविद्, 2. स्थपति (हरि०)
Architecture	1. वास्तुकला, स्थापत्यकला	1. वास्तुकला, स्थापत्यकला	1. वास्तुकला, स्थापत्यकला, वास्तुविद्या, वास्तुशिल्प, वास्तु	1. वास्तुकला, स्थापत्यकला, वास्तुविद्या	1. वास्तुकला, स्थापत्यकला, वास्तुविद्या	1. वास्तुकला, स्थापत्यकला

1	2	3	4	5	6	7
Archives	1. (शासकीय)-अभिलेखागार	1. (शासकीय)-अभिलेखागार	1. अभिलेखागार, शासकीय अभिलेखागार	1. शासकीय-आलेखागार 2. पुरालेखागार 3. पुरालेख	1. अभिलेखागार 2. पुरालेखागार 3. अभिलेख 4. पुरालेख	1. अभिलेखागार (हरि०)
Area	1. क्षेत्र	1. क्षेत्र	1. क्षेत्र, क्षेत्रफल	1. क्षेत्र, क्षेत्रफल	1. क्षेत्र, इलाका 2. प्रवेश 3. क्षेत्रफल	1. क्षेत्र
Argument	1. तर्क	1. तर्क	1. तर्क	1. तर्क युक्ति बहस दलील	1. तर्क युक्ति बहस	1. तर्क (हरि०)
Arrangement	1. प्रबंध/व्यवस्था 2. विन्यास	1. प्रबंध/व्यवस्था 2. विन्यास	1. प्रबंध/व्यवस्था, क्रम 2. विन्यास	1. प्रबंध/व्यवस्था 2. विन्यास	1. प्रबंध/व्यवस्था, 2. क्रम, विन्यास, रचना	1. प्रबंध/व्यवस्था 2. विन्यास (हरि०)
Arrangement of files	1. मिसिल-विन्यास	1. मिसिल-विन्यास	1. मिसिल विन्यास/पत्रावली	1. मिसिल-विन्यास, संचिका-विन्यास	1. मिसिल-विन्यास	1. मिसिल-विन्यास (हरि०)
Article	1. अनुच्छेद 2. नियम	1. (संविधान) अनुच्छेद 2. नियम	1. अनुच्छेद 2. नियम	1. अनुच्छेद 2. नियम, अन्तर्नियम	1. अनुच्छेद 2. अन्तर्नियम	1. अनुच्छेद 2. नियम

	2	3	4	5	6	7
	3. वस्तु	3. वस्तु	3. वस्तु 4. लेख	3. वस्तु 4. लेख 5. पद	3. वस्तु, पदार्थ, चीज 4. लेख 5. पद	3. वस्तु (हरि०)
Articles	1. नियमावली	1. नियमावली	1. नियमावली	1. नियमावली/ अन्तर्नियम 2. वस्तु 3. अनुच्छेद	1. नियमावली	1. नियमावली (हरि०)
Assemble	1. जुड़ना/ एकत्र होना/ इकट्ठा होना	1. एकत्रित होना/ इकट्ठा होना/ सम्मिलित होना	1. एकत्र होना, एकत्र करना, इकट्ठा करना, समवेत करना, समायोजन-करना	1. इकट्ठा होना, एकत्र करना, एकत्र होना, समवेत होना	1. इकट्ठा होना, इकट्ठा करना, समवेत होना, सम्मिलित होना	1. जुड़ना/एकत्र होना, इकट्ठा होना
	2. जोड़ना/ सम्मिलित-करना/ एकत्र करना/ इकट्ठा करना/ समवेत करना	2. जोड़ना/सम्मि-लित करना/ एकत्र करना/ इकठ्ठा करना	2. जमा होना, एकत्र होना, जुटाना (यंत्रका)		2. जोड़ना, संयोजन-करना	2. जोड़ना/ सम्मलित करना, एकत्र करना/ इकट्ठा करना, समवेत करना (हरि०)
Assembly	1. सभा 2. जमाव/सम्मेलन	1. विधान सभा 2. जमाव/ सम्मेलन	1. सभा 2. जमाव/ सम्मेलन 3. संयोजन, जुड़ाई	1. सभा/ विधानसभा 2. जमाव	1. सभा/ विधानसभा 2. जनसंग्रह, जमाव, जनसमूह, सम्मेलन (विधि)	1. सभा 2. जमाव/सम्मेलन

1	2	3	4	5	6	7
Assent	1. अनुमति	1. अनुमति	1. अनुमति, अनुमति देना	1. अनुमति	1. अनुमति/ स्वीकृति/ सम्मति 2 अनुमति देना, सहमति प्रकट करना	1. अनुमति (हरि०)
Assessment	1. कर-निर्धारण 2. निर्धारण	1. कर-निर्धारण 2. निर्धारण	1. कर-निर्धारण 2. निर्धारण	1. कर-निर्धारण 2. निर्धारण 3. जमाबंदी 4. मूल्यांकन	1. कर-निर्धारण निर्धारित करना 2. निर्धारण	1. कर-निर्धारण 2. निर्धारण (हरि०)
Assets	1. आस्तियां, परिसंपत्ति	1. आस्तियाँ, परिसम्पत्ति	1. आस्तियां, परिसम्पत्ति	1. आस्तियां, परिसम्पत्ति, मालभत्ता	1. आस्तियां, परिसम्पत्ति, माल-भत्ता, सम्पत्ति, पूंजी	1. आस्तियां, परिसम्पत्ति (हरि०)
Assign	1. समनुदेशित-करना/सौंपना 2. नियत करना	1. सौंपना/ नियत करना/ समनुदेशित-करना	1. समनुदेशित-करना/सौंपना/ देना 2. नियत करना, निर्दिष्ट करना 3. अभ्यर्पिती	1. समनुदेशित-करना, अभिहस्तांकित-करना 2. नियत करना, निर्दिष्ट करना 3. सौंपना, सौंप देना 4. अभ्यार्पित करना	1. सौंपना, अर्पण करना, स्वत्वार्पण-करना, अभिहस्तांकन करना 2. नियत करना, जिम्मे लगाना 3. देना, बतलाना	1. समनुदेशित करना/सौंपना 2. नियत करना (हरि०)

1	2	3	4	5	6	7
Assignment	1. समनुदेशन/ नियत कार्य/ सुपुर्द करना	1. समनुदेशन, नियत कार्य, सुपुर्द करना, अभिहस्तांकन	1. समनुदेशन, सुपुर्द करना, नियत या निर्दिष्ट करना, निर्दिष्ट कार्य, नियत करना, अभ्यार्पण-करना, अभ्यर्पण-पत्र, नियत कार्य	1. समनुदेशन, सौंपना, सुपुर्द करना, अभ्यार्पण करना, अभिहस्तांकन	1. सौंपा हुआ कार्य, सौंपना, दत्तकार्य, अर्पण, स्वत्वार्पण, अभिहस्तांकन	1. समनुदेशन/ नियत कार्य सुपुर्द काम (हरि०)
Assistant	1. सहायक	1. सहायक	1. सहायक	1. सहायक	1. सहायक	1. सहायक (हरि०)
Associate	1. सह	—	1. सह/सहयुक्त	1. साथी (अपराध में) सह/सहयुक्त सहचारी	1. सहकारी, साथी	1. सह
	2. सम्मलित-करना	2. सम्मलित-करना	2. संबद्ध करना, सहयुक्त करना, संगति करना, संगति में रहना	2. संयुक्त करना, सम्मानित-करना, साथ करना		2. सम्मलित करना
		3. संघ				
Association	1. संघ/समाज/ संगम	1. संघ/समाज	1. संघ, संस्था	1. संस्था/संगम	1. संघ, संस्था, संहति, सभा, मंडली, संगम	1. संघ/समाज/ संगम
	2. संबंध/साहचर्य	2. संबंध/साहचर्य	2. साहचर्य/संबंध, संगति	2. साहचर्य	2. संबंध, साहचर्य, संगति	2. संबंध/साहचर्य

1	2	3	4	5	6	7
Assume	1. ग्रहण करना	1. ग्रहण करना	1. ग्रहण करना, धारण करना	1. ग्रहण करना, अवधारण-करना	1. ग्रहण करना, धारण करना, हाथ में लेता	1. ग्रहण करना
	2. कल्पना करना	2. कल्पना करना	2. मान लेना	2. मान लेना	2. मान लेना	2. कल्पना करना (हरि०)
			3. कल्पना करना	3. कल्पना करना		
Assumption	1. ग्रहण	1. ग्रहण	1. ग्रहण, धारण	1. ग्रहण, अवधारण	1. ग्रहण, धारण	1. ग्रहण
	2. कल्पना	2. कल्पना	2. कल्पना	2. कल्पना	2. कल्पना-धारण	2. कल्पना (हरि०)
Assumption of charge	1. भार-ग्रहण	1. भार-ग्रहण	1. कार्य ग्रहण, भार ग्रहण	1. प्रभार ग्रहण	1. कार्यभार ग्रहण करना	1. भार-ग्रहण (हरि०)
Assurance	1. आश्वासन	1. आश्वासन	1. आश्वासन	1. आश्वासन	1. आश्वासन, विश्वास, दृढ़ता	1. आश्वासन
	2. बीमा	2. बीमा	2. बीमा	2. बीमा	2. बीमा	2. बीमा
	3. हस्तांतरण-पत्र	3. हस्तांतरण-पत्र	3. हस्तांतरण/ हस्तांतरण-पत्र,	3. हस्तांतरण, हस्तांतरण-पत्र अभिहस्तांतरण (विधि)	3. हस्तांतरण, हस्तांतरण-पत्र	3. हस्तांतरण-पत्र (हरि०)
Assure	1. आश्वस्त करना	1. आश्वस्त करना	1. आश्वासन देना,	1. आश्वस्त करना, विश्वास दिलाना,	1. आश्वासन देना	1. आश्वस्त करना (हरि०)
			2. बीमा करना	2. बीमा करना		
Atomic Energy	1. परमाणु-ऊर्जा	1. परमाणु-ऊर्जा	1. परमाणु-ऊर्जा	1. परमाणु-ऊर्जा	1. परमाणु-शक्ति	1. परमाणु-ऊर्जा (हरि०)
At par	1. सममूल्य पर	1. सममूल्य पर	1. सममूल्य पर	1. सममूल्य पर, बराबर पर	1. सममूल्य पर	1. बराबर पर

1	2	3	4	5	6	7
Attache	1. सहचारी/ अताशे	1. सहचारी	1. सहचारी/ अताशे	1. सहचारी/ अटैची (पेटी) अटैशे (व्यक्ति) 2. आसंगी	1. सहचारी	1. सहचारी/ अताशे (हरि०)
Attached	1. संलग्न	1. संलग्न	1. संलग्न, संबद्ध, 2. कुर्क किया हुआ	1. संलग्न	1. संलग्न, साथ लगा हुआ, लगा हुआ, संयुक्त, संयोजित, नत्थी 2. कुर्क, अभ्यागृहीत	1. संलग्न (हरि०)
Attachment	1. कुर्की	1. कुर्की	1. कुर्की	1. कुर्की 2. आसक्ति	1. कुर्की (विधि) 1. आसक्ति	1. कुर्की (हरि०)
Attendance	1. उपस्थिति, हाजिरी	1. उपस्थिति, हाजिरी·	1. उपस्थिति 2. सेवा-परिचर्या	1. उपस्थिति, हाजिरी 2. सेवा, शुश्रुषा	1. उपस्थिति, हाजिरी	1. उपस्थिति, हाजिरी
Attention	1. ध्यान	1. ध्यान	1. ध्यान, सावधान (पुलिस)	1. ध्यान, सावधानी, सावधान	1. ध्यान, सावधानी	1. ध्यान (हरि०)
Attestation	1. अनुप्रमाणन/ साक्ष्यांकन/ तसदीक	1. अनुपालन/ साक्ष्यांकन/ तसदीक	1. अनुप्रमाणन, प्रमाणीकरण, साक्ष्यांकन तसदीक	1. अभिप्रमाणन अनुप्रमाणन तसदीक	1. अभिप्रमाणंन/ अभिप्रमाणित करना/ साक्ष्यांकन, तसदीक	1. अनुप्रमाणन, साक्ष्यांकन, तसदीक
Audit	1. लेखा-परीक्षा, संपरीक्षा	1. लेखा-परीक्षा, अंकेक्षा	1. लेखा-परीक्षा, संवीक्षा, आपत्तियां,	1. लेखा-परीक्षा, अंकेक्षा, लेखा-परीक्षा	1. लेखा-परीक्षा, गणना-परीक्षा,	1. लेखा-परीक्षा

1	2	3	4	5	6	7
			लेखा- आपत्तियां	करना, अंकेक्षण करना	2. लेखा परीक्षा करना	
Audit objections	1. लेखा परीक्षा-आपत्तियां/ लेखा आपत्तियां	1. लेखा परीक्षा-आपत्तियां/ लेखा आपत्तियां/ अंकेक्षा आपत्तियां	1. लेखा परीक्षा-आपत्तियां, लेखा आपत्तियां, सपरीक्षा आपत्तियां	1. लेखा-आपत्तियां, अंकेक्षा आपत्तियां	1. लेखा-परीक्षा-आपत्तियां	1. लेखा परीक्षा-आपत्तियां, लेखा आपत्तियां (हरि०)
Authentic	1. अधिप्रमाणित	1. अधिप्रमाणित, प्रामाणिक	1. अधिप्रमाणित, प्रामाणिक	1. अधिप्रमाणिक, प्रामाणिक	1. प्रामाणिक, प्राधिकृत, विश्वसनीय, सत्य, वास्तविक	1. अधिप्रमाणित (हरि०)
Authenticate	1. अधिप्रमाणित-करता	1. अधिप्रमाणित-करना	1. अधिप्रमाणित-करना. प्रमाणित करना, प्रमाणीकरण करना	1. अधिप्रमाणित-करना	1. प्रमाणीकरण करना 2. प्राधिकार-देना	1. अधिप्रमाणित करना (हरि०)
Authentication	1. अधिप्रमाणन	1. अधिप्रमाणन	1. प्रमाणीकरण, अधिप्रमाणन	1. अधिप्रमाणन, प्रमाणीकरण	1. प्रमाणीकरण	1. अधिप्रमाण (हरि०)

1	2	3	4	5	6	7
Authorise	1. प्राधिकृत करना	1. प्राधिकृत करना, प्राधिकार देना	1. प्राधिकृत करना, प्राधिकार देना	1. प्राधिकृत करना	1. प्राधिकृत करना, प्राधिकार देना	1. प्राधिकृत करना (हरि०)
Authority	1. प्राधिकारी	1. प्राधिकारी	1. प्राधिकारी, सत्ता	1. प्राधिकारी	1. प्राधिकारी, सत्ता	1. प्राधिकारी/ अधिकारी (हरि०)
	2. प्राधिकार	2. प्राधिकार	2. प्राधिकार	2. प्राधिकार, सत्ता	2. —	
	3. प्राधिकरण		3. —	3. —	3. प्राधिकरण	
			4. प्रमाण	4. प्रमाण	4. प्रमाण	
			5. अनुमति/अनुज्ञा			
Autograph	1. स्वाक्षर	1. स्वाक्षर/ आटोग्राफ	1. स्वाक्षर	1. स्वाक्षर, स्वाक्षर करना	1. स्वाक्षर	1. स्वाक्षर (हरि०)
Autonomous	1. स्वायत्त	1. स्वायत्त	1. स्वायत्त	1. स्वायत्त	1. स्वायत्त, स्वायत्त-शासन सम्बन्धी	1. स्वायत्त (हरि०)
Auxiliary	1. सहायक/ सहकारी,	1. सहायक/सहकारी	1. सहायक, सहकारी	1. सहायक, सहाय	1. सहायक	1. सहायक/ सहकारी
	2. अतिरिक्त	2. अतिरिक्त	2. अतिरिक्त	2. अतिरिक्त		2. अतिरिक्त
		3. गौण				
Available	1. प्राप्य/ उपलब्ध	1. प्राप्य/ उपलब्ध	1. प्राप्य, उपलभ्य, उपलब्ध	1. प्राप्य, उपलभ्य	1. प्राप्य, उपलब्ध, उपलभ्य	1. प्राप्य, उपलब्ध (हरि०)
			2. उपयोज्य, प्रयोज्य			
Avoid	1. वर्जन करना/ परिहार करना/ बचना	1. वर्जन करना/ परिहार करना/ बचना	1. परिहार करना, बचना, … …	1. परिवर्तन करना, हीन करना, शून्य करना	1. परिवर्तन-करना, परिहार करना, … … आनाकानी करना	1. वर्जन करना, परिहार करना, बचना

1	2	3	4	5	6	7
Avoidable	1. परिहार्य	1. परिहार्य	1. परिहार्य, निवार्य	1. परिहार्य	1. परिहार्य, ...	1. परिहार्य
Award	1. पंचाट/ अधिनिर्णय	1. पंचाट/ अधिनिर्णय/ पंचनिर्णय	1. निर्णय, पंचनिर्णय	1. पंचाट	1. पंचाट/ पंचनिर्णय, निर्णय	1. पंचाट/ अधिनिर्णय (हरि०)
			2. निर्णय करना, पंचनिर्णय देना, देना, प्रदान करना	2. पंचाट करना ... ... प्रदान करना	2. देना, प्रदान करना	2. अधिनिर्णीत करना (विधि)
					3. पुरस्कृत, पुरस्कार	3. पुरस्कार (विधि)
						4. प्रदान करना (विधि)
Axiom	1. स्वयंसिद्धि	1. स्वयंसिद्धि	1. स्वयंसिद्धि	1. स्वयंसिद्ध, स्वयंसिद्धि	1. स्वयंसिद्ध, स्वयंसिद्धि, स्वतः सिद्ध	1. स्वयंसिद्धि
					2. सूत्र	

B

1	2	3	4	5	6	7
Background	1. पृष्ठभूमि	1. पृष्ठभूमि	1. पृष्ठभूमि	1. पृष्ठभूमि	1. पृष्ठभूमि	1. पृष्ठभूाम (हरि०)
			2. पृष्ठाधार	2. पार्श्व/ पृष्ठाधार	2. पर्श्वभूमि	
			3. भूमिका		3. भूमिका	

1	2	3	4	5	6	7
Backward classes	1. पिछड़े वर्ग	1. पिछड़े वर्ग	1. पिछड़े वर्ग	1. पिछड़े वर्ग	1. पिछड़े वर्ग, पिछड़े हुए वर्ग, पश्चवर्ती वर्ग	1. पिछड़े वर्ग
Bad character	1. दुश्चरित्रता/ बुराशील	1. दुश्चरित्रता, बुराशील	1. दुश्चरित्र, बुराशील, बदमाश	1. दुश्चरित्र, दागी बुराशील, बुराचरित्र	1. दुश्चरित्र/ दुराचारी, बदमाश	1. दुश्चरित्र
	2. दु:शील	2. दु:शील	2. दु:शील	2. दु:शील	2. बुराशील	2. दु:शील (हरि०)
Bad conduct	1. दुराचरण	1. दुराचरण	1. दुराचरण	1. दुराचरण, कदाचरण 2. कदाचारी	1. दुराचरण	1. दुराचरण (हरि०)
Balance	1. शेष/अतिशेष/ बाकी	1. अतिशेष/बाकी	1. अतिशेष/बाकी, शेष, बकाया	1. अतिशेष, बाकी, शेष, शेष रोकड़	1. रोकड़, बाकी, मिलाना, संतुलन करना	1. शेष/अतिशेष/ बाकी
	2. तुला/तराजू 3. संतुलन	2. तुला/तराजू 3. संतुलन	2. तुला, तराजू 3. संतुलन	2. तुला, कांटा, तराजू 3. समतोलन, संतुलन	2. तौल करना 3. शेष	2. तुला/तराजू 3. संतुलन (हरि०)
Balance Closing	1. अंतशेष/ रोकड़ बाकी	1. अंतशेष/ रोकड़ बाकी	1. अंतशेष रोकड़ बाकी	1. अंतशेष, इतिशेष, बाकी, रोकड़	1. अन्तिशेष, रोकड़ बाकी	1. अन्तशेष/ रोकड़ बाकी (हरि०)
Balance Opening	1. आदिशेष/ रोकड़ जमा	1. आदिशेष/ रोकड़ जमा	1. आदिशेष, रोकड़ जमा	1. आदिशेष, रोकड़ जमा, आरंभ शेष, ...	1. प्रारंभिक शेष, पिछली बाकी, आरंभ में निकले हुए शेष	1. आदि शेष/ रोकड़ जमा (हरि०)
Balance Sheet	1. तुलन-पत्र	1. तुलन-पत्र	1. तुलन-पत्र, स्थिति-पत्रक	1. तुलन-पत्र	1. आय-व्यय विवरण पत्र	1. तुलन-पत्र (हरि०)

1	2	3	4	5	6	7
			2. पक्का चिट्ठा	2. … …	2. पक्का चिट्ठा आय-व्यय चिट्ठा	
Ballot	1. मत-पत्र,मतपर्ची, बैलट, शलाका	1. मत-पत्र ,मतपर्ची, बैलट-पर्ची	1. मत-पत्र,मतपर्ची, बैलट-पर्ची शलाका	1. मत-पत्र, मतपर्ची, बैलट, शलाका	1. मत-पत्र, शलाका, शलाका-पद्धति	1. मत-पत्र ,मतपर्ची, बैलट, शलाखा
	2. मतदान	2. गूढ़मतदान			2. गुप्त, मत-पत्र	2. मतदान (हरि०)
Ballot Secre	1. गुप्त-मतदान	1. गुप्त-मतदान	1. गुप्त-मतदान	1. गुप्त-शलाका	1. गुप्त मतदान/ गुप्त मतपत्र	1. गुप्त-मतदान (हरि०)
Ballot box	1. मतपेटी/ शलाका पेटी	1. मतपेटी/ शलाका पेटी	1. मतपेटी, शलाका पेटी	1. मतपेटी, शलाका पेटी	1. मतपेटी, शलाका पेटी, मतपेटिका	1. मतपेटी, शलाका पेटी (हरि०)
Ballot Paper	1. मतपत्र/ मतपर्ची/ बैलट पर्ची, शलाका	1. मत-पत्र/ मतपर्ची, बैलटपर्ची, शलाका	1. मत-पत्र, मतपर्ची, बैलट पर्ची, शलाका	1. मत-पत्र, शलाका-पत्र, छन्दक-पत्र, बैलट पर्ची	1. मत-पत्र, मतदान-पत्र, शलाका पत्र	1. मत-पत्र, मतपर्ची, बैलट पर्ची, शलाका (हरि०)
Ban	1. प्रतिबंध/रोक/ पाबंदी	1. प्रतिबंध/रोक/ पाबन्दी,	1. प्रतिबंध,रोक, पाबन्दी	1. प्रतिबंध, रोक, रोक लगाना	1. प्रतिषेध, रोक, बन्दी, प्रतिबंध करना, बन्दी करना, रोक लगाना, प्रतिशेध लगाना	1. प्रतिबंध/रोक/ पाबन्दी
		2. निषेध			2. निषेध	
Banquet	1. प्रीतिभोज	1. प्रीतिभोज	1. ज्यौनार, संभोज	1. भोज	1. भोज, महाभोज	1. प्रतिभोज (हरि०)

1	2	3	4	5	6	7
Basic	1. आधारी/मूल/ बुनियादी	1. मूल/बुनियादी	1. आधारी, मूल आधारभूत, आधारिक, बुनियादी	1. आधारभूत, मूलभूत, मूल, बुनियादी	1. आधारभूत, मूल, बुनियादी, प्रधान	1. मूल/बुनियादी (हरि०)
Basic Pay	1. मूल वेतन	1. मूल वेतन	1. मूल वेतन, आधारिक वेतन	1. मूल वेतन	1. मूल वेतन	1. मूल वेतन
Basic Scale of pay	1. मूल वेतन-मान	1. मूल वेतन-मान,	1. मूल वेतन-मान, आधारिक वेतन-मान	1. मूल वेतन-मान	1. मूल वेतन-मान, मूल वेतन-श्रेणी	(हरि०) 1. मूल वेतन-मान (हरि०)
Bearer	1. वाहक 2. बैरा 3. परिचर	1. वाहक 2. बैरा	1. वाहक 2. बैरा 3. अनुचर 4. (चेक) बेयरर	1. वाहक 2. बैरा 3. पत्र-वाहक	1. वाहक 2. बैरा 3. धारक	1. वाहक 2. बैरा 3. परिचर (हरि०)
Below par	1. अवमूल्य पर	1. अवमूल्य 2. औसत से कम	1. अवमूल्य	1. अवमूल्य पर 2. घाटा	1. अवमूल्य पर 2. औसत से कम, घाटे से, बट्टे से	1. अवमूल्य(हरि०)
Beneficial	1. फायदाप्रद/ लाभप्रद	1. फायदाप्रद/ लाभप्रद	1. लाभप्रद, लाभदायक, हितकारी 2. सुविधाजनक	1. हितकारी, हितभागी	1. लाभप्रद, लाभकारी, लाभदायक, हितकर, हितकारक, हितकारी	1. फायदाप्रद, लाभदायक (हरि०)
Benefit	1. हित/फायदा/	1. हित/फायदा/	1. हित/फायदा	1. हित, फायदा,	1. हित, फायदा,	1. हित, फायदा,

1	2	3	4	5	6	7
	सुविधा	सुविधा	सुविधा, लाभ	लाभ, लाभ उठाना	सुविधा, लाभ	सुविधा (हरि०)
Beneyolent fund	1. हितकारी निधि	1. दातव्य निधि	1. दातव्य निधि	1. हितकारी निधि	1. उपकारी निधि हितैषी निधि परोपकारी निधि उदार निधि	1. हितकारी निधि (हरि०)
Bibliography	1. संदर्भ ग्रंथ-सूची	1. संदर्भ ग्रंथ-सूची	1. संदर्भ ग्रंथ-सूची	1. संदर्भ ग्रंथ-सूची, ग्रंथ-सूची	1. ग्रंथ-वर्णन, ग्रंथ-सूची, ग्रंथ-वर्णन	1. संदर्भ ग्रंथ-सूची (हरि०)
Bicameral	1. द्विसदन/ दिसदनी	1. द्विसदन/ द्विसदनी	1. द्विसदन/ द्विसदनी	1. द्विसदनी, द्विसदनीय	1. द्विगृही, द्विकोष्ठीय 2. दोहरा	1. द्विसदन, द्विसदनी(हरि ०)
Bilateral	1. द्विपक्षीय	1. द्विपक्षीय, द्विपार्शिक	1. द्विपक्षीय, द्विपार्श्विक, द्विदलीय	1. द्विपक्षीय, द्विपार्श्वीय, दुतरफा 2. द्विदेशीय	1. द्विपक्षीय, दुतरफ़ा, उभयपार्श्व, द्विपार्श्विक, उभयपक्ष 2. द्विदेशीय	1. द्विपक्षीय
Bill	1. विपत्र/बिल 2. विधेयक	1. विपत्र/बिल 2. विधेयक	1. विपत्र/बिल/ देयक 2. विधेयक 3. प्राप्यक	1. विपत्र, देयक, बिल 2. विधेयक (संसद) 3. विनियम-पत्र हुंडी (वाणिज्य) 4. विज्ञापन-पत्र 5. मूल्य-पत्र (होटल)	1. बिल/विपत्र, बीजक, देयक 2. विधेयक 3. हुंडी 4. विज्ञप्ति 5. आलेख	1. विपत्र/बिल 2. विधेयक/ (हरि०)

1	2	3	4	5	6	7
					6. चोंच 7. आरोप-पत्र	
Black list	1. काली-सूची	1. काली-सूची	1. काली-सूची	1. काली-सूची	1. काली-सूची	1. काली-सूची (हरि०)
Block	1. खंड/ब्लॉक/ प्रखंड	1. खंड/ब्लॉक/ प्रखंड	1. (वन, विकास) खंड 2. (मुद्रण) ब्लॉक	1. ब्लॉक (सभी अर्थों में) प्रखंड/खंड, खंडक 2. गुट	1. खंड, संवर्ग, समूह 2. सांचा 3. रोक देना/ मार्ग रोध करना	1. खंड/ब्लॉक (हरि०)
Board	1. बोर्ड/परिषद/ मंडल	1. बोर्ड/परिषद्/ मंडल	1. बोर्ड/परिषद/ मंडल 2. भोजन 3. गत्ता/दफ्ती 4. तख्ता, पट्ट, फलक	1. बोर्ड/पर्षद्/ मंडल 2. भोजन 3. तख्ता 4. जहाज पर चढ़ना, चढ़ना	1. बोर्ड, पर्षद् मंडल, मंडली 2. भोजन 3. पटरा, फलक, पोट, पट्टा	1. बोर्ड, परिषद्/ मडल (हरि०)
Board of studies	1. पाठ्य-समिति	1. पाठ्य-समिति	1. पाठ्य-समिति, विद्या परिषद्	1. पाठ्य-बोर्ड	1. पाठ्यक्रम समिति	1. पाठ्य-समिति (हरि०)
Body	1. निकाय	1. निकाय	1. निकाय	1. निकाय	1. निकाय	1. निकाय
Body Guard	1. अंगरक्षक	1. अंगरक्षक	1. अंगरक्षक	1. अंगरक्षक/ बाडी गार्ड	1. अंगरक्षक, शरीर रक्षक	1. अंगरक्षक (हरि०)
Bonafide	1. वास्तविक/ असली 2. सद्भावी/	1. वास्तविक/ असली 2. सद्भाव/	1. वास्तविक, असली 2. सद्भावी/	वास्तविक, असली, यथार्थ 2. सद्भाषी,	1. वास्तविक, असली 2. सद्भाव,	1. वास्तविक/ असली 2. सद्भाव/

1	2	3	4	5	6	7
	सद्भावपूर्वक	सद्भावपूर्वक	सद्भावपूर्वक (विधि)	सद्भावपूर्वक 3. निष्कपट (मूल)	सद्भावपूर्वक	सद्भावपूर्वक (हरि०)
Bonafides	1. सद्भाव	—	1. सद्भाव, सदाशयता	1. सद्भाव	1. (विधि)सद्भाव, यथार्थपूर्वक	1. सद्भाव (हरि०)
Book value	1. अंकित मूल्य	1. अंकित मूल्य	1. अंकित मूल्य बही मूल्य खाता मूल्य	1. अंकित मूल्य बही मूल्य पुस्तक मूल्य किताबी कीमत	1. अंकित मूल्य	1. अंकित मूल्य (हरि०)
Booth	1. बूथ/कोष्ठ 2.	1. बूथ	1. बूथ, कोष्ठ	1. बूथ, कोष्ठ, मंडप, मतदान-कोष्ठ	1. बल्ली, पल्ली, छपरी, पाल, छान	1. बूथ/कोष्ठ (हरि०)
Booth —, Poling	1. मतदान-कोष्ठ/ मतदान-बूथ	1. मतदान कोष्ठ/ मतदान बूथ	1. मतदान-कोष्ठ, मतदान-बूथ	1. मतकोष्ट, मतदान मंडप	1. मतदान केन्द्र, मतदान-मंडपी	1. मतदान-कोष्ठ, मतदान-बूथ (हरि०)
Breach	1. भंग	1. भंग	1. भंग, उल्लंघन 2. टूट, दरार	1. भंग 2. तोड़, टूट-फूट	1. भंग 2. संधि भेद	1. भंग (हरि०)
Breach of confidence	1. विश्वास-भंग	1. विश्वास-भग विश्वासघात	1. विश्वास-भंग	1. विश्वास-भंग	1. विश्वासघात	1. विश्वास-भंग (हरि०)
Breach of contract	1. संविदा-भंग	1. संविदा-भंग	1. संविदा-भंग, ठेका भंग	1. संविदा-भंग	1. संविदा-भंग, अनुबंध-भंग, ठेका भंग, अनुबंध का उल्लंघन	1. संविदा-भंग (हरि०)

1	2	3	4	5	6	7
Breach of law	1. विधि भंग/ कानून तोड़ना	1. विधि भंग/ कानून तोड़ना	1. विधि-भंग, कानून तोड़ना	1. विधि-भंग, कानून तोड़ना	1. विधि-भंग, विधि का व्यतिक्रम	1. विधि-भंग/ कानून तोड़ना
Breach of privilege	1. विशेषाधिकार-भंग	1. विशेषाधिकार-भंग	1. विशेषाधिकार-भंग, विशेषाधिकार का उल्लंघन	1. विशेषाधिकार-भंग	1. विशेषाधिकार-भंग, सुविधा भंग	1. विशेषाधिकार-भंग
Breach of trust	1. विश्वास-भंग 2. न्यास-भंग	1. विश्वास-भंग 2. न्यास-भंग	1. विश्वास-भंग 2. न्यास-भंग	1. विश्वास-भंग 2. न्यास-भंग	1. विश्वास-भंग 2. न्यास-भंग	1. विश्वास-भंग 2. न्यास-भंग
Break in Service	1. सेवा में भंग/ सेवा-विच्छेद	1. सेवा में भंग/ सेवा-विच्छेद	1. सेवा में व्यवधान	1. सेवा में भंग, सेवा में विभंग/ सेवा में विच्छेद	1. सेवा में भंग	1. सेवा में भंग, सेवा-विच्छेद
Brevity	1. संक्षेप	1. संक्षेप	1. संक्षेप/ संक्षिप्तता	1. संक्षेप	1. संक्षेप	1. संक्षेप
Brief	1. पक्ष-पत्र	1. पक्ष-पत्र	1. पक्ष-पत्र,	1. वादसार, वादबन्ध, पक्ष-पत्र,	1. संक्षिप्त, संक्षेप, संक्षिप्त विवरण	1. पक्ष-पत्र
	2. पक्ष कथन/ ब्रीफ	2. पक्ष कथन/ ब्रीफ	2. पक्ष कथन, ब्रीफ	2. पक्ष कथन, संक्षेप, संक्षिप्त	2. वादबंध, संक्षेप करना, ------ (विधि)	2. पक्ष कथन/ ब्रीफ (हरि०)
			3. संक्षेप, सार (विधि) वाद-सारांश	3. संक्षिप्त करना, विमोचन करना		
Brochure	1. विवरणिका	1. विवरणिका	1. पुस्तिका/ विवरणिका	1 पुस्तिका, विवरणिका	1. पुस्तिका	1. विवरणिका (हरि०)

1	2	3	4	5	6	7
Budget	1. बजट/ आय-व्ययक	1. बजट/आय-व्ययक	1. बजट/आय-व्ययक	1. बजट/आय-व्ययक	1. बजट/आय-व्ययक आय-व्ययपत्रक	1. बजट/आय-व्ययक (हरि०)
Budget —, Balanced	1. संतुलित-बजट/ संतुलित आय-व्ययक	1. संतुलित-बजट/ संतुलित आय-व्ययक	1. संतुलित आय-व्ययक/संतुलित बजट	1. संतुलित बजट, आय-व्ययक	1. संतुलित बजट, संतुलित आय-व्ययक	1. संतुलित बजट (हरि०)
Budget —, Deficit	1. घाटे का बजट	1. घाटे का बजट	1. घाटे का बजट	1. घाटे का बजट	1. घाटे का बजट, घाटे का आय-व्यय पत्रक	1. घाटे का बजट (हरि०)
Budget —, Reappropriation	1. विनियोगांतर, बजट/ पुर्नविनियोग बजट	1. विनियोगांतर, बजट/ पुर्नविनियोग बजट	1. विनियोगांतर बजट/ पुर्नविनियोग, बजट	1. पुर्नविनियोग, बजट/ विनियोगांतर, बजट	1. पुर्नविनियोजन, बजट/ पुर्नविनियोग-आय-व्ययक	1. विनियोगांतर, बजट/ पुर्नविनियोग-बजट (हरि०)
Budget —, Revised	1. परिशोधित-बजट	1. संशोधित बजट	1. संशोधित बजट	1. संशोधित बजट/ पुनरीक्षित बजट	1. संशोधित / पुनरीक्षित/ पुनरावृत्त/ परिशोधित-बजट / आय-व्ययक	1. परिशोधित-बजट (हरि०)
Budget —, Sanctioned	1. संस्वीकृत बजट	1. स्वीकृत बजट	1. स्वीकृत बजट/ आय-व्यय	1. स्वीकृत बजट	1. स्वीकृत बजट	1. स्वीकृत बजट
Budget —, Supplementary	1. पूरक बजट	1. पूरक बजट	1. पूरक बजट	1. अनुपूरक बजट	1. पूरक बजट, पूरक आय-व्ययक, अनुपूरक बजट,	1. पूरक बजट (हरि०)

1	2	3	4	5	6	7
					अनुपूरक आय-व्ययक, पूरक आय-व्यय-पत्रक, आय--व्यय-व्ययक	
Budget estimate	1. बजट प्राक्कलन/ बजट अनुमान	1. बजट अनुमान	1. बजट प्राक्कलन, बजट अनुमान, आय-व्ययक अनुमान	1. बजट प्राक्कलन, बजट अनुमान	1. बजट अनुमान, आय-व्ययक-प्राक्कलन, आय-व्ययक-अनुमान	1. बजट प्राक्कलन, बजट अनुमान (हरि०)
Bureau	1. ब्यूरो, कार्यालय, केन्द्र	1. ब्यूरो, कार्यालय, केन्द्र	1. ब्यूरो, कार्यालय, केन्द्र	1. ब्यूरो, केन्द्र, अभिष्ठान	1. ब्यूरो, कार्यालय, आलय 2. विभाग	1. ब्यूरो, कार्यालय, केन्द्र (हरि०)
Bureaucracy	1. अधिकारी तंत्र/ नौकरशाही	1. अधिकारी तंत्र/ नौकरशाही	1. अधिकारी तंत्र/ नौकरशाही	1. अधिकारी तंत्र, नौकरशाही, अफसरशाही, दफ्तरशाही	1. अधिकारी तंत्र, नौकरशाही 2. अधिकारी वर्ग	1. अधिकारी तंत्र, नौकरशाही (हरि०)
Business	1. कार्य/काम/ कारोबार/ व्यवसाय	1. कार्य/कारोबार/ व्यापार	1. कार्य-व्यापार	1. काम, कार्य व्यवसाय, कारबार	1. कार्य, काम, कार्य-क्रम, सौदा, कारबार, कामकाज, कारोबार	1. कार्य/काम/ कारोबार/ व्यवसाय (हरि०)

1	2	3	4	5	6	7
					कामधंधा, धंधा, व्यापार-व्यवसाय	
Business hours	1. कार्य-समय	1. कार्य-समय	1. कार्य-समय	1. कार्य-समय	1. कार्य-समय	1. कार्य-समय (हरि०)
By-hand	1. दस्ती	1. दस्ती	1. दस्ती	1. दस्ती, दस्ते	1. दस्ती	1. दस्ती (हरि०)
Bye-law	1. उपविधि	1. उपविधि/ उपनियम	1. उपविधि	1. उपविधि	-1. उपविधि	1. उपविधि (हरि०)

C

1	2	3	4	5	6	7
Cabinet	1. मंत्रिमंडल	1. मंत्रिमंडल	1. मंत्रिमंडल	1. मंत्रिमंडल, केबिनेट	1. मंत्रिमंडल 2. छोटा कमरा 3. दराज़वाली- संदूक, संदूकची 4. घोंसला	1. मंत्रिमंडल (हरि०)
Cadre	1. संवर्ग/काडर	1. संवर्ग/काडर	1. संवर्ग/काडर	1. संवर्ग	1. संवर्ग 2. कलेवर, ढांचा	1. संवर्ग/काडर
Calculation	1. गणना/गिनती/ परिकलन	1. गणना/गिनती/ परिकलन	1. गणना, गिनती, परिगणन	1. गणना, गिनती, अनुमान, कलन- करना	1. गणना, परिगणना	1. गणना/गिनती/ परिकलन (हरि०)
Call book	1. निलंबित मामलों की बही/ कालबुक	1. निलंबित मामलों-की बही/ कॉलबुक	1. निलंबित- मामलों की बही, कॉलबूक	1. निलंबित- मामलों की बही/ कॉलबुक	1. कॉलबुक	1. निलंबित- मामलो की बही/कॉलबुक

1	2	3	4	5	6	7
Call for an explanation	1. जवाबतलबी/ स्पष्टीकरण-मांगना	1. जबाबतलबी/ स्पष्टीकरण-मांगना	1. जबाबतलबी/ स्पष्टीकरण मांगना	1. जबाबतलबी/ स्पष्टीकरण-मांगना	1. जबाबतलबी/ स्पष्टीकरण-मांगना	1. जबाबतलबी/ स्पष्टीकरण-मांगना (हरि०)
Call for inspection	1. निरीक्षण की मांग	1. निरीक्षण की मांग	1. निरीक्षण की मांग	1. निरीक्षण की मांग	1. निरीक्षण की मांग	1. निरीक्षण की मांग (हरि०)
Call money	1. अविलंब राशि	1. अविलंब राशि	1. मांगधन, मांग राशि, अविलंब राशि	1. अविलंब राशि (प्र० बैं०) 2. बोली जमा (बैंक) 3. अभियाचित धन (विधि)	1. मांग का रुपया 2 — 3. अभियाचित धन (विधि)	1. अविलंब राशि (हरि०)
Calling	1. व्यवसाय/ आजीविका	1. व्यवसाय/ आजीविका	1. व्यवसाय/ आजीजिका	1. आजीविका	1. पेशा, आजीविका	1. व्यवसाय/ आजीविका
Camera —, Meeting in	1. गुप्त बैठक/ बंद बैठक	1. गुप्त बैठक/ बंद बैठक	1. गुप्त बैठक/ बंद बैठक	1. गुप्त बैठक/ बंद बैठक	1. गुप्त बैठक/ बंदकमरे की बैठक	1. गुप्त बैठक/ बंद बैठक
Campaign	1. विशेष-प्रचार	1. विशेष-प्रचार 2. अभियान	1. अभियान 2. विशेष प्रचार	1. कैम्पेन 2. अभियान	1. मुहिम 2. अभियान 3. आन्दोलन 4. युद्ध/धावा	1. विशेष प्रचार (हरि०)
Cancel	1. रद्द करना	1. रद्द करना	1. रद्द करना, निरस्त करना	1. रद्द करना, विखंडित करना	1. रद्द करना, विलोप करना,	1. रद्द करना (हरि०)

1	2	3	4	5	6	7
					उड़ा देना, प्रतिसंवृत करना, निरस्त करना	
Candidate	1. अभ्यर्थी/ प्रार्थी/ उम्मीदवार	1. अभ्यर्थी/ प्रार्थी/ उम्मीदवार/ प्रत्याशी	1. अभ्यर्थी, उम्मीदवार	1. अभ्यर्थी, उम्मीदवार, परीक्षार्थी	1. अभ्यर्थी, पदाभिलाषी, उम्मीदवार, अभिलाषी	1. अभ्यर्थी, प्रार्थी, उम्मीदवार (हरि०)
Capable	1. समर्थ	1. समर्थ	1. समर्थ	1. समर्थ, शक्ति	1. समर्थ, योग्य, क्षम	1. समर्थ (हरि०)
Capacity	1. क्षमता 2. धारिता	1. क्षमता 2. धारिता 3. हैसियत, पद	1. क्षमता, सामर्थ्य 2. धारिता, समाई 3. हैसियत	1. सामर्थ्य, 2. धारिता, समाई	1. सामर्थ्य, क्षमता 2. धारिता, स्थिति, समावेश-शक्ति, ग्रहण-शक्ति 3. हैसियत	1. क्षमता 2. धारिता (हरि०)
Capita, per	1. प्रतिव्यक्ति	1. प्रतिव्यक्ति	1. प्रतिव्यक्ति	1. प्रतिव्यक्ति	1. प्रतिव्यक्ति	1. प्रतिव्यक्ति(हरि०)
Capital	1. पूंजी/मूलधन 2. स्तंभशीर्ष 3. राजधानी 4. मृत्यु से दंडनीय	1. पूंजी/मूलधन 2. — 3. राजधानी	1. पूंजी/मूलधन	1. पूंजी, मूलधन, मूल, उत्पादी, पूंजीगत 2. — 3. राजधानी 4. प्राणान्तक	1, पूंजी/मूलधन 2. स्तंभशीर्ष 3. राजधानी 4. मृत्यु से दंडनीय	1. पूंजी/मूलधन 2. स्तंभशीर्ष 3. राजधानी 4. मृत्यु से दंडनीय (हरि०)
Capital account	1. पूंजीगत लेखा	1. पूंजीगत लेखा	1. पूंजीगत लेखा	1. पूंजीगत लेखा, पूंजी लेखा	1. पूंजी लेखा, पूंजी खाता, पूजी का हिसाब	1. पूंजीगत लेखा (हरि०)

1	2	3	4	5	6	7
Card, Dead	1. बेकार कार्ड	1. बेकार कार्ड	1. बेकार कार्ड	1. बेकार कार्ड	1. बेकार कार्ड, मृत कार्ड	1. बेकार कार्ड (हरि०)
Card —, Index	1. सूचक पत्र/ कार्ड सूचक	1. सूचक पत्र/ सूचक कार्ड	1. सूचक कार्ड	1. सूचक कार्ड, अनुक्रम-कार्ड	1. सूचक-पत्र, निर्देशक-पत्र	1. सूचक पत्र/ सूचना कार्ड (हरि०)
Card-index	1. कार्ड सूची	1. कार्ड सूची	1. कार्ड सूची	1. कार्ड सूची	1. पत्रक-देशना	1. कार्ड-सूची (हरि०)
Care	1. सावधानी	1. सावधानी	1. सावधानी	1. अवधान, देखरेख	1. सावधानी, अवधान, अवेक्षा	1. सावधानी
	2. परवाह	2. परवाह	2. परवाह	2. परवाह, मारफत, द्वारा		2. परवाह
	3. देखभाल/ रखवाली	3. देखभाल/ रखवाली	3. देखभाल	3. सतर्कता (क्रि०)- अवधान करना		3. देखभाल, रखवाली (हरि०)
Carecr	1. वृत्ति/जीविका/ जीवन	1. वृत्ति/जीविका/ जीवन	1. जीविका-क्रम, आजीव 2. जीवन-क्रम, जीवन 3. प्रगतिक्रम, प्रगति	1. वृत्ति	1. वृत्ति, जीविका, जीवन	1. वृत्ति, जीविका, जीवन (हरि०)
Career —, Education	1. शैक्षणिक जीवन	1. शैक्षणिक- जीवन (राज०)	1. शैक्षणिक जीवन	1. शैक्षणिक- जीवन, वृत्ति	1. शैक्षणिक	1. शैक्षणिक जीवन (हरि०)
Caretaker	1. रखवाल/ अवधायक		1. आधायकर, रखवाल	1. अभीक्षक, अवधायक	1. अवेक्षक, अवधावक,	1. अभीक्षक (हरि०)

1	2	3	4	5	6	7
					अवधायक, रखवाला, कामचलाऊ 2. देखभाल-करने वाला, संरक्षणकर्त्ता	
Carried down	1. तलशेष, अधोनीत	1. तलशेष	1. नीचे गया, अधोनीत	1. तलशेष (वाणिज्य)	1. नीचे ले जाया गया	1. तलशेष, अधोनीत (हरि०)
Carried forward	1. अग्रेनीत	1. आनीतशेष	1. अग्रेनीत, आगे गया	1. अग्रेनीत, आनीत शेष, आगे जोड़ा	1. आगे ले जाया गया, अग्रेनीत	1. अग्रेनीत
Carry out	1. कार्यान्वित-करना/ पालन करना	1. कार्यान्वित-करना/पालन-करना	1. कार्यान्वित-करना	1. कार्यान्वित-करना, पालन करना	1. कार्यान्वित-करना, पूरा करना, पालन करना	1. कार्यान्वित करना/ पालन करना
Case	1. मामला/विषय/ प्रकरण 2. स्थिति	1. मामला/विषय/ प्रकरण 2. स्थिति	1. मामला/विषय/ प्रकरण 2. स्थिति	1. मामला/विषय/ प्रकरण 2. स्थिति/दशा/ केस 3. मुकद्दमा 4. रोगी 5. निर्णय 6. प्रमाण 7. व्यक्ति	1. मामला, विचार्य विषय, प्रकरण/अवस्था 2. दशा, विषय-प्रश्न 3. मुकद्दमा 4. डिब्बा 5. घटना 6. अभियोग	1. मामला/विषय/ प्रकरण 2. स्थिति

1	2	3	4	5	6	7
Casting Vote	1. निर्णायक मत	1. निर्णायक मत	1. निर्णायक मत	1. निर्णायक मत	1. निर्णायक मत	1. निर्णायक मत (हरि०)
Casual Artist	1. नैमित्तिक-कलाकार	1. नैमित्तिक-कलाकार	1. नैमित्तिक-कलाकार	1. नैमित्तिक-कलाकार	1. नैमित्तिक-कलाकार	1. नैमित्तिक-कलाकार (हरि०)
Casual Labourer	1. नैमित्तिक-मज़दूर	1. नैमित्तिक-मज़दूर	1. नैमित्तिक-मज़दूर	1. नैमित्तिक-मज़दूर, अनियत-मज़दूर	1. छूटक-मज़दूर	1. नैमित्तिक मज़दूर (हरि०)
Casual Leave	1. आकस्मिक-छुट्टी	1. आकस्मिक-छुट्टी/ आकस्मिक अवकाश	1. आकस्मिक-छुट्टी	1. आकस्मिक-छुट्टी	1. आकस्मिक-छुट्टी, आकस्मिक-अवकाश	1. आकस्मिक-छुट्टी (हरि०)
Casual Vacancy	1. आकस्मिक-रिक्ति	1. आकस्मिक-रिक्ति	1. आकस्मिक-रिक्ति	1. आकस्मिक-रिक्ति	1. आकस्मिक-रिक्ति, आकस्मिक-रिक्त-स्थान	1. आकस्मिक-रिक्ति (हरि०)
Catalogue	1. ग्रंथ-सूची/ सूची-पत्र	1. ग्रंथ-सूची/ सूची-पत्र	1. सूची, सूची-पत्र, विवरण, पत्रिका	1. ग्रंथ-सूची, सूची-पत्र	1. सूची, सूची-पत्र	1. ग्रंथ-सूची/ सूची-पत्र (हरि०)
Catch word	1. सूचक शब्द	1. सूचक शब्द	1. सूचक शब्द	1. सूचक शब्द, पकड़ शब्द	1. सूचक शब्द	1. सूचक शब्द (हरि०)
Category	1. वर्ग/श्रेणी/ दर्जा/	1. वर्ग/श्रेणी/	1. वर्ग	1. प्रवर्ग/कोटि	1. वर्ग, प्रवर्ग,	1. वर्ग,

1	2	3	4	5	6	7
	कोटि	कोटि			प्रकार ... ... कोटि 2. निकाय	दर्जा, कोटि (हरि०)
Caution	1. खबरदार/ सावधान 2. सावधानी	1. सावधान/ खबरदार 2. सावधानी	1. खबरदार, सावधान, 2. सावधानी	1. खबरदार, सतर्क, चेतावनी, सावधान 2. सावधानी, सतर्कता	1. समवधान, चेतावनी, सावधान 2. सावधानी	1. खबरदार, सावधान 2. सावधानी (हरि०)
Caution money	1. अवधान-द्रव्य	1. अवधान-द्रव्य	1. प्रतिभूति धन	1. अवधान धन	1. अवधान-द्रव्य	1. अवधान-द्रव्य (हरि०)
Celebration	1. समारोह	1. समारोह	1. समारोह, उत्सव	1. समारोह, उत्सव, अनुष्ठान	1. समारोह, उत्सव, सभारम्भ	1. समारोह (हरि०)
Cell	1. कोष्ठ/कक्ष/ प्रकोष्ठ	1. कोष्ठ, कक्ष, प्रकोष्ठ	1. कोष्ठ, कोठरी, प्रकोष्ठ, कक्ष 2. कोशिका	1. कोष्ठ, सेल, कोठरी 2. कोशांग/कोशिका	1. कोष्ठ, कोठरी	1. कोष्ठ/कक्ष/ प्रकोष्ठ (हरि०)
Censure	1. परिनिन्दा, निन्दा प्रस्ताव	1. परिनिन्दा	1. निन्दा करना, निन्दा, अधिक्षेप	1. परिनिन्दा, परिनिन्दन, परिनिन्दा-करना	1. निन्दा, परिनिन्दा, निन्दा करना	1. परिनिन्दा, निन्दा प्रस्ताव (हरि०)
Censure motion	1. निन्दा प्रस्ताव	1. निन्दा प्रस्ताव	1. निन्दा प्रस्ताव	1. परिनिन्दा-प्रस्ताव	1. निन्दा का प्रस्ताव, निन्दा प्रस्ताव	1. निन्दा प्रस्ताव (हरि०)
Census	1. जनगणना	1. जनगणना, मर्दुम शुमारी	1. जनगणना	1. जनगणना, गणना	1. जनगणना	1. जनगणना (हरि०)

1	2	3	4	5	6	7
Central	1. केन्द्रीय	1. केन्द्रीय	1. केन्द्रीय	1. केन्द्रीय	1. केन्द्रीय	1. केन्द्रीय (हरि०)
Centre	1. केन्द्र	1. केन्द्र	1. केन्द्र	1. केन्द्र, मध्य 2. बिचला	1. केन्द्र, मध्य, बीचोबीच	1. केन्द्र (हरि०)
Certificate	1. प्रमाण-पत्र	1. प्रमाण-पत्र	1. प्रमाण-पत्र	1. प्रमाण-पत्र	1. प्रमाण-पत्र	1. प्रमाण-पत्र (हरि०)
Certificate —, Character	1. चरित्र प्रमाण-पत्र	1. चरित्र प्रमाण-पत्र	1. चरित्र प्रमाण-पत्र	1. चरित्र प्रमाण-पत्र	1. चरित्र प्रमाण-पत्र	1. चरित्र प्रमाण-पत्र (हरि०)
Certificate —, Last Pay	1. अन्तिम वेतन-पत्र	1. अन्तिम वेतन-पत्र	1. अन्तिम वेतन-पत्र	1. अन्तिम वेतन-पत्र	1. अन्तिम वेतन-पत्र	1. अन्तिम वेतन-पत्र (हरि०)
Certificate of competence	1. सक्षमता प्रमाण-पत्र	1. समर्थता-प्रमाण-पत्र	1. समर्थता प्रमाण पत्र	1. सक्षमता प्रमाण-पत्र	1. समर्थता-प्रमाण पत्र	1. सक्षमता प्रमाण-पत्र (हरि०)
Certificate of fitness	1. आरोग्य-प्रमाण-पत्र 2. दुरुस्ती प्रमाण-पत्र	1. आरोग्य-प्रमाण-पत्र	1. स्वस्थता प्रमाण पत्र/प्रमाणक	1. स्वस्थता/आरोग्य प्रमाण पत्र 2. योग्यता प्रमाण-पत्र	1. आरोग्य-प्रमाण-पत्र	1. आरोग्य प्रमाण-पत्र 2. दुरुस्ती प्रमाण-पत्र (हरि०)
Certification	1. प्रमाणन/प्रमाणीकरण	1. प्रमाणन/प्रमाणीकरण	1. प्रमाणन, प्रमाण पत्र देना	1. प्रमाणन	1. प्रमाणन, प्रमाणीकरग	1. प्रमाणन/प्रमाणीकरण (हरि०)
Certified copy	1. प्रमाणित प्रति/प्रमाणित नकल	1. प्रमाणित-प्रति/प्रमाणित नकल	•1. प्रमाणित प्रति	1. प्रमाणित प्रति, नकल	1. प्रमाणित-प्रतिलिपि	1. प्रमाणित प्रति/प्रमाणित नकल (हरि०)
Chairman	1. सभापति/	... ...	1. सभापति,	1. सभापति,	1. सभापति/	1. अध्यक्ष/

1	2	3	4	5	6	7
	अध्यक्ष		अध्यक्ष	अध्यक्ष, चैयरमैन	अध्यक्ष	सभापति (हरि०)
Chancellor	1. कुलाधिपति	… …	1. कुलाधिपति, कुलपति	1. कुलाधिपति, कुलपति	1. कुलपति 2. न्यायेश 3. महान्यायेश 4. महामात्य	1. कुलाधिपति (हरि०)
Chancellor —, Pro	1. समकुलाधिपति	… …	1. समकुलाधिपति	1. समकुलाधिपति	1. समकुलाधिपति	1. समकुलाधिपति (हरि०)
Chancellor —, Pro-vice	1. सम-कुलपति	… …	1. सम-कुलपति	1. सम-कुलपति	1. सम-कुलपति	1. सम-कुलपति (हरि०)
Chancellor —, Vice	1. कुलपति	1. कुलपति	1. कुलपति	1. कुलपति	1. कुलपति	1. कुलपति (हरि०)
Change slip	1. परिवर्तन-पर्ची	1. परिवर्तन-पर्ची	1. परिवर्तन-पर्ची	1. परिवर्तन-पर्ची	1. परिवर्तन-पर्ची	1. परिवर्तन-पर्ची (हरि०)
Channel	1. माध्यम/ सरणि	1. माध्यम	1. माध्यम/ सरणि 2. प्रणाली, बरहा, गूल 3. जलसरणी	1. माध्यम/ सरणि 2. धारापथ 3. जलसरणी, नाला	1. पाट 2. कुल्यिका, छोटी नहर, जल सरणि 3. प्रवाह, जल-प्रवाह 4. मार्ग, परिपाटी	1. माध्यम, सरणि (हरि०)
Channel —, Through proper	1. उचित-माध्यम से	1. उचित-माध्यम से	1. उचित-माध्यम से	1. उचित, माध्यम से	1. उचित-माध्यम से	1. उचित-माध्यम से (हरि०)

1	2	3	4	5	6	7
Character roll	1. चरित्र पुस्तक/ चरित्र पुस्ती	1. चरित्र पुस्तक	1. चरित्र पुस्तक	1. चरित्र पुस्तक	1. चरित्र पंजी, चरित्रावली, चरित्र-पुस्तिका, चरित्र-पत्र	1. आचरण-पंजी (हरि०)
Charge	(संज्ञा) 1. चार्ज 2. खर्च/प्रभार 3. कार्यभार 4. आरोप	(संज्ञा) 1. चार्ज 2. खर्च/प्रभार 3. कार्यभार 4. आरोप	(संज्ञा) 1. चार्ज 2. खर्च/प्रभार 3. कार्यभार 4. आरोप	(संज्ञा) 1. चार्ज 2. खर्च/प्रभार 3. कार्यभार 4. आरोप	(संज्ञा) 1. चार्ज 2. खर्च/प्रभार 3. कार्यभार 4. आरोप 5. भार साधन	(संज्ञा) 1. चार्ज 2. खर्च/प्रभार 3. कार्यभार 4. आरोप 5. भार साधन
	(क्रिया) 1. आरोप लगाना 2. चार्ज करना	(क्रिया) 1. आरोप लगाना 2. चार्ज करना 3. भार साधन	(क्रिया) 1. आरोप लगाना 2. चार्ज करना	(क्रिया) 1. आरोप लगाना 2. चार्ज करना	(क्रिया) 1. दोषारोपण करना आरोप लगाना 2. चार्ज करना 3. भारित करना, काम सौंपना	(क्रिया) 1. आरोप लगाना 2. चार्ज लगाना (हरि०)
Charge —, Assumption of	1. कार्यभार-ग्रहण	1. कार्यभार-ग्रहण	1. कार्यभार-ग्रहण	1. कार्यभार-ग्रहण	1. कार्यभार-ग्रहण	1. कार्यभार-ग्रहण (हरि०)
Charge —, Relinguishment of	1. कार्यभार-त्याग	1. कार्यभार-त्याग	1. कार्यभार-त्याग	1. कार्यभार-त्याग	1. कार्यभार-त्याग	1. कार्यभार-त्याग (हरि०)
Charge report	1. कार्यभार-रिपोर्ट	1. कार्यभार-रिपोर्ट	1. कार्यभार-रिपोर्ट	1. कार्यभार-रिपोर्ट	1. कार्यभार-रिपोर्ट	1. कार्यभार-रिपोर्ट (हरि०)
Charge sheet	1. आरोप-पत्र	1. आरोप-पत्र	1. आरोप-पत्र	1. आरोप-पत्र	1. आरोप-पत्र, दोषारोपण-पत्र	1. आरोप-पत्र (हरि०)

1	2	3	4	5	6	7
					2. प्रमार-पत्र, कार्यभार-पत्र	
Cheque	1. चेक	1. चेक	1. चेक	1. चेक	1. चेक	1. चेक (हरि०)
Cheque Bearer	1. धनीजोग चेक	1. धनीजोग चेक, वाहकदेय चेक	1. धनीजोग चेक, वाहकदेय चेक	1. धनीजोग चेक, वाहक चेक	1. धनीजोग चेक, वाहक चेक	1. धनीजोग चेक (हरि०)
Cheque Crossed	1. शाहजोग चेक	1. शाहजोग चेक, नामदेय चेक	1. शाहजोग चेक, नामदेय चेक	1. शाहजोग चेक, नामदेय चेक	1. शाहजोग चेक, रेखित चेक	1. शाहजोग चेक (हरि०)
Cheque En orsed	1. बेचान चेक	1. बेचान चेक	1. बेचान चेक	1. बेचान चेक	1. बेचान चेक, पृष्ठांकित चेक	1. बेचान चेक (हरि०)
Cheque Order	1. नामजोग-चेक	1. नामजोग-चेक, आदेश चेक	1. नामजोग-चेक	1. नामजोग-चेक	1. नामजोग चेक, आदेशी चेक, आज्ञा-धनादेश	1. नामजोग चेक (हरि०)
Chief	1. मुख्य/प्रमुख	1. मुख्य/प्रमुख	1. मुख्य/प्रमुख	1. मुख्य/प्रमुख	1. मुख्य, प्रमुख, मुखिया, प्रधान, नायक	1. मुख्य/प्रमुख (हरि०)
Chronological order	1. काल-क्रम	1. काल-क्रम	1. काल-क्रमानुसार/कालक्रम से	1. कालक्रम	1. काल-क्रम, काल-क्रमानुसार, तिथि क्रमानुसार	1. काल-क्रम (हरि०)
Cipher (cypher)	1. बीज लेख	1. बीज लेख	1. बीजांक/बीज-लेख/बीजक —	1. बीज लेख/गूढ़ लेख	1. बीज लेख, गूढ़ लेख, गुप्त लिपि	1. बीज लेख
	2. शून्य/सिफ़र	2. शून्य/सिफ़र	2. शून्य/सिफ़र		2. शून्य	2. शून्य/सिफ़र (हरि०)
Circle	1. इलाका, अंचल	1. इलाका, अंचल	1. हलका	1. हलका	1. इलाका, अंचल हलका	1. इलाका/अंचल (हरि०)

1	2	3	4	5	6	7
			2. मण्डल/परिमण्डल	2. परिमण्डल	2. मंडल	
			3. वृत्त	3. सर्किल	3. वृत्त/चक्कर लगाना, चक्कर काटना	
Circular	1. गश्ती चिट्ठी/ परिपत्र	1. गश्ती चिट्ठी/ परिपत्र	1. गश्ती चिट्ठी/ परिपत्र	1. गश्ती चिट्ठी/ परिपत्र	1. गश्ती चिट्ठी/ परिपत्र	1. परिपत्र (हरि०)
				2. गोल/वर्तुल		
Circulation	1. परिचालन	1. परिचालन	1. परिचल/चल	1. परिचालन	1. परिचलन (as, of a bank note)	1. परिचालन (हरि०)
			2. चालू/चलन	2. परिवहन	2. घुमाना, परिवहन प्रसार (as, of notice)	
					3. संचार, अभिसरण (as, of blood)	
					4. खपत, प्रसार, प्रचार (as, of a news paper)	
Circumstances	1. परिस्थितियां	1. परिस्थितियां	1. परिस्थिति	1. परिस्थिति	1. परिस्थितियां	1. परिस्थितियां (हरि०)
Citation	1. उद्धरण	1. उद्धरण	1. उद्धरण/हवाला	1. उद्धरण/प्रोद्धरण	1. उद्धरण, हवाला, दृष्टान्त, प्रमाण	1. उद्धरण
	2. विरुदपत्र	2. विरुदपत्र	2. विरुदपत्र	2. विरुद/विरुदपत्र	2. विरुद-उदाहरण	2. विरुदपत्र
			3. सम्मेलन/आह्वान			
			4. वाचन			

1	2	3	4	5	6	7
Civil	1. सिविल	1. सिविल	1. सिविल/ असैनिक 2. दीवानी 3. नागरिक/सभ्य/ शिष्ट	1. सिविल/ असैनिक 2. दीवानी 3. नागरिक	1. सिविल/ असैनिक 2. दीवानी 3. सभ्य 4. सामाजिक	1. सिविल(हरि०)
Claim	1. दावा	1. दावा	1. दावा/अध्यर्थन	1. दावा	1. दावा 2. माँगना, माँग करना, अध्यर्थना करना, स्वत्वाधिकार प्रदर्शित करना	1. दावा (हरि०)
Clarification	1. स्पष्टीकरण	1. स्पष्टीकरण	1. स्पष्टीकरण	1. स्पष्टीकरण	1. स्पष्टीकरण, सफ़ाई 2. विशुद्धीकरण	1. स्पष्टीकरण (हरि०)
Classification	1. वर्गीकरण	1. वर्गीकरण	1. वर्गीकरण	1. वर्गीकरण 2. श्रेणीकरण/ श्रेणी-भाजन	1. वर्गीकरण 2. श्रेणीकरण (Edu)	1. वर्गीकरण (हरि०)
Clause	1. खंड	1. खंड	1. खंड 2. उपवाक्य	1. खंड 2. वाक्य-खंड	1. खंड, पद, चरण 2. वाक्यांश	1. खंड (हरि०)
Clear day	1. पूरा दिन	1. पूरा दिन	1. पूरा दिन	1. पूरा दिन	1. पूर्ण दिवस, पूरे दिन, पूर्ण दिन	1. पूरा दिन (हरि०)
Clear vacancy	1. स्पष्ट रिक्ति	1. स्पष्ट रिक्ति, स्पष्ट रिक्त-स्थान	1. स्पष्ट रिक्ति/ पूर्ण रिक्ति	1. स्पष्ट रिक्ति	1. स्पष्ट रिक्ति, स्थायी रिक्ति, अबाध रिक्ति	1. स्पष्ट रिक्ति (हरि०)

1	2	3	4	5	6	7
Clerical error	1. लेखन अशुद्धि/ लेखन त्रुटि/ लिखाई की भूल	1. लेखन अशुद्धि/ लेखन त्रुटि/ लिखाई की भूल	1. लेखन अशुद्धि	1. लिपिक अशुद्धि	1. लिपिक-दोष	1. लिखाई की भूल (हरि०)
Clerical staff	1. लिपिक वर्ग	1. लिपिक वर्ग	1. लिपिक वर्ग	1. लिपिक वर्ग	1. लिपिक वर्ग	1. लिपिक वर्ग (हरि०)
Clerk	1. क्लर्क/लिपिक	1. लिपिक/क्लर्क	1. लिपिक/क्लर्क	1. लिपिक	1. लिपिक/क्लर्क	1. क्लर्क/लिपिक (हरि०)
Clerk —, Assistant	1. सहायक क्लर्क	1. सहायक लिपिक	1. सहायक लिपिक	1. सहायक लिपिक	1. सहायक लिपिक	1. सहायक क्लर्क (हरि०)
Clerk —, chief	1. मुख्य क्लर्क	1. मुख्य लिपिक	1. मुख्य लिपिक	1. मुख्य लिपिक	1. मुख्य लिपिक	1. मुख्य लिपिक (हरि०)
Clerk —, Head	1. प्रधान क्लर्क	1. प्रधान क्लर्क	1. प्रधान क्लर्क, प्रधान लिपिक	1. प्रधान लिपिक, प्रधान क्लर्क	1. प्रधान लिपिक	1. प्रधान क्लर्क (हरि०)
Closing Balance	1. अन्तशेष, रोकड़ बाकी	1. अन्तशेष/ रोकड़ बाकी	1. अन्तशेष/ इतिशेष/ रोकड़ बाकी	1. अन्तशेष/ इतिशेष/ रोकड़ बाकी	1. रोकड़ बाकी, अन्तिम रोकड़	1. रोकड़ बाकी, अन्तिम रोकड़ (हरि०)
Closing date	1. अन्तिम-तारीख	1. अन्तिम तारीख	1. अन्तिम दिनांक	—	1. अन्तिम तारीख	1. अन्तिम तारीख (हरि०)
Closure	1. समाप्ति/ समापन	1. समाप्ति/ समापन	1. समाप्ति/अन्त	1. समाप्ति/ समापन, बंद करना/बंदी 2. रिक्त-पूर्ति (मनो०)	1. समाप्ति, समापन, बन्दी, अन्त, संवरण	1. समाप्ति (हरि०)
Code	1. संहिता 2. कोड/संकेत	1. संहिता 2. कोड/संकेत	1. संहिता 2. कोड/संकेत/	1. संहिता 2. कूट/सांकेतिक	1. संहिता 2. कोड, संकेत,	1. संहिता 2. कोड/संकेत (हरि०)

1	2	3	4	5	6	7
Commentary —, Running	1. चल विवरण, चल वृत्तांत, आँखों देखा-हाल	1. चल विवरण, चल वृत्तांत, आँखों देखा-हाल	1. साथ-साथ टीका/अनुपद टीका	—	1. चल विवरण, चल वृत्तांत, आँखों देखा-हाल	1. आँखों देखा-हाल (हरि०)
Commentator	1. विवरणकार 2. टीकाकार	1. विवरणकार 2. टीकाकार	1. वृत्तकार 2. टीकाकार	1. वृत्तकार 2. टीकाकार	1. व्याख्याता 2. टीकाकार, समालोचक, भाष्यकार, वृत्तवक्ता 3. वृत्तभाषक	—
Commission	1. आयोग/कमीशन 2. दलाली/कमीशन आढ़त	1. आयोग/कमीशन 2. दलाली/कमीशन	1. आयोग 2. छूट/कमीशन 3. कृत 4. कार्यादेश	1. आयोग/कमीशन 2. कमीशन 3. करना 4. समाज्ञप्ति	1. आयोग, कमीशन 2. दलाली कमीशन, आढ़त, बट्टा, छूट, दस्तूरी 3. (Criminal law) करना, कृत, किया जाना	1. आयोग (हरि०)
Commission —, Bring into	1. प्रवर्तन करना	1. प्रवर्तन करना	1. कार्यादिष्ट करना	—	1. प्रवर्तन करना	—
Commission —, Emergency	1. आपाती आयोग, आपाती-कमीशन	1. आपाती आयोग, आपाती-कमीशन	1. आपाती आयोग	1. आपाती आयोग, आपाती-समाज्ञप्ति	1. आपाती आयोग	1. आपाती आयोग (हरि०)

1	2	3	4	5	6	7
Commission —, Temporary	1. अस्थायी-कमीशन	1. अस्थायी-आयोग/ अस्थायी-कमीशन	1. अस्थायी आयोग	1. अस्थायी आयोग/ अस्थायी-समाज्ञप्ति	1. अस्थायी आयोग	1. अस्थायी-कमीशन (हरि०)
Commission of Inquiry	1. चाँच आयोग	1. जाँच आयोग	1. जाँच आयोग	1. जाँच आयोग/ जाँच कमीशन	1. जाँच आयोग	1. जाँच आयोग (हरि०)
Commissioner	1. आयुक्त/ कमिश्नर	1. आयुक्त/ कमिश्नर	1. आयुक्त/ कमिश्नर	1. आयुक्त/ कमिश्नर 2. सभासद	1. कमिश्नर/ आयुक्त	1. कमिश्नर
Commit .	1. करना 2. सुपुर्द करना/ भेजना 3. वचनबद्ध होना/ वचनबद्ध करना	1. करना 2. सुपुर्द करना/ भेजना 3. वचनबद्ध होना/ वचनबद्ध करना	1. करना 2. सुपुर्द करना/ भेजना —	1. करना 2. सुपुर्द करना/ सौंपना 3. वचनबद्ध होना	1. करना 2. सुपुर्द करना, सौंपना, प्रेषित करना, उपार्पण 3. वचनबद्ध करना	—
Committee	1. समिति	1. समिति	1. समिति	1. समिति/कमेटी	1. समिति	1. समिति (हरि०)
Communication	1. संचार 2. संसूचना/संदेश 3. पत्रादि व्यवहार 4. संप्रेषण	1. संचार 2. संसूचना/संदेश 3. पत्रादि व्यवहार 4. संप्रेषण	1. संचार/यातायात 2. संसूचना/संदेश 3. पत्रादि व्यवहार 4. प्रेषण 5. संपर्क	1. संचार/संचारण 2. संसूचना/संदेश 3. पत्रादि 4. — 5. संपर्क	1. संचार, संवहन, संवाद-संवहन 2. संसूचना, संचार-पत्र 3. पत्र-व्यवहार 4. — 5. संपर्क	1. संचार (हरि०)
Communique	1. विज्ञप्ति	1. विज्ञप्ति	1. विज्ञप्ति	1. विज्ञप्ति	1. विज्ञप्ति, सूचना	1. विज्ञप्ति (हरि०)

1	2	3	4	5	6	7
Commutation	1. परिवर्तन 2. लघूकरण	1. परिवर्तन 2. लघूकरण/ परिवर्तन	1. परिवर्तन 2. लघूकरण/ कम करना 3. राशिधन/ राशिमूल्य/ राशीकरण 4. निष्क्रय (वन)	1. परिवर्तन/ परिणति 2. लघूकरण	1. परिवर्तन, रूपान्तर, परिणति 2. कम करना, लघुकरण 3. संराशि दान एकराशि दान	1. परिवर्तन (हरि०) 1.2. रूपान्तरण (Change of one thing for another) (विधि)
Comparative statement	1. तुलनात्मक-विवरण	1. तुलनात्मक-विवरण	1. तुलनात्मक-विवरण	1. तुलनात्मक-विवरण	1. तुलनात्मक-विवरण	1. तुलनात्मक-विवरण (हरि०)
Comparison	1. तुलना 2. मिलान	1. तुलना 2. मिलान	1. तुलना 2. मिलान	1. तुलना 2. मिलान	1. तुलना 2. मिलान	1. तुलना 2. मिलान (हरि०)
Compartment	1. उपखंड/कक्ष/ खाना/डिब्बा	1. उपखंड/कक्ष/ खाना/डिब्बा	1. उपकक्ष/खंड/ कोष्ठ/कक्ष/ कम्पार्टमेंट	—	1. कोष्ठ, कमरा, प्रकोष्ठ, डब्बा, संविभाग, खण्ड, विभाग	—
Compassionate	1. अनुकम्पा	1. अनुकम्पा	1. अनुकम्पा	1. अनुकम्पा	1. अनुकम्पा	1. अनुकम्पा (हरि०)
Compatible	1. संगत, अनुरूप	1. संगत, अनुरूप	1. संगत, अनुरूप	1. संगत, अनुरूप	1. अनुरूप, अनुकूल	—
Compel	1. विवश करना	1. विवश करना	1. विवश करना/ बाध्य करना	1. विवश करना/ बाध्य करना/ मजबूर करना	1. विवश करना, मजबूर करना, बाध्य करना	1. विवश करना (हरि०)
Compensation	1. प्रतिपूर्ति,	1. प्रतिकर,	1. प्रतिकर/	1. प्रतिकर/	1. प्रतिकर,	1. मुआवज़ा (हरि०)

1	2	3	4	5	6	7
	प्रतिकर, मुआवज़ा, क्षतिपूर्ति	मुआवज़ा, क्षतिपूर्ति	मुआवज़ा/ क्षतिपूर्ति	मुआवज़ा क्षतिपूर्ति	मुआवजा क्षतिपूर्ति,	
Compensatory allowance	1. प्रतिकर-भत्ता, मुआवज़ा भत्ता, प्रतिपूरक भत्ता	1. प्रतिकर भत्ता मुआवज़ा भत्ता, प्रतिपूरक भत्ता	1. प्रतिकर भत्ता/ मुआवज़ा भत्ता/ प्रतिपूरक भत्ता	1. प्रतिकर भत्ता/ क्षतिपूरक भत्ता	1. प्रतिकर भत्ता, संपूरक भत्ता, प्रतिकरात्मक-भत्ता, प्रतिपूरक भत्ता	—
Competence	1. सक्षमता/ सामर्थ्य/ क्षमता	1. सामर्थ्य/ क्षमता	1. सामर्थ्य/ क्षमता	1. सामर्थ्य/ क्षमता	1. सक्षमता, सामर्थ्य, क्षमता	1. सक्षमता (हरि०)
Competitive examination	1. प्रतियोगिता-परीक्षा	1. प्रतियोगिता-परीक्षा	1. प्रतियोगिता-परीक्षा	1. प्रतियोगिता-परीक्षा	1. प्रतियोगिता-परीक्षा, प्रतियोगी-परीक्षा, प्रतिस्पर्धी-परीक्षा	1. प्रतियोगिता-परीक्षा (हरि०)
Compilation	1. संकलन	1. संकलन	1. संकलन	1. संकलन	1. संकलन	1. संकलन(हरि०)
Complement	1. पूरक	1. पूरक	1. पूरक	1. पूरक	1. संपूरक	1. पूरक (हरि०)
Completion	1. समापन	1. पूर्णता, पूर्ति, समाप्ति	1. समापन/ समाप्ति	1. पूर्ण करना/ समाप्ति	1. पूर्णता, पूर्ति, समाप्ति	1. समापन (हरि०)
Compliance	1. अनुपालन, पालन	1. अनुपालन, पालन	1. अनुपालन/ पालन	1. अनुपालन	1. अनुपालन, पालन, पूर्ति, अनुवर्तन	1. अनुपालन, पालन (हरि०)

1	2	3	4	5	6	7
Complicated	1. जटिल, उलझनदार	1. जटिल, उलझनदार	1. जटिल	—	1. जटिल	1. जटिल, उलझनदार (हरि०)
Complimentary	1. मानार्थ	1. मानार्थ, सम्मानार्थ	1. मानार्थ, प्रशंसात्मक	1. मानार्थ/ मानोपहार	1. मानार्थ 2. प्रशंसनीय, सराहनीय, बधाई के योग्य, सहपूरक	1. मानार्थ (हरि०)
Comply with	1. अनुपालन करना, पालन करना	1. अनुपालन करना	1. अनुपालन करना, पालन करना	1. अनुपालन करना	1. अनुपालन करना, पालन करना	1. अनुपालन करना, पालन करना (हरि०)
Composition	1. रचना, निर्माण 2. मिश्रण 3. संमिश्रण 4. प्रशमन	—	1. रचना/कृति 2. मिश्रण — 4. प्रशमन 5. समझौता/ समाधान/ निपटारा 6. संरचना (वन)	1. रचना/गठन 2. मिश्रण 3. संमिश्रण — 5. समाधान	1. रचना/निर्माण, बनावट 2. मिश्रण/मेल-मिलावट — 5. समझौता/ निपटारा	—

1	2	3	4	5	6	7
Compromise	1. समझौता	1. समझौता	1. समझौता	1. समझौता	1. (संज्ञा) समझौता, मध्यमार्ग, (क्रिया) समझौता करना	1. समझौता (हरि०)
Compulsory	1. अनिवार्य, बाध्य	1. अनिवार्य, बाध्य	1. अनिवार्य/बाध्य	1. अनिवार्य/ बाध्यात्मक/ विवश्यक	1. अनिवार्य, बाध्य, आवश्यक	1. अनिवार्य (हरि०)
Concern	1. प्रतिष्ठान	1. प्रतिष्ठान	1. व्यापार संस्था/ फर्म	1. संस्था	1. संस्था, व्यापारिक-संस्था	—
	2. संबंध	2. संबंध	2. संबंध/विषय/ कार्य	—	2. संबंध, विषय, कार्य, व्यापार, धन्धा	
				3. व्यग्रता	3. चिन्ता	
Concessional rate	1. रियायती-दर	1. रियायती दर	1. रियायती दर	1. रियायती दर	1. रियायती, सुविधापूर्ण	1. रियायती दर (हरि०)
Conciliation	1. सुलह	—	1. समझौता/सुलह	1. अनुरंजक	1. सुलह, मेल-मिलाप, निपटारा, समझौता, समाधान, मसालहत	1. सुलह (हरि०)
			2. संराधन	2. संराधन	2. संराधन	
Conclusion	1. समापन	1. समापन	1. अन्त/समाप्ति	1. उपसंहार	1. अन्त/समाप्ति	

1	2	3	4	5	6	7
	2. निश्चय/ परिणाम	2. निश्चय, परिणाम	2. निष्कर्ष/ परिणाम	2. निष्कर्ष	2. निश्चय, परिणाम, निष्कर्ष 3. उपसंहार	
Conclusive	1. निर्णयात्मक, निर्णायक, निश्चायक, निश्चयात्मक	1. निर्णयात्मक, निर्णायक, निश्चायक निश्चयात्मक	1. निर्णयात्मक, निर्णायक, निश्चायक, निश्चयात्मक	1. निर्णायक, निश्चायक	1. निर्णायक निश्चायक,	—
Concurrence	1. सहमति	1. सहमति	1. सहमति	1. सहमति	1. सहमति, सम्मति 2. समाधिकार Law	1. सहमति (हरि०)
Concurrent list	1. समवर्ती सूची	1. समवर्ती सूची	1. समवर्ती सूची	1. समवर्ती सूची	1. समवर्ती सूची	—
Condemn	1. अनुपयोगी घोषित करना	1. अनुपयोगी घोषित करना	1. बेकार, निष्प्रयोज्य ठहराना	1. निष्प्रयोज्य ठहराना	1. निष्प्रयोज्य ठहराना, पराकरण करना, निरर्थ घोषित करना	—
	2. दंडनीय घोषित, करना	2. दंडनीय घोषित, करना	2. मृत्युदंड देना	2. दंडित करना	2. दण्डाज्ञा देना, दंड देना	
	3. निन्दा करना	3. निन्दा करना	3. गर्हणा करना, दोषी ठहराना	3. गर्हित करना	3. निन्दा करना, दोषी ठहराना	
Condition	1. शर्त/प्रतिबंध 2. दशा/स्थिति	1. शर्त/प्रतिबंध 2. दशा/स्थिति	1. शर्त/प्रतिबंध 2. दशा/अवस्था	1. शर्त/अनुबंध 2. दशा/अवस्था,	1. शर्त, प्रतिबंध 2. परिस्थिति,	1. शर्त 2. दशा (हरि०)

1	2	3	4	5	6	7
				स्थिति	दशा, अवस्था, स्थिति 3. ठीक करना, अवस्थापित-करना, इच्छानुकूल अवस्था में लाना	
Conditional	1. सशर्त	1. सशर्त	1. सशर्त/शर्त के साथ, सप्रतिबंध	1. सशर्त, शर्ती	1. सशर्त, सप्रतिबद्ध, प्रतिबंधात्मक	1. सशर्त (हरि०)
Conduct	1. (संज्ञा)—आचरण (क्रिया)—कार्य संचालन-करना	1. आचरण, कार्य-संचालन	1. आचरण/कार्य संचालन/निर्देशन (क्रि०)—संचालन करना	1. आचरण, संचालन, परिचालन (क्रि०)—संचालन करना	1. आचरण, आचार 2. व्यवहार 3. संचालन, अधिसंचालन, परिचालन (क्रिया)—चलाना, संचालन करना, परिचालन करना, संचालित करना	1. आचरण (हरि०)
Conference Hall	1. सम्मेलन भवन/कॉन्फ्रेंस हॉल	1. सम्मेलन भवन/कान्फ्रेंस हॉल	1. सम्मलन भवन/हॉल	1. सम्मेलन भवन/हॉल	1. सम्मेलन भवन, कान्फ्रेंस हॉल	—

1	2	3	4	5	6	7
Conferred	1. प्रदत्त	1. प्रदत्त	1. प्रदत्त	1. प्रदत्त	1. प्रदत्त, दिया हुआ, अर्पित, प्रदान किया हुआ, प्रदान किया 2. सम्मेलन किया, मंत्रणा की	1. प्रदत्त (हरि०)
Confession	1. संस्वीकृति	1. संस्वीकृति	1. संस्वीकृति, संस्वीकार, कबूल करना, अपराधांगीकरण	1. संस्वीकृति	1. संस्वीकृति, अपराध-स्वीकृति, अपराध-अंगीकरण, अपराध-स्वीकार, दोष-स्वीकार	—
Confidence	1. विश्वास, भरोसा	1. विश्वास, भरोसा	1. विश्वास, भरोसा, विश्रम्म	1. विश्वास, प्रत्यय	1. विश्वास, भरोसा, विश्रम्म	1. विश्वास, भरोसा (हरि०)
Confidencial	1. (पत्र)—गोपनीय 2. (व्यक्ति)—अंतरंग	1. गोपनीय (पत्र) 2. अंतरंग (व्यक्ति)	1. गोपनीय/गोपन 2. अंतरंग	1. गोपनीय, प्रात्ययिक 2. अंतरंग	1. गोपनीय, गुप्त 2. अंतरंग, सविश्रम्भ, गूढ़ 3. विश्वस्त	1. गोपनीय (हरि०)
Confirmation	1. पुष्टि	1. पुष्टि 2. स्थायीकरण	1. पुष्टि/पुष्टीकरण 2. स्थायीकरण	1. पुष्टि/संपुष्टि	1. पुष्टि, पुष्टिकरण 2. स्थायीकरण, स्थिरीकरण	1. पुष्टि (हरि०)
Confiscate	1. अधिहरण करना,	1. अधिहरण करना,	1. राज्यसात् करना,	1. राजसात् करना, अधिहरण	1. समपहरण करना,	—

1	2	3	4	5	6	7
	जव्त क ना	जब्त करना	जब्त करना		हरण करना, जब्त करना, राज्यसात् करना	
Conformity	1. अनुरूपता/ अनुसरण	1. अनुरूपता/ अनुसरण	1. अनुरूपता, अनुसारिता	1. अनुरूपता	1. अनुरूपता, अनुसारिता	1. अनुरूपता (हरि०)
Consecutive	1. क्रमिक/ लगातार	1. क्रमिक/ लगातार	1. क्रमिक, लगातार	1. क्रमिक, लगातार, क्रमानुगत	1. क्रमिक, लगातार, निरन्तर, अविच्छिन्न	1. क्रमिक, लगातार (हरि०)
Consent	1. (संज्ञा)— सम्मति, सहमति (क्रिया)— सहमत होना	1. सम्मति/सहमति (क्रि०) सहमत होना	1. सम्मति, सहमति	1. सम्मति (क्रि०) सम्मत होना, सम्मति देना	1. सम्मति, सहमति (क्रि०) सम्मति देना	
Consequence	1. परिणाम, फल	1. परिणाम, फल	1. परिणाम, फल 2. महत्त्व	1. परिणाम	1. परिणाम, फल, नतीजा	1. परिणाम, फल
Consequent	1. अनुवर्ती 2. परिणामी	1. अनुवर्ती 2. फलस्वरूप	1. अनुवर्ती 2. परिणामी, फलस्वरूप होने- वाला	— 2. परिणामी	— 2. परिणामी, फलस्वरूप	—
Consideration	1. विचार 2. प्रतिफल	1. विचार 2. प्रतिफल	1. विचार, ध्यान 2. प्रतिफल, उपलक्ष्य	1. विचार 2. प्रतिफल, प्रतिमूल्य, परसमन	1. विचार, विमर्श 2. प्रतिफल	1. विचार (हरि०)

1	2	3	4	5	6	7
Consideration —, Under	1. विचाराधीन	1. विचाराधीन	1. विचाराधीन	1. विचाराधीन	1. विचाराधीन	1. विचाराधीन (हरि०)
Consistent	1. संगत	1. संगत	1. संगत, अनुरूप 2. दृढ़, अविचल	1. संगत 2. अविचल	1. संगत, सुसंगत	1. संगत (हरि०)
Consolidated fund	1. संचित निधि, समेकित निधि	1. संचित निधि, समेकित निधि, स्वीकृत निधि, संघटित निधि	1. संचित निधि, समेकित निधि, स्वीकृत निधि, संघटित निधि	1. संचित निधि	1. संचित निधि	1. संचित निधि (हरि०)
Constructive	1. रचनात्मक	1. रचनात्मक	1. रचनात्मक	1. रचनात्मक	1. रचनात्मक, विधायक 2. प्रलक्षित, सांकेतिक 3. अन्वयाश्रित	1. रचनात्मक (हरि०)
Construe	1. अर्थ लगाना, समझना	1. अर्थ लगाना, समझना	1. अर्थ लगाना, समझना	1. अर्थ लगाना, समझना	1. अर्थ करना, अर्थ निकालना, अन्वय करना, व्याख्या करना, समझना	—
Consultation	1. परामर्श	1. परामर्श	1. परामर्श	1. परामर्श	1. परामर्श	1. परामर्श (हरि०)
Consume	1. उपभोग करना, उपभोग होना	1. उपभोग, उपभोग होना	1. उपभोग करना	1. उपभोग करना	1. उपभोग करना	—
Contact	1. संस्पर्श, सम्पर्क, स्पर्श	1. संस्पर्श, संपर्क, स्पर्श	1. संस्पर्श, संपर्क	1. संपर्क/संस्पर्श, स्पर्श	1. संस्पर्श, सम्पर्क	—

1	2	3	4	5	6	7
				(क्रि०) संपर्क स्थापित करना, संस्पर्श में आना	(क्रि०) सम्पर्क स्थापित करना	
Contemplated	1. अवेक्षित	1. अवेक्षित	1. संकल्पित, अनुध्यात, आयोजित, विचाराधीन	1. अवेक्षित/ अनुध्यात	1. अवेक्षित, अपेक्षित, आयोजित, चिन्तित, परिकल्पित	—
Contents	1. विषय-सूची	1. विषय-वस्तु	1. विषय-वस्तु, विषय-सूची,	1. विषय-सूची, विषय-वस्तु	1. विषय, विषय-वस्तु, अंकित बातें, विषय-सूची, अनुक्रमणिका	—
	2. अंतर्वस्तु	2. अंतर्वस्तु	2. अन्तर्वस्तु	2. अन्तर्वस्तु	2. अन्तर्वस्तु, आधेय, अन्तर्विषय, अन्दर की-वस्तुएँ, समाविष्ट	
	3. अंश	3. अंश	3. अंश	3. अंश	3. —	
					4. परिमा	
Context	1. संदर्भ, प्रकरण, प्रसंग	1. संदर्भ, प्रकरण, प्रसंग	1. संदर्भ, प्रकरण, प्रसंग	1. संदर्भ, प्रसंग, प्रकरण	1. संदर्भ, प्रसंग	—
Contingencies	1. आकस्मिक-व्यय, फुटकर व्यय	1. आकस्मिक व्यय, फुटकर व्यय	1. आकस्मिक व्यय, फुटकर व्यय, प्रासंगिक व्यय	1. आकस्मिक व्यय	1. आकस्मिक-व्यय, फुटकर-व्यय	—
				2. आकस्मिकताएँ संभाव्यताएँ		

1	2	3	4	5	6	7
Contingency	1. विशेष स्थिति, आकस्मिता, प्रासंगिकता	1. विशेष स्थिति, आकस्मिकता, प्रासंगिकता	1. विशेष स्थिति, आकस्मिता 2. अनिश्चित-घटना, आकस्मिक-अवसर	1. आकस्मिकत 2. अनिश्चित-घटना	1. विशेष स्थिति, आकस्मिता, प्रासंगिकता, अनिश्चित करना 2. संयोग 3. भावी प्रसंग	1. आकस्मिकता
Continuation sheet	1. अनुवर्ती कागज	1. अनुवर्ती कागज	1. अनुवर्ती कागज, क्रम पत्र	1. अनुवर्ती कागज	1. अनुवृत्ति पत्र, अनुवर्ती कागज	
Contraband	1. निषिद्ध	निषिद्ध	1. विनिषिद्ध, निषिद्ध	1. विनिषिद्ध 2. विनिषिद्ध वस्तु 3. प्रति व्यापार	1. निषिद्ध, प्रतिषिद्ध, विधि निषिद्ध, विनिषिद्ध	
Contract	1. ठेका/संविदा	1. ठेका/संविदा	1. संविदा, ठेका 2. नियत	1. ठेका/संविदा, ठेकापत्र	1. ठेका, संविदा	1. ठेका, संविदा
Contradictory	1. विरोधात्मक विरोधी	1. विरोधात्मक, विरोधी	1. विरोधात्मक, परस्पर विरोधी, विरोधी	1. विरोधात्मक, परस्पर विरोधी	1. व्याघाती, परस्पर विरोधी	1. विरोधात्मक, विरोधी(हरि०)
Contrary	1. विपरीत, प्रतिकूल	1. विपरीत, प्रतिकूल	1. प्रतिकूल, विपरीत	1. प्रतिकूल, विपरीत	1. प्रतिकूल, विरुद्ध, उलट, अन्यथा	1. विपरीत, प्रतिकूल(हरि०)

1	2	3	4	5	6	7
Contravention	1. उल्लंघन	1. उल्लंघन 2. विपरीत	1. उल्लंघन	1. उल्लंघन, प्रतिकूल	1. उल्लंघन, प्रतिकूलता-विरोधी	1. उल्लंघन (हरि०)
Contribution	1. अंशदान 2. योगदान 3. अभिदान	1. अंशदान 2. योगदान	1. अंशदान 2. योगदान	1. अंशदान 2. योगदान 3. अंशुनुदान	1. अंशदान 2. योगदान 3. चन्दा	1. अंशदान 2. योगदान (हरि०)
Controlled price	1. नियंत्रित कीमत	1. नियंत्रित कीमत	1. नियंत्रित कीमत/मूल्य	1. नियंत्रित मूल्य	1. नियंत्रित मूल्य	1. नियंत्रित कीमत
Controversial	1. विवादास्पद	1. विवादास्पद	1. विवादग्रस्त	1. विवादास्पद	1. विवादास्पद, प्रतिवादास्पद	1. विवादास्पद (हरि०)
Convene	1. संयोजन करना, बुलाना	1. बुलाना, संयोजन करना	1. संयोजित करना	1. संयोजन करना, बुलाना	1. संयोजित करना, बुलाना, समाह्वान-करना, आमंत्रित करना	1. संयोजन करना, बुलाना (हरि०)
Convener	1. संयोजक	1. संयोजक	1. संयोजक	1. संयोजक	1. संयोजक 2. आमन्त्रक, समाह्वाता	1. संयोजक
Convenience	1. सुविधा	1. सुविधा	1. सुविधा	1. सुविधा	1. सुविधा, सौकर्य	1. सुविधा (हरि०)
Convention	1. परिपाटी, अभिसमय, रूढ़ि	1. परिपाटी, अभिसमय, रूढ़ि	1. परिपाटी, अभिसमय, रूढ़ि	1. परिपाटी, कनवेंशन, अभिसमय, निरूढ़ि, रीति	1. अभिसमय, निरूढ़ि, प्रचालित प्रथा, रूढ़ि	

1	2	3	4	5	6	7
	2. समागम	2. समागम	2. समागम, संसमय, सम्मेलन	2. समागम	2. सभा, सम्मेलन, प्रसभा	
Cooperative	1. सहकारिता	1. सहकारिता	1. सहकारिता, सहकारी	1. सहकारिता/ सहकारी	1. सहकारिता, सहकारी	1. सहकारिता
Co-opt	1. सहयोजित-करना	1. सहयोजित-करना सहवरण-करना	1. सहयोजित-करना	1. सहयोजित-करना	1. सहयोजित-करना, ले लेना, सहवरण करना	1. सहयोजित-करना (हरि०)
Co-ordination	1. समन्वय, तालमेल	1. समन्वय, तालमेल	1. समन्वय, तालमेल	1. समन्वय, समन्वयन, तालमेल	1. समन्वय, सुसूत्रता, एकरूपता, सहयोग	—
Copy	1. प्रतिलिपि/नकल	1. प्रतिलिपि/नकल	1. प्रतिलिपि/नकल	1. प्रति/नकल/ प्रतिलिपि	1. प्रतिलिपि/नकल, अनुकृति	1. प्रतिलिपि/नकल
	2. प्रति	2. प्रति	2. प्रति	2. प्रतिकृति	2. प्रति, प्रतिकृति	2. प्रति
Corporation	1. निगम, कार्पोरेशन	1. निगम	1. निगम, नगर निगम, नगर महापालिका	1. निगम	1. निगम, महानगरपालिका, महापालिका-नगर पालिका	1. निगम (हरि०)
Correction	1. भूल-सुधार, सुधार	1. भूल-सुधार, संशोधन, शुद्धि	1. संशोधन, शुद्धि	1. संशोधन, शुद्धि, शोधन	1. संशोधन, शुद्धीकरण, दण्ड	1. भूल-सुधार (हरि०)
Correspond	1. पत्र-व्यवहार करना	1. पत्र-व्यवहार करना	1. पत्र-व्यवहार करना	1. पत्र-व्यवहार करना, पत्राचार करना	1. पत्र-व्यवहार करना	—

1	2	3	4	5	6	7
	2. समरूप होना, मेल खाना, समान होना	2. समरूप होना, मेल खाना, समान होना	2. समरूप होना, मेल खाना, समान होना	2. मेल खाना, अनुरूप होना, समरूप होना, समान होना	2. अनुरूप होना संवादी होना, तत्संवादी होना	
Correspondence	1. पत्र-व्यवहार	1. पत्र-व्यवहार	1. पत्र-व्यवहार 2. अनुरूपता	1. पत्र-व्यवहार, पत्राचार 2. अनुरूपता	1. पत्र-व्यवहार, तदनुरूपता 2. अनुरूपता	1. पत्र-व्यवहार (हरि०)
Correspondent	1. संवाददाता 2. संपर्की	—	1. संवाददाता	1. संवाददाता 2. सम्पर्की	1. संवाददाता	1. संवाददाता (हरि०)
Corresponding	1. तदनुरूप	1. तदनुरूप	1. तदनुरूप	1. तदनुरूप, समरूप तत्सम, अनुसारी	1. तदनुरूप	1. तदनुरूप (हरि०)
Corrigendum	1. शुद्धि-पत्र	1. शुद्धि-पत्र	1. शुद्धि-पत्र, शुद्धि, संशोधन	1. शुद्धि-पत्र	1. शुद्धि-पत्र, भूल-सुधार	1. शुद्धि-पत्र
Corrupt practice	1. भ्रष्टाचार	1. भ्रष्टाचार, भ्रष्ट आचरण	1. भ्रष्टाचार	1. भ्रष्टाचार	1. भ्रष्टाचार, कदाचार, दूषित व्यवहार	1. भ्रष्टाचार (हरि०)
Cost	1. लागत	1. लागत	1. लागत, लागत मूल्य 2. व्यय, खर्च	1. लागत/परिव्यय	1. लागत, परिव्यय 2. व्यय, खर्च	1. लागत
Couucil	1. परिषद्	1. परिषद्	1. परिषद्	1. परिषद् 2. सभा	1. परिषद	1. परिषद् (हरि०)
Councillor	1. पार्षद	—	1. परिषद्, पार्षद 2. विधायक	1. परिषद्, पार्षद	1. परिषद्, पारिषद	1. पार्षद (हरि०)
Counter	1. काउंटर, पटल	1. पटल, काउंटर	1. पटल, काउंटर	1. पटल, काउंटर	1. पटल, काउंटर	—

1	2	3	4	5	6	7
	2. प्रति	2. प्रति	2. प्रति	2. प्रति-प्रतिकूल, खंडित करना	2. प्रति	
	3. गणित्र	3. गणित्र		3. जवाबी	3. गणित्र, गणना-फलक, गणक	
	4. गणक				4. विक्रम फलक	
Counter charge	1. प्रत्यारोप	1. प्रत्यारोप	1. प्रत्यारोप	1. प्रत्यारोप	1. प्रत्यारोप	1. प्रत्यारोप (हरि०)
Counter foil	1. प्रतिपर्ण	1. दूसरी प्रति	1. प्रतिपर्ण	1. प्रतिपर्ण, अधकट्टी	1. प्रतिपर्ण, प्रतिरूप, दूसरी प्रति, अधपन्ना, मुसन्ना	1. प्रतिपर्ण (हरि०)
Counter signature	1. प्रति हस्ताक्षर	1. प्रति हस्ताक्षर	1. प्रति हस्ताक्षर	1. प्रति हस्ताक्षर	1. प्रति हस्ताक्षर, प्रमाणीकरण के हस्ताक्षर	1. प्रति हस्ताक्षर (हरि०)
Course	1. मार्ग, दिशा	1. मार्ग, दिशा	1. मार्ग, दिशा	1. मार्ग, पथ, चर्या, कोर्स	1. मार्ग, दिशा प्रकार, गति, पथमार्ग	—
	2. क्रम	2. क्रम	2. क्रम	2. अनुक्रम	2. क्रम	
	3. विधि/प्रक्रिया	3. विधि/प्रक्रिया	3. विधि, प्रक्रिया		3. स्तर, रद्दा	
	4. पाठ्यक्रम	4. पाठ्यक्रम	4. पाठ्यक्रम, शिक्षण क्रम		4. पाठ्यक्रम, शिक्षाक्रम,	
Court	1. न्यायालय/कोर्ट	1. न्यायालय	1. न्यायालय/ कचहरी/ अदालत/कोर्ट	1. न्यायालय, कचहरी, अदालत, कोर्ट	1. न्यायालय	1. न्यायालय/कोर्ट

1	2	3	4	5	6	7
Cover	1. आवरण, लिफाफा	1. आवरण, लिफाफा	1. आवरण, लिफाफा	1. आवरण, कवर, छादनी के भीतर आना, समावेश करना 2. रिपोर्ट लेना	1. आवरण, आच्छादन, वेष्टन, ढक्कन 2. समाश्रम, आधार 3. हानि-रक्षा रक्षा-राशि	1. आवरण, लिफाफा (हरि०)
Covering letter	1. प्रावरण-पत्र	1. आवरण-पत्र	1. आवरण-पत्र सहपत्र	1. उपरि-पत्र, प्रावरण-पत्र	1. उपरि-पत्र, व्याख्या-पत्र	—
Creation	1. सृजन	1. सृजन	1. सृजन	1. सृजन	1. सृजन	1. सृजन (हरि०)
Credence	1. प्रत्यय-पत्र	1. प्रत्यय-पत्र	1. प्रत्यय-पत्र	1. विश्रम्भ-पत्र	1. प्रत्यय-पत्र	1. प्रत्यय-पत्र (हरि०)
—, Letter of						
Credential	1. प्रत्यय-पत्र	1. प्रत्यय-पत्र	1. प्रत्यय-पत्र	1. प्रत्यय-पत्र	1. प्रत्यय-पत्र	1. प्रत्यय-पत्र (हरि०)
Credibility	1. विश्वसनीयता	1. विश्वसनीयता	1. विश्वसनीयता	1. विश्वसनीयता	1. विश्वास्यता, प्रत्ययनीयता	1. विश्वसनीयता (हरि०)
Credit	1. श्रेय, मान्यता 2. उधार, साख 3. जमा	1. श्रेय, मान्यता 2. उधार, साख 3. जमा	1. श्रेय, मान्यता 2. उधार, साख 3. जमा	1. श्रेय, मान्यता 2. उधार, साख, प्रत्यय 3. जमा, आकलन आकलित करना, जमा करना, श्रेय देना	1. श्रेयस्, 2. उधार, साख, प्रत्यय, विश्वास 3. आंकलन, खाता, आकलन करना, जमा करना, नामे जमा करना	— 2. उधार साख 3. जमा (हरि०)

1	2	3	4	5	6	7
Crime	1. अपराध	1. अपराध	1. अपराध	1. अपराध	1. अपराध, दोष	1. अपराध
Criterion	1. मापदंड, कसौटी	1. मापदंड, कसौटी	1. मापदंड, कसौटी	1. कसौटी	1. मापदंड, कसौटी, मानदंड, निकर्ष, परख, स्तर	—
Cumulative	1. संचित, उपचित, उपचयी, संचयी	1. संचित, उपचयी, संचयी, उचित	1. संचित, उपचित, उपचयी, संचयी	1. संचेय, संचित, आकलित 2. मिलित	1. संचयी, संयोजन शील, संचित, इकट्ठा 2. अधिक, समधिक 3. उत्तर भोग	1. संचित (हरि०)
Current	1. चालू, प्रचलित	1. चालू, प्रचलित	1. चालू, प्रचलित	1. चालू, प्रचलित, वर्तमान 2. विद्युत-धारा 3. धारा	1. चालू, प्रचलित वर्त्तमान, चल 2. विद्युद्वाह 3. प्रवाह	—
Current Session	1. चालू सत्र, चालू अधिवेशन	1. चालू सत्र, चालू अधिवेशन	1. चालू सत्र, चालू अधिवेशन	1. चालू सत्र	1. चालू सत्र, चालू अधिवेशन	1. चालू सत्र, चालू अधिवेशन (हरि०)
Customs	1. सीमा-शुल्क	1. सीमा शुल्क	1. सीमा शुल्क	1. सीमा शुल्क/ शुल्क	1. आयात-निर्यात-कर, चुंगी 2. रीति-रिवाज, प्रथाएं	1. सीमा शुल्क
Cut	1. कर्तन, कटौती	1. कटौती	1. कर्तन, कटौती	1. कटौती, कटाई, काट 2. नाका (कृषि)	1. काटना, कटौती 2. कटाव 3. क्षत	1. कटौती, कर्तन (हरि०)

1	2	3	4	5	6	7
Cut motion	1. कटौती प्रस्ताव	1. कटौती प्रस्ताव	1. कटौती प्रस्ताव, कर्तन प्रस्ताव	1. कटौती प्रस्ताव	1. कटौती प्रस्ताव	1. कटौती प्रस्ताव (हरि०)
Cypher (cipher)	1. बीजलेख	1. बीजलेख	1. बीजलेख/ बीजांक	1. बीजलेख	1. गूढ़ लेख, गुप्त लिपि	—
	2. शून्य, सिफर	2. शून्य, सिफर	2. शून्य, सिफर	2. चक्रमुद्रण	2. शून्य	

D

1	2	3	4	5	6	7
Daily allowance	1. दैनिक भत्ता	1. दैनिक भत्ता	1. दैनिक भत्ता	1. दैनिक भत्ता	1. दैनिक भत्ता	1. दैनिक भत्ता
Daily diary	1. दैनिकी, दैनन्दिनी	1. दैनिकी, दैनन्दिनी	1. दैनिकी, दैनन्दिनी	1. दैनिकी	1. दैनन्दिनी, दैनिक विवरण, पत्रिका	1. दैनिकी (हरि०)
Daily routine	1. दैनिक कार्य, रोज का काम	1. दैनिक कार्य, रोज का काम	1. दैनिक कार्य, रोज का काम	1. दैनिक कार्य, दैनिक चर्या	1. दैनिक कार्य, रोज का काम, राजमर्रा	1. दैनिक कार्य, रोज का काम (हरि०)
Daily wages	1. दैनिक मजदूरी, दिहाड़ी	1. दैनिक मजदूरी	1. दैनिक मजदूरी, दिहाड़ी	1. दैनिक मजदूरी, दिहाड़ी	1. दैनिक मजदूरी, प्रतिदिन की मजदूरी	1. दैनिक मजदूरी (हरि०)
Damages	1. क्षति/नुकसान	1. क्षति/नुकसान	1. क्षति/नुकसान/ हानि	1. क्षति, नुकसान, बर्बादी	1. क्षति, नुकसान, हानि, उपघात (जंगल)	1. क्षति/नुकसान
	2. हर्जाना	2. हरजाना		2. टूट-फूट	2. हानिपूर्ति, टूट-फूट, बिगाड़ना, हानि-पहुँचाना	2. हर्जाना (हरि०)

1	2	3	4	5	6	7
Demonstration	1. (show)— निदर्शन	1. निदर्शन, प्रदर्शन (show)	1. निदर्शन, प्रदर्शन	1. प्रयोग-प्रदर्शन, प्रदर्शन	1. निदर्शन, प्रत्यक्षीकरण, प्रयोग, प्रदर्शन	1. निदर्शन, प्रदर्शन
	2. (proof) प्रमाण	2. प्रमाण (Proof)				2. प्रमाण (हरि०)
		3. निरूपण (representation)		3. निरूपण		
Demote	1. पदावनत करना, पद घटाना	1. पदावनत करना, पद घटाना	1. पदावनत करना, पद घटाना	1. पदावनत करना	1. पदावनत करना, पद घटाना	1. पदावनत करना, पद घटाना (हरि०)
Demotion	1. पदावनति	1. पदावनति	1. पदावनति	1. पदावनति	1. पदावनति	1. पदावनति (हरि०)
Denial	1. अस्वीकार, इनकार	1. अस्वीकार, इनकार	1. अस्वीकार, इनकार, अनंगीकरण	1. इनकार, नकार, प्रत्याख्यान, वंचित करना	1. अस्वीकृति, प्रत्याख्यान, इनकार	1. अस्वीकार, इनकार (हरि०)
Denomination	1. अभिधान	1. अभिधान	1. अभिधान, नाम, मूल्य, समुदाय, वर्ग	1. अभिधान, नाम (सिक्का), जाति (धार्मिक)	1. अभिधान, नाम, सम्प्रदाय	1. अभिधान (हरि०)
Denovo	1. नये सिरे से	1. नये सिरे से	1. नये सिरे से	1. नये सिरे से	1. नये सिरे से, अभिनवतमा	1. नये सिरे से (हरि०)
Depart	1. प्रस्थान करना, रवाना होना	1. प्रस्थान करना, रवाना होना	1. प्रस्थान करना, रवाना होना	1. प्रस्थान करना, रवाना होना	1. प्रस्थान करना, विदा होना, चले जाना	1. प्रस्थान करना, रवाना होना
	2. विचलित होना, हटना	2. विचलित होना, हटना	2. विचलित होना, हटना, विरत होना	2. विचलित होना, हटना	2. विचलित होना	2. विचलित होना, हटना

1	2	3	4	5	6	7
	3. दिवंगत होना, मरना	3. दिवंगत होना, मरना	3. दिवंगत होना, मरना	3. दिवंगत होना, मरना	3. मरना	3. दिवंगत होना, मरना (हरि०)
Department	1. विभाग	1. विभाग	1. विभाग	1. विभाग	1. विभाग	1. विभाग (हरि०)
Departmental charges	1. विभागीय प्रभार	1. विभागीय प्रभार	1. विभागीय-खर्च, प्रभार	1. विभागीय प्रभार	1. विभागीय प्रभार, कार्य-भार	1. विभागीय प्रभार (हरि०)
Departmental enquiry	1. विभागीय जाँच	1. विभागीय जाँच	1. विभागीय जाँच	1. विभागीय जाँच	1. विभागीय जाँच	1. विभागीय जाँच (हरि०)
Departmental inspection	1. विभागीय निरीक्षण	1. विभागीय निरीक्षण	1. विभागीय निरीक्षण	1. विभागीय निरीक्षण	1. विभागीय निरीक्षण, पर्यवेक्षण	1. विभागीय निरीक्षण(हरि०)
Departmental order	1. विभागीय आदेश	1. विभागीय आदेश	1. विभागीय आदेश	1. विभागीय आदेश	1. विभागीय आदेश	1. विभागीय आदेश (हरि०)
Departmental permission	1. विभागीय अनुमति	1. विभागीय अनुमति	1. विभागीय अनुमति	1. विभागीय अनुमति	1. विभागीय अनुमति	1. विभागीय अनुमति (हरि०)
Departmental Promotion	1. विभागीय पदोन्नति, विभागीय तरक्की	1. विभागीय पदोन्नति, विभागीय तरक्की	1. विभागीय प्रोन्नति, विभागीय पदोन्नति	1. विभागीय प्रोन्नति	1. विभागीय पदोन्नति, विभागीय, तरक्की	1. विभागीय पदोन्नति, विभागीय तरक्की (हरि०)
Departure	1. प्रस्थान	1. प्रस्थान	1. प्रस्थान	1. प्रस्थान	1. प्रस्थान, रवानगी, जाना	1. प्रस्थान
	2. विचलन, हटाना	2. विचलन; हटाना	2. विचलन, हटाना	2. अपसरण	2. विचलन 3. भेद, भिन्नता 4. अन्तर 5. मृत्यु	2. विचलन, हटाना (हरि०)

1	2	3	4	5	6	7
Deposit	1. निक्षेप, जमा	1. निक्षेप, जमा जमा करना	1. निक्षेप, जमा, अमानत, धरोहर (क्रि०) जमा करना, निक्षेप करना, धरोहर रखना, अमानत रखना, निक्षेप रखना	1. जमा, अमानत, जमा धन	1. जमा, जमा धन, निक्षेप (क्रि०) धरोहर/थाती जमा करना, निक्षेप करना	1. निक्षेप, जमा (हरि०)
Depreciation charges	1. मूल्यह्रास-प्रभार, अवक्षय-प्रभार	1. मूल्यह्रास-प्रभार, अवक्षय-प्रभार	1. मूल्यह्रास-प्रभार, अवमूल्य ह्रास प्रभार	1. मूल्यह्रास-प्रभार, अवमूल्य ह्रास प्रभार	1. मूल्यह्रास-प्रभार, अवमूल्यन प्रभार, अवक्षयण प्रभार	1. मूल्यह्रास-प्रभार, अवक्षय प्रभार (हरि०)
Deprive	1. वंचित करना	1. वंचित करना	1. वंचित करना	1. वंचित करना, विहित करना	1. वंचित करना, विमुक्त करना	1. वंचित करना (हरि०)
Deputation	1. प्रतिनियुक्ति 2. शिष्ट-मंडल	1. प्रतिनियुक्ति 2. शिष्ट-मंडल	1. प्रतिनियुक्ति 2. शिष्ट-मंडल	1. प्रतिनियुक्ति 2. शिष्ट-मंडल, प्रत्यावेदन-मंडल	1. प्रतिनियुक्ति 2. शिष्ट-मंडल, नियोजन	1. प्रतिनियुक्ति 2. शिष्ट-मंडल (हरि०)
Deputy	1. उप-	1. उप-	1. उप-	1. उप-,डिप्टी	1. उप-,प्रति-	1. उप- (हरि०)
Deputy chief whip	1. उपमुख्य-सचेतक	—	1. उपमुख्य-सचेतक	1. उपमुख्य-सचेतक	1. उपमुख्य-सचेतक	1. उपमुख्य-सचेतक (हरि०)
Deputy Collector	1. उपसमाहर्त्ता, डिप्टी कलक्टर	1. उपसमाहर्त्ता	—	1. उपसमाहर्त्ता, डिप्टी कलक्टर	1. उपसमाहर्त्ता, उपकलक्टर, उपजिलाध्यक्ष	—
Commissioner	1. उपायुक्त	1. उपायुक्त	1. उपायुक्त	1. उपायुक्त	1. उपायुक्त	1. उपायुक्त

1	2	3	4	5	6	7
Deputy speaker	1. उपाध्यक्ष	1. उपाध्यक्ष	1. उपाध्यक्ष	1. उपाध्यक्ष, उपसभामुख	1. उपाध्यक्ष	1. उपाध्यक्ष (हरि०)
De-requisition	1. अधिग्रहण-मोचन, अधिग्रहण से छुड़ाना	1. अधिग्रहण-मोचन, अधिग्रहण से छुड़ाना	1. अधिग्रहण-मोचन, अधिग्रहण से छुड़ाना	1. अधिग्रहण-मोचन	1. अधिगृहीत उत्सर्ग, अधिग्रहणो-त्सर्जन	1. अधिग्रहण-मोचन, अधिग्रहण से छुड़ाना (हरि०)
Derogation	1. अनादर 2. अल्पीकरण	1. अनादर 2. अल्पीकरण	1. अनादर 2. अल्पीकरण, कम करना	1. अनादर 2. अल्पीकरण, अप्रतिष्ठा	1. अनादर 2. अल्पीकरण, अप्रतिष्ठा, न्यूनीकरण	1. अनादर 2. अल्पीकरण (हरि०)
Description	1. वर्णन, विवरण	1. वर्णन, विवरण	1. वर्णन, विवरण, हुलिया, रंगरूप, प्रकार	1. वर्णन, विवरण, अंकन, हुलिया, प्रकार, भाँति	1. वर्णन, विवरण, प्रकार	1. वर्णन, विवरण (हरि०)
Descriptive	1. वर्णनात्मक	1. वर्णनात्मक	1. वर्णनात्मक	1. वर्णनात्मक	1. वर्णनात्मक	1. वर्णनात्मक (हरि०)
Deserving	1. योग्य	1. योग्य	1. योग्य, सुपात्र	1. योग्य, पात्र	1. योग्य, पात्र, अधिकारी	1. योग्य (हरि०)
Designate	1. नामोद्दिष्ट करना, अभिहित करना	1. नामोदिष्ट करना, अभिहित करना	1. नामोदिष्ट करना, अभिहित करना, नाम देना, नामोदिष्ट	1. नामोदिष्ट करना, अभिहित करना, नामोद्देशन, नामोदिष्ट	1. नामोदिष्ट करना, नाम से पुकारना, पदांकित करना, नियुक्त करना, मनोनीत, नामदिष्ट, पदांकित	1. नामोदिष्ट करना, अभिहित करना (हरि०)

1	2	3	4	5	6	7
Designation	1. पद, पदनाम	1. पद, पदनाम	1. पदनाम	1. पदनाम	1. पदनाम, औहदा, अभिधान, नामोद्दिश, पद, नियुक्त	1. पद-संज्ञा(हरि०)
Despatch	1. (संज्ञा) प्रेषण, रवानगी (क्रिया) प्रेषित करना, रवाना करना, भेजना	1. प्रेषण, रवानगी, (क्रि०) प्रेषित करना, रवाना करना	1. प्रेषण, रवानगी, शीघ्रता, (क्रि०) रवाना करना, प्रेषित करना, संप्रेषित करना, भेजना	1. प्रेषण, रवानगी, राजलेख, शीघ्रता	1. भेजना, प्रेषण	1. प्रेषण (हरि०)
Destination	1. गंतव्य, लक्ष्य	1. गंतव्य, लक्ष्य	1. गंतव्य, गंतव्य स्थान, लक्ष्य स्थान	1. गंतव्य स्थान, मंजिल	1. गंतव्य स्थान, पूर्वोदिष्ट, इष्ट, मंजिल, स्थान, ठिकाना, लक्ष्य	गंतव्य, लक्ष्य (हरि०)
Detailed inspection	1. विस्तृत निरीक्षण	1. विस्तृत निरीक्षण	1. विस्तृत निरीक्षण	1. विस्तृत निरीक्षण, सविस्तार निरीक्षण	1. विस्तृत निरीक्षण, सविस्तार निरीक्षण	1. [illegible]ृत [illegible]ीक्षण (हरि०)
Detailed statement	1. ब्यौरेवार विवरण	1. ब्यौरेवार विवरण	1. ब्यौरेवार विवरण	1. ब्यौरेवार विवरण, सविस्तार विवरण	1. विस्तृत ब्यौरा, सविस्तार विवरण, विस्तृत वृत्तान्त	1. ब्यौरे[illegible]र विवर[illegible] (हरि०)
Detective	1. गुप्तचर, जासूस	—	1. गुप्तचर, जासूस	1. गुप्तचर, जासूस 2. जासूसी	1. गुप्तचर, जासूस, गुप्त 2. जासूसी	1. गुप्तचर, जासूस (हरि०)

1	2	3	4	5	6	7
Determination	1. अवधारण	1. अवधारण	1. अवधारण	1. अवधारण, निर्धारण	1. निर्धारण, निरूपण, निश्चय, अवधारण	1. अवधारण
	2. संकल्प	2. संकल्प	2. संकल्प	2. दृढ़ निश्चय, संकल्प	2. संकल्प	2. संकल्प (हरि०)
				3. अवसान, अन्त	3. समाप्ति, अवसान	
Detriment	1. अहित	1. हानि	1. हानि	1. अहितकारी, अपाय	1. अहित	1. अहितकर, हानिकर (हरि ०)
Development	1. विकास	1. विकास	1. विकास	1. विकास	1. विकास, उन्नति, वृद्धि	1. विकास (हरि०)
Deviate	1. विचलित होना	1. विचलित होना	1. विचलित होना	1. विचलित होना	1. विचलित होना, मार्ग छोड़ना	1. विचलित होना (हरि०)
				2. विचल (गणित)		
Deviation	1. विचलन	1. विचलन	1. विचलन	1. विचलन	1. विचलन, हटना	1. विचलन
					2. अन्तर, भिन्नता	
Diagram	1. आरेख	1. आरेख	1. रेखाचित्र	1. रेखाचित्र	1. चित्र, रेखाचित्र, आकृति	1. रेखाचित्र (हरि०)
Diary	1. दैनिकी, दैनंदिनी, डायरी	1. डायरी	1. डायरी, दैनिकी	1. डायरी, दैनिकी	1. डायरी, दैनन्दिनी	1. डायरी (हरि०)
Dictation	1. श्रुतलेख	1. श्रुतलेख	1. श्रुतलेख	1. श्रुतलेखन, लेखापन,	1. श्रुतलेख, आलेख	1. श्रुतलेख (हरि०)

1	2	3	4	5	6	7
Digest	1. सार-सग्रह	1. सार-संग्रह	—	1. सार-संग्रह, नियम, पचाना	1. सार-संग्रह, संक्षिप्त, क्रमणिका, निबन्ध, पाचन, पचाना, पाचन करना	1. सार-संग्रह (हरि०)
Dignitory	1. उच्चपदधारी, उच्चपदस्थ, महिमान्वित	1. उच्चपदधारी, उच्चपदस्थ	1. उच्चपदाधिकारी	1. संभ्रान्तजन	1. उच्चपदधारी, महाभाग, महानुभाव	1. उच्चपदधारी, उच्चपदस्थ, महानुभाव (हरि०)
Dignity	1. गौरव, मर्यादा, गरिमा	—	1. गौरव, मर्यादा, गरिमा	1. मर्यादा	1. गौरव, मर्यादा, गरिमा, प्रतिष्ठा	1. गौरव, मर्यादा (हरि०)
Diplomatic bag	1. राजनायिक डाक-थैला	1. राजनयिक डाक-थैला	1. राजनयिक डाक-थैला	1. राजनयिक डाक-थैला	1. राजनयिक डाक-थैला	1. राजनयिक डाक-थैला (हरि०)
Direct	1. (विशे०) प्रत्यक्ष, सीधा (क्रिया) निदेश देना	1. प्रत्यक्ष, सीधा (क्रि०) निदेश देना	1. प्रत्यक्ष, सीधा (क्रि०) निदेश देना	1. प्रत्यक्ष, सीधा	1. प्रत्यक्ष, सीधा (क्रि०) निदेश देना, निदेशित करना, संचलित करना	1. प्रत्यक्ष, सीधा (क्रि०) निदेश देना (हरि०)
Direct action	1. प्रत्यक्ष कार्यवाही, सीधी कार्यवाही	1. प्रत्यक्ष कार्यवाही, सीधी कार्यवाही	1. प्रत्यक्ष कार्यवाही, प्रत्यक्ष क्रिया	1. सीधी कार्यवाही	1. प्रत्यक्ष कार्यवाही, सीधी कार्यवाही	1. प्रत्यक्ष कार्यवाही, सीधी कार्यवाही (हरि०)
Direction	1. निदेश, निदेशन	1. निदेश, निदेशन	1. निदेश, निदेशन	1. निदेश, निदेशन 2. दिशा	1. निदेश, निदेशन, निर्देशन, निर्देश 2. संचालन, दिशा	1. निदेश, निदेशन (हरि०)

1	2	3	4	5	6	7
Directive	(संज्ञा) 1. निदेश (विशेषण)— निदेशात्मक	1. निदेश, (वि०) निदेशात्मक	1. निदेश (वि०) निदेशात्मक	1. निदेश (वि०) निदेशात्मक,	1. निदेश, निदेश-पत्र (वि०) नैदेशिक	1. (वि०) निदेशात्मक (हरि०)
Director	1. निदेशक, संचालक	1. निदेशक, संचालक	1. निदेशक, संचालक	1. निदेशक	1. निदेशक, निर्देशक, संचालक	1. निदेशक (हरि०)
Director General	1. महानिदेशक	—	1. महानिदेशक	—	1. महासंचालक	1. महानिदेशक
Directorate	1. निदेशालय, संचालनालय	1. निदेशालय	1. निदेशालय, संचालनालय	1. निदेशालय, संचालनालय	1. संचालनालय, संचालक-मंडल, निदेशालय, निर्देशकालय, संचालन-वर्ग, संचालक-मंडल, निर्देशक-मंडल, संचालन, संचालकत्व	1. निदेशालय (हरि०)
Directory	1. निर्देशिका	1. निर्देशिका	1. निदर्शनी, निदेशिका	1. निदेशनी	1. निदेशिका, नामदेशिका	1. निर्देशिका (हरि०)
Disability	1. विकलांगता 2. निर्योग्यता	1. विकलांगता 2. निर्योग्यता	1. विकलांगता 2. निर्योग्यता	1. निर्योग्यता 2. अंगहानि, विकलांगता	1. अशक्तता, निर्योग्यता 2. असमर्थता	1. विकलांगता 2. असमर्थता
Disadvantage	1. हानि, अहित	1. हानि, अहित	1. हानि, अहित, अलाभ	1. हानि, अहित, अलाभ	1. अहित, अलाभ, असुविधा	1. हानि, अहित (हरि०)

1	2	3	4	5	6	7
Disagree	1. असहमत होना	1. असहमत होना	1. असहमत होना, मेल न खाना, अनुकूल न होना	1. असहमत होना, मेल न खाना	1. असहमत होना, असम्मत होना, विमत होना	1. असहमत होना (हरि०)
Disapproval	1. अननुमोदन, नापसंदी	1. अननुमोदन	1. अननुमोदन, निरनुमोदन	1. अननुमोदन	1. अननुमोदन, निरनुमोदन, अस्वीकृति	1. अननुमोदन, नापसंदी (हरि०)
Dis bursement	1. संवितरण, बाँटना	1. संवितरण, बाँटना	1. संवितरण, वितरण, भुगतान, बाँटना	1. संवितरण, न्याय	1. संवितरण, बाँटना, भुगतान, वितरण	1. संवितरण, बाँटना (हरि०)
Discard	1. अमान्य करना, अलग करना, हटा देना	1. अमान्य करना, अलग करना, हटा देना	1. अमान्य करना, अलग करना, हटा देना	1, अलग करना, हटा देना	1. फेंक देना, दूर करना, रद्द करना 2. निकालना, बर्खास्त करना	1. अमान्य करना, अलग करना, हटा देना (हरि०)
Discharge (as of duty)	1. निर्वहन, पालन	1. निर्वहन, पालन	1. कर्त्तव्यपालन	1. निर्वहन, पालन	1. निर्वहन करना, पालन करना, सम्पादन करना	1. निर्वहन, पालन (हरि०)
Discharge (as from debt)	1. उन्मोचन	1. उन्मोचन	1. उन्मोचन	1. उन्मोचन, ऋणमोचन	1. उन्मुक्त करना, आरोपमुक्त करना, भार-मुक्त करना, छोड़ना, मुक्त करना	1. उन्मोचन (हरि०)

1	2	3	4	5	6	7
Discharge (as from service)	1. सेवा-मुक्ति, कार्य-मुक्ति	1. सेवा-मुक्ति, कार्य-मुक्ति	1. सेवाप्रमुक्त	1. सेवा-मुक्त	1. सेवा-मुक्त करना अलग करना, निर्वहन, सम्पादन	1. सेवा-मुक्ति, कार्य-मुक्ति (हरि०)
Discharge (as from Hospital)	1. छुट्टी	1. छुट्टी	1. छुट्टी	1. छुट्टी	1. छुट्टी	1. छुट्टी
Disciplinary action	1. अनुशासनिक कार्यवाही	1. अनुशासनिक कार्यवाही	1. अनुशासनिक कार्यवाही	1. अनुशासनात्मक कार्यवाही	1. अनुशासनिक कार्यवाही	1. अनुशासनिक कार्यवाही
Discipline	1. अनुशासन	1. अनुशासन	1. अनुशासन	1. अनुशासन	1. अनुशासन	1. अनुशासन (हरि०)
Disclaim	1. दावा छोड़ना, स्वत्व त्यागना	1. दावा छोड़ना, स्वत्व त्यागना	1. दावा छोड़ देना, स्वत्व त्यागना	1. दावा छोड़ देना	1. दावा छोड़ देना, स्वत्व त्याग करना	1. दावा छोड़ना
	2. अस्वीकार करना	2. अस्वीकार करना	2. अस्वीकार करना, इनकार करना		2. अस्वीकार करना	2. अस्वीकार करना (हरि०)
Disclose	1. प्रकट करना	1. प्रकट करना	1. प्रकट करना, उद्घाटित करना	1. प्रकट करना	1. प्रकट करना, खोलना, उद्घाटित करना	1. प्रकट करना (हरि०)
Discrepancy	1. विसंगति	1. विसंगति	1. भिन्नता, अन्तर, विभेद, असंगति, त्रुटि	1. विभेद, विसंगति	1. विभेद, भेद, भिन्नता, बिरोध, असंगति, कमी, भ्रान्ति, विसंवाद, न्यूनता	1. असंगति (हरि०)
Discretion	1. विवेक	1. विवेक	1. विवेक, स्वमति	1. विवेक	1. विवेक, स्वविवेक समझ	1. विवेक (हरि०)

1	2	3	4	5	6	7
Discretionary power	1. विवेकाधिकार, स्वेच्छा-निर्णय-शक्ति, स्वेच्छा-निर्णय-अधिकार	1. विवेकाधिकार, स्वेच्छा	1. विवेकाधिकार, स्वेच्छानिर्णय शक्ति, स्वेच्छा निर्णय अधिकार	1. विवेक-शक्ति, स्वेच्छा निर्णय-शक्ति	1. विवेकाधीन अधिकार, विवेकाधिकार, स्वविवेक-शक्ति	1. विवेकाधिकार, स्वेच्छा निर्णय स्वेच्छा अधिकार (हरि०)
Discussion	1. विचार-विमर्श, चर्चा 2. बहस	1. विचार-विमर्श, चर्चा 2. बहस	1. विचार-विमर्श, विमर्श, विवाद 2. बहस, चर्चा	1. विमर्श, विचार 2. बहस	1. बातचीत, चर्चा 2. बहस, वाद-विवाद	1. विचार-विमर्श, चर्चा 2. बहस (हरि०)
Dishonour (a cheque)	1. अस्वीकार करना, नकारना	1. अस्वीकार करना, नकारना	1. नकारना	1. नकारना, अनादर करना, अनादर	1. अस्वीकृत धनदेश, अनावृत चैक; अप्रतिष्ठा, निरादर, अनादर, अनादर करना, अप्रतिष्ठा करना	1. अस्वीकार करना, नकारना (हरि०)
Dismiss	1. पदच्युत करना, बर्खास्त करना 2. ख़ारिज़ करना	1. बर्खास्त करना, पदच्युत करना 2. ख़ारिज़ करना	1. बर्खास्त करना, पदच्युत करना, सेवाच्युत करना 2. ख़ारिज़ करना	1. बर्खास्त करना, 2. ख़ारिज़ करना	1. पदच्युत करना, बर्खास्त करना, सेवामुक्त करना, निकालना, उतार्जन करना 2. ख़ारिज़ करना, अपदस्त करना, निरस्त करना, समाप्त करना	1. बर्खास्त करना (हरि०)

1	2	3	4	5	6	7
			3. विसर्जित करना 4. (परेड) विसर्जन			
Dismissal	1. पदच्युति/ बर्खास्तगी	1. पदच्युति/ बर्खास्तगी	1. पदच्युति/ बर्खास्तगी	1. बर्खास्तगी 2. ख़ारिज करना/ होना	1. बर्खास्तगी, पदच्युति, सेवामुक्ति 2. ख़ारिज, समाप्ति, निरसन 3. उत्सर्जन	1. बर्खास्तगी
Disobedience	1. अवज्ञा	1. अवज्ञा	1. अवज्ञा, आज्ञाभंग, उल्लंघन, अपालन	1. अवज्ञा, आज्ञाभंग	1. अवज्ञा, आज्ञाभंग, आज्ञा का उल्लंघन, आज्ञोलंघन, अवहेलना	1. अवज्ञा (हरि०)
Disorder	1. अव्यवस्था, गड़बड़ी, 2. शान्तिभंग	1. अव्यवस्था, गड़बड़ी 2. शान्तिभंग	1. अव्यवस्था 2. शान्तिभंग 3. विकार, दोष	1. अव्यवस्था 2. अस्तव्यस्तता 3. गड़बड़, विकार 4. हंगामा	1. अव्यवस्था, गड़बड़ 2. शान्तिभंग, गड़बड़ी 3. दोष, विकार	1. अव्यवस्था, गड़बड़ी 2. शान्तिभंग (हरि०)
Disparity	1. असमानता	1. असमानता	1. असमानता	1. असमानता, असमता, विषमता, वैषम्य	1. असमानता, असमता, विषमता, असमहित	1. असमानता (हरि०)

1	2	3	4	5	6	7
Disperse	1. विसर्जन करना, तितर-बितर करना	1. विसर्जन करना, तितर-बितर करना	1. विसर्जित करना, विसर्जन करना, तितर-बितर करना	1. विसर्जित करना, तितर-बितर करना, बिखर जाना, बिखेर देना	1. विसर्जन करना, विसर्जित करना, तितर-बितर करना, भंग करना	1. विसर्जन करना, तितर-बितर करना (हरि०)
Displaced	1. विस्थापित	1. विस्थापित	1. विस्थापित	1. विस्थापित	1. विस्थापित, स्थानच्युत, विमुक्त, वियोजित	1. विस्थापित (हरि०)
Displeasure	1. अप्रसाद	1. अप्रसाद	1. अप्रसाद	1. अप्रसाद, नाराज़गी, अप्रसन्नता	1. अप्रसाद, कोप, अप्रसन्नता, अकृपा	1. अप्रसाद (हरि०)
Disposal	1. निपटान, निवर्तन	1. निपटान, निवर्तन	1. निपटान, निपटाना, निवर्तन, निस्तारण	1. निपटान, निवर्तन	1. निपटारा, व्यवस्था, निराकरण, निवर्तन	1. निपटान (हरि०)
	2. व्ययन	2. व्ययन	2. व्ययन	2. व्ययन	2. अपवहन, व्ययन	
Dispute	1. विवाद	1. विवाद	1. विवाद	1. वाद	1. विवाद, वाद, झगड़ा	1. विवाद (हरि०)
			2. झगड़ा	2. विवाद करना	2. विवाद करना	
Disqualification	1. अयोग्यता, अनर्हता	1. अयोग्यता, अनर्हता	1. अयोग्यता, अनर्हता	1. अयोग्यता, अनर्हता	1. अयोग्यता, अनर्हता, निरर्हता	1. अयोग्यता (हरि०)

1	2	3	4	5	6	7
Disregard	1. अवहेलना	1. अवहेलना	1. अवहेलना, उपेक्षा	1. उपेक्षा करना	1. अवहेलना, उपेक्षा, उदासीनता 2. उपेक्षा करना	1. उपेक्षा (हरि०)
Disrespect	1. अनादर, अविनय	1. अनादर, अविनय	1. अनादर, अविनय	1. निरादर	1. निरादर, अनादर	1. निरादर (हरि०)
Dissent	1. विसम्मति, विमति, असहमति	1. विसम्मति, विमति, असहमति	1. विसम्मति, विमति, असहमति	1. विसम्मति, विमति	1. विमति, असहमति (क्रि०) असहमत होना, विमत होना, अस्वीकृति प्रकट करना	1. विसम्मति, विमति, असहमति (हरि०)
Dissent —, Note of	1. विसम्मति लेख, असहमति लेख	1. विसम्मति लेख, असहमति लेख	1. असहमति, टिप्पणी, असहमति लेख, विसम्मति लेख	1. विमति टिप्पणी, विसम्मति लेख	1. विसम्मति लेख, असहमति लेख	1. विसम्मति लेख, असहमति लेख (हरि०)
Dissolution	1. भंग, विघटन	1. भंग, विघटन	1. भंग, विघटन 2. विच्छेद	1. भंग, विघटन 2. प्रविलयन	1. भंग, विघटन विच्छिन्नता 2. उच्छेद, विच्छेद	1. भंग, विघटन (हरि०)
Distinct	1. भिन्न, अलग 2. सुस्पष्ट, सुव्यक्त	1. भिन्न, अलग 2. सुस्पष्ट, सुव्यक्त	1. भिन्न, स्पष्ट 2. सुभिन्न, विशिष्ट	1. भिन्न, अलग 2. सुभिन्न	1. भिन्न, स्पष्ट, अलग 2. विशेष, सुभिन्न, पृथक्	1. भिन्न, अलग 2. सुस्पष्ट, सुव्यक्त (हरि०)

1	2	3	4	5	6	7
Distinguished	1. विशिष्ट	1. विशिष्ट	1. विशिष्ट	1. विशिष्ट	1. विशिष्ट, विख्यात, पारंगत, प्रतिष्ठित, उल्लेखनीय	1. विशिष्ट (हरि०)
District	1. जिला	1. जिला	1. जिला/जनपद	1. जिला	1. जिला, मण्डल	1. जिला
Ditto	1. यथोपरि, जैसे ऊपर	1. यथोपरि, जैसे ऊपर	1. वही, यथोपरि, तदैव, जैसा ऊपर	1. वही, यथोपरि, ऐज़न	1. जैसे ऊपर, वैसे ही, तथैव, तदैव, ऐज़न	1. यथोपरि, जैसे ऊपर (हरि०)
Division (General sense)	1. विभाजन	1. विभाजन	1. विभाजन, भाग	1. विभाजन	1. विभाजन, अंश	1. विभाजन (हरि०)
Division (when a territorial unit)	1. मंडल, डिवीज़न	1. मंडल, डिवीज़न	1. मंडल, डिवीज़न	1. प्रमंडल	1. खंड, संभाग, डिवीज़न	1. मंडल, डिवीज़न (हरि०)
Division (when a part of some organization as in publication Division)	1. प्रभाग	1. प्रभाग	1. प्रभाग, खंड	1. प्रभाग, खंड	1. विभाग	1. प्रभाग (हरि०)
Division (in army)	1. डिवीज़न	1. डिवीज़न	1. डिवीज़न	1. डिवीज़न	1. डिवीज़न	1. डिवीज़न (हरि०)
Division (as in Lower division clerk)	1. श्रेणी	1. श्रेणी	1. श्रेणी	1. श्रेणी	1. श्रेणी, मंडल, प्रभाग	1. श्रेणी (हरि०)

1	2	3	4	5	6	7
Draft	1. प्रारूप, मसौदा, नक्शा	1. प्रारूप, मसौदा	1. प्रारूप, मसौदा, प्रलेख 2. हुंडी, ड्राफ्ट, नक्शा	1. प्रारूप, मसौदा	1. प्रारूप, आलेख, मसौदा	1. प्रारूप, मसौदा (हरि०)
Draft for approval	1. अनुमोदनार्थ-प्रारूप, अनुमोदनार्थ-मसौदा	1. अनुमोदनार्थ-प्रारूप	1. अनुमोदनार्थ-प्रालेख, अनुमोदनार्थ-प्रारूप	1. अनुमोदन के लिए प्रारूप	1. अनुमोदनार्थ-मसौदा, अनुमोदनार्थ-प्रारूप	1. अनुमोदन के लिए प्रारूप (हरि०)
Draft sheet	1. प्रारूप-पत्र, मसौदा-पत्र	1. प्रारूप-पत्र	1. प्रालेख-पत्र, प्रारूप-पत्र, मसौदा-पत्र	1. प्रारूप-पत्र, मसौदा-पत्र	1. प्रारूप-पत्र, मसौदा-पत्र	1. प्रारूप-पत्र (हरि०)
Drive	—	1. अभियान 2. चलाना	1. अभियान 2. चलाना	1. प्रेरणा/शक्ति/आन्दोलन 2. चलाना 3. अनुखनन (खान)	1. — 2. चलाना, हाँकना 3. अनुखनन	1. अभियान
Due date	1. नियत तिथि, नियत तारीख़	1. नियत तिथि, नियत तारीख़	1. तिथि, तारीख़	1. नियत तारीख़, यथावत दिनांक, देय दिन, देय दिनांक	1. नियत तिथि, नियत तारीख़ नियत दिनांक	1. नियत तिथि (हरि०)
Duly	1. विधिवत, यथाविधि	1. विधिवत, यथाविधि	1. यथाविधि, यथारीति, यथोचित, रीति से	1. यथाविधि, सम्यक रूप से	1. यथाविधि, विधिवत्, यथासमय, यथानियम, यथामात्र, यथोचित.	1. विधिवत् (हरि०)

1	2	3	4	5	6	7
					यथावत्, सम्यक रूप से, ठीक प्रकार से, उचित रीति से, पर्याप्त	
Duplicating	1. अनुलिपिकरण	1. अनुलिपिकरण	1. अनुलिपिकरण	1. प्रतिलिपिकरण, अनुलिपिकरण	1. अनुलिपिकरण	1. अनुलिपिकरण
Duration	1. अवधि	1. अवधि/कालावधि	1. अवधि	1. अवधि	1. अवधि, मियाद, काल, कालावधि,	1. अवधि (हरि०)
Duty	1. ड्यूटी, काम, कर्त्तव्यभार	1. ड्यूटी/काम/ कर्त्तव्यभार	1. कर्त्तव्य, काम, कर्त्तव्य-भार	1. ड्यूटी, काम, कार्य, कर्म, कर्त्तव्य	1. काम, कर्त्तव्य	1. ड्यूटी, काम,
	2. शुल्क	2. शुल्क	2. शुल्क, कर	2. शुल्क, कर	2. ड्यूटी, चुंगी, शुल्क, अधिकर	2. शुल्क (हरि०)
			3. उत्तम धन्धा		3. परिमात्रा (कृषि)	
			4. नैतिक बंधन, पाबन्दी			
Duty —, off	1. ड्यूटी के बाद, कार्यसमय के बाद	1. ड्यूटी के बाद, कार्यसमय के बाद	1. ड्यूटी के बाद, कार्यसमय के बाद	1. ड्यूटी के बाद, कार्यसमय के बाद, कार्य विरत	1. अकर्त्तव्यस्थ, काम पर न होना, कार्य से छुट्टी पर, कार्य-विरत, काम के बाद	1. ड्यूटी के बाद, कार्यसमय के बाद (हरि०)

1	2	3	4	5	6	7
Duty **—, on**	1. ड्यूटी पर, काम पर	1. ड्यूटी पर, काम पर	1. ड्यूटी पर, काम पर	1. ड्यूटी पर, काम पर	1. ड्यूटी पर, काम पर, काम करते हुए, कर्त्तव्यस्थ	1. काम पर, ड्यूटी पर (हरि०)
Duty **—, On special**	1. विशेष ड्यूटी पर	1. विशेष ड्यूटी पर, विशेष काम पर	1. विशेष छुट्टी पर	1. विशेष छुट्टी पर	1. विशेष-कर्त्तव्यस्थ	1. विशेष ड्यूटी पर (हरि०)
Duty roster	1. ड्यूटी रोस्टर, ड्यूटी पंजिका	1. ड्यूटी पंजिका	1. ड्यूटी पंजिका, ड्यूटी रोस्टर	1. कर्त्तव्य कमिका रोस्टर ड्यूटी	1. ड्यूटी नामावली, ड्यूटी रोस्टर	1. ड्यूटी रोस्टर (हरि०)

E

1	2	3	4	5	6	7
Earmark	1. चिह्नित करना/ अलग करना	1. चिह्नित करना, अलग करना, उद्दिष्ट करना	1. विशेष प्रयोजन के लिए धन, अलग करना	1. विशेष प्रयोजन के लिए रख देना	1. विशेष प्रयोजन के लिए रखना	1. चिह्नित करना, अलग करना (हरि०)
Earned Leave	1. अर्जित छुठ्ठी	1. अर्जित छुट्टी, अर्जित अवकाश	1. अर्जित अवकाश	1. उपार्जित-छुट्टी	1. अर्जित छुट्टी, अर्जित अवकाश, उपार्जित-अवकाश, उपार्जित छुट्टी	1. अर्जित छुट्टी (हरि०)
Earnest money	1. बयाना, अग्रिम-धन	1. बयाना, अग्रिम-धन	1. बयाना, साई, अग्रिमधन	1. बयाना/अग्रिम धन	1. बयाना, साई, बयाने का धन, साई की रकम	1. बयाना, अग्रिम-धन (हरि०)

1	2	3	4	5	6	7
Ecologist	1. परिस्थिति विज्ञानी	—	1. परिस्थिति विज्ञानी	1. परिस्थिति विज्ञानी	1. परिस्थिति विज्ञानी	1. परिस्थिति विज्ञानी
Economical	1. सस्ता 2. मितव्ययी	1. सस्ता 2. मितव्ययी	1. सस्ता, कम खर्च या मूल्य का 2. मितव्ययी	1. सस्ता 2. मितव्ययी	— 2. मितव्यय मितव्ययी, मित- 3. आर्थिक	1. सस्ता (हरि०)
Economist	1. अर्थशास्त्री	1. अर्थशास्त्री	1. अर्थशास्त्री	1. अर्थशास्त्री	1. अथशास्त्री, अर्थशास्त्रज्ञ	1. अर्थशास्त्री
Economy	1. अर्थ-व्यवस्था 2. किफायत	1. अर्थ-व्यवस्था 2. किफायत, मितव्ययिता	1. अर्थ-व्यवस्था 2. मितव्यय, मितव्ययता	1. अर्थ-व्यवस्था 2. किफायत मितव्ययिता	1. अर्थ-व्यवस्था 2. मितव्यय मितव्ययिता, किफायत 3. सुव्यवस्था	1. अथ-व्यवस्था 2. किफायत (हरि०)
Economy slip	1. किफायती पर्ची	1. किफायती पर्ची	1. किफायती पर्ची	1. किफायती पर्ची	1. किफायती पर्ची	1. किफायत पर्ची (हरि०)
Effect	1. प्रभाव 2. परिणाम	1. प्रभाव —	1. प्रभाव 2. परिणाम 3. कार्य	1. प्रभाव 2. फल/परिणाम	1. प्रभाव	1. प्रभाव (हरि०)
Effective	1. प्रभावी, कार्यकारी	1. प्रभावी, कार्यकारी	1. प्रभावी 2. प्रभावशाली, सक्रिय 3. कार्यक्षम, सफल, कारगर	1. प्रभावोत्पादक	1. प्रभावी, प्रभावोत्पादक, परिणामजनक	1. प्रभावी (हरि०)

1	2	3	4	5	6	7
Efficiency	1. दक्षता, कार्यपटुता	1. दक्षता, कार्यपटुता	1. दक्षता, कार्यपटुता, कार्यक्षमता	1. दक्षता/कार्यपटुता	1. दक्षता, कार्यक्षमता, कार्यकुशलता, निपुणता, पटुता कुशलता, प्रवीणता 2. कार्यनिष्पत्ति	1. कार्यकुशलता (हरि०)
Efficiency bar	1. दस्तारोध, दस्तारोक	1. दक्षतारोध, दक्षतारोक	1. दक्षतारोध, दक्षतारोक	1. दक्षतारोध/दक्षतारोक	1. दक्षतारोध/दक्षतारोध	1. कुशलतारोध (हरि०)
Elected representative	1. निर्वाचित-प्रतिनिधि	1. निर्वाचित प्रतिनिधि	1. निर्वाचित-प्रतिनिधि	1. निर्वाचित-प्रतिनिधि	1. निर्वाचित-प्रतिनिधि	1. निर्वाचित-प्रतिनिधि (हरि०)
Election	1. निर्वाचन	1. निर्वाचन	1. निर्वाचन	1. निर्वाचन, चुनाव	1. निर्वाचन, चुनाव	1. निर्वाचन
Electoral Roll	1. निर्वाचक सूची	1. निर्वाचक सूची	1. निर्वाचक सूची	1. मतदाता सूची	1. निर्वाचक-नामावली, निर्वाचक सूची, मतदाता सूची	1. निर्वाचक-सूची (हरि०)
Elementary	1. प्रारंभिक	1. प्रारंभिक	1. प्रारंभिक	1. प्रारंभिक	1. प्रारंभिक, मूल	1. प्रारंभिक (हरि०)
Eligible	1. पात्र	1. पात्र	1. पात्र	1. पात्र/योग्य	1. पात्र/योग्य,ग्राह्य	1. पात्र
Embezzlement	1. गबन	1. गबन	1. गबन, व्यपहरण	1. गबन	1. गबन, धनहरण, छलहरण	1. गबन (हरि०)
Emblem	1. प्रतीक, चिह्न	1. प्रतीक, चिह्न	1. प्रतीक	1. प्रतीक/चिह्न 2. प्रतीक/चिह्न-द्वारा प्रगट करना	1. प्रतीक, ध्वजा	1. प्रतीक, चिह्न (हरि०)

1	2	3	4	5	6	7
Emergency	1. आपात, आपातिक, आपात-स्थिति	1. आपात, आपातिक	1. आपात-आपातिक, संकट-कालीन	1. आपातिक	1. आपात स्थिति, आपातिक, आपात-	1. आपात, आपातिक, आपात-स्थिति (हरि०)
Emigrant	1. उत्प्रवासी	1. उत्प्रवासी	1. उत्प्रवासी	1. उत्प्रवासी	1. उत्प्रवासी, प्रवासी	1. उत्प्रवासी (हरि०)
Emoluments	1. परिलब्धियाँ	1. परिलब्धियाँ, उपलब्धियाँ	1. परिलब्धि, उपलब्धि	1. परिलब्धियाँ	1. उपलब्धियाँ, परिलाभ, लाभ	1. परिलब्धियाँ (हरि०)
Employ	1. नियुक्त करना, नियोजित करना	1. नियुक्त करना	1. नियुक्त करना, नियोजित करना	(क्रि०) 1. नियोजित करना (संज्ञा) सेवा, नौकरी	1. नियुक्त करना	1. नियुक्त करना, नियोजित करना
	2. प्रयोग करना, काम में लाना		2. प्रयोग करना, काम में लाना		2. सेवायुक्त करना, नौकर रखना, काम में लगाना	2. प्रयोग करना, काम में लाना (हरि०)
			3. सेवा युक्त करना			
Employee	1. कर्मचारी	1. कर्मचारी	1. कर्मचारी	1. कर्मचारी/ मुलाज़िम	1. कर्मचारी, नौकर, मुलाज़िम, सेवामुक्त, काम करने वाले	1. कर्मचारी (हरि०)
Employer	1. नियोक्ता	1. नियोक्ता/ नियोजक	1. नियोक्ता/ नियोजक	1. नियोक्ता/ नियोजक/ मालिक	1. नियोक्ता, मालिक, स्वामी, नियोजक, सेवायोजक	1. नियोक्ता

1	2	3	4	5	6	7
Employment	1. नौकरी, रोज़गार, सेवायोजन, व्यवसाय, नियोजन	1. नौकरी, रोज़गार, नियोजन (विधि)	1. नौकरी/सेवा/ रोज़गार, सेवा योजन/ नियोजन/ व्यवसाय, सेवायुक्ति, नियोजन(विधि)	1. नियोजन/ रोज़गार	1. नौकरी/रोज़गार/ सेवा योजन/ सेवा युक्ति/ सेवाकार्य/ नियुक्ति	1. रोज़गार (हरि०)
Employment Exchange	1. रोज़गार कार्यालय	1. रोज़गार कार्यालय	1. रोज़गार-कार्यालय/ सेवायोजन कार्यालय	1. नियोजनालय/ रोज़गार कार्यालय	1. रोज़गार-कार्यालय/ कामदिलाऊ-दफ्तर/सेवा-नियोजनालय	1. रोज़गार विभाग (हरि०)
Empower	1. शक्ति देना/ अधिकार देना	1. शक्ति देना/ अधिकार देना	1. शक्ति देना/ अधिकार देना	1. शक्ति देना/ अधिकृत करना/ सशक्त करना	1. शक्ति देना/ सशक्त करना/ अधिकृत करना/ अधिकार देना	1. शक्ति देना/ अधिकार देना (हरि०)
Enact	1. अधिनियम-बनाना/ अधिनियमित-करना	1. अधिनियमित-करना/ अधिनियम बनाना	1. अधिनियमित-करना 2. अधिनियम-बनाना	1. अधिनियमित-करना/ अधिनियम बनाना	1. अधिनियम-बनाना/ अधिनियमित-करना/ विधान बनाना	1. अधिनियम बनाना (हरि०)
Enactment	1. अधिनियमन	1. अधिनियमन	1. अधिनियमन, अधिनियमिति	1. अधिनियमन/ अधिनियमिति	1. अधिनियमन, अधिनियमिति	1. अधिनियमन

1	2	3	4	5	6	7
Encasnment	1. भुनाना/तुड़ाना	1. भुनाना/तुडाना	1. भुनाना/तुड़ाना	1. भुनाना	1. भुनाना/तुड़ाना/ भुनाई	1. भुनाना/तुड़ाना (हरि०)
Enclose	1. बंद करना 2. साथ रखना	1. बंद करना 2. साथ रखना/ संलग्न करना	1. बंद करना 2. साथ रखना/ संलग्न करना 3. घेरना	1. साथ रखना/ अनुलग्नम करना 2- घेरना	1. बंद करना 2. साथ भेजना/ संलग्न करना/ संग्रधित करना/ मत्थी करना	1. बंद करना 2. साथ रखना (हरि०)
Enclosure	1. अनुलग्नक 2. बाडा/अहाता	1. अनुलग्नक 2. बाड़ा/अहाता	1. अनुलग्नक 2. बाड़ा/घेरा 3. संलग्नक	1. अनुलग्नक 2. बाड़ा/अहाता	1. अनुलग्नक/ सहपन्न/संलग्न 2. समावृत्ति/ बाड़ा/ घेरा/अहाता 3. समावरण	1. अनुलग्नक (हरि०)
Encroachment	1. अधिक्रमण	1. अधिक्रमण/ दबा लेना / अतिक्रमण	· अतिक्रमण	1. अधिक्रमण/ अतिक्रमण	1. अधिक्रमण, अतिक्रम अतिचार, दबा लेना	1. अधिक्रमण
Endorsement	1. पृष्ठांकन/ सही करना 2. समर्थन	1. पृष्ठांकन/ सही करना 2. समर्थन करना	1. पृष्ठांकन/ सही करना 2. समर्थन 3. अनुमोदन	1. पृष्ठांकन 2. बेचान	1. पृष्ठांकन/अंकन/ अनुलेखन/ अनुलेख/पृष्ठलेख 2. बेचान	1. पृष्ठांकन (हरि०)

1	2	3	4	5	6	7
Endowment	1. विन्यास 2. धर्मस्व/धर्मदा/ धर्मदाय/ अक्षय निधि	1. — 2. अक्षय निधि	1. — 2. धर्मस्व/धर्मादा अक्षय निधि/ सन्दान	1. — 2. धर्मादा स्थाई निधि/ अक्षय निधि	1. — 2. धर्मस्व/धर्मदा/ धर्मदाय, देन स्थायी निधि	2. अक्षय निधि (हरि०)
Enforce	1. प्रवर्तन करना/ प्रवर्तन कराना	1. प्रवतन करना, प्रवर्तन कराना	1. प्रवर्तन करना/ प्रवर्तन कराना/ प्रवर्तित करना/ प्रचलित करना	1. प्रवर्तन करना/ प्रवृत्त करना/ प्रवर्तित करना 2. बाध्य करना/ विवश करना	1. प्रवर्तित करना/ लागू करना/ पालन करना बाध्य करना/ प्रचलित करना/ विवश करना	1. प्रवर्तन करना/ लागू करना (हरि०)
Engagement	1. आबंध/ वचनबंध	1. आबंध/ वचनबंध 2. कार्य-संलग्नता	1. आबन्ध वचनबंध 2. कार्य	1. बचनबंध 2. काम पर लगाना, काम 3. पूर्वनिश्चय (मिलने का) 4. वाग्दान 5. युद्ध/लड़ाई	1. बचनबन्ध/वादा/ प्रतिज्ञा/ बन्धन/ठहराव 2. काम/कार्य 3. — 4. वाग्दान/सगाई	1. आबंध/ वचनबंध (हरि०)
Engagement diary	1. कार्य-डायरी	1. कार्य डायरी	1. कार्य डायरी	1. कार्य डायरी	1. कार्य डायरी	1. कार्य डायरी (हरि०)
Engineer	1. अभियंता/ इंजीनियर	1. अभियंता/ इंजीनियर	1. अभियंता/ इंजीनियर	1. अभियंता/ इंजीनियर	1. अभियन्ता/ इंजीनियर/ यंत्री	1. अभियन्ता/ इंजीनियर (हरि०)

1	2	3	4	5	6	7
Enlist	1. भर्ती करना/ भर्ती होना/ सूची में चढ़ाना	1. भर्ती करना/ भर्ती होना/ सूची में चढ़ाना	1. (सेवा में) भरती करना	1. भर्ती करना/ भर्ती होना/ सूची में चढ़ाना	1. भरती करना/ भरती होना/ सूची में प्रविष्ठ करना	1. भरती करना
	2. नाम लिखना/ नाम लिखाना	2. नाम लिखना	2. सहयोग या समर्थन प्राप्त करना	2. नाम लिखना	2. नाम लिखना/ नाम लिखाना	2. नाम लिखाना (हरि०)
					3. प्राप्त करना	
Enquiry	1. पूछताछ	1. पूछताछ	1. पूछताछ	1. पूछताछ/ जिज्ञासा	1. पूछताछ/ परिपृच्छा	1. पूछ-ताछ
	2. जाँच	2. जाँच	2. जाँच	2. जाँच	2. जाँच/ जाँच-पड़ताल	2. जाँच (हरि०)
					3. समीक्षा	
Enrolment	1. नामांकन/ नाम दर्ज करना	1. नामांकन/ नाम दर्ज करना	1. नामांकन/ नाम दर्ज करना/ निवेश/भर्ती	1. नामांकन/ नाम लिखना/ नामांकित करना	1. नामांकन/ नाम दर्ज करना/ लेखांकन/ भरती	1. नामाँकन/ नाम दर्ज करना (हरि०)
Ensuing	1. आगामी	1. आगामी	1. आगामी	1. आगामी	1. आगामी	1. आगामी (हरि०)
Ensure	1. आश्वस्त करना	1. आश्वस्त करना	1. आश्वस्त करना/ सुनिश्चित करना	1. सुनिश्चित करना/ आश्वस्त करना	1. आश्वस्त करना/ सुनिश्चित करना/ पक्का करना	1. आश्वास्त करना (हरि०)

1	2	3	4	5	6	7
Enter (to make an entry)	1. दर्ज करना/ प्रविष्ट करना	1. दर्ज करना/ प्रविष्ट करना	1. दर्ज करना/ प्रविष्ट करना 2. प्रविष्ट होना/ प्रवेश करना 3. चढ़ाना	1. दर्ज करना/ प्रविष्ट करना 2. प्रवेश करना/ घुसना	1. दर्ज करना/ प्रविष्ट करना/ नोट करना 2. प्रवेश करना/ घुसना/प्रविष्ट होना	1. दर्ज करना (हरि०)
Enter (upon an office)	1. कार्यभार संभालना/ कार्यभार ग्रहण करना	1. कार्यभार संभालना/ कार्यभार ग्रहण करना	1. कार्यभार संभालना/ कार्यभार ग्रहण करना	1. नौकरी शुरू करना/आरंभ करना	1. कार्यभार संभालना/ ग्रहण करना/ पद ग्रहण करना/ प्रवेश करना/ घुसना 2. प्रविष्टि होना/ प्रविष्टि करना/ दर्ज करना/ नोट करना	1. कार्यभार-संभालना (हरि०)
Entertainment	1. मनोरंजन	1. मनोरंजन	1. मनोरंजन 2. सत्कार 3. ग्रहण 4. नियुक्ति	1. प्रमोद मनोरंजन	1. मनोरंजन/प्रमोद/ आमोद 2. सत्कार/ आतिथ्य/ दावत 3. ग्रहण	1. मनोरंजन (हरि०)

1	2	3	4	5	6	7
Entitle	1. हकदार होना/ हकदार बनाना	1. हकदार होना/ हकदार बनाना/ अधिकार देना	1. हकदार होना/ हकदार बनाना/ अधिकार देना/	1. हकदार करना/ हकदार बनाना होना	1. हकदार होना/ हकदार बनाना/ हक होना/ अधिकारी होना/ स्वत्वाधिकार होना/ स्वत्वाधिकार देना	1. हकदार होना (हरि०)
			2. पदवी देना/ उपाधि देना	2. उपाधि देना,	2. उपाधि देना/ खिताब देना	
			3. नाम रखना/ नाम देना/ शीर्षक देना	3. नाम देना/ शीर्षक देना	3. शीर्षक देना	
Entrance	1. प्रवेश/ 2. प्रवेश-द्वार	1. प्रवेश/ 2. प्रवेश-द्वार	1. प्रवेश	1. प्रवेश	1. प्रवेश/ 2. प्रवेश-द्वार/ भीतर जाने का मार्ग/द्वार	1. प्रवेश/ 2. प्रवेश-द्वार (हरि०)
Entrust	1. सौंपना/ न्यस्त करना	1. सौंपना/ न्यस्त करना	1. सौंपना/ न्यस्त करना	1. सौंपना/ सुपुर्द करना/ न्यस्त करना 2. विश्वास पर छोड़ना	1. सौंपना/ न्यस्त कनना	1. सौंपना/ न्यस्त करना (हरि०)
Entry	1. इन्दराज/प्रविष्टि	1. इन्दराज/प्रविष्टि	1. (पंजिकादि में) प्रविष्टि/इन्दराज	1. प्रविष्टि/इन्दराज	1. प्रविष्टि	1. प्रवेश (हरि०)
	2. प्रवेश	2. प्रवेश	2. प्रवेश	2. प्रवेश	2. प्रवेश/दाखिला 3. लेख/लेखे	

1	2	3	4	5	6	7
Entry —, Adverse	1. प्रतिकूल इन्दराज/ प्रतिकूल प्रविष्टि	1. प्रतिकूल इन्दराज/ प्रतिकूल प्रविष्टि	1. प्रतिकूल इन्दराज/ प्रतिकूल प्रविष्टि	1. प्रतिकूल प्रविष्टि	1. प्रतिकूल इन्दराज/ प्रतिकूल प्रविष्टि	1. प्रतिकूल इन्दराज (हरि०)
Envoy	1. दूत	1. दूत	1. दूत	1. दूत	1. दूत	1. दूत (हरि०)
Envoy —, Extra-ordinary	1. असाधारण दूत	1. असाधारण दूत	1. असाधारण दूत	1. असाधारण दूत	1. असाधारण दूत	1. असाधारण दूत (हरि०)
Epitone	1. निष्कर्ष/सार	1. निष्कर्ष/सार	1. निष्कर्ष/सार/ संक्षेप	1. निष्कर्ष/समाहार	1. सार संग्रह 2. प्रतिरूपक	1. निष्कर्ष/सार (हरि०)
Equality	1. समता	1. समता	1. समता	1. समता	1. समता/ समानता	1. समता (हरि०)
Equipment	1. उपस्कर	1. उपस्कर/ साजसज्जा	1. उपस्कर/ साज-सज्जा,/ सज्जा/सामग्री	1. सज्जा/साज-सज्जा/उपस्कर	1. उपकरण, सज्जा/सम्भार/ सामग्री/साज-सामान	1. उपकरण (हरि०)
Equitable	1. साम्ययुक्त	1. साम्ययुक्त/ साम्यिक	1. साम्ययुक्त/ साम्यिक/ साम्योचित	1. साम्योचित/ साम्ययुक्त	1. साम्यपूर्ण/ साम्यिक 2. न्याय्य/समन्याय/ न्यायपूर्ण/ न्यायसम्मत/ सुनीतिमय/ सुनीतिपूर्ण/ सुनीतियुक्त	1. साम्ययुक्त (हरि०)

1	2	3	4	5	6	7
Equivalent	(संज्ञा) 1. तुल्यांक/ तुल्यमान	1. तुल्यांक/ तुल्यमान	1. तुलांक/तुल्य	1. समतुल्य	(संज्ञा) 1. सममूल्य/ समार्द्ध/ समशक्ति (विशेषण) समान/सम/तुल्य	1. समकक्ष (हरि०)
	2. पत्र/पर्याय (विशेषण) तुल्य/समकक्ष	2. पर्याय	2. पर्याय (वि०) समकक्ष/सम			2. पर्याय (हरि०)
Errata	1. शुद्धि-पत्र	1. अशुद्धि-पत्र	1. अशुद्धि-पत्र	1. अशुद्धि-पत्र	1. शुद्धि-पत्र/ अशुद्धि-पत्र	1. शुद्धि-पत्र (हरि०)
Error	1. त्रुटि/भूल/ गलती	1. त्रुटि/भूल/ गलती	1. त्रुटि/भूल	1. भूल/अशुद्धि	1. त्रुटि/भूल/ गलती/ चूक/अशुद्धि/ विभ्रम	1. भूल (हरि०)
Escort	1. अनुरक्षण	1. मार्गरक्षी	1. (सं०) मार्ग-रक्षी	1. मार्ग-रक्षी	1. अनुरक्षण/पहरा	1. अनुरक्षण (हरि०)
		2. मार्ग रक्षा करना	2. (क्रि०) मार्ग-रक्षा करना/ रक्षा में पहुँचना	2. मार्ग-रक्षण	2. पहरेदार/ मार्ग-रक्षी/मार्ग-रक्षक/पथ-रक्षी/ अनुरक्षक	
Essential	1. अनिवार्य/ आवश्यक	1. अनिवार्य/ आवश्यक	1. अनिवार्य/ परमावश्यक	1. परमावश्यक	1. अनिवार्य/ आवश्यक/अति/ परमावश्यक/प्रधान	1. अनिवार्य/ आवश्यक (हरि०)
			2. सारभूत/तात्विक		2. सारभूत	

1	2	3	4	5	6	7
Establishment	1. स्थापना	1. स्थापना/ संस्थापना 2. कर्मचारी-वर्ग	1. स्थापना 2. अधिष्ठान 3. (वन) पुष्टि	1. स्थापना	1. स्थापना 2. संस्थान/ प्रतिष्ठान/ स्थापन/ संस्थापन/ प्रतिष्ठापन/ सिब्बंदी	1. स्थापना (हरि०)
Establishment Section	1. स्थापना अनुभाग	1. स्थापना अनुभाग	1. स्थापना अनुभाग	1. स्थापना अनुभाग	1. स्थापना अनुभाग	1. स्थापना अनुभाग(हरि०)
Estate	1. संपदा	1. सम्पदा	1. संपदा, सम्पत्ति/ आस्थान/एस्टेट	1. आस्ति/सम्पदा/ इस्टेट	1. सम्पदा/सम्पत्ति/ जागीर/ जायदाद/ठिकाना/ भूसम्पत्ति	1. सम्पदा (हरि०)
	(संज्ञा) 1. प्राक्कलन/ आकलन/ अनुमान (क्रिया) आकलन कमना/ आँकना/कूतना	1. आक्कलन/ आकलन/ अनुमान आकलन करना/ आँकना/कूतना	1. प्राक्कलन/ अनुमान/आँक	1. प्राक्कलन (सं०) (क्रि०) प्राक्कलन करना	1. प्राक्कलन/आंक/ अनुमान/ अनुमान-पत्र (क्रिया०) प्राक्कलन करना/कूतना/ आंकना/ अनुमान लगाना	1. अनुमान/ प्राक्कलन (हरि०)

1	2	3	4	5	6	7
Etiquette	1. शिष्टाचार	1. शिष्टाचार	1. शिष्टाचार	1. शिष्टाचार	1. शिष्टाचार	1. शिष्टाचार (हरि०)
Evaluation	1. मूल्यांकन	1. मूल्यांकन	1. मूल्यांकन	1. मूल्यांकन	1. मूल्यांकन	1. मूल्यांकन (हरि०)
Eviction	1. बेदखली/ निष्कासन	1. बेदखली/ निष्कासन	1. बेदखली/ निष्कासन	1. बेदखली	1. बेदखली/ निष्कासन/ अधिनिष्कासन	1. बेदखली/ निष्कासन (हरि०)
Evidence	1. साक्ष्य/गवाही/ प्रमाण	1. साक्ष्य/गवाही/ प्रमाण	1. साक्ष्य/गवाही/ प्रमाण	1. साक्ष्य/गवाही/ शहादत/सबूत	1. साक्ष्य/गवाही	1. साक्ष्य/गवाही (हरि०)
Evolve	1. विकसित करना	1. विकसित करना	1. विकसित करना, प्रस्तुत करना	1. विकसित करना	1. विकसित करना/ प्रकट करना/ प्रस्तुत करना	1. विकसित करना (हरि०)
	2. (शब्द) निर्माण करना	2. (शब्द) निर्माण करना				
Ex-cadre post	1. संवर्गबाह्य पद	1. संवर्गबाह्य पद	1. निःसंवर्ग पद	1. संवर्गबाह्य पद	1. निःसंवर्ग पद	1. संवर्गबाह्य पद (हरि०)
Exceptional	1. विशिष्ट/ अपवादात्मक	1. विशिष्ट/ अपवादात्मक	1. आपवादिक/ अपवाद/ असामान्य/ विशेष	1. आपवादिक/ विशेष/ असामान्य/ असाधारण	1. विशिष्ट/ अपवादात्मक/ आपवादिक/ असाधारण/ असामान्य	1. अपवादात्मक (हरि०)
Excess	1. अति/अधिकता/ ज्यादती	1. अति/अधिकता ज्यादती	1. अति/अधिकता/ ज्यादती/ अधिकता/बढ़ती	1. आधिक्य/ अधिकाई	1. अति/अधिकता/ ज्यादती/ आधिक्य/बढ़ती/ अतिरिक्तता/ अधिकाई/अतिरेक	1. अधिकता (हरि०)

1	2	3	4	5	6	7
			2. अधिक (राशि-व्यय आदि)		2. अतिरिक्त/ अधिक/बढ़ा हुआ	
Exchange	1. विनिमय 2. केन्द्र	1. विनिमय 2. केन्द्र	1. विनिमय 2. विनिमय केन्द्र	1. (सं०) विनिमय 2. इक्सचेंज (क्रि०)विनिमय करना	1. (सं०)विनिमय 2. आदान-प्रदान केन्द्र (क्रि०)विनिमय करना	1. विनिमय 2. केन्द्र (हरि०)
Excise	1. उत्पादन-शुल्क 2. आबकारी	1. उत्पादन-शुल्क 2. आबकारी	1. उत्पादन-शुल्क 2. आबकारी	1. उत्पाद-शुल्क 2. आबकारी/	1. उत्पाद-शुल्क 2. आबकारी	1. उत्पाद-शुल्क 2. आबकारी (हरि०)
Exclude	1. वर्जित करना/ निकालना/ अपवर्जन	1. वर्जित करना/ निकालना	1. वर्जित करना/ निकालना/ अपदर्तन/ निकाल देना/ पृथक् करना/ 2. छोड़ देना	1. वर्जित करना/ अपवर्जित करना 2. छोड़ना	1. अपवर्जित करना/ अपवर्जन करना पृथक् करना/ अलग करना/ बाहर करना/ निकाल देना/ निष्कासन 2. छोड़ना 3. अन्दर न जाने देना/बाहर रखना/बहिष्कार करना	1. निकालना (हरि०)
Exclusive	1. अनन्य 2. रहित	1. अनन्य 2. रहित	1. अनन्य 2. केवल	1. अनन्य/एकमात्र 2. छोड़कर	1. अनन्य/एकमात्र 2. केवल/मात्र/ अतिरिक्त/एकाकी/ अपवर्जी	1. अनन्य 2. रहित (हरि०)

1	2	3	4	5	6	7
Exclusively	1. अनन्य रूप से	1. अनन्य रूप से	1. केवल	1. अनन्य रूप से	1. अनन्य/केवल/ एकाकी रूप से/ पूर्णरूपेण	1. अनन्य रूप से
Exclusive powers	1. अनन्य शक्तियाँ/ एकमात्र अधिकार	1. अनन्य शक्तियाँ/ एकमात्र अधिकार	1. अनन्य शक्तियाँ/ एकमात्र अधिकार/ अनन्य अधिकार	1. अनन्य शक्तियाँ	1. अनन्य शक्तियाँ/ एकमात्र अधिकार/ अनन्य अधिकार	1. अनन्य शक्तियाँ (हरि०)
Exclusive right	1. अनन्य अधिकार	1. अनन्य अधिकार	1. अनन्य अधिकार	1. अनन्य अधिकार	1. अनन्य अधिकार	1. अनन्य अधिकार (हरि०)
Execute	1. निष्पादन करना	1. निष्पादन करना	1. निष्पादित करना/ निष्पादन करना	1. निष्पादित करना	1. निष्पादन करना/ निष्पादित करना/लिखना/ सम्पादन करना/ सम्पादित करना	1. निष्पादन करना (हरि०)
			2. (का) पालन करना/ (का) कार्यान्वित करना	2. कार्यपालन करना/ अमल में लाना	2. कार्यपालन करना/ कार्यान्वित करना/निर्वाह करना/प्रवर्तन करना	
			3. फाँसी देना/ प्राणदण्ड देना	3. फाँसी देना/ प्राणदण्ड देना	3. फाँसी देना/ प्राणदण्ड देना	
				4. इजराय करना, लिखना	4. लिख देना/ लिखना	

1	2	3	4	5	6	7
Executive	1. कार्यपालिका	1. कार्यपालिका	(संज्ञा) 1. कार्यपालिका	(संज्ञा) 1. कार्यपालिका/ कार्यांग	1. कार्यपालिका	1. कार्यपालिका
	2. कार्यपालक/ प्रबन्धक	2. कार्यपालक/ प्रबन्धक/ कार्यकारी	2. कार्यपालिक (विशेषण) कार्यकारी	2. कार्यकारी/ कार्यकारिणी (विशेषण) कार्यपालक	2. कार्यपालक/ निष्पादी/ कार्यकारी/ कार्यपालिका	2. कार्यपालक/ प्रबन्धक (हरि०)
		3. अधिशासी	3. अधिशासी		3. निष्पादक 4. प्रबन्ध-कारिणी	
Executive Engineer	1. कार्यपालक इंजीनियर	1. कार्यपालक इंजीनियर	1. अधिशासी अभियन्ता/ कार्यपालक अभियन्ता/ इंजीनियर	1. कार्यपालक अभियन्ता	1. कार्यपालक इंजीनियर	1. कार्यपालक इंजीनियर (हरि०)
Exempt	1. विमुक्त करना/ छूट देना/ माफी देना	1. विमुक्त करना/ छूट देना/ माफी देना	1. विमुक्त करना/ छूट देना/ माफी देना/ मुक्त करना	1. विमुक्त करना/ छूट देना	1. मुक्त करना/ छूट देना/ माफी देना 2. मुक्त	1. छूट देना/ माफी देना (हरि०)
Exemption	1. छूट/माफी	1. छूट/माफी	1. छूट/माफी/ मुक्ति/ विमुक्ति	1. छूट/माफी	1. छूट/माफी/ मुक्ति	1. छूट/माफी (हरि०)
Exercise	1. प्रयोग करना	1. प्रयोग करना	1. प्रयोग करना/	1. प्रयोग करना	1. प्रयोग करना	1. प्रयोग करना (हरि०)

1	2	3	4	5	6	7
			2. अभ्यास करना 3. व्यायाम करना	2. अभ्यास करना 3. व्यायाम करना (संज्ञा) 1. व्यायाम 2. अभ्यास	(संज्ञा) 1. व्यायाम/ कवायद/ड्रिल 2. अभ्यास/पाठ/ प्रश्नावली 3. प्रयोग/ अनुष्ठान	
Exercise of power	1. शक्ति-प्रयोग	1. शक्ति-प्रयोग	1. शक्ति-प्रयोग	1. शक्ति-प्रयोग	1. शक्ति का प्रयोग/ अधिकारी-प्रयोग	1. शक्ति-प्रयोग (हरि०)
Ex-gratia-payment	1. अनुग्रहपूर्वक अदायगी	1. अनुग्रहपूर्वक अदायगी	1. अनुग्रह भुगतान/ अनुग्रहपूर्वक अदायगी	1. अनुग्रहपूर्वक अदायगी	1. अनुग्रहपूर्वक अदायगी	1. अनुग्रहपूर्वक अदायगी (हरि०)
Exigency	1. अनिवार्य आवश्यकता/ अत्यावश्यकता	1. अनिवार्य आवश्यकता/ अत्यावश्यकता	1. अनिवार्य आवश्यकता/ अत्यावश्यकता	1. अनिवार्य आवश्यकता	1. अत्यावश्यकता/ अपेक्षा	1. अत्यावश्यकता (हरि०)
Ex-officio	1. पदेन	1. पदेन.	1. पदेन	1. पदेन	1. पदेन/ पद के नाते	1. पदेन (हरि०)
Expansion	1. विस्तार/प्रसार/ प्रसरण	1. विस्तार/प्रसार/ प्रसरण	1. विस्तार/प्रसार/ प्रसरण	1. प्रसार	1. विस्तार/प्रसारण/ प्रसार	1. विस्तार/प्रसार/ प्रसारण (हरि०)

1	2	3	4	5	6	7
Exparte	1. एकपक्षीय	1. एकपक्षीय	1. एकपक्षीय	1. इकतरफा/ एकपक्षीय	1. इकतरफा/ एकपक्षीय	1. इकतरफा एकपक्षीय (हरि०)
Expedite	1. शीघ्र कार्रवाई करना/ शीघ्र निबटाना	1. शीघ्र कार्रवाई करना/ शीघ्र निवटाना	1. शीघ्र कार्रवाई करना/ शीघ्र निबटाना/ शीघ्र करना/ (में) शीघ्रता करना	1. शीघ्र कार्रवाई करना/ शीघ्रता करना	1. शीघ्र कार्रवाई करना/ शीघ्र निबटाना/ अतिशीघ्रता करना/ त्वरा करना/ शीध्रता करना/ शीघ्र सम्पादन करना	1. शीघ्र कार्रवाई करना (हरि०)
Expel	1. निकाल देना/ निष्कासित करना	1. निकाल देना/ निष्कासित करना	1. निष्कासित करना	1. निष्कासित करना/ बाहर निकालना	1. निकाल देना/ निष्कासन करना/ बाहर निकालना	1. निकाल देना/ निष्कासित करना
Expenditure	1. व्यय/खर्च	1. व्यय/खर्च	1. व्यय/खर्च	1. व्यय	1. व्यय/खर्च	1. व्यय/खर्च
Experiment	1. प्रयोग/परीक्षण	1. प्रयोग/परीक्षण	1. प्रयोग	1. प्रयोग (सं०) 2. प्रयोग करना (क्रिया)	1. प्रयोग/परीक्षण/ संपरीक्षा	1. प्रयोग/परीक्षण (हरि०)
Expert	1. त्रिशेषज्ञ	1. विशेषज्ञ	1. विशेषज्ञ	1. विज्ञ/विशेषज्ञ 2. प्रवीण	1. विशेषज्ञ/ 2. प्रवीण/दक्ष/पटु	1. विशेपज्ञ (हरि०)
Expiry	1. समाप्ति	1. समाप्ति	1. समाप्ति	1. समाप्ति/अन्त	1. समारित/ अवसान	1. समाप्ति (हरि०)

1	2	3	4	5	6	7
Explanation	1. व्याख्या 2. स्पष्टीकरण	1. व्याख्या 2. स्पष्टीकरण	1. व्याख्या 2. स्पष्टीकरण/ जवाब-तलबी	1. व्याख्या 2. कैफ़ियत/ स्पष्टीकरण/ जवाब-तलबी	1. व्याख्या 2. स्पष्टीकरण/ जवाब-तलबी	1. व्याख्या 2. स्पष्टीकरण/ जवाब-तलबी (हरि०)
Exploit	1. शोषण करना 2. समुपयोग करना	1. शोषण करना	1. शोषण करना 2. अपलाभ लेना/ अनुचित लाभ उठाना/ उपयोग करना	1. शोषण करना	1. शोषण करना	1. शोषण करना (हरि०)
Expost facto	1. कार्योत्तर	1. कार्योत्तर	1. कार्योत्तर	1. कार्योत्तर	1. कार्योत्तर/ घटनोत्तर 2. पश्चात्/ कारणात्	1. कार्योत्तर (हरि०)
Ex-President	1. भूतपूर्व राष्ट्रपति 2. भूतपूर्व अध्यक्ष	1. भूतपूर्व राष्ट्रपति 2. भूतपूर्व अध्यक्ष	1. भूतपूर्व राष्ट्रपति 2. भूतपूर्व सभापति	1. भूतपूर्व राष्ट्रपति 2. भूतपूर्व अध्यक्ष	1. भूतपूर्व राष्ट्रपति 2. भूतपूर्व अध्यक्ष	1. भूतपूर्व राष्ट्रपति 2. भूतपूर्व अध्यक्ष (हरि०)
Express	(विशेषण) 1. तुरंत 2. अभिव्यक्त	(विशेषण) 1. तुरंत 2. अभिव्यक्त	(विशेषण) 1. तुरंत 2. अभिव्यक्त/ स्पष्ट/ द्रुतगामी/आशु	(विशेषण) 1. अभिव्यक्त/व्यक्त/ द्रुतगामी/द्रुत	(विशेषण) 1. तुरंत 2. अभिव्यक्त/ व्यक्त/स्पष्ट असंदिग्ध/निश्चित/ अतिशीघ्र/आशु/ आशुग/द्रुत/त्वरित	1. तुरंत (हरि०)

1	2	3	4	5	6	7
	(संज्ञा) एक्सप्रेस (क्रिया) व्यक्त करना/ प्रकट करना/ अभिव्यक्त करना	(संज्ञा) एक्सप्रेस (क्रिया) व्यक्त करना/ प्रकट करना/ अभिव्यक्त करना	(क्रिया) व्यक्त करना/ प्रकट करना/ अभिव्यक्त करना	(क्रिया) अभिव्यक्त करना	(क्रिया) अभिव्यक्त करना/ व्यक्त करना/ प्रकट करना	
Expulsion	1. निष्कासन/ निर्वासन/ निकाल देना/ बहिष्करण	1. निष्कासन/ निर्वासन/ निकाल देना	1. निष्कासन/ निर्वासन/ निकाल देना/ बहिष्करण	1. निष्कासन	1. निष्कासन/ निर्वासन/ निकाला जाना/ बहिर्निष्कासन/ अपसारण	1. निष्कासन/ निकाल देना/ बहिष्करण (हरि०)
Extend	1. बढ़ाना/ विस्तार करना 2. प्रचलित होना/ लागू होना	1. बढ़ाना/ विस्तार करना 2. प्रचलित होना/ लागू होना	1. बढ़ाना/ विस्तार करना 2. प्रचलित होना/ लागू होना 3. विस्तार होना/ फैलाना/ प्रसारित करना	1. बढ़ना/बढ़ाना 2. लागू होना 3. विस्तार होना/ करना	1. बढ़ाना/फैलाना/ विस्तार करना — 3. अधिक विस्तृत करना/ विस्तृत होना	1. बढ़ाना/ विस्तार करना 2. प्रचलित होना/ लागू होना (हरि०)
Extension	1. विस्तार/बढ़ाना	1. विस्तार/बढ़ाना	1. विस्तार/बढ़ाना/ वृद्धि/प्रसार	1. विस्तार	1. विस्तार/प्रसार/ बढ़ावा/प्रस्तार/ वृद्धि 2. व्याप्ति 3. विस्तार-क्षेत्र	1. विस्तार/बढ़ाना (हरि०)

1	2	3	4	5	6	7
Extension of leave	1. छुट्टी बढ़ाना	1. छुट्टी बढ़ाना	1. छुट्टी बढ़ाना/ अवकाश बढ़ाना	1. छुट्टी बढ़ाना	1. छुट्टी बढ़ाना	1. छुट्टी बढ़ाना (हरि०)
Extension of service	1. सेवावधि बढ़ाना	1. सेवावधि बढ़ाना	1. सेवावधि बढ़ाना	1. सेवावधि बढ़ाना	1. सेवावधि बढ़ाना	1. सेवावधि बढ़ाना (हरि०)
Extensive	1. व्यापक/विस्तृत/ विस्तीर्ण	1. व्यापक/विस्तृत/ विस्तीर्ण	1. व्यापक/विस्तृत/ विस्तीर्ण 2. अप्रधान	1. व्यापक/विस्तृत/ विस्तीर्ण	1. विस्तृत/विस्तीर्ण	1. व्यापक/विस्तृत (हरि०)
Extra (as in Extra Magistrate)	1. अतिरिक्त	1. अतिरिक्त	1. अतिरिक्त	1. अतिरिक्त	1. अतिरिक्त/ अधिक	1. अतिरिक्त (हरि०)
Extra-curricular	1. पाठ्येतर/ पढ़ाई के अतिरिक्त	1. पाठ्येतर/ पढ़ाई के अतिरिक्त	1. पाठ्येतर/ पढ़ाई के अतिरिक्त	1. पाठ्येतर	1. पाठ्यातिरिक्त/ पाठ्येतर/ पाठ्यक्रम बाह्य/ पढ़ाई के अतिरिक्त	1. पाठ्येतर/ पढ़ाई के अतिरिक्त (हरि०)
Extra-ordinary	1. असाधारण	1. असाधारण	1. असाधारण गैरमामूली	1. असाधारण	1. असाधारण	1. असाधारण (हरि०)
Extract	1. उद्धरण	1. उद्धरण	1. उद्धरण	1. उद्धरण 2 निर्यास 3. निर्यासित 4. निकालना	1. उद्धरण	1. उद्धरण (हरि०)
Extract of indent	1. मांगपत्र का उद्धरण/ इंडेंट का उद्धरण	1. मांगपत्र का उद्धरण/ इंडेंट का उद्धरण	1. मांगपत्र/इंडेंट का उद्धरण	1. मांगपत्र का उद्धरण	1. मांगपत्र का उद्धरण	1. मांगपत्र का उद्धरण (हरि०)
Extradition officer	1. प्रत्यर्पण अधिकारी	1. प्रत्यर्पण अधिकारी	1. प्रत्यर्पण अधिकारी	1. प्रत्यर्पण अधिकारी	1. प्रत्यर्पण अधिकारी	1. प्रत्यर्पण अधिकारी (हरि०)

F

1	2	3	4	5	6	7
Fabricate	1. गढ़ना 2. निर्माण करना	1. गढ़ना 2. निर्माण करना	1. गढ़ना 2. निर्मित करना/ बनाना	1. गढ़ना 2. बनाना/रचना 3. जाल बनाना	1. गढ़ना 2. बनाना/ निर्माण करना/ संविरचना करना 3. गढ़लेना/ जाली बनाना/ मिथ्या रचना करना	1. गढ़ना 2. निर्माण करना (हरि०)
Face value	1. अंकित मूल्य	1. अंकित मूल्य/ प्रत्यक्ष मूल्य	1. अंकित मूल्य	1. मुख्य मूल्य	1. अंकित मूल्य/ प्रत्यक्ष मूल्य/ अंकित अर्हा	1. अंकित मूल्य (हरि०)
Facility	1. आसानी/सुविधा	1. आसानी/सुविधा	1. आसानी/सुविधा 2. सुकरता/ सरलता	1. आसानी/सुविधा 2. सौकर्य/ सहूलियत	1. सुविधा 2. सौकर्य	1. आसानी/सुविधा (हरि०)
Fact	1. तथ्य	1. तथ्य	1. तथ्य	1. तथ्य 2. बात	1. तथ्य 2. घटना/भूतार्थ/ वस्तुस्थिति	1. तथ्य (हरि०)
Faculty	1. संकाय	1. संकाय/शाखा	1. संकाय/शाखा 2. शक्ति	1. अधिकाय/शाखा	1. संकाय/निकाय 2. शक्ति/क्षमता/ योग्यता	1. संकाय (हरि०)

1	2	3	4	5	6	7
Fair	1. स्वच्छ 2. उचित 3. निष्कपट 4. पर्याप्त/ साधारण	1. स्वच्छ 2. उचित 3. निष्कपट 4. पर्याप्त/ साधारण	1. स्वच्छ/साफ़ 2. उचित 3. निष्पक्ष 4. पर्याप्त/ समुचित/सुपाठ्य 5. नियमानुसार 6. मध्यम/सामान्य 7. सच्चा/शुद्ध	1. स्वच्छ 2. उचित, न्याय्य 3. निष्पक्ष 8. (सं०) मेला	(विशेषण) 1. स्वच्छ/सुवाच्य/ सुन्दर/स्पष्ट 2. उचित/न्याय्य/सत्य/ न्यायोचित 3. सच्चा 4. पर्याप्त 8. (सं०) मेला/यात्रा	1. स्वच्छ 2. उचित 3. निष्कपट 4. पर्याप्त/ साधारण(हरि०)
Fair copy	1. स्वच्छ प्रति	1. स्वच्छ प्रति	1. स्वच्छ प्रति	1. स्वच्छ प्रतिलिपि/ स्वच्छ प्रति	1. स्वच्छ प्रति/ सुवाच्य प्रति	1. स्वच्छ प्रति (हरि०)
Fair deal	1. उचित व्यवहार/ निष्कपट व्यवहार	1. उचित व्यवहार/ निष्कपट व्यवहार	1. उचित व्यवहार/ न्याय्य व्यवहार	1. स्वच्छ व्यवहार	1. उचित व्यवहार/ निष्कपट व्यवहार सत्य व्यवहार/ न्याय्य व्यवहार	1. उचित व्यवहार (हरि०)
Fnir price	1. उचित मूल्य/ उचित भाव	1. उचित मूल्य/ उचित भाव	1. उचित मूल्य	1. उचित मूल्य	1. उचित मूल्य/ उचित भाव	1. उचित मूल्य/ उचित भाव (हरि०)
Fairness	1. औचित्य/न्याय	1. औचित्य/न्याय	1. औचित्य/न्याय	1. औचित्य/न्याय	1. औचित्य/न्याय	1. औचित्य/न्याय (हरि०)
Farewell address	1. विदाई भाषण	1. विदाई भाषण	1. विदाई का अभिनंदन-पत्र	1. विदाई-पत्र	1. विदाई भाषण	1. विदाई भाषण (हरि०)

1	2	3	4	5	6	7
Fault	1. दोष/चूक	1. दोष/चूक	1. दोष 2. कसूर	1. त्रुटि/दोष 2. कसूर	1. दोष/त्रुटि 2. अपराध 3. विभंग	1. दोष/चूक (हरि०)
Fault finding	1. छिद्रान्वेषण/ दोष निकालना	1. दोष निकालना	1. छिद्रान्वेषण/ दोष निकालना	1. दोषान्वेषण दोषान्वेषी	1. छिद्रान्वेषी/ दोषान्वेषी/ काक दृष्टि	1. छिद्रान्वेषण/ दोष निकालना (हरि०)
Faultless	1. दोषरहित	1. दोषरहित	1. दोषरहित	1. दोषरहित	1. दोषरहित, त्रुटिरहित	1. दोषरहित
Faulty	1. दोषपूर्ण/सदोष	1. दोषपूर्ण/सदोष	1. दोषपूर्ण/सदोष	1. दोषपूर्ण/सदोष	1. दोषपूर्ण/सदोष	1. दोषपूर्ण/सदोष (हरि०)
Favour	1. अनुग्रह/कृपा 2. पक्षपात/पक्ष	1. अनुग्रह/कृपा 2. पक्षपात/पक्ष	1. अनुग्रह/कृपा 2. पक्षपात/पक्ष	1. अनुग्रह/कृपा 2. पक्षपात/पक्ष	1. अनुग्रह/कृपा 2. पक्षपात/पक्ष 3. पक्षपात करना/ अनुग्रह करना	1. अनुग्रह/कृपा 2. पक्षपात/पक्ष (हरि०)
Favourable	1. अनुकूल	1. अनुकूल	1. अनुकूल	1. अनुकूल	1. अनुकूल	1. अनुकुल (हरि०)
Favouritism	1. पक्षपात	1. पक्षपात	1. पक्षपात	1. पक्षपात	1. पक्षपात	1. पक्षपात
Federation	1. संघीकरण 2. महासंघ	1. संघीकरण 2. महासंघ	1. संघ	1. संघीकरण 2. महासंघ	1. संघ 2. संघान	1. संघीकरण 2. महासंघ (हरि०)
Feeling	1. भाव/अनुभूति/ भावना 2. संवेदन	1. भाव/अनुभूति/ भावना 2. संवेदन	1. भावना 2. संवेदन	1. भाव, भावना 2. संवेदन	1. भावना	1. भावना (हरि०)
Fellow (a member)	1. अधिसदस्य	1. पार्षद	1. पार्षद	1. अधिसदस्य/ पार्षद	1. अधिसदस्य	1. अधिसदस्य (हरि०)

1	2	3	4	5	6	7
				2. अधिवृत्तिक/ अध्येता 3. साथी	2. अधिछात्र 3. साथी 4. सह- 5. रत्न-सदस्य	
Fellow of an Academy	1. रत्न सदस्य	1. रत्न सदस्य	1. रत्न सदस्य	1. रत्न सदस्य	1. रत्न सदस्य	1. रत्न सदस्य (हरि०)
Fellow —, Research	1. अध्येता	1. अध्येता	1. अध्येता/ शोध पार्षद	1. अध्येता	1. अध्येता	1. अध्येता(हरि०)
Fellowship	1. अध्येतावृत्ति	1. शिक्षावृत्ति	1. अधिछात्रवृत्ति 2. अधिसदस्यता 3. मैत्री/भाईचारा	1. अधिवृत्तिका 2. अधिसदस्यता	1. शिक्षावृत्ति/ अधिछात्रवृत्ति 2. अधिसदस्यता	1. अध्येतावृत्ति (हरि०)
Festival advance	1. उत्सव अग्रिम/ त्योहार पेशगी	1. उत्सव अग्रिम/ उत्सवार्थ	1. उत्सव अग्रिम/ त्योहार अग्रिम	1. उत्सव अग्रिम	1. उत्सव अग्रिम	1. उत्सव अग्रिम (हरि०)
Fictitious	1. काल्पनिक/ कल्पित 2. फ़र्ज़ी	1. काल्पनिक/ कल्पित 2. फ़र्ज़ी	1. काल्पनिक/ कल्पित/ 2. अवास्तविक, फ़र्ज़ी	1. कल्पित/ काल्पनिक 2. बनावटी, फ़र्ज़ी	1. काल्पनिक/ कल्पित/मनगढ़न्त 2. अवास्तविक बनावटी/ कृत्रिम/कूट 3. कथात्मक	1. काल्पनिक/ कल्पित 2. फ़र्ज़ी (हरि०)
Fidelity	1. निष्ठा/ वफादारी	1. निष्ठा/ वफादारी	1. निष्ठा/भक्ति/ वफादारी	1. वफादारी/ एकनिष्ठा/ निष्ठा	1. निष्ठा/ वफादारी/ स्वामिभक्ति/ पातिव्रत्य/ एकनिष्ठा	1. निष्ठा/ वफादारी (हरि०)

1	2	3	4	5	6	7
			2. विश्वस्तता/ ईमानदारी 3. सातत्य		2. विश्वस्तता	
Figure	1. अंक 2. आकृति	1. अंक 2. आकृति	1. अंक 2. आकृति 3. चित्र	1. अंक 2. आकृति 3. चित्र/मूर्ति	1. अंक/संख्या, आँकड़ा 2. आकृति, प्रतिरूप 3. मूर्ति	1. अंक 2. आकृति (हरि०)
Figures	1. आँकड़े	1. आँकड़े	1. आँकड़े/अंक 2. आकृति	1. आँकड़े 2. आकृति	1. आंकड़े 2. आकृति	1. आँकड़े (हरि०)
File	1. संचिका/मिसिल/ फाइल	1. संचिका/मिसिल/ फाइल	1. (संज्ञा) संचिका/ मिसिल/फाइल/ पत्रावली/नत्थी 2. (पुलिस) फाइल/पंक्ति (आगे-पीछे)	1. (संज्ञा) फाइल/ संचिका/मिसिल	1. मिसिल/नस्ती/ फाइल	1. मिसिल/फाइल (हरि०)
	(क्रिया) 1. फाइल करना/ दाखिल करना	(क्रिया) 1. फाइल करना	(क्रिया) 1. नत्थी करना/ फाइल करना	(क्रिया) 1. फाइल करना/ (केस) फाइल करना/ दाखिल करना (डॉकुमेंट) संचिकाबद्ध करना/ संचिका में रख देना	(क्रिया) 1. फाइल करना/ नत्थी करना/ नस्तिबद्ध करना/ फाइल में रखना/ प्रकरण पत्र में सम्मिलित करना	

1	2	3	4	5	6	7
			2. निदेशित करना/ दायर करना	2. दायर करना	2. दायर करना / निवेशित करना 3. रेतना, रेती करना	
File cover	1. फाइल आवरण	1. फाइल आवरण	1. फाइल आवरण/ नत्थी आवरण	1. संचिका आवरण/ फाइल-आवरण	1. फाइल आवरण	1. फाइल आवरण (हरि०)
Filing system	1. फाइल पद्धति	1. फाइल पद्धति	1. फाइल पद्धति	1. फाइल पद्धति	1. फाइल पद्धति	1. फाइल पद्धति (हरि०)
Final	1. अन्तिम	1. अन्तिम	1. अन्तिम	1. अन्तिम/अन्त	1. अन्तिम	1. अन्तिम (हरि०)
Finalise	1. अन्तिम रूप देना	1. अन्तिम रूप देना	1. अन्तिम रूप देना 2. परिनिश्चित करना	1. अन्तिम रूप देना	1. अन्तिम रूप देना 2. निश्चय करना	1. अन्तिम रूप देना (हरि०)
Finance	1. वित्त (क्रि०) रुपया लगाना	1. वित्त, (क्रि०) रुपया लगाना	1. वित्त (क्रि०) रुपया लगाना	1. वित्त (क्रि०) रुपया लगाना	1. वित्त, अर्थ (क्रि०) रुपया लगाना, वित्त-व्यवस्था करना	1. वित्त (क्रि०) रुपया लगाना
Financial	1. वित्तीय/ वित्तसम्बन्धी/ वित्त	1. वित्तीय/ वित्तसम्बन्धी	1. वित्तीय/वित्त	1. वित्त/ वित्तीय/वित्त-सम्बन्धी	1. वित्तीय/ आर्थिक/वित्त-सम्बन्धी	1. वित्तीय/ वित्त-सम्बन्धी (हरि०)
Financial obligation	1. वित्तीय दायित्व/ वित्तीय आभार	1. वित्तीय दायित्व/ वित्तीय आभार	1. वित्तीय दायित्व/ वित्तीय आभार	1. वित्तीय आभार/	1. वित्तीय दायित्व/ वित्तीय आभार/ वित्तीय भार/ वित्त-सम्वन्धी भार	1. वित्तीय दायित्व/ वित्तीय आभार (हरि०)

1	2	3	4	5	6	7
Financial powers	1. वित्तीय शक्तियाँ/ वित्तीय अधिकार	1. वित्तीय शक्तियाँ/ वित्तीय अधिकार	1. वित्तीय शक्तियाँ/ वित्तीय अधिकार	1. वित्त-शक्ति	1. वित्तीय शक्तियाँ/ वित्तीय अधिकार/ वैत्तिक शक्ति	1. वित्तीय-शक्तियाँ/ वित्तीय अधिकार (हरि०)
Financial sanction	1. वित्तीय मंजूरी/ वित्तीय संस्वीकृति	1. वित्तीय मंजूरी/ वित्तीय संस्वीकृति	1. वित्तीय मंजूरी/ वित्तीय संस्वीकृति	1. वित्तीय मंजूरी	1. वित्तीय मंजूरी/ वित्तीय संस्वीकृति	1. वित्तीय मंजूरी (हरि०)
Financial year	1. वित्तीय वर्ष/ वित्त वर्ष	1. वित्तीय वर्ष वित्त वर्ष	1. वित्तीय वर्ष	1. वित्त-वर्ष/ वित्तीय वर्ष	1. वित्तीय वर्ष/ वित्त वर्ष/ आर्थिक वर्ष	1. वित्त वर्ष (हरि०)
Findings	1. निष्कर्ष	1. निष्कर्ष	1. निष्कर्ष 2. अधिगम	1. निष्कर्ष 2. अधिगम	1. निष्कर्ष/ निश्चय 2. उत्पत्ति	1. निष्कर्ष (हरि०)
Fiscal	1. राजस्व-संबंधी	1. राजस्व-संबंधी	1. राजस्व-संबंधी/ राजस्व/ राजकोषीय/ वित्तीय	1. राजकोषीय/ राजस्व-संबंधी	1. राजस्व-संबंधी	1. राजस्व-संबंधी (हरि०)
Fitness certificate	1. आरोग्य प्रमाण-पत्र	1. आरोग्य प्रमाण-पत्र	1. आरोग्य प्रमाण-पत्र/आरोग्य-पत्र	1. स्वस्थता प्रमाण-पत्र/आरोग्य प्रमाण-पत्र 2. योग्यता प्रमाण-पत्र	1. आरोग्य प्रमाण पत्र/स्वस्थता प्रमाण-पत्र/ 2. उपयुक्तता प्रमाण-पत्र	1. आरोग्य प्रमाण-पत्र (हरि०)

1	2	3	4	5	6	7
Fixation (pay etc)	1. नियतन/ स्थिर करना	1. नियतन/ स्थिर करना/ स्थिरीकरण	1. नियतन/ स्थिर करना/ (वन) स्थिरीकरण/ निश्चित करना/ नियत करना	1. स्थिरीकरण/ निश्चयन/ नियतन	1. स्थिरीकरण/ स्थिरीभवन/ निर्धारण 2. लक्षबंधन	1. नियतन / स्थिर करना (हरि०)
Fixed (position)	1. स्थिर/बद्ध	1. स्थिर/बद्ध	1. स्थिर/निश्चित/ नियत	1. स्थिर, निश्चित/ नियत 2. मियादी	1. स्थिर/ स्थिरीकृत/ बद्ध/स्थायी/ निश्चित 2. मियादी/मुद्दी/ सावधि 3. युक्ति, योजित	1. स्थिर/बद्ध (हरि०)
Fixed deposit	1. सावधिक निक्षेप/ आवधिक जमा	1. आवधिक निक्षेप/ सावधिक जमा	1. आवधिक निक्षेप/ आवधिक जमा/ मियादी जमा/ नियतावधि जमा/ नियतकालिक जमा	1. मियादी जमा/ नियत जमा/ आवधिक जमा/	1. आवधिक निक्षेप/ सावधि जमा/ मुद्दती धरोहर/ सावधि निक्षेप	1. आवधिक जमा (हरि०)
Fluctuation	1. उच्चावचन/ घट-बढ़/ उतार-चढ़ाव	1. उच्चावचन/ घट-बढ़/ उतार-चढ़ाव	1. उच्चावचन/ घट-बढ़/ उतार-चढ़ाव/	1. चढ़ाव-उतार/ घट-बढ़	1. उच्चावचन/ घट-बढ़/ घटा-बढ़ी/	1. घट-बढ़/ उतार-चढ़ाव

1	2	3	4	5	6	7
			अस्थिरता		घटाव-चढ़ाव/ उतार-चढ़ाव/ परिवर्तन/ अस्थिरता	
Flyleaf	1. कोरा पन्ना	1. कोरा पन्ना	1. कोरा पन्ना	1. संचिकावरण	1. कोरा पन्ना/ निरंक पत्र	1. कोरा पन्ना (हरि०)
Folder	1. फोल्डर/पुटक	1. फोल्डर, पुटक	1. फोल्डर	1. फोल्डर, पुटक	1. फोल्डर/पुटक	1. फोल्डर/पुटक (हरि०)
Folio	1. पन्ना/फोलियो	1. पन्ना/फोलियो	1. पन्ना/फोलियो	1. फोलियो/ पर्णक/पन्ना	1. पन्ना/फोलियो	1. पन्ना/फोलियो (हरि०)
			2. (लेखा बही में) पृष्ठ		2. पृष्ठ	
			3. दुपन्ना/ चौपेजी/दुपेजी			
Follow up action	1. अनुवर्त्ती कार्यवाही (कार्रवाई)	1. अनुवर्ती कार्यवाही	1. अनुवर्ती कार्यवाही	1. अनुवर्ती कार्रवाई	1. अनुवर्ती कार्यवाही	1. अनुवर्ती कार्यवाही (हरि०)
Following	1. निम्नलिखित/ नीचे लिखा/ नीचे दिया	1. निम्नलिखित	1. निम्नलिखित/ नीचे लिखा/ नीचे दिया	1. नीचे लिखा/ निम्नलिखित/ निम्न/ निम्नांकित	1. निम्नलिखित/ नीचे लिखा	1. निम्नलिखित
	2. अनुगामी	2. अनुगामी	2. अनुगामी	2. अगला, (संज्ञा) अनुयायी, अनुगामी	2. आगामी/ अनुवर्ती/ उत्तरवर्ती/ अनुयायी	2. अनुगामी (हरि०)

1	2	3	4	5	6	7
			3. अनुलिखित/ आगे लिखा या दिया हुआ			
Foodgrains	1. खाद्यान्न	1. खाद्यान्न	1. खाद्यान्न	1. खाद्यान्न	1. खाद्यान्न/अनाज	1. खाद्यान्न (हरि०)
Foot-note	1. पाद टिप्पणी	1. पाद टिप्पणी	1. पाद टिप्पणी	1. पाद टिप्पणी	1. पाद टिप्पणी	1. पाद टिप्पणी (हरि०)
Forbid	1. निषेध करना	1. निषेध करना	1. निषेध करना/ निषिद्ध करना	1. वर्जन/बरजना/ निषेध करना	1. निषेध करना/ मना करना 2. निषेध	1. निषेध करना (हरि०)
Forecast	1. पूर्वानुमान	1. पूर्वानुमान	1. पूर्वानुमान	1. (संज्ञा) पूर्वभास/ पूर्वानुमान/ (क्रिया) पूर्वभासन/ पूर्वभासित करना	1. पूर्वानुमान/ भविष्य कथन/ पूर्व विचार/ दूरदर्शिता	1. पूर्वानुमान (हरि०)
Foreign	1. विदेशी	1. विदेशी	1. विदेशी	1. विदेशी, बाह्य	1. विदेशी, विदेशीय, वैदेशिक, बाह्य	1. विदेशी
Foregoing	1. पूर्वगत/ पूर्ववर्त्ती	1. पूर्ववर्त्ती/ पूर्ववत	1. पूर्वगत/ पूर्ववर्ती/ पूर्वोक्त/ पूर्वलिखित/ पूर्वगामी	1. पूर्वगत/ पूर्ववर्ती/ पूर्वगामी	1. पूर्वगत/ पूर्वगामी/ पूर्ववर्त्ती	1. पूर्वगत/ पूर्ववर्ती (हरि०)
Forenoon	1. पूर्वाह्न/दोपहर से पहले	1. पूर्वाह्न/ दोपहर से पहले	1. पूर्वाह्न/ दोपहर से पहले	1. पूर्वाह्न	1. पूर्वाह्न	1. पूर्वाह्न (हरि०)

1	2	3	4	5	6	7
Forged	1. कूटरचित	1. कूटरचित/ जाली	1. कूटरचित/ जाली	1. जाली/ कूटरचित 2. तप्त कुट्टित	1. कूटरचित/ जाली/कूट	1. कूटरचित (हरि०)
Forgery	1. जालसाजी/ कूट रचना	1. जालसाजी/ कूट रचना	1. कूट रचना/ जाल साजी/ जाल	1. जालसाजी/ कूट रचना	1. कूट रचना/ कूटकरण/ कूटकर्म/ जाल साजी	1. जालसाजी (हरि०)
Form	1. प्रपत्र/फार्म 2. रूप	1. प्रपत्र/फार्म 2. रूप	1. प्रपत्र 2. रूप 3. रीति/प्रारूप	1. (संज्ञा)फार्म/प्रपत्र 2. प्ररूप (क्रिया) बनाना/विरचित करना/रूपायित करना	1. प्रपत्र/फार्म 2. रूप/आकृति आकार/स्वरूप 3. बनाना/ निर्माण करना	1. फार्म/प्रपत्र 2. रूप (हरि०)
Formal	1. औपचारिक	1. औपचारिक	1. औपचारिक/ रीतिक	1. औपचारिक	1. औपचारिक 2. यथारीति 3. नियमानुसार/ यथानियम 4. यथारूप 5. यथाचार/ सोपचार	1. औपचारिक (हरि०)

1	2	3	4	5	6	7
					6. बाह्यरूपिक 7. यथाकार यथावेश	
Formation	1. निर्माण/रचना	1. निर्माण/रचना	1. निर्माण/रचना/बनना/बनाना 2. रूप/ढाँचा 3. (वन) वृक्षसमूह 4. (परेड) विरचना	1. निर्माण, विरचन/बनाना 2-3 — 4. विरचना (मिलिट्री में भी)	1. निर्माण/रचना गढ़ना/बनावट	1. निर्माण/रचना (हरि०)
Formula	1. सूत्र	1. सूत्र	1. सूत्र/गुर 2. नियम/सिद्धान्त	1. सूत्र	1. सूत्र	1. सूत्र (हरि०)
Forthcoming	1. आगामी	1. आगामी	1. आगामी	1. आगामिक/आगामी	1. आगामी	1. आगामी (हरि०)
Forthwith	1. तत्काल	1. तत्काल/तत्क्षण/इसी समय तुरन्त/अविलम्ब	1. तत्काल/तत्क्षण/तुरन्त/अविलम्ब/इसी समय	1. तुरन्त/झट से तत्क्षण/तत्काल	1. तत्काल/तुरन्त/उसी समय/अविलम्ब/तत्क्षण	1. तत्काल/तुरन्त (हरि०)
Fortnight	1. पक्ष/पखवाड़ा	1. पक्ष	1. पक्ष	1. पक्ष	1. पक्ष/पखवाड़ा	1. पक्ष/पखवाड़ा (हरि०)
Forward	1. (विशे०)अग्रवर्ती (क्रि०) अग्रेषित करना	1. अग्रवर्ती	1. अग्रवर्ती/अग्रम/अग्र 2. (परेड) आगे बढ़ 3. (क्रि० वि०) आगे	1. अग्रगामी/अग्रवर्ती 2. — 3. आगे	1. (विशे०)अग्रगामी/पुरोगामी भावी/अग्रस्थित 2. — 3. आगे, अग्र	1. अग्रवर्ती/(क्रि०) अग्रेषित करना (हरि०)

1	2	3	4	5	6	7
			(क्रिया) 1. आगे बढ़ना/ प्रोन्नत करना 2. (आवेदन-पत्र आदि) अग्रसारित करना/ अग्रेषित करना 3. (माल) भेजना/ प्रेषित करना		4. साहसी, 5. अविनीत (क्रिया) आगे बढ़ना/ आगे भेजना/ अग्रेषण करना/ अग्रसर करना/ प्रेषित करना	
Forwarding letter	1. अग्रेषण-पत्र	1. अग्रेषण-पत्र	1. अग्रेषण-पत्र/ अग्रसारण-पत्र	1. अग्रसारण-पत्र/ अग्रेषण-पत्र	1. अग्रेषण-पत्र/ उपरि-पत्र	1. अग्रेषण-पत्र (हरि०)
Forwarding note	1. अग्रेषण-टिप्पणी	1. अग्रेषण-टिप्पणी	1. अग्रेषण-टिप्पणी/ अग्रसारण-नोट	1. अग्रसारण नोट/ अग्रेषण-टिप्पणी	1. अग्रेषण-टिप्पणी	1. अग्रेषण-टिप्पणी (हरि०)
Fundation	1. शिलान्यास 2. नींव/आधार 3. प्रतिष्ठान	1. शिलान्यास 2. नींव/आधार 3. प्रतिष्ठान	1. शिलान्यास 2. नींव 3. संस्थापन	1-2. नींव	1. बुनियाद 2. नींव 3. प्रतिष्ठान संस्थापन	1. शिलान्यास 2. नींव/आधार (हरि०)
Founder	1. संस्थापक	1. संस्थापक	1. संस्थापक	1. संस्थापक, अधिष्ठाता	1. संस्थापक, प्रवर्त्तक, प्रतिष्ठापक	1. संस्थापक

1	2	3	4	5	6	7
Fraud clerk	1. कपट-कार्य-लिपिक	1. कपट-कार्य-लिपिक	1. कपट-कार्य-लिपिक	1. कपट-कार्य-लिपिक	1. कपट-कार्य-लिपिक	1. कपट-कार्य-लिपिक (हरि०)
Free	1. निःशुल्क 2. अलग्न/मुक्त	1. निःशुल्क 2. मुक्त	1. निःशुल्क, बिना मूल्य 2. मुक्त 3. स्वतंत्र 4. अबाध/बेरोक	1. निःशुल्क 2. मुक्त 3. — 4. अबाध	1. निःशुल्क/शुल्क-मुक्त 2. अलग्न/मुक्त 3. स्वतन्त्र/स्वाधीन/निर्वाध 4. अनियंत्रित/अबाध 5. बिना शर्त/अप्रतिबन्ध	1. निःशुल्क 2. मुक्त (हरि०)
Free delivery	1. निःशुल्क वितरण	1. निःशुल्क वितरण	1. निःशुल्क वितरण	1. निःशुल्क वितरण	1. निःशुल्क वितरण	1. निःशुल्क वितरण (हरि०)
Frequent	1. बारंबार	1. बारंबार	1. बारंबार होने वाला / प्रायः होने वाला	1. बारंबार	1. बारंबार	1. बारंबार (हरि०)
Fresh receipt	1. नई आवती	1. नई आवती	1. नई आवती/नई रसीद	1. नई आवती	1. नई आवती	1. नई आवती (हरि०)
Function	1. कार्य/कृत्य 2. समारोह	1. कार्य/कृत्य 2. समारोह	1. कार्य/क्रिया/कृत्य 2. समारोह/उत्सव	1. कार्य/कृत्य 2. आयोजन/समारोह 3. कृत्य करना/कार्य करना	1. कार्य/कृत्य/काम 2. समारोह/उत्सव	1. कार्य/काम 2. समारोह (हरि०)

1	2	3	4	5	6	7
Functionary	1. कार्यकर्त्ता	1. कार्यकर्त्ता	1. कार्यकर्त्ता, कृत्यकारी	1. कार्यकर्त्ता	1. कार्यकर्त्ता	1. कार्यकर्त्ता
Fund	1. निधि	1. निधि	1. निधि	1. निधि	1. निधि	1. निधि (हरि०)
Fund —, Benevolent	1. हितकारी निधि	1. हितकारी निधि/ औदार्य	1. हितकारी निधि/ (पुलिस) दातव्य निधि	1. हितकारी निधि	1. हितकारी निधि	1. हितकारी निधि (हरि०)
Fund —, Provident	1. भविष्य निधि	1. भविष्य निधि	1. भविष्य निधि	1. भविष्य निधि	1. भविष्य निधि	1. भविष्य निधि (हरि०)
Fundamental	1. मूल/मौलिक/ आधारिक/ आधारभूत	1. मौलिक/मूल/ आधारभूत	1. मूल	1. मूल/आधारभूत/ मौलिक/आधार-भूत	1. मूल/आधारभूत/ मूलभूत/मौलिक	1. मूल/मौलिक/ आधारिक/ आधारभूत (हरि०)
				2. मूल तत्त्व	2. मूल नियम	
Furnish	1. देना	1. देना	1. देना	1. प्रस्तुत करना/ देना	1. देना/प्रदान करना/प्रस्तुत करना	1. देना
	2. सज्जित करना/ सजाना	2. सज्जित करना/ प्रस्तुत करना	2. सज्जित करना/ उपस्कृत करना/ प्रस्तुत करना	2. सुसज्जित करना/ सजाना	2. सजाना/ सुसज्जित करना	2. सज्जित करना/ सजाया (हरि०)
Further action	1. आगे की कार्य-वाही/अगली कार्रवाई	1. आगे की कार्य-वाही/अगली कार्यवाही	1. आगे की कार्य-वाही / और कार्यवाही	1. आगे की कार्र-वाई/अगली कार्रवाई	1. आगे की कार्य-वाही/अगली कार्यवाही	1. आगे की कार्य-वाही/अगली कार्रवाई । (हरि०)

G

1	2	3	4	5	6	7
Gallery	1. दीर्घा/गैलरी/ वीथी	1. दीर्घा/गैलरी/ वीथी	1. दीर्घा/गैलरी/ वीथी/वीथिका 2. (वन) कीटबिल	1. दीर्घा/गैलरी	1. दीर्घा/गैलरी वीथिका 2. सुरंग 3. दर्शक वृन्द	1. दीर्घा/गैलरी/ वीथी
Gazette	1. राजपत्र/गजट	1. राजपत्र/गजट	1. राजपत्र/गजट	1. गजट/राजपत्र	1. राजपत्र/गजट/ शासन/आज्ञापत्र 2. सूचनापत्र 3. समाचार-पत्र	1. राजपत्र (हरि०)
Gazette —, Extraordinary	1. असाधारण राजपत्र/ असाधारण गजट	1. असाधारध राजपत्र/ असाधारण गजट	1. असाधारण राजपत्र/ असाधारण गजट	1. असाधारण राजपत्र/गजट	1. असाधारण राजपत्र/ असाधारण गजट	1. असाधारण राजपत्र (हरि०)
Gazette notification	1. राजपत्र अधिसूचना/ गजट अधि-सूचना	1. राजपत्र अधिसूचना/ गजट अधिसूचना	1. राजपत्र विज्ञप्ति	1. राजपत्र अधिसूचना/ गजट अधिसूचना	1. राजपत्र अधिसूचना/ गजट अधिसूचना	1. राजपत्र अधिसूचना (हरि०)
Gazetted holiday	1. राजपत्रित अवकाश/ राजपत्रित छुट्टी	1. राजपत्रित अवकाश/ राजपत्रित छुट्टी	1. राजपत्रित अवकाश/ राजपत्रित छुट्टी	1, राजपत्रित अवकाश/ राजपत्रित छुट्टी	1. राजपत्रित अवकाश/ राजपत्रित छुट्टी	1. राजपत्रित अवकाश/ राजपत्रित छुट्टी (हरि०)
Gazetted-post	1. राजपत्रित पद	1. राजपत्रित पद	1. राजपत्रित पद	1. राजपत्रित पद	1. राजपत्रित पद	1. राजपत्रित पद (हरि०)

1	2	3	4	5	6	7
General (in defence)	1. जनरल	1. जनरल	1. जनरल	1. जनरल/ सेनानायक	1. जरनल/सेनानी/ सेनापति	1. जरनल (हरि०)
General (as in General Editor)	1. प्रधान	1. प्रधान	1. प्रधान	1. प्रधान	1. प्रधान	1. प्रधान
General (as in Director-General)	1. महा-	1. महा-	1. महा-	1. महा-	1. महा-	1. महा- (हरि०)
General (as in General Administr-ation)	1. सामान्य	1. सामान्य	1. सामान्य	1. सामान्य	1. सामान्य	1. सामान्य (हरि०)
General (as in General meeting)	1. साधारण	1. साधारण	1. साधारण	1. साधारण	1. साधारण	1. साधारण (हरि०)
General (as in General Election)	1. आम	1. आम	1. आम	1. आम	1. आम/साधारण	1. आम (हरि०)
General Administration	1. सामान्य प्रशासन	1. सामान्य प्रशासन	1. सामान्य प्रशासन	1. सामान्य प्रशासन	1. सामान्य प्रशासन	1. सामान्य प्रशासन(हरि०)
General circular	1. सामान्य परिपत्र/ आम गश्ती चिट्ठी	1. सामान्य परिपत्र/ आम गश्ती चिट्ठी	1. सामान्य परिपत्र/ आम गश्ती चिट्ठी	1. सामान्य परिपत्र	1. सामान्य परिपत्र/ आम गश्ती चिट्ठी	1. सामान्य परिपत्र (हरि०)

1	2	3	4	5	6	7
General fund	1. सामान्य निधि	1. सामान्य निधि	1. सामान्य निधि	1. सामान्य निधि	1. सामान्य निधि	1. सामान्य निधि (हरि०)
General Practice	1. सामान्य प्रथा	1. सामान्य प्रथा	1. सामान्य प्रथा	1. सामान्य प्रथा	1. सामान्य प्रथा	1. सामान्य प्रथा (हरि०)
General Procedure	1. सामान्य कार्यविधि/ सामान्य प्रक्रिया	1. सामान्य कार्यविधि/ सामान्य प्रक्रिया	1. सामान्य कार्यविधि/ सामान्य प्रक्रिया	1. सामान्य प्रक्रिया/ कार्यविधि	1. सामान्य कार्यविधि/ सामान्य प्रक्रिया	1. सामान्य कार्य-विधि (हरि०)
General Proposal	1. सामान्य प्रस्ताव	1. सामान्य प्रस्ताव	1. सामान्य प्रस्ताव	1. सामान्य प्रस्ताव	1. सामान्य प्रस्ताव	1. सामान्य प्रस्ताव (हरि०)
Genius	1. प्रतिभा	1. प्रतिभा	1. प्रतिभा	1. प्रतिभा	1. प्रतिभा	1. प्रतिभा
	2. प्रतिभाशाली	2. प्रतिभाशाली	2. प्रतिभावान व्यक्ति	2. प्रतिभाशाली	2. प्रतिभाशाली/ प्रतिभावान	2. प्रतिभाशाली
	3. प्रकृति	3. प्रकृति	3. प्रकृति	3. प्रकृति	3. आत्मीयता/ प्रकृति	3. प्रकृति (हरि०)
Genius of Language	1. भाषा की प्रकृति	1. भाषा की प्रकृति	1. प्रकृति की प्रकृति	1. भाषा की प्रकृति	1. भाषा की प्रकृति	1. भाषा की प्रकृति (हरि०)
Genuine	1. प्रामाणिक	1. प्रामाणिक	1. प्राभाणिक	1. प्रामाणिक, असली	1. प्रामाणिक	1. प्रामाणिक
	2. यथार्थ/ वास्तविक/ सच्चा/असली	2. यथार्थ/ वास्तविक/ सच्चा/असली	2. यथार्थ/ वास्तविक/ सच्चा/असली	2. —	2. यथार्थ/असली/ सच्चा/खरा/ सत्य	2. यथार्थ वास्तविक सच्चा/असली
	3. विशुद्ध	3. विशुद्ध	3. विशुद्ध	3. यथार्थ/सच्चा/ असली	3. विशुद्ध	3. विशुद्ध (हरि०)
				4. विशुद्ध, खरा	4. मौलिक	

1	2	3	4	5	6	7
Genuine signature	1. वास्तविक हस्ताक्षर/ असली दस्तख़त	1. वास्तविक हस्ताक्षर/ असली दस्तख़त	1. वास्तविक हस्ताक्षर	1. वास्तविक हस्ताक्षर	1. वास्तावक हस्ताक्षर/ असली दस्तख़त	1. वास्तविक हस्ताक्षर(हरि०)
Genuine statement	1. यथार्थ कथन	1. यथार्थ कथन	1. यथार्थ कथन	1. यथार्थ कथन	1. यथार्थ कथन	1. यथार्थ कथन (हरि०)
Genuine text	1. प्रामाणिक पाठ	1. प्रामाणिक पाठ	1. प्रामाणिक पाठ	1. प्रामाणिक पाठ	1. प्रामाणिक पाठ	1. प्रामाणिक पाठ (हरि०)
Gift	1. उपहार/भेंट	1. उपहार/भेंट	1. उपहार/भेंट 2. दान	1. उपहार/भेंट 2. दान (क्रि०) दान देना	1. उपहार/भेंट 2. देन/दान	1. उपहार/भेंट (हरि०)
Gist	1. भावार्थ	1. भावार्थ	1. भावार्थ/सारांश	1. भावार्थ	1. भावार्थ	1. भावार्थ (हरि०)
Give effect to	1. कार्यान्वित करना	1. कार्यान्वित करना	1. कार्यान्वित करना	1. कार्यान्वित करना/प्रभावी करना/लागू करना	1. कार्यान्वित करना/प्रभावी करना	1. कार्यान्वित करना (हरि०)
Glossary	1. शब्दावली/ शब्द-संग्रह	1. शब्दावली/ शब्द-संग्रह	1. शब्दावली/ शब्द-संग्रह/ शब्द-दीपिका	1. शब्दावली/ शब्द-संग्रह	1. शब्दावली	1. शब्दावली/ शब्द-संग्रह (हरि०)
Good behaviour	1. सद्व्यवहार/ अच्छा चलन	1. सद्व्यवहार/ अच्छा चलन	1. सद्व्यवहार/ अच्छा चलन/ अच्छा व्यवहार	1. शद्व्यवहार	1. सद्व्यवहार/ अच्छा चलन/ सदाचार/ अच्छा व्यवहार	1. सद्व्यवहार/ अच्छा चाल-चलन (हरि०)

1	2	3	4	5	6	7
Good character	1. सच्चरित्रता/ अच्छा शील	1. सच्चरित्रता/ अच्छा शील	1. सच्चरित्रता/ अच्छा शील	1. सच्चरित्रत/ अच्छा शील	1. सच्चरित्र/ अच्छा शील	1. सच्चरित्रता (हरि०)
Good conduct	1. सदाचरण	1. सदाचरण	1. सदाचरण	1. सदाचार	1. सदाचरण/ अच्छा आचरण	1. सदाचरण (हरि०)
Good faith	1. सद्भाव	1. सद्भाव	1. सद्भाव/ सदाशयता	1. सद्भाव/	1. सद्भाव/ सद्भावना अच्छी नीयत नेकनीयती	1. सद्भाव (हरि०)
Good offices	1. मध्यस्थता	1. मध्यस्थता	1. मध्यस्थता/ अनुकूल/ सत्प्रभाव	1. मध्यस्थता, सत्सेवा	1. मध्यस्थता	1. मध्यस्थता (हरि०)
Good reason	1. पर्याप्त कारण/ अच्छा कारण	1. पर्याप्त कारण अच्छा कारण	1. पर्याप्त कारण/ अच्छा कारण	1. पर्याप्त कारण	1. पर्याप्त कारण/ योग्य कारण	1. पर्याप्त कारण अच्छा कारण (हरि०)
Goodwill	1. सुनाम 2. सद्भावना	1. सुनाम 2. सद्भावना	1. सुनाम 2. सद्भावना 3. सद्भाव/ सदिच्छा/ सुख्याति	1. सुनाम 2. सद्भावना/ सदिच्छा	1. सुनाम 2. सद्भाव 3. साख/ख्याति	1. सुनाम 2. सद्भाव(हरि०)
Govern	1. शासन करना 2. नियंत्रण करना	1. शासन करना 2. नियंत्रण करना	1. शासन करना 2. नियंत्रण करना	1. शासन करना/ शासित करना	1. शासन करना	1. शासन करना 2. नियंत्रण रखना (हरि०)

1	2	3	4	5	6	7
Governance	1. अभिशासन/ शासन	1. अभिशासन/ शासन	1. अभिशासन/ शासन	1. अभिशासन/ शासन, शासन कार्य	1. शासन	1. शासन (हरि०)
Governing body	1. शासी निकाय	1. शासी निकाय	1. शासी निकाय/ प्रबन्धक निकाय	1. शासी निकाय	1. शासी निकाय/ शासक निकाय/ शासन निकाय	1. शासी निकाय (हरि०)
Government	1. शासन/सरकार	1. शासन/सरकार	1. शासन/सरकार	1. सरकार/शासन	1. सरकार/शासन	1. शासन/सरकार (हरि०)
			2. शासकीय/ राजकीय/सरकारी	2. सरकारी		
Government affairs	1. राजकाज/ सरकारी मामले	1. राजकाज/ सरकारी मामले	1. राजकाज/ सरकारी मामले/ सरकारी कार्य	1. राजकाज/ सरकारी मामले	1. राजकाज/ सरकारी मामले	1. सरकारी मामले (हरि०)
Government business	1. सरकारी काम	1. सरकारी काम	1. सरकारी काम	1. सरकारीकाम	1. सरकारी कार्य/ शासकीय कार्य	1. सरकारी काम (हरि०)
Government house	1. राजभवन (राज्य में)	1. राजभवन	1. राजभवन	1. राजभवन	1. राजभवन	1. राजभवन
	2. राष्ट्रपति भवन (केन्द्र में)	2. राष्ट्रपति भवन	2. राष्ट्रपति भवन		2. राष्ट्रपति भवन	2. राष्ट्रपति भवन (हरि०)
Government of India Concern	1. भारत सरकार का प्रतिष्ठान	1. भारत सरकार- उद्योग संस्था	1. भारत सरकार का प्रतिष्ठान	1. भारत सरकार का प्रतिष्ठान	1. भारत सरकार का प्रतिष्ठान	1. भारत सरकार का प्रतिष्ठान (हरि०)
Government undertaking	1. भारत सरकार का उपक्रम	1. भारत सरकार- संस्था	1. भारत सरकार का उपक्रम	1. भारत सरकार का उपक्रम	1. भारत सरकार का उपक्रम	1. भारत सरकार का उपक्रम (हरि०)

1	2	3	4	5	6	7
Government regulation	1. सरकारी विनियम	1. सरकारी विनियम	1. सरकारी विनियम	1. सरकारी विनियम	1. सरकारी विनियम	1. सरकारी विनियम (हरि०)
Government securities	1. सरकारी प्रतिभूतियाँ	1. सरकारी प्रतिभूतियाँ	1. सरकारी प्रतिभूतियां/ सरकारी ऋणपत्र	1. सरकारी प्रतिभूतियाँ	1. सरकारी प्रतिभूतियाँ/ शासकीय ऋण-पत्र/ शासकीय तारण	1. सरकारी प्रतिभूतियाँ (हरि०)
Governor	1. राज्यपाल 2. अभिशासक/ गवर्नर/शासक 3. सूबेदार (मुगलकाल)	1. राज्यपाल/ 2. अभिशासक/ गर्वनर/शासक 3. सूबेदार	1. राज्यपाल 2. व्यवस्थापक/ गर्वनर	1. राज्यपाल	1. राज्यपाल 2. शासक	1. राज्यपाल 2. गर्वनर/शासक (हरि०)
Grace	1. अनुग्रह/प्रसाद 2. रियायत	1. अनुग्रह/प्रसाद 2. रियायत	1. अनुग्रह	1. अनुग्रह/कृपा 2. रियायत	1. अनुग्रह/प्रसाद 2. अनुकम्पा	1. अनुग्रह/प्रसाद 2. रियायत (हरि०)
Grace —, Day of	1. रियायती दिन	1. रियायती दिन	1. रियायती दिन/ अनुग्रह दिन	1. रियायती दिन	1. रियायती दिन	1. रियायती दिन (हरि०)
Gradation list	1. पदक्रम सूची	1. पदक्रम सूची	1. पदक्रम सूची	1. कोटिक्रम सूची/ पदक्रम सूची	1. पदक्रम सूची/ क्रम-सूची	1. पदक्रम सूची (हरि०)
Grade	1. श्रेणी/पदक्रम/ ग्रेड/कोटि	1. श्रेणी/पदक्रम/ ग्रेड/कोटि	1. श्रेणी/कोटि/ ग्रेड/पदक्रम	1. ग्रेड/श्रेणी/ कोटि/कोटिक्रम/ वर्ग/पदक्रम 2. वेतनक्रम 3. ढाल	1. श्रेणी/पदक्रम/ क्रम/प्रक्रम, वर्ग 2. वेतनमान 3. दर्जा	1. श्रेणी/पदक्रम/ ग्रेड/कोटि (हरि०)

1	2	3	4	5	6	7
Grant	1. अनुदान (क्रिया) स्वीकार करना/ प्रदान करना	1. अनुदान (क्रिया) स्वीकार करना प्रदान करना	1. अनुदान 2. प्रदान (क्रिया) स्वीकार करना/ देना/प्रदान करना	1. अनुदान 2. स्वीकृति (क्रिया) अनुदान करना/ देना स्वीकृत करना	1. अनुदान/प्रदान/ प्रदाय (क्रिया) प्रदान करना/ मंजूर करना	1. अनुदान (हरि०)
Grant —, Extra	1. अतिरिक्त अनुदान	1. अतिरिक्त अनुदान	1. अतिरिक्त अनुदान	1. अतिरिक्त अनुदान	1. अतिरिक्त अनुदान	1. अतिरिक्त अनुदान (हरि०)
Grant —, Fixed	1. नियत अनुदान	1. नियत अनुदान	1. नियत अनुदान	1. नियत अनुदान	1. नियत अनुदान	1. नियत अनुदान (हरि०)
Grant —, Interim	1. अंतरिम अनुदान	1. अंतरिम अनुदान	1. अंतरिम अनुदान	1. अंतरिम अनुदान	1. अंतरिम अनुदान	1. अंतरिम अनुदान(हरि०)
Grant —,Maintenance	1. अनुरक्षण अनुदान/ भरण-पोषण अनुदान	1. अनुरक्षण अनुदान/ भरण-पोषण अनुदान	1. अनुरक्षण अनुदान/ भरण-पोषण/ अनुदान	1. अनुरक्षण अनुदान 2. खोर-पोश	1. अनुरक्षण अनुदान/ भरण-पोषण अनुदान	1. अनुरक्षण अनुदान/ भरण-पोषण अनुदान (हरि०)
Grant —, Non- recurring	1. अनावर्त्ती अनुदान	1. अनावर्त्ती अनुदान/ अनावर्त अनुदान	1. अनावर्त्ती अनुदान/ अनावर्त अनुदान/ अनावर्तक अनुदान	1. अनावर्त्तक अनुदान/ अनावर्त्ती अनुदान	1. अनावर्ती अनुदान/ अनावर्त अनुदान	1. अनावर्ती अनुदान (हरि०)

1	2	3	4	5	6	7
Grant —, Preliminary	1. प्रारम्भिक अनुदान	1. प्रारम्भिक अनुदान	1. प्रारम्भिक अनुदान	1. प्रारम्भिक अनुदान	1. प्रारम्भिक अनुदान	1. प्रारम्भिक अनुदान(हरि०)
Grant —, Recurring	1. आवर्ती अनुदान	1. आवर्ती अनुदान/ आवर्त अनुदान/	1. आवर्ती अनुदान/ आवर्त अनुदान/ आवर्तक अनुदान	1. आवर्त्तक अनुदान/ आवर्त्ती अनुदान	1. आवर्ती अनुदान	1. आवर्ती अनुदान (हरि०)
Grant —, special	1. विशेष अनुदान	1. विशेष अनुदान	1. विशेष अनुदान	1. विशेष अनुदान	1. विशेष अनुदान	1. विशेष अनुदान (हरि०)
Grant —, Supplementary	1. अनुपूरक अनुदान	1. अनुपूरक अनुदान	1. अनुपूरक अनुदान	1. अनुपूरक अनुदान	1. अनुपूरक अनुदान	1. अनुपूरक अनुदान (हरि०)
Grant-in-aid	1. सहायता अनुदान	1. सहायता/ अनुदान	1. सहायता अनुदान	1. सहायता अनुदान/सहायक अनुदान	1. सहायता अनुदान/सहायतार्थ अनुदान	1. सहायता अनुदान (हरि०)
Granted	1. स्वीकृत	1. स्वीकृत	1. स्वीकृत/ 2. प्रदत्त	1. स्वीकृत 2. अनुदत्त/दी गयी	1. स्वीकृत 2. अनुदत्त, दी गई	1. स्वीकृत (हरि०)
Granter	1. अनुदाता	1. अनुदाता	1. अनुदाता	1. अनुदाता	1. अनुदाता	1. अनुदाता (हरि०)
Gratis	1. निःशुल्क/मुफ़्त	1. निःशुल्क/मुफ़्त	1. निःशुल्क/मुफ़्त	1. बिना मूल्य/ मुफ़्त	1. निःशुल्क/मुफ़्त/ बिना मूल्य	1. निःशुल्क/ मुफ़्त (हरि०)
Gratuitous	1. आनुग्रहिक 2. मुफ़्त	1. आनुग्रहिक 2. मुफ़्त	1. अनुग्राहिक 2. मुफ़्त/निःशुल्क	1. आनुग्रहिक 2. अयाचित/ बेमाँगे/मुफ़्त	1. निर्मूल्य/ निःशुल्क/ 2. मुफ़्त 3. [illegible]	1. आनुग्रहिक 2. मुफ़्त (हरि०)

1	2	3	4	5	6	7
Gratuity	1. उपदान/ आनुतोषिक	1. उपदान/ आनुतोषिक	1. उपदान/ आनुतोषिक	1. उपदान	1. उपदान/ निवृत्ति-पुरस्कार/निवृत्ति-पारितोषिक/ इनाम	1. उपदान (हरि०)
Greeting	1. शुभकामना/ बधाई 2. अभिवादन	1. शुभकामना/ बधाई 2. अभिवादन	1. शुभकामना 2. अभिवादन	1. बधाई/ अभिनन्दन	1. अभिनन्दन	1. शुभकामना/ बधाई 2. अभिवादन (हरि०)
Grievance	1. शिकायत	1. शिकायत	1. शिकायत/कष्ट	1. शिकायत, व्यथा	1. शिकायत/व्यथा/ कष्ट/दु:ख/ दु:ख का कारण	1. शिकायत (हरि०)
Gross	1. सकल/कुल 2. घोर/भारी	1. सकल/कुल 2. घोर/भारी	1. सकल/कुल/ स्थूल/कच्चा 2. घोर/भारी	1. कुल/समस्त/ सकल 2. भारी/घोर	1. सकल/कुल/ स्थूल 2. असभ्य/अश्लील 3. ग्रोस/प्रद्वादशक	1. सकल/कुल 2. घोर/भारी (हरि०)
Gross abuse	1. घोर दुरुपयोग	1. घोर दुरुपयोग	1. घोर दुरुपयोग	1. भारी दुरुपयोग/ घोर दुरुपयोग	1. घोर दुरुपयोग/ भारी दुरुपयोग/	1. घोर दुरुपयोग (हरि०)
Gross amount	1. कुल राशि/ कुल रकम	1. कुल राशि/ कुल रकम	1. कुल रकम/ सकल धनराशि	1. कुल रकम/ सकल धनराशि	1. कुल राशि/ कुल रकम	1. कुल राशि (हरि०)
Gross assets	1. कुल परिसंपत्ति/ कुल आस्तियाँ	1. कुल परिसंपत्ति/ कुल आस्तियाँ	1. कुल परिसंपत्ति/ कुल आस्तियाँ	1. कुल मालमत/ समस्त परि-सम्पत्ति	1. कुल परि-सम्पत्ति/ कुल आस्तियाँ	1. कुल परि-सम्पत्ति/ कुल आस्तियाँ (हरि०)

1	2	3	4	5	6	7
Gross error	1. घोर त्रुटि/ भारी गलती	1. घोर त्रुटि/ भारी गलती	1. भारी भूल	1. भारी भूल	1. घोर त्रुटि/ भारी गलती	1. घोर त्रुटि/ भारी गलती (हरि॰)
Gross income	1. कुल आमदनी/ सकल आय	1. कुल आमदनी/ सकल आय	1. स्थूल आय/ कच्ची निकासी	1. समस्त आय/ कुल आमदनी	1. कुल आमदनी/ सकल आय/ सम्पूर्ण आय	1. कुल आमदनी (हरि॰)
Gross misconduct	1. घोर दुराचरण	1. घोर दुराचार	1. घोर दुराचार	1. घोर दुराचरण	1. घोर दुराचरण	1. घोर दुराचरण (हरि॰)
Gross mistake	1. भारी भूल	1. भारी भूल	1. भारी भूल	1. भारी भूल	1. भारी भूल	1. भारी भूल (हरि॰)
Gross neglect	1. घोर उपेक्षा	1. घोर उपेक्षा	1. घोर उपेक्षा	1. घोर उपेक्षा	1. घोर उपेक्षा/ घोर गफलत	1. घोर उपेक्षा (हरि॰)
Gross negligence	1. घोर प्रमाद/ भारी लापरवाही	1. घोर प्रमाद/ भारी लापरवाही	1. घोर प्रमाद/ भारी लापरवाही/ घोर उपेक्षा	1. घोर प्रमाद/ भारी लापरवाही/ घोर उपेक्षा	1. घोर प्रमाद/ घोर उपेक्षा/ घोर गफलत	1. घोर प्रमाद/ भारी लापरवाही (हरि॰)
Gross revenue	1. कुल राजस्व	1. कुल राजस्व	1. कुल राजस्व/ स्थूल राजस्व 2. स्थूल आय	1. समस्त राजस्व/ कुल राजस्व/ कुल सरकारी जमा	1. कुल राजस्व/ कुल आमदनी/ सकल आगम/ सम्पूर्ण आगम	1. कुल राजस्व (हरि॰)
Gross total	1. सकल योग	1. सकल योग	1. सकल योग	1. सकल योग	1. सकल योग	1. सकल योग (हरि॰)
Gross value	1. कुल मूल्य/ सकल मूल्य	1. कुल मूल्य/ सकल मूल्य	1. कुल मूल्य/ सकल मूल्य	1. कुल मूल्य/ सकल मूल्य	1. कुल कीमत/ सम्पूर्ण मूल्य	1. कुल मूल्य (हरि॰)

1	2	3	4	5	6	7
Grouping and grading	1. वर्गीकरण और कोटीकरण/ वर्गीकरण और पदक्रमण	1. वर्गीकरण और कोटीकरण	1. वर्गीकरण और कोटीकरण	1. वर्गविभाजन और कोटिक्रमण/ वर्गीकरण और पदक्रमण	1. वर्गीकरण और कोटीकरण/ वर्गीकरण और पदक्रमण/ वर्गीकरण और श्रेणीकरण	1. वर्गीकरण और कोटीकरण (हरि०)
Guard book	1. रक्षक-पुस्तक	1. रक्षक-पुस्तक	1. रक्षकपुस्तक/ गार्डबुक/ रक्षण-पंजी	1. रक्षीपुस्तक/ गार्डबुक	1. रक्षक पुस्तक/ संतरी पुस्तक/ गारद बुक	1. रक्षक-पुस्तक (हरि०)
Guard file	1. रक्षक-मिसिल/ निदेश-फाइल	1. गार्ड फाइल/ रक्षक-मिसिल	1. गार्ड फाइल/ रक्षण फाइल/ रक्षक फाइल/ पत्र-रक्षी	1. गार्ड फाइल/ रक्षी-संचिका	1. रक्षक-मिसिल/ गार्डफाइल	1. रक्षक-मिसिल (हरि०)
Guardian	1. अभिभावक/ वली/संरक्षक	1. संरक्षक/ अभिभावक	1. संरक्षक/ अभिभावक/ वली	1. अभिभावक/ संरक्षक	1. अभिभावक/ संरक्षक/ वली/रक्षक	1. अभिभावक/ वली/संरक्षक (हरि०)
Guardianship certificate	1. अभिभावकता प्रमाण-पत्र	1. संरक्षक प्रमाण-पत्र/ अभिभावक प्रमाण-पत्र	1. अभिभावकी प्रमाण-पत्र	1. अभिभावकता प्रमाण-पत्र/ अभिभावक प्रमाण-पत्र/ संरक्षकता प्रमाण-पत्र	1. अभिभावक प्रमाण-पत्र	1. अभिभावकता प्रमाण-पत्र (हरि०)
Guest House	1. अतिथि-गृह	1. अतिथि-गृह	1. अतिथि-गृह अतिथि-शाला	1. अतिथि भवन/ अतिथि-गृह	1. अतिथि-गृह	1. अतिथि-गृह (हरि०)

1	2	3	4	5	6	7
Guidance	1. मार्गदर्शन/ निर्देशन	1. मार्गदर्शन/ निर्देशन	1. मार्गदर्शन/ मार्गनिर्देश/ पथ-प्रदर्शन	1. मार्ग-दर्शन	1. मार्ग-दर्शन/ मार्ग-प्रदर्शन पथ-प्रदर्शन	1. मार्ग-दर्शन (हरि०)
Guide	1. परिदर्शक/ गाइड (क्रि०) संदर्शन करना/ मार्गदर्शन करना/ मार्ग दिखाना	1. परिदर्शक	1. परिदर्शक/ मार्गदर्शक/ निर्देशक (क्रि०) मार्ग दिखाना/ मार्गप्रदर्शन करना/संदर्शन करना	1. मार्गदर्शक/ गाइड/ परिदर्शक	1 गाइड/ निर्देशक/ मार्गदर्शक/ मार्ग-प्रदर्शक/ पथ-प्रदर्शक 2. मार्ग दर्शिका/ प्रदर्शिका (क्रि०) मार्ग-दर्शन करना/ पथप्रदर्शन करना	1. परिदर्शक/ गाइड (हरि०)
Guiding price	1. निर्देशक मूल्य	1. निर्देशक मूल्य	1. निर्देशक मूल्य	1. निर्देशक मूल्य	1. निर्देशक मूल्य	1. निर्देशक मूल्य (हरि०)
Guilt	1. अपराध, दोष	1. अपराध, दोष	1. अपराध, दोष, दोषिता	1. दोष, कसूर	1. अपराध, दोषिता	1. अपराध, दोष
Guilty	1. दोषी	1. दोषी	1. दोषी/अपराधी	1. दोषी/मुजरिम कसूरवार	1. दोषी/अपराधी 2. दूषित	1. दोषी (हरि०)

H

1	2	3	4	5	6	7
Habit	1. स्वभाव/आदत	1. स्वभाव/आदत	1. स्वभाव/आदत	1. आदत	1. स्वभाव/आदत/ प्रकृति	1. स्वभाव/आदत
	2. अभ्यास	2. अभ्यास	2. अभ्यास 3. प्रवृत्ति		2. अभ्यास	2. अभ्यास
Habitual defaulter	1. आभ्यासिक व्यतिक्रमी/ आभ्यासिक दोषी	1. आभ्यासिक दोषी/ आभ्यासिक व्यतिक्रमी	1. आभ्यासिक व्यतिक्रमी/ आभ्यासिक दोषी/ आभ्यासिक व्यतिक्रमी	1. आभ्यासिक दोषी	1. अभ्यस्त अपराधी	1. आभ्यासिक दोषी
	2. आभ्यासिक बकायादार	2. आभ्यासिक बकायादार	2. अभ्यस्त वितथी	2. आदतन बाकीदार/ आभ्यासिक बकायादार	2. अभ्यस्त आरोधी/ बकायादार/ स्वभावतः बाकीदार	
Half mast	1. झुका/अर्द्धनत	1. झुका/अर्द्धनत	1. अर्धनत करना	1. आधा झुका हुआ	1. झुका/अर्धनत	1. झुका/अर्धनत
Hand	1. कर्मचारी	1. कर्मचारी	1. कर्मचारी	1. कर्मचारी/ मजदूर	1. कर्मचारी	1. कर्मचारी
	2. हस्तलेख/ लिखावट	2. हस्तलेख/ लिखावट	2. हस्तलेख/ लिखावट	2. हस्तलेख/ लिखावट	2. हस्तलेख/ लिखावट	2. हस्तलेख/ लिखावट
Handicap	1. बाधा	1. बाधा, असमर्थता	1. बाधा, अक्षमता, रुकावट	1. बाधा, अक्षमता	1. बाधा, विघ्न, अड़चन, कठिनाई	1. बाधा

1	2	3	4	5	6	7
Handling (of dak)	1. कार्यवाही करना	1. कार्यवाही करना	1. कार्यवाही करना	1. कार्यवाही करना	1. कार्यवाही करना	1. कार्यवाही करना
Handover	1. सौंपना/देना	1. सौंपना/देना	1. सौंपना/देना	1. सौंपना देना/	1. सौंपना/देना	1. सौंपना/देना
Hard and fast rules	1. पक्के नियम	1. पक्के नियम	1. पक्के नियम/ कठोर नियम	1. पक्के नियम	1. पक्के नियम	1. पक्का नियम
Head	1. प्रधान	1. प्रधान	1. प्रधान	1. प्रधान	1. प्रधान/प्रमुख/ मुख्य	1. प्रधान मुख्य
	2. शीर्ष/मद	2. शीर्ष/मद	2. शीर्ष/मद्द शीर्षक/सिरा	2. शीर्षक/ शीर्ष	2. शीर्ष/शीर्षक	2. शीर्ष मद
			3. अध्यक्ष	3. अध्यक्ष	3. अध्यक्ष	
					4. चित/मुख	
					5. बुद्धि/मस्तिष्क	
					6. सिर/मस्तक/ शिर	
Head —, Sub.	1. उपशीर्ष	1. उपशीर्ष	1. उपशीर्ष/ उपशीर्षक	1. उपशीर्ष	1. उपशीर्ष	1. उपशीर्ष
Head note	1. शीर्ष-टिप्पणी	1. शीर्ष-टिप्पणी	1. शीर्ष-टिप्पणी	1. शीर्ष-टिप्पणी	1. शीर्ष-टिप्पणी	1. शीर्ष-टिप्पणी
Head of account	1. लेखाशीर्ष	1. लेखाशीर्ष	1. लेखाशीर्ष/ लेखा शीर्षक	1. लेखाशीर्ष	1. लेखाशीर्ष	1. लेखाशीर्ष
Head of department	1. विभागाध्यक्ष	1. विभागाध्यक्ष	1. विभागाध्यक्ष	1. विभागाध्यक्ष/ कार्याध्यक्ष	1. विभागाध्यक्ष/ विभाग का अध्यक्ष/विभाग प्रमुख	1. विभागाध्यक्ष
Head —of income	1. आय-शीर्ष	1. आय-शीर्ष	1. आय-शीर्ष	1. आय-शीर्ष	1. आय-शीर्ष	1. आय-शीर्ष

1	2	3	4	5	6	7
Head of office	1. कार्यालय अध्यक्ष	1. कार्यालय अध्यक्ष	1. कार्यालय अध्यक्ष	1. कार्यालय अध्यक्ष	1. कार्यालय अध्यक्ष	1. कार्यालय अध्यक्ष
Head of state	1. राष्ट्र का प्रधान	1. राष्ट्र का प्रधान	1. राष्ट्र का प्रधान	1. राज्याधिपति/ राज्यप्रधान/ राष्ट्र का प्रधान	1. राष्ट्र का प्रधान	1. राष्ट्र का प्रधान
Head-Quarters	1. मुख्यालय, हेडक्वार्टर	1. मुख्यालय, मुख्य कार्यालय	1. मुख्यालय, हेडक्वार्टर	1. मुख्यालय	1. मुख्यालय	1. मुख्यालय, हेडक्वार्टर
Head Reader	1. प्रधानवाचक	1. प्रधानवाचक	1. मुख्य प्रूफ-शोधक	1. प्रधानवाचक	1. प्रधानवाचक	1. प्रधानवाचक
Heading	1. शीर्षक	1. शीर्ष	1. शीर्षक 2. उन्नति	1. शीर्षक	1. शीर्षक	1. शीर्षक
Health officers	1. स्वास्थ्य अफ़सर	1. स्वास्थ्य अफ़सर	1. स्वास्थ्य अधिकारी/ अफ़सर	1. स्वास्थ्य अफ़सर/ अधिकारी	1. स्वास्थ्य अधिकारी	1. स्वास्थ्य-अफ़सर
Hearing	1. सुनवाई	1. सुनवाई	1. सुनवाई	1. सुनवाई	1. सुनवाई/श्रवण 2. लोकवार्ता	1. सुनवाई
Heir	1. वारिस	1. वारिस/ दायाद उत्तराधिकारो	1. वारिस/ दायाद/	1. वारिस/ रिक्थभागी	1. वारिस/दायाद/ उत्तराधिकारी	1. वारिस
Hereditary	1. पैतृक/ मौरूसी/ आनुवंशिक	1. पैतृक/ मौरूसी/ आनुवंशिक	1. पैतृक/मौरूसी/ आनुवंशिक/ वंशानुगत/ क्रमागत	1. वंशागत/ मौरूसी/पैतृक	1. पैतृक/ मौरूसी/ आनुवंशिक/ पुस्तैनी/	1. पैतृक/मौरूसी/ आनुवंशिक

1	2	3	4	5	6	7
					पित्रागत/ कुलपरम्परागत/ वंशानुगत/ परंपरागत	
Her Majesty	1. महामहिम	1. महामहिम	1. महामहिम	1. हरमजेस्टी	1. महामहिम/ परमश्रेष्ठ	1. महामहिम
Hierarchy	1. उत्क्रम/ सोपान 2. धर्मसत्ता	1. उत्क्रम/ सोपान 2. धर्मसत्ता	1. उत्क्रम/ सोपान	1. उत्क्रम/ सोपान	1. उत्क्रम/ सोपान 2. धर्मसत्ता	1. उत्क्रम/सोपान 2. धर्मसत्ता
Higher-authority	1. उच्चतर प्राधिकारी	1. उच्चतर प्राधिकारी	1. उच्चतर प्राधिकारी	1. उच्चतर प्राधिकारी	1. उच्चतर प्राधिकारी	1. उच्चतर प्राधिकारी
High way	1. राजपथ/ राजमार्ग	1. राजपथ/ राजमार्ग	1. राजपथ/ राजमार्ग/ मुख्य मार्ग	1. राजमार्ग/ राजपथ/ मुख्य मार्ग	1. राजपथ/ राजमार्ग/ बड़ी सड़क	1. राजपथ/ राजमार्ग
Hindrance	1. बाधा/ अड़चन	1. बाधा/ अड़चन	1. बाधा/ अड़चन	1. रुकावट/ प्रतिबाधा/ अड़चन	1. बाधा/अड़चन/ रोक	1. बाधा/अड़चन
Hint	1. संकेत/इशारा	1. संकेत/इशारा	1. संकेत	1. इंगित/ इशारा/ संकेत	1. संकेत/इशारा	1. संकेत/इशारा
Hire charges	1. भाड़ा	1. भाड़ा	1. भाड़ा	1. भाड़ा	1. भाड़ा	1. भाड़ा
His Excellency	1. परमश्रेष्ठ	1. परमश्रेष्ठ	1. परमश्रेष्ठ	1. महामहिम	1. परमश्रेष्ठ/ महामहिम	1. परमश्रेष्ठ
His Majesty	1. महामहिम	1. महामहिम	1. महामहिम/श्रेष्ठ	1. महाधिराज	1. महामहिम/ परमश्रेष्ठ	1. महामहिम

1	2	3	4	5	6	7
History sheet	1. इतिवृत्त	1. इतिवृत्त	1. वृत्तलेख	1. इतिपत्र/इतिवृत्त	1. इतिवृत्त पत्रक/ पूर्वापराध-पत्र/ पूर्व इतिहास-पत्रक	1. इतिवृत्त
Hold over	1. स्थगित करना, रोक लेना, उठा रखना 2. अतिधारण करना	1. स्थगित करना, रोक लेना, उठा रखना 2. अतिधारण करना	1. (पुलिस)अपराध लेख स्थगित करना, रोक रखना 2. धारण किए रहना	1. रोक रखना, रोक लेना	1. आस्थगित करना, रोक रखना 2. धारण किए रहना/ अतिधारण करना	1. रोक लेना, उठा रखना 2. अतिधारण करना
Holograph	1. स्वलेखन	1. स्वलेखन	1. स्वलेखन	1. स्वलेखन	1. स्वलेखन	1. स्वलेखन
Homage	1. श्रद्धांजलि	1. श्रद्धांजलि	1. श्रद्धांजलि/ श्रद्धा	1. श्रद्धांजलि 2. वश्यता अंगीकार	1. श्रद्धांजलि/ निष्ठाभाव/ भक्तिभाव	1. श्रद्धांजलि
Home	1. गृह	1. गृह	1. गृह/स्वदेश 2. स्वराष्ट्र 3. घर/निवास	1. घर/गृह 2. स्वराष्ट्र	1. गृह/निवास/घर 2. स्वदेश	1. गृह
Home Secretary	1 गृह सचिव	1. गृह सचिव	1. गृह सचिव	1. गृह सचिव	1. गृह सचिव	1. गृह सचिव
Honorarium	1. मानदेय	1. मानदेय	1. मानदेय	1. मानदेय/ सम्मानकी	1. मानदेय	1. मानदेय
Honorary	1. अवैतनिक	1. अवैतनिक	1. अवैतनिक	1. अवैतनिक 2. सम्मानक	1. अवैतनिक 2. मानसेवी	1. अवैतनिक

1	2	3	4	5	6	7
Honorary Degree	1. साम्मानिक उपाधि	1. सम्मानिक उपाधि	1. सम्मानिक उपाधि	1. सम्मानक उपाधि	1. सम्मानिक उपाधि	1. सम्मानिक उपाधि
Honorary Secretary	1. अवैतनिक सचिव	1. अवैतनिक सचिव	1. अवैतनिक सचिव	1. अवैतनिक सचिव	1. अवैतनिक सचिव	1. अवैतनिक सचिव
Honorific prefix	1. सम्मान शब्द	1. सम्मान शब्द	1. सम्मान शब्द/ आदरसूचक पूर्वपद	1. सम्मान शब्द	1. सम्मान शब्द	1. सम्मान शब्द
Honourable	1. माननीय 2. सम्मानपूर्ण	1. माननीय 2. सम्मानपूर्ण	1. माननीय	1. माननीय	1. माननीय	1. माननीय 2. सम्मानपूर्ण
Hospitality	1. आतिथ्य/ सत्कार	1. आतिथ्य/ सत्कार	1. आतिथ्य/ सत्कार/ अतिथि-सत्कार	1. आतिथ्य/ सत्कार	1. आतिथ्य/ अतिथि-सत्कार	1. आतिथ्य/ सत्कार
Host	1. आतिथेय	1. आतिथेय/ परितोषी	1. (वन) पोषक	1. आतिथेय/ मेज़बान	1. आतिथेय/ यजमान 2. पोषिता	1. आतिथेय
Hostess	1. सत्कारिणी	1. सत्कारिणी	1. सत्कारिणी	1. सत्कारिणी	1. सत्कारिणी	1. सत्कारिणी
Hours of business	1. कार्य-समय	1. कार्य-समय	1. कार्य-समय	1. कार्य-समय	1. कार्य-समय	1. कार्य-समय
Hour of employment	1. काम के घंटे	1. काम के घंटे	1. काम के घंटे	1. काम के घंटे	1. काम के घंटे	1. काम के घंटे
House of people	1. लोकसभा	1. लोकसभा	1. लोकसभा	1. लोकसभा	1. लोकसभा	1. लोकसभा
House rent	1. मकान-किराया	1. मकान-किराया	1. मकान-किराया/ मकान-भाड़ा	1. मकान-किराया	1. मकान-किराया	1. मकान-किराया/ घर-भाड़ा

1	2	3	4	5	6	7
Humanitarian ground	1. मानवहित का आधार/ मानवीय आधार	1. मानवहित का आधार/ मानवीय आधार	1. मानवीय आधार	1. मानवहितवादी, मानवहित संबंधी	1. मानवीय आधार	1. मानवीय आधार
Hutment	1. अस्थायी मकान	1. अस्थायी मकान	1. अस्थायी मकान	1. अस्थायी मकान	1. अस्थायी मकान	1. अस्थायी मकान

I

1	2	3	4	5	6	7
Identification	1. पहचान/ शिनाख्त	1. शिनाख्त/पहचान	1. पहचान/ अभिज्ञान	1. पहचान/ शिनाख्त/ अभिज्ञा	1. पहचान/ शिनाख्त/ अभिज्ञान/ अभिज्ञापन	1. पहचान/ शिनाख्त
Identification mark	1. पहचान-चिह्न/ शिनाख्त-चिह्न, शिनाख्त निशान	1. पहचान-चिह्न शिनाख्त-चिह्न/ शिनाख्त के निशान	1. पहचान-चिह्न/ शिनाख्त-चिह्न/ शिनाख्त के निशान	1. शिनाख्त-चिह्न/ शिनाख्त के निशान/ पहचान-चिह्न	1. पहचान-चिह्न/ शिनाख्त-चिह्न/ शिनाख्त का निशान/ परिचय-चिह्न	1. पहचान-चिह्न/ शिनाख्त-चिह्न/ शिनाख्त-निशान
Identity	1. पहचान	1. पहचान	1. पहचान 2. अभिज्ञान 3. अभिन्नता/तद्रूपता/ अनन्यता	1. पहचान 2. शिनाख्त 3. अनन्यता	1. पहचान/परिचय 2. शिनाख्त/ अभिज्ञान 3. अभिन्नता/ एकात्मता/ समानत्व/ तादात्म्य 4. स्वरूप	1. पहचान

1	2	3	4	5	6	7
Identity card	1. पहचान-पत्र	1. पहचान-पत्र	1. पहचान-पत्र/ अभिज्ञा-पत्र	1. पहचान-पत्र	1. पहचान-पत्र/ पहचान-पत्रक/ परिचय-पत्र	1. पहचाम-पत्र
Ignorance	1. अनभिज्ञता	1. अनभिज्ञता	1. अनभिज्ञता/ अज्ञान	1. अनभिज्ञता	1. अनभिज्ञता/ अज्ञान	1. अनभिज्ञता
Illegal	1. अवैध	1. अवैध	1. अवैध	1. अवैध/गैर-कानूनी	1. अवैध/ गैरकानूनी	1. अवैध
Illegal practice	1. अवैध आचरण/ अवैधाचार	1. अवैध आचरण	1. अवैध आचरण/ अवैधाचार	1. अवैध आचरण/ अवैधाचार 2. अवैध चलन	1. अवैधाचरण	1. अवैध आचरण
Illegible	1. अपाठ्य	1. अपाठ्य	1. अपाठ्य/जो पढ़ी न जा सके	1. अपाठ्य/ अवाच्य/ अस्पष्ट, जो पढ़ी न जा सके	1. अपाठ्य/ अवाच्य/ अपठनीय/ अस्पष्ट	1. अपाठ्य
Illegitimate	1. अवैध, अधर्मज	1. अवैध, अधर्मज	1. अवैध, जारज, अधर्मज	1. अवैध, जारज, अधर्मज	1. अवैध, जारज, अनौरस	1. अवैध
Illicit	1. निषिद्ध	1. निषिद्ध/अयुक्त	1. अयुक्त/अवैध	1. अवैध, आचार-विरुद्ध/ अनुचित/ अयुक्त/ निषिद्ध	1. निषिद्ध, अयुक्त, अनुचित, अवैध 2. अननुज्ञात	1. निषिद्ध
Ill treatment	1. दुर्व्यवहार	1. दुर्व्यवहार	1. दुर्व्यवहार	1. दुर्व्यवहार	1. दुर्व्यवहार	1. दुर्व्यवहार

1	2	3	4	5	6	7
Ill will	1. वैमनस्य	1. वैमनस्य	1. वैमनस्य	1. वैमनस्य/ द्वेष/दुर्भाव	1. वैमनस्य/ द्वेष/ दुर्भावना/ दुर्भाव/ कुभावना/ दुर्गति	1. वैमनस्य
Immediate	1. तत्काल	1. तत्काल/ अविलम्ब	1. तत्काल/ तुरन्त/ अविलम्ब	1. तात्कालिक, अविलम्ब/ तुरन्त/ तत्काल	1. तत्काल/ अविलम्ब/ तुरन्त	1. तत्काल
	2. अव्यवहित/ आसन्न	2. अव्यवहित/ आसन्न	2. आसन्न	2. अव्यवहित/आसन्न/ विनान्तर	2. अव्यवहित/ आसन्न	
			3. निकटतम	3. निकटतम	3. निकटतम	
Immigration Authority	1. आप्रवास प्राधिकारी	1. आप्रवास प्राधिकारी	1. आप्रवास प्राधिकारी	1. आप्रवास प्राधिकारी	1. आप्रवास प्राधिकारी/ आप्रवासन प्राधिकारी	1. आप्रवास प्राधिकारी
Imminent	1. आसन्न	1. आसन्न	1. आसन्न/ समुपस्थित/ सन्निकट	1. सन्निकट/ आसन्न	1. आसन्न/ सन्निकट	1. आसन्न
Impartial	1. निष्पक्ष	1. निष्पक्ष	1. निष्पक्ष	1. निष्पक्ष	1. निष्पक्ष	1. निष्पक्ष
Impediment	1. अड़चन/ बाधा	1. अड़चन/ बाधा	1. अड़चन/ बाधा	1. अड़चन	1. अड़चन/ रुकावट/ बाधा/ अवबाधा	1. अड़चन/बाधा

1	2	3	4	5	6	7
Impersonation	1. प्रतिरूपण	1. प्रतिरूपण	1. प्रतिरूपण	1. प्रतिरूपण/ छद्मरूपण	1. प्रतिरूपण/ पररूपधारण/ परनामधारण	1. प्रतिरूपण
Implement	1. कार्यान्वित करना/ अमल में लाना/ परिपालन करना	1. कार्यान्वित करना/ अमल में लाना/ परिपालन करना	1. कार्यान्वित करना/ अमल में लाना/ परिपालन करना	1. कार्यान्वित करना/ अमल में लाना/ कार्यरूप देना/ परिपालन करना	1. कार्यान्वित करना/ अमल में लाना/ परिपालन करना/ अभिपूरण करना	1. अमल में लाना/ परिपालन करना
Implication	1. विवक्षा/मंशा 2. फाँसा जाना/ फँसना/फँसाना	1. विवक्षा/मंशा 2. फाँसा जाना/ फँसना/फँसाना	1. विवक्षा/मंशा, आशय 2. फाँसा जाना/ फँसना/फँसाना 3. आलिप्त करना भार/दायित्व 4. अभिप्रेत अर्थ	1. मंशा/आशय, तात्पर्य 2. फँसना/फँसाना 3. लिप्ति/आलिप्ति 4. अभिप्रेत अर्थ	1. विवक्षा/आशय, मंशा, तात्पर्य 2. फँसाव/उलझाव 3. अभिग्रसन/ आलिप्ति 4. निकाला हुआ तात्पर्य/ निकलने वाला तात्पर्य/ ध्वनितार्थ/ लक्षण/ उपलक्षण/ गूढ़ार्थ/ गूढ़तात्पर्य/ गर्भित	1. विवक्षा/मंशा 2. फाँसा जाना फँसना/फँसाना

1	2	3	4	5	6	7
Implied	1. विविक्षित	1. विविक्षित	1. विविक्षित/ ध्वनित/ अभिप्रेत	1. अन्तर्निहित/ विविक्षित	1. विविक्षित/ ध्वनित/ गर्भित	1. विविक्षित
Import	1. आयात 2. अभिप्राय	1. आयात 2. अभिप्राय	1. आयात 2. अभिप्राय/ आशय	1. आयात 2. आशय/ अभिप्राय (क्रि०) आयात करना	1. आयात 2. अर्थ/आशय/ तात्पर्य	1. आयात
Important	1. महत्वपूर्ण	1. महत्वपूर्ण	1. महत्वपूर्ण	1. महत्वपूर्ण/ आवश्यक	1. महत्वपूर्ण/ आवश्यक	1. महत्वपूर्ण
Impose	1. अधिरोपित करना	1. अधिरोपित करना	1. अधिरोपित करना/ आरोपित करना 2. (मुद्रण) पृष्ठ बाँधना/ फर्मा कसना 3. (कर) लगाना/ आरोपित करना	1. आरोपित करना/ अधिरोपित करना — 3. लगाना, लागू करना	1. अधिरोपित करना/ आरोपित करना/ आरोप करना — 3. लागू करना/ लादना/लगाना	1. अधिरोपित करना
Impracticable	1. अव्यवाहारिक	1. अव्यावहारिक	1. अव्यावहारिक	1. अव्यावहारिक	1. अव्यावहारिक/ अव्यवहार्य/ असाध्य	1. अव्यावहारिक
Impression	1. छाप	1. छाप/निशानी	1. छाप/(छापा) निशानी	1. छाप/निशानी/ चिह्न	1. छाप/निशानी/ प्रतिमुद्रा/चिह्न	1. छाप

1	2	3	4	5	6	7
	2. मन पर प्रभाव	2. धारणा	2. मन पर प्रभाव, धारणा 3. संस्करण 4. टान, दबाव	2. धारणा/प्रभाव/ असर 3. अनुमुद्रण	2. धारणा/प्रभाव/ संस्कार	2. मन पर प्रभाव
Imprest	1. अग्रदाय/ उचन्त	1. अग्रदाय	1. अग्रदाय/ उचन्त	1. अग्रदाय/	1. अग्रदाय/ उचन्त/पेशगी	1. अग्रदाय
Improper	1. अनुचित	1. अनुचित	1. अनुचित	1. अनुचित/ अनुपयुक्त	1. अनुचित/ अनुपयुक्त	1. अनुचित
Improvement	1. सुधार/ संशोधन 2. समुन्नति/ अभिवृद्धि	1. सुधार/ संशोधन 2. समुन्नति/ अभिवृद्धि	1. सुधार 2. अभिवृद्धि	1. सुधार 2. उन्नति	1. सुधार 2. सम्मुन्नति/ उन्नति/सुधारकार्य	1. सुधार/ संशोधन
Improvisation	1. कामचलाऊ/ तात्कालिक (व्यवस्था)	1. कामचलाऊ/ तात्कालिक (व्यवस्था)	1. कामचलाऊ/ तात्कालिक (व्यवस्था)	1. कामचलाऊ/ तात्कालिक (व्यवस्था)	1. कामचलाऊ/ तात्कालिक (व्यवस्था)	1. कामचलाऊ
Impute	1. लांछन लगाना	1. लांछन लगाना	1. (दोष आदि का व्यक्ति में) आरोप करना	1. लांछन लगाना/ अभिरोपित करना/ गले मढ़ना	1. लांछन लगाना/ आरोप लगाना/ मढ़ना/लगाना/ आभ्यारोपण करना	1. लांछन लगाना
In abeyance	1. निलम्बित/ आस्थगित	1. निलम्बित/ आस्थगित	1. निलम्बित/ आस्थगित	1. आस्थगित	1. निलम्बित स्थिति में/ आस्थगित/ टला हुआ	1. निलम्बित

1	2	3	4	5	6	7
Inability	1. अयोग्यता	1. अयोग्यता	1. असमर्थता	1. अयोग्यता/ असमर्थता	1. अयोग्यता/ असमर्थता/ अशक्यता	1. अयोग्यता
Inaccuracy	1. अयथार्थता/ अशुद्धि	1. अयथार्थता/ अशुद्धि	1. अथार्थता/ अशुद्धि	1. अतथ्यता/ अपरिशुद्धता/ अयथार्थता/ अशुद्धि	1. अयथार्थता/ अपरिशुद्धता अशुद्धि	1. अयथार्थता
Inadmissible	1. अस्वीकार्य/ अग्राह्य	1. अस्वीकार्य/ अग्राह्य	1. अस्वीकार्य/ अग्राह्य	1. अस्वीकार्य/ अग्राह्य	1. अस्वीकार्य अग्राह्य 2. अप्रवेश्य	1. अस्वीकार्य
Inadvertently	1. अनजाने/ असावधानी से	1. अनजाने/ असावधानी से	1. अनजाने/ असावधानी से/ असावधानता से	1. अनजाने/ अनवधान से/ असावधानी से	1. अनजाने/ असावधानी से/ अनवधानता से/ अनवधानतापूर्वक	1. अनजाने/ असावधानी से
Inapplicable	1. अप्रयोज्य	1. अप्रयोज्य	1. अप्रयोज्य	1. अप्रयोज्य/ लागू न होने वाला	1. अप्रयोज्य/ लागू न होने वाला	1. अप्रयोज्य
Inauguration	1. उद्घाटन	1. उद्घाटन	1. उद्घाटन 2. प्रारम्भ	1. उद्घाटन	1. उद्घाटन	1. उद्घाटन
Incamera	1. गुप्त बैठक	1. गुप्त बैठक	1. गुप्त बैठक	1. गुप्त बैठक	1. बन्द कमरे में/ अप्रकाश्य/ बन्द प्रकोष्ठ	1. गुप्त बैठक
Incentive	1. प्रोत्साहन	1. प्रोत्साहन	1. प्रोत्साहन/ प्रेरणा	1. बढ़ावा/ उत्प्रेरणा	1. प्रोत्साहन	1. प्रोत्साहन

1	2	3	4	5	6	7
			2. उत्तेजना		2. उद्दीपक/ उत्तेजक	
Incharge (as in office-incharge)	1. प्रभारी/ भारसाधक/ इंचार्ज	1. प्रभारी	1. प्रभारी/ भारसाधक	1. प्रभारी/ भारसाधक	1. प्रभारी/ कार्यभारी/ इंचार्ज/ भार-साधक भार-प्रभारी/ भार-धारक/ भार-वाहक/ स्थानापन्न/ कार्य-भार रखने वाला	1. कार्यभारी
Incidental	1. आनुषंगिक/ प्रासंगिक	1. आनुषंगिक/ प्रासंगिक	1. आनुषंगिक/ प्रासंगिक	1. आनुषंगिक/ प्रासंगिक	1. आनुषंगिक/ प्रासंगिक 2. आपाती	1. प्रासंगिक
Incite	1. उद्दीप्त करना/ भड़काना/ उकसाना	1. उद्दीप्त करना/ भड़काना/ उकसाना	1. उद्दीप्त करना/ भड़काना/ उकसाना/ उभारना	1. उदीप्त करना/ उकसाना/ उभाड़ना	1. उद्दीप्त करना/ भड़काना/ प्रेरित करना/ दुरुत्साहित करना/ उत्तेजित करना	1. भड़काना/ उकसाना
Inclusive	1. सहित	1. सहित	1. सहित/लेकर/ मिलाकर	1. सम्मिलित करके/शामिल करके/मिलाकर	1. सहित/समेत/ सम्मिलित करके/सम्मिलित करते हुए	1. सहित

1	2	3	4	5	6	7
Incognito	1. अज्ञात 2. गुप्तरूप से	1. अज्ञात 2. गुप्तरूप से	1. अज्ञात 2. गुप्तरूप से	1. अज्ञात 2. गुप्तरूप से	1. अज्ञात 2. गुप्तरूप से 3. अज्ञातवासी	1. अज्ञात
Incompatible	1. बेमेल	1. बेमेल	1. बेमेल/ असंगत	1. बेमेल	1. बेमेल/मेल न खाता हुआ/ असंगत/ अननुरूप/ विरुद्ध/विसंगत	1. बेमेल
Incompetency	1. अक्षमता	1. अक्षमता	1. अक्षमता	1. अक्षमता	1. अक्षमता	1. अक्षमता
Incomplete	1. अधूरा	1. अधूरा	1. अपूर्ण, अधूरा	1. अपूर्ण, अधूरा	1. अधूरा, अपूर्ण	1. अधूरा
Inconclusive	1. अनिर्णीत	1. अनिर्णीत	1. अनिर्णायक/ अनिश्चायक	1. अनिर्णीत	1. अनिर्णायक/ अनिश्चायक	1. अनिर्णीत
Incongruous	1. असंगत/ बेतुका	1. असंगत/बेतुका	1. असंगत/बेतुका/ अयुक्त	1. बेमेल/बेतुका/ विषम/असंगत	1. विसंगत/बेतुका/ असम्बद्ध/ अयोग्य/अननुगत	1. असंगत/बेतुका
Inconsistent	1. असंगत	1. असंगत	1. असंगत	1. असंगत	1. असंगत	1. असंगत
Inconvenience	1. असुविधा	1. असुविधा	1. असुविधा	1. असुविधा	1. असुविधा	1. असुविधा
Increment	1. वेतन-वृद्धि/ वेतन तरक्की	1. वेतन-वृद्धि	1. वेतन-वृद्धि/ वेतन तरक्की 2. वृद्धि	1. वेतन-वृद्धि 2. वृद्धि	1. वेतन-वृद्धि या तरक्की/बढ़ती	1. वेतन-वृद्धि
Incumbent	1. पदस्थ/पदधारी	1. पदस्थ/पदधारी	1. पदस्थ/पदधारी	1. धारक/पदस्थ/ पदधारी	1. धारी/धारक/ अवलम्बी/ वृत्तिभोगी/ धारण करने वाला	1. पदधारी

1	2	3	4	5	6	7
				2. आश्रयी 3. लाज़िमी	2. आरूढ़/लेटा हुआ/आश्रित/ सहारा लिया हुआ	
Indemnification	1. क्षतिपूरण	1. क्षतिपूरण	1. क्षतिपूरण/ क्षतिपूर्ति	1. क्षतिपूरण/ क्षतिपूर्ति/ हर्जाना	1. क्षतिपूर्ति/ क्षतिपूरण/तारण	1. क्षतिपूर्ति
Indemnity bond	1. क्षतिपूर्ति बंधपत्र/ इंडेम्निटी बंध-पत्र	1. क्षतिपूर्ति बंध-पत्र	1. क्षतिपूर्ति बंध-पत्र	1. क्षतिपूरण-बंध/ क्षतिपूर्ति बंध-पत्र	1. क्षतिपूर्ति बन्ध-पत्र/क्षतिपूरक बन्ध/इंडेम्निटी बन्ध-पत्र	1. क्षतिपूर्ति बन्धपत्र
Indent	1. मांगपत्र, इण्डेंट	1. मांगपत्र, इंडेंट	1. माँगप	1. मांगपत्र, इंडेंट, आदेश	1. मांगपत्र, इंडेंट, वस्तु- आदेश, व्यादेश 2. अपेक्षित वस्तुसूची	1. इंडेंट
Independent note	1. स्वतन्त्र टिप्पणी	1. स्वतन्त्र टिप्पणी	1. स्वतन्त्र टिप्पणी	1. स्वतन्त्र टिप्पर्ण	1. स्वतन्त्र टिप्पणी	1. स्वतन्त्र टिप्पणी
In detail	1. सविस्तार/ ब्यौरेवार	1. सविस्तार/ ब्यौरेवार	1. सविस्तार/ ब्यौरेवार	1. सविस्तार/ ब्यौरेवार	1. सविस्तार/ विस्तार से/ ब्यौरेवार	1. सविस्तार/ ब्यौरेवार/ विस्तार से
Index	1. सूचक/अनुक्रमणी	1. सूचक/अनुक्रमणी	1. सूचक/अनुक्रमणी/ अनुक्रमणि	1. अभिसूचक/ अनुक्रमणी/ संकेत-सूची/ सूचक	1. सूचक/ अनुक्रमणिका/ निर्देशक-सूची/ क्रम-सूची/ देराना	1. सूचक/ अनुक्रमणी

1	2	3	4	5	6	7
Index card	1. सूचक-पत्र/ सूचक-कार्ड	1. सूचक-पत्र/ सूचक-कार्ड	1. सूचक-पत्र/ सूचक-कार्ड/ कार्ड अनुक्रमणी	1. अनुक्रमणी/ सूचक-पत्र या कार्ड	1. सूचक-कार्ड/ सूचक-पत्र/ निर्देशक-पत्र	1. सूचक-पत्र/ सूचक-कार्ड
Index number	1. अनुक्रमणी अंक/ सूचक अंक	1. अनुक्रमणी अंक/ सूचक अंक	1. सूचकांक	1. सूचकांक/ अनुक्रमणी अंक	1. अनुक्रमणी अंक/ सूचक-अंक/देरानांक/ निर्देशक-संख्या	1. सूचक-अंक
Index slip	1. सूचक-पर्ची	1. सूचक-पर्ची	1. सूचक-पर्ची	1. सूचक-पर्ची/ अनुक्रम-पत्र	1. सूचक-पर्ची	1. सूचक-पर्ची
Indication	1. संकेत/सूचना	1. संकेत/सूचना	1. संकेत/सूचना/ निर्देश	1. संकेत	1. संकेत/सूचना निर्देश	1. संकेत/सूचना
Indigenous	1. देशी	1. देशी	1. देशी/स्थानीय/ देशज/स्वदेशी	1. देशज/देशी	1. देशी/स्वदेशी/ तत्स्थानीय	1. देशी
Indiscipline	1. अनुशासन-हीनता	1. अनुशासन-हीनता	1. अनुशासन-हीनता	1. अनुशासन-हीनता	1. अनुशासन-हीनता	1. अनुशासन-हीनता
Indispensable	1. अपरिहार्य	1. अपरिहार्य	1. अनिवार्य	1. अपरिहार्य/ अनिवार्य	1. अपरिहार्य/ अत्यावश्यक/ अनिवार्य	अपरिहार्य
Individual Inspection	1. पृथक्-पृथक् निरीक्षण	1. पृथक्-पृथक् निरीक्षण	1. व्यक्तिगत-निरीक्षण/ अलग-अलग निरीक्षण	1. पृथक्-पृथक् निरीक्षण	1. पृथक्-पृथक् निरीक्षण	1. पृथक्-पृथक् निरीक्षण
Inefficiency	1. अदक्षता	1. अदक्षता	1. अदक्षता	1. अकुशलता/ अदक्षता	1. अदक्षता/ अपटुता/ अप्रवीणता/ कार्याक्षमता	1. अक्षमता

1	2	3	4	5	6	7
Ineligible	1. अपात्र	1. अपात्र	1. अपात्र	1. अपात्र	1. अपात्र	1. अपात्र
Inexpedient	1. असमीचीन	1. असमीचीन	1. अनुपयुक्त/ अकार्योचित	1. अकार्योचित/ अनुपयुक्त/ असमीचीन	1. असमीचीन/ अनुपयुक्त/ अवांछनीय	1. असमीचीन
Inferior	1. निम्न/अवर/ छोटा	1. निम्न/अवर/ छोटा	1. अवर	1. अवर/निम्न/ घटिया/छोटा	1. अवर/निम्न/ छोटा/घटिया/ हलका/निचला/ निम्नस्थ/ निम्नश्रेणी का निम्नकोटि का अधोवर्ती/ अवकृष्ट	1. निम्न/अवर/ छोटा
In force	1. प्रवृत्त/लागू	1. प्रवृत्त/लागू	1. प्रवृत्त/लागू	1. प्रवृत्त/लागू	1. प्रवृत्त/लागू/ प्रचलित/प्रभाव-शील/प्रवर्तमान	1. लागू
Informal	1. अनौपचारिक	1. अनौपचारिक	1. अनौपचारिक	1. अनौपचारिक	1. अनौपचारिक/ अरीतिक/ अयथारूप	1. अनौपचारिक
Information	1. सूचना, वार्ता	1. सूचना, वार्ता, जानकारी	1. सूचना, जानकारी	1. सूचना, जानकारी 2. इत्तिला (पुलिस)	1. सूचना, जानकारी	1. सूचना
Infringement	1. अतिलंघन	1. अतिलंघन	1. अतिलंघन	1. अतिलंघन 2. अधिकारापहरण	1. अतिलंघन, उल्लंघन	1. अतिलंघन

1	2	3	4	5	6	7
Initial	1. प्रारंभिक	1. प्रारंभिक	1. प्रारंभिक	1. पहला/प्रारंभिक/ आदि/लघु हस्ताक्षर करना	1. प्रारंभिक/ आरम्भिक/ आदि/आदिम/ प्राद्य/पहला	1. प्रारंभिक
Initials	1. आद्यक्षर	1. आद्यक्षर/ लघुहस्ताक्षर	1. आद्यक्षर	1. प्राक्षर लघुहस्तार	1. आद्याक्षर/ छोटे दस्तखत/ संक्षिप्तहस्ताक्षर/ हस्ताक्षर प्रथमाक्षर/	1. प्रथमाक्षर
Initiate	1. प्रारंभ करना/ उपक्रमण/ पहल करना	1. प्रारंभ करना/ उपक्रमण/ पहल ककना	1. प्रारंभ करना/ (का) सूत्र-पात करना	1. सूत्रपात करना/ आरंभ करना 2. दीक्षित करना	1. प्रारंभ करना/ उपक्रम करना/ पहल करना/ सूत्रपात करना/ शुरू करना 2. दीक्षा देना/ दीक्षित करना	1. आरंभ करना/ पहल करना
Initiative	1. सूत्रपात/क्षमता पहल	1. सूत्रपात/क्षमता पहल	1. सूत्र-पात/ आरंभ/उपक्रम/ सूत्रपात-क्षमता/ पहल 2. अग्रसरता/ प्रारंभिकता/ नेतृत्व/अभिक्रम-शीलता	1. पहल/उपक्रमण/ उपक्रम सूत्र-पात-क्षमता	1. सूत्रपात/पहल/ उपक्रमण/ उपक्रम 2. प्रेरक शक्ति/ प्रेरणा/प्ररुधि	1. सूत्र पात/पहल

1	2	3	4	5	6	7
Inquiry	1. पूछताछ 2. जाँच	1. पूछताछ 2. जाँच	1. पूछताछ 2. जाँच	1. पूछताछ 1. जाँच	1. पूछताछ 2. जाँच/ जाँच-पड़ताल/ परिप्रश्न/समीक्षण/ परिपृच्छा	1. पूछताछ 2. जाँच
Inquiry —, Departmental	1. विभागीय जाँच	1. विभागीय जाँच	1. विभागीय जाँच	1. विभागीय जाँच	I. विभागीय जाँच	1. विभागीय जाँच
Inquiry —, Secret	1. गुप्त जाँच	1. गुप्त जाँच	1. गुप्त जाँच	1. गुप्त जाँच	1. गुप्त जाँच	1. गुप्त जाँच
Inspection	1. जाँच, निरीक्षण	1. जाँच, निरीक्षण	1. जाँच, निरीक्षण	1. जाँच, निरीक्षण	1. जाँच, निरीक्षण/ परिवेक्षण	1. जाँच, निरीक्षण
Inspection at site	1. मौके पर निरीक्षण	1. मौके पर निरीक्षण	1. मौके पर निरीक्षण	1. मौके पर निरीक्षण	1 मौके पर निरीक्षण	1. मौके पर निरीक्षण
Inspection —, Periodical	1. आवधिक निरीक्षण	1. आवधिक निरीक्षण	1. आवधिक निरीक्षण	1. आवधिक निरीक्षण	1. आवधिक निरीक्षण	1. आवधिक निरीक्षण
Inspectorate	1. निरीक्षणालय	1. निरीक्षणालय	1. निरीक्षणालय	1. निरीक्षणालय	1. निरीक्षणालय/ निरीक्षकालय	1. निरीक्षणालय
Installation (in office)	1. संस्थापन/ अधिष्ठापन	1. संस्थापन/ अधिष्ठापन	1. संस्थापन/ अधिष्ठापन 2. निरोपण	1. अधिष्ठापन/ संस्थापन 2. अभिषेक	1. स्थापना/ प्रतिष्ठापन/ अधिष्ठापन	1. संस्थापन
Instigation	1. उकसाना	1. उकसाना	1. उकसाना	1. उकसाना/ उभाड़ना/ उत्तेजित करना	1. उकसाहट/ अपोत्तेजन	1. उकसाना

1	2	3	4	5	6	7
Instruction	1. अनुदेश/ हिदायत	1. अनुदेश/ हिदायत	1. अनुदेश	1. अनुदेश/शिक्षण/ हिदायत	1. अनुदेश/ हिदायत 2. सीख 3. शिक्षा	1. अनुदेश/ हिदायत
Instrument	1. यंत्र/उपकरण/ औज़ार 2. लेखपत्र/लिखत 3. साधन	1. उपकरण/ औज़ार/यंत्र 2. लिखत	1. उपकरण/ उपयंत्र 2. लिखत करणपत्र/ दस्तावेज़	1. औज़ार/ उपकरण 2. लिखत (as Instrument of accession)	1. उपकरण/यंत्र/ औज़ार 2. लिखत/संलेख/ अधिकार-पत्र 3. साधन	1. यंत्र/उपकरण/ औज़ार 2. लिखत 3. साधन
Insubordination	1. अनधीनता	1. अनधीनता/ अवज्ञा	1. अनधीनता	1. अनधीनता/ अवज्ञा/ अविनय/ आज्ञोल्लंघन/ अनधीनता	1. अनधीनता/ अधीनता न मानना/ अनधीनस्थता/ अवज्ञा/ अनाज्ञाकारिता	1. अनधीनता
Insurance	1. बीमा	1. बीमा	1. बीमा	1. बीमा	1. बीमा	1. बीमा
Integral	1. अभिन्न/ अविभाज्य	1. अभिन्न/ अविभाज्य	1. अभिन्न/ अविभाज्य/ (मुद्रण) समाकलन	1. अखंड/अभिन्न 2. पूर्ण सांख्यिक (गणित में) 3. अनुकूल	1. अभिन्न/ अविभाज्य	1. अभिन्न

1	2	3	4	5	6	7
Integration	1. एकीकरण/ समाकलन/ समेकीकरण/ समेकन/संकलन	1. एकीकरण/ समाकलन	1. एकीकरण	1. समाकलन/ एकीकरण	1. एकीकरण	1. एकीकरण
			2. एकता	—		
				3. संकलन (शिक्षा में)		
Integrity	1. सत्यनिष्ठा/ ईमानदारी	1. सत्यनिष्ठा/ ईमानदारी	1. सत्यनिष्ठा/ ईमानदारी	1. सत्यनिष्ठा	1. सच्चाई/ संनिष्ठा/ शीलनिष्ठता/ प्रामाणिकता	1. सत्यनिष्ठा/ ईमानदारी
	2. अखंडता	2. अखंडता	2. अखंडता	2. अखंडता	2. साकल्य/पूर्णता/ अखंडता	2. अखंडता
Intelligence	1. गुप्तवार्ता/ ख़ुफ़िया	1. गुप्तवार्ता/ ख़ुफ़िया	1. गुप्तवार्ता/ ख़ुफ़िया	1. ख़ुफ़िया	1. गुप्तवार्ता/ गुप्तचर्या	1. गुप्तवार्ता/ ख़ुफ़िया
	2. आसूचना	2. आसूचना	2. अभिसूचना	2. आसूचना	2. ख़ुफ़िया-समाचार	2. आसूचना
			3. बुद्धि	3. प्रज्ञा/बुद्धि	3. प्रज्ञा/बुद्धि/समझ/ प्रज्ञान	
Intelligence Bureau	1. गुप्तवार्ता विभाग	1. गुप्तवार्ता विभाग	1. ख़ुफ़िया ब्यूरो/ अधिसूचना केन्द्र	1. आसूचना अभिष्ठान/ आसूचना ब्यूरो/ ख़ुफ़िया ब्यूरो	1. गुप्तवार्ता विभाग/ गुप्तचर्या कार्यालय	1. गुप्तवार्ता विभाग
Intensive	1. गहन/प्रकृष्ट/तीव्र	1. गहन/प्रकृष्ट	1. तीव्र	1. गहन	1. गहन	1. गहन
			2. प्रगाढ़/सघन	2. प्रगाढ़	2. प्रगाढ़/घना/बहुत	

1	2	3	4	5	6	7
Intensive drive	1. तीव्र आन्दोलन/ गहन आन्दोलन 2. तीव्र प्रयास गहन प्रयास	1. तीव्र आन्दोलन/ गहन आन्दोलन	1. तीव्र आन्दोलन/ 2. तीव्र प्रयास	1. तीव्र आन्दोलन/ गहन आन्दोलन	1. तीव्र आन्दोलन/ गहन आन्दोलन	1. तीव्र आन्दोलन 2. तीव्र प्रयास
Intent	1. आशय	1. आशय	1. आशय/अभिप्राय	1. आशय/अभिप्राय 2. कृतसंकल्प	1. आशय/विचार/ अभिप्राय/ उद्देश्य	1. आशय
Intentionally	1. साभिप्राय/साशय	1. साभिप्राय/साशय	1. साभिप्राय	1. साभिप्राय/ जानबूझकर/ आशयपूर्वक	1. साभिप्राय/ साशय/जानबूझ-कर/अभिप्राय-पूर्वक	1. साभिप्राय/साशय
Inter alia	1. साथ-साथ	1. साथ-साथ/अन्य बातों के साथ	1. अन्य बातों के साथ-साथ	1. साथ-साथ/अन्य बातों के साथ-साथ/दूसरी बातों के साथ/ और बातों के साथ-साथ	1. दूसरी बातों के साथ-साथ/ और बातों के साथ-साथ/ आपस में/ अन्यान्य विषयों में	1. साथ-साथ/और बातों में
Inter Departmental	1. अन्तरा-वभागीय	1. अन्तरा-विभागीय	1. अन्तर्विभागीय	1. अन्तर्विभागीय	1. अन्तर्विभागीय	1. अन्तर्विभागीय
Inter Depart-mental reference	1. अन्तराविभागीय पत्राचार	1. अन्तराविभागीय पत्राचार	1. अन्तर्विभागीय पत्राचार	1. अन्तर्विभागीय पत्राचार	1. अन्तर्विभागीय पत्राचार	1. अन्तर्विभागीय पत्राचार
Intersectional references	1. अंतरानुभागीय पत्राचार	1. अंतराविभागीय पत्राचार	1. अन्तरानुभागीय पत्राचार	1. अन्तरानुभागीय पत्राचार	1. अन्तरानुभागीय पत्राचार	1. अन्तरानुभागीय पत्राचार

1	2	3	4	5	6	7
Interception	1. अन्तर्ग्रहण/ बीच में पढ़ लेना/रोक लेना/सुन लेना/ अन्तरावरोध	1. अन्तर्ग्रहण/ बीच में पढ़ लेना/रोक लेना/सुन लेना/ अन्तरावरोध	1. अन्तर्ग्रहण/ बीच में पढ़ लेना/सुन लेना/ बीच में रोकना/ अंतर्रोध/ अन्तरारोध	1. अन्तर्ग्रहण अन्तारोध/ अन्तरावरोधन	1. बीच में रोकना/ मार्ग में रोक लेना/ अन्तरावरोध	1. बीच नें पढ़ लेना/ रोक लेना/ सुन लेना/ अन्तरावरोध
Interfere	1. हस्तक्षेप करना	1. हस्तक्षेप करना	1. हस्तक्षेप करना	1. हस्तक्षेप करना/ दखल देना/ रुकावट डालना	1. हस्तक्षेप करना/ बाधा डालना	1. हस्तक्षेप करना
Interference	1. हस्तक्षेप	1. हस्तक्षेप	1. हस्तक्षेप	1. हस्तक्षेप, रुकावट 2. अन्तराय	1. हस्तक्षेप, बाधा	1. हस्तक्षेप
Interim	1. अंतरिम	1. अंतरिम	1. अंतरिम	1. अंतरिम काल/ अंतर्कालीन	1. अन्तरिम/ अन्त:कालीन/ मध्यवर्ती/ पध्यकालीन/ अन्तर्वती	1. अन्तरिम
Interim order	1. अंतरिम आदेश	1. अंतरिम आदेश	1. अंतरिम आदेश	1. अन्तरिम आदेश	1. अंतरिम आदेश	1. अंतरिम आदेश
Interim reply	1. अन्तरिम उत्तर	1. अन्तरिम उत्तर	1. अंतरिम उत्तर	1. अन्तरिम उत्तर	1. अन्तरिम उत्तर	1. अन्तरिम उत्तर
Intermediory	1. मध्यवर्ती	1. मध्यवर्ती	1. मध्यवर्ती 2. मध्यग	1. बिचौलिया/ मध्यवर्ती 2. मध्यग	1. मध्यवर्ती/ अन्त:स्थायी/ अन्तस्थ/ मध्यस्थ/माध्यम	1. मध्यवर्ती

1	2	3	4	5	6	7
Internal	1. आंतरिक/ आभ्यांतरिक	1. आंतरिक आभ्यांतरिक	1. आंतरिक/ आभ्यांतरिक/ आन्तर	1. आंतरिक/ अन्तर/आन्तः/ आभ्यन्तरिक	1. आंतरिक/ आभ्यांतरिक/ आभ्यांतर/ अन्तःस्थ/भीतरी/ भीतर का/ अन्दरूनी	1. आंतरिक
Interpretation	1. निर्वचन 2. व्याख्या	1. निर्वचन 2. अर्थ लगाना	1. निर्वचन 2. व्याख्या/ मीमांसा 3. भाषान्तरण	1. निर्वचन, अर्थ-निर्णय/ 2. टीका/ भाषान्तर व्याख्या/निवृत्ति/ 3. भाषान्तरण	1. निर्वचन 2. व्याख्या/ अर्थ 3. उल्था/ भाषान्तरण	1. अर्थ-निर्णय
Interuption	1. बाधा/विघ्न/ व्यवधान/ क्रमभंग	1. बाधा/विघ्न/ व्यवधान/ क्रमभंग	1. बाधा/विघ्न/ व्यवधान/ क्रमभंग/ व्याघात	1. बाधा/अवरोध/ विघ्न/टोक/ व्याघात/ व्यवधान	1. बाधा/विघ्न/ हस्तक्षेप/रोक/ रुकावट/व्याघात	1. बाधा/विघ्न व्यवधान
Interval	1. अन्तरावधि/ अन्तराल	1. अन्तरावधि/ अन्तराल	1. अन्तराल/ अन्तर 2. मध्यावकाश/ अवकाश	1. अन्तर/बीच का फ़ासला 2. मध्यावकाश/ इंटरवल/ मध्यान्तर/ अन्तराल 3. स्वरान्तराल	1. अन्तरावधि/ अन्तरवेला/ अन्तर 2. मध्यावकाश/ मध्यान्तर	1. अन्तराल

1	2	3	4	5	6	7
Interview	1. साक्षात्कार/ इंटरव्यू/ प्रत्यक्ष भेंट	1. साक्षात्कार/ प्रत्यक्ष भेंट	1. साक्षात्कार/ भेंट/ प्रत्यक्ष भेंट/ साक्ष्य परीक्षा	1. इंटरव्यू/ अन्तर्वीक्षा/ साक्षात्कार 2. मुलाकात/ भेंट/समालाप	1. साक्षात्कार/भेंट/ समक्ष-भेंट	1. साक्षात्कार/ प्रत्यक्ष भेंट
Intimation	1. प्रज्ञापन/सूचना/ इत्तिला	1. प्रज्ञापन/सूचना/ इत्तिला	1. प्रज्ञापन/सूचना/ इत्तिला	1. सूचना/प्रज्ञापन/ ख़बर/इत्तिला	1. प्रज्ञापन/सूचना/ इत्तिला/संज्ञापन	1. सूचना/इत्तिला
In toto	1. संपूर्णतः/ पूरी तरह से	1. संपूर्णतः/पूरी तरह से	1. संपूर्णतः/ पूरी तरह से	1. संपूर्णतः/पूरी तरह से	1. संपूर्णतः/पूर्णतया	1. पूर्णतः/पूरी तरह से
Intricacy	1. जटिलता	1. जटिलता	1. जटिलता	1. जटिलता	1. जटिलता	1. जटिलता
Introduce	1. प्रस्तुत करना 2. परिचय कराना 3. समाविष्ट करना	1. प्रस्तुत करना 2. परिचय कराना 3. समाविष्ट करना	1. पुरःस्थापित करना/प्रस्तुत करना 2. परिचय करना 3. समाविष्ट करना	1. पुरःस्थापित करना/पेश करना 2. परिचय देना 3. समारम्भ करना	1. प्रस्तुत करना 2. परिचय देना/ प्रारम्भ करना/ प्रवर्तन करना 3. पुरःस्थापित करना/पुरः स्थापन करना	1. प्रस्तुत करना 2. परिचय करना
Invalid	1. अशक्त 2. अविधिमान्य	1. अशक्त 2. अविधिमान्य	1. अशक्त 2. असाधु/अमान्य	1. असमर्थ/अशक्त 2. अमान्य/ अविधि मान्य	1. अशक्तजन/रोग-दुर्बल/दुर्बल/अयोग 2. विधिहीन/ विधिरहित/ अवैध/अमान्य 3. असमर्थ 4. अव्यहार्य	2. अवैध/अमान्य

1	2	3	4	5	6	7
Invalidity	1. असमर्थतता/ अशक्तता	1. असमर्थता/ अशक्तता	1. अमान्यता/ असाधुता	1. अमान्यता/ अविधिमान्यता असमर्थता/ अशक्तता	1. असमर्थता अमान्यता	1. अवैधता/ अमान्यता
Inventory	1. सूची/फ़र्द/ फ़ेहरिस्त	1, सूची/फ़र्द/ फ़ेहरिस्त	1. सूची/फ़र्द/ फ़ेहरिस्त/ तालिका	1. फ़र्द/वस्तुसूची/ तालिका	1. सूची/विवरण सूची/तालिका	1. सूची/फ़र्द/ फ़ेहरिस्त
Investigation	1. अन्वेषण, जांच, जाँच-पड़ताल, तफ़शीस	1. अन्वेषण, अनुसंधान/जांच पड़ताल, तफ़शीस	1. अन्वेषण, अनुसंधान, जाँच-पड़ताल तफ़शीस	1. अनुसंधान, अन्वेषण/खोज, जाँच, छानबीन, तहकीकात	1. अनुसंधान, जांच, जाँच-पड़ताल, तफ़शीस, छानबीन, अन्वेषण	1. अन्वेषण, जांच
Invitation	1. निमन्त्रण 2. माँगना/ आमन्त्रण	1. निमन्त्रण 2. माँगना/ आमन्त्रण	1. निमन्त्रण 2. आमन्त्रण	1. निमन्त्रण/ 2. आमन्त्रण/ माँगना	1. निमन्त्रण	1. निमन्त्रण 2. माँगना/ आमन्त्रण
Inward returns	1. आवक विवरणियाँ	1. आवक विवरणियाँ	1, आवक विवरणियाँ	1, आवक विवरणियाँ	1, आवक विवरणियाँ	1. अवाक विवरणियाँ
Inso facto	1. यथातथ्यतः/ इसी बात से	1. यथातथ्यतः/ इसी बात से	1. यथातथ्यतः/ इसी बात से	1. यथातथ्यतः/ इसी बात से	1. तथ्यतः/स्वयमेव/ स्वतः/स्वरूप से ही/कार्य से ही/ घटना से ही/ अपने आप से ही	1. यथातथ्यतः/ इसी बात से
Ipso jure	1. विधितः	1. विधितः	1. विधित/ विधि से ही	1. विधितः	1. विधितः/ विधिप्रवर्तन से	1. विधितः

1	2	3	4	5	6	7
Irregular	1. अनियमित	1. अनियमित	1. अनियमित 2. विषम/असम	1. अनियमित 2. असमाकृति/ असम्मति/ असमान/विषम 3. बेकायदा/ बेतरतीब	1. अनियमित/ अनियमी 2. विषम	1. अनियमित
Irrelevent	1. असंबद्ध/विसंगत	1. असंबद्ध/विसंगत	1. असंबद्ध/विसंगत/ असंगत	1. विसंगत/असबद्ध	1 असंगत/असंबद्ध	1. असंगत/असंबद्ध
Irrespective —, of	1. का विचार किए बिना/का लिहाज़ किए बिना	1. का विचार किए बिना/का लिहाज़ किए बिना	1. (का) विचार किए बिना/ (की) अपेक्षा किए बिना/ का लिहाज़ किए बिना	1. (का) विचार किए बिना/का लिहाज़ किए बिना/अपेक्षा बिना	1. असंबद्ध/ अनाश्रित/ के अनपेक्ष्य/ बिना ध्यान दिए	1. का विचार किए बिना/का लिहाज़ किए बिना
Irresponsible	1. अनुत्तरदायी/ बेजवाबदार ग़ैरज़िम्मेदार	1. अनुत्तरदायी/ ग़ैरज़िम्मेदार	1. अनुत्तरदायी/ बेजवाबदार/ ग़ैरज़िम्मेदार	1. अनुत्तदायी/ ग़ैरज़िम्मेदार	1. अनुत्तरदायी/ ग़ैरज़िम्मेदार	1. अनुत्तरदायी/ ग़ैरज़िम्मेदार
Irrevocable	1. अटल	1. अटल/अप्रति संहार्य/ अपरिवर्तनीय	1. अटल	1. अटल/ अविखण्डीय	1. अटल/ अविखण्डीय	1. अटल
Issue	1. निर्गम 2. वाद-पद	1. निर्गम 2. वाद-पद	1. निर्गम/निकासी 2. वाद-पद/वाद-प्रश्न/साध्य	1. निर्गत/इजराह/ प्रेषक 2. वाद-पद/विचार वस्तु	1. निर्गम/परिणाम 2. वाद-पत्र/वाद-विषय/विवाद-विषय	1. निर्गम 2. वाद-विवाद

1	2	3	4	5	6	7
	3. जारी करना/ भेजना/देना/ निकालना	3. जारी करना	3. सन्तान 4. जारी करना/ निकालना/ निर्गत करना 5. प्रकाशित करना 6. अंक	3. अपत्य/पुत्र-पुत्री 4. निकालना/भेजना जारी करना, देना	3. सन्तान/सन्तति/ बच्चा 4. निर्गमन करना/ देना/निकासी करना/भेजना/ निकालना/ जारी करना 5. प्रचालित करना, प्रकाशन 6. अंक	3. विवाद-विषय
Item	1. मद्द/मद	1. मद्द/मद	1. मद (खर्च का विषय) 2. मद (वाद या विचार का विषय)	1. मद	1. मद/वस्तु/ संख्यातपद/ बात/पद/विषय	1. मद
Itinerary	1. यात्रा-कार्यक्रम 2. मार्ग-निर्देशिका	1. यात्रा-कार्यक्रम 2. मार्ग-निर्देशिका	1. यात्रा का कार्य-क्रम 2. मार्ग-निर्देशिका 3. यात्रोक्रम, यात्रा-मार्ग 4. यात्रावृत्त	1. मार्ग सूची/ भ्रमण-सूची 2. भ्रमण-सम्बन्धी	1. यात्रा-कार्यक्रम/ भ्रमण-सूची 2. पथप्रदर्शक-सूची 3. परिभ्रमण-पथ	1. यात्रा-कार्यक्रम 2. मार्ग-निर्देशिका

1	2	3	4	5	6	7

J

Job	1. नौकरी	1. नौकरी	1. नौकरी/ 2. कार्य/काम	1. नौकरी/धंधा 2. कार्य/फुटकर काम	1. नौकरी/ 2. काम/कार्य, कृत्यक/ फुटकर काम	1. नौकरी
Job Card	1. कार्य-कार्ड/ जॉब्र-कार्ड	1. कार्य-कार्ड/ जॉब-कार्ड	1. कार्य-कार्ड/ जॉब-कार्ड	1. कार्य-कार्ड/ जॉब-कार्ड	1. कार्य-कार्ड/ जॉब-कार्ड	1. कार्य-कार्ड/ जॉब-कार्ड
Job work	1. छुटपुट काम/ फुटकर काम	1. छुटपुट काम/ फुटकर काम	1. छुटपुट काम/ फुटकर काम/ ठेके का काम	1. छुटपुट काम/ फुटकर कार्य	1. छुटपुट काम/ फुटकर कार्य	1. फुटकर काम
Join	1. कार्यभार ग्रहण करना/नौकरी शुरू करना	1. कार्यभार ग्रहण करना/नौकरी शुरू करना	1. (कार्य) ग्रहण करना	1. सेवारम्भ करना/पद-ग्रहण करना	1. कार्य ग्रहण करना/पद संभालना/ कार्यभार सँभालना/ सेवारम्भ करना	1. कार्यभार ग्रहण करना/नौकरी शुरू करना
	2. सम्मिलित होना	2. सम्मिलित होना	2. सम्मिलित होना/ काम पर आना	2. शामिल होना	2. मिलना	
	3. संयोजित करना		3. जोड़ना	3. जोड़ना (सं०) जोड़, केन्द्र, बिन्दु	3. जोड़ना/संयुक्त करना/ सम्मिलित होना/संयोजित होना/प्रविष्ट होना/जुड़ जाना/जुड़ना/ संलग्न होना	

1	2	3	4	5	6	7
Joining date	1. कार्यग्रहण तारीख़/कार्यारम्भ तारीख़	1. कार्यग्रहण तारीख़	1. कार्यग्रहण तारीख़/ कार्यग्रहण दिनांक/ नौकरी शुरू करने की तारीख़	1. कार्यग्रहण तारीख़/ नौकरी शुरू करने की तारीख़/ सेवारम्भ तिथि	1. कार्यग्रहण तारीख़/ नौकरी शुरू करने की तारीख़	1. कार्यग्रहण तारीख़
Joining period	1. कार्यारम्भ-अवधि/पदग्रहण-अवधि	1. कार्यग्रहण-अवधि/पदग्रहण-अवधि	1 कार्यारम्भ-अवधि/ पदग्रहण-अवधि	1. कार्यग्रहण-अवधि/काल 2. पदग्रहण-अवधि	1. कार्यारम्भ-अवधि/ 2. पदग्रहण-अवधि	1. कार्यारम्भ-अवधि
Joining report	1. कार्यारम्भ प्रतिवेदन	1. कार्यग्रहण प्रतिवेदन/ कार्यारम्भ प्रतिवेदन	1. कार्यारम्भ प्रतिवेदन	1. कार्यग्रहण रिपोर्ट/ सेवारम्भ रिपोर्ट/ उपस्थित होने की सूचना	1. कार्यारम्भ प्रतिवेदन/ कार्यग्रहण प्रतिवेदन	1. कार्यारम्भ प्रतिवेदन
Joining time	1. कार्यारम्भ-काल/योगकाल	1. कार्यग्रहण-काल/कार्यारम्भ काल/योग-काल	1. कार्यग्रहण-काल/योग-काल	1. कार्यग्रहण-अवधि/काल 2. बदली समय	1. कार्यग्रहण अवधि/ कार्यग्रहण-काल/ योग-काल	1. कार्यग्रहण अवधि
Joint	1. संयुक्त	1. संयुक्त	1. संयुक्त	1. (विशे०) संयुक्त (सं०) जोड़/ संधि/संभेद	1. संयुक्त/सह 2. भंग/संधि/जोड़	1. संयुक्त

1	2	3	4	5	6	7
Joint attestation	1. संयुक्त-साक्ष्यांकन	1. संयुक्त अनुप्रमाणन/संयुक्त साक्षांकन	1. संयुक्त साक्ष्यांकन	1. संयुक्त साक्ष्यांकन	1. संयुक्त साक्ष्यांकन	1. संयुक्त साक्ष्यांकन
Joint concurrence	1. संयुक्त सहमति	1. संयुक्त सहमति	1. संयुक्त सहमति	1. संयुक्त सहमति	1. संयुक्त सहमति	1. संयुक्त सहमति
Joint consultation	1. सम्मिलित परामर्श	1. सम्मिलित परामर्श	1. सम्मिलित परामर्श	1. सम्मिलित परामर्श	1. सम्मिलित परामर्श	1. सम्मिलित परामर्श
Joint liabilities	1. संयुक्त दायिता/संयुक्त दायित्व	1. संयुक्त दायित्व	1. संयुक्त दायित्व/संयुक्त दायिता	1. सम्मिलित देयता/संयुक्त दायित्व/संयुक्त दायिता	1. संयुक्त दायित्व	1. संयुक्त दायित्व
Joint representation	1. संयुक्त प्रति-निधान/संयुक्त अभिवेदन	1. संयुक्त अभिवेदन/संयुक्त अभ्यावेदन	1. संयुक्त प्रति निधान/संयुक्त अभिवेदन/संयुक्त प्रत्यावेदन	1. संयुक्त प्रतिवेदन/प्रत्यावेदन, संयुक्त प्रतिनिधान	1. संयुक्त अभिवेदन/संयुक्त प्रत्यावेदन/प्रतिनिवेदन	1. संयुक्त प्रतिवेदन/संयुक्त प्रतिनिधान
Jointly	1. संयुक्त रूप से	1. संयुक्त रूप से	1. संयुक्त रूप से	1. संयुक्त रूप से	1. संयुक्त रूप से	1. संयुक्त रूप से
Jointly and Severally	1. संयुक्त और पृथक् रूप से	1. संयुक्त और पृथक् रूप से	संयुक्त और पृथक् रूप से	1. संयुक्त और पृथक् रूप से	1. संयुक्त तथा पृथक् रूप से	1. संयुक्त और पृथक् रूप से
Journal	1. दैनिकी/रोज़नामचा 2. पत्रिका/जनरल	1. दैनिकी/रोज़नामा 2 पत्रिका	1 दैनिकी/रोज़नामा 2. पत्रिका 3. दैनिक-बही/वृत्त-पत्र	1. दैनिकी/रोज़नामचा बही-खाता 2. पत्रिका/जर्नल/जरनल	1. दैनिकी/रोज़नामचा/बहीखाता 2. पत्रिका/पत्र 3. वृत्त-पत्र	1. दैनिकी/रोज़नामचा 2. पत्रिका/जरनल

1	2	3	4	5	6	7
Jubilee	1. जयंती	1. जयंती	1. जयंती	1. जयंती	1. जयंती	1. जयंती
Jubilee —, Diamond	1. हीरक-जयंती	1. हीरक-जयंती	1. हीरक-जयंती	1. हीरक-जयंती	1 हीरक-जयंती	1. हीरक-जयंती
Jubilee —, Golden	1. स्वर्ण-जयंती	1. स्वर्ण-जयंती	1. स्वर्ण-जयंती	1. स्वर्ण-जयंती	1. स्वर्ण-जयंती	1. स्वर्ण-जयंती
Jubilee —, Silver	1. रजत-जयंती	1. रजत-जयंती	1. रजत-जयंती	1. रजत-जयंती	1. रजत-जयंती	1. रजत-जयंती
Judge —Advocate	1. न्यायाधीश अधिवक्ता/ जज-एडवोकेट	1. न्यायाधीश अधिवक्ता/ जज-एडवोकेट	1. न्यायाधीश अधिवक्ता/ जज-एडवोकेट	1. न्याधिवक्ता/ न्यायाधीश/ अधिवक्ता	1. न्यायाधीश अधिवक्ता/ जज-एडवोकेट	1. न्यायाधीश अधिवक्ता/ जज-एडवोकेट
Judge Advocate —General	1. न्यायाधीश महाधिवक्ता/ जज-एडवोकेट जनरल	1. न्यायाधीश महाधिवक्ता/ जज-एडवोकेट जनरल	1. न्यायाधीश महाधिवक्ता/ जज-एडवोकेट जनरल	1. न्यायाधीश महाधिवक्ता/ जज-एडवोकेट जनरल	1. न्यायाधीश महाधिवक्ता/ जज-एडवोकेट जनरल	1. न्यायाधीश महाधिवक्ता/ जज-एडवोकेट जनरल
Judgement	1. निर्णय	1. निर्णय	1. निर्णय 2. विचार/समझ/ बुद्धि	1. न्याय-निर्णय/ निर्णय/फ़ैसला 2. विवेक 3. निश्चय	1. निर्णय/फ़ैसला 2. निर्णय-बुद्धि/ निर्णय-शक्ति/ विवेक	1. निर्णय
Judicial	1. न्यायिक/ अदालती	1. न्यायिक	1. न्यायिक/न्याय-/ अदालती	1. न्यायिक/ अदालती	1. न्यायिक/ अदालती/ न्यायन्यायाधीश-/	1. अदालता

1	2	3	4	5	6	7
					न्यायालय-/ न्यायाधिकार संबंधी/न्याय-संबंधी	
Judicial —enquiry	1. अदालती जाँच	1. न्यायिक जाँच	1. न्यायिक जाँच/ अदालती जाँच	1. न्यायिक जाँच/ अदालती जाँच	1. न्यायिक जाँच/ अदालती जाँच	1. अदालती जाँच
Judicial Service	1. न्यायिक सेवा	1. न्यायिक सेवा	1. न्याय सेवा	1. न्यायिक सेवा	1. न्यायिक सेवा	1. न्यायिक सेवा
Judiciary	1. न्यायपालिका	1. न्यायपालिका	1. न्यायपालिका/ न्यायांग	1. न्यायांग/ न्यायपालिका/ न्यायकारी	1. न्यायपालिका/ न्याय-विभाग	1. न्यायपालिका
			2. न्यायाधीश-वर्ग		2. न्यायाधिकरण	
Junior (as in junior inspector)	1. कनिष्ठ	1. कनिष्ठ	1. कनिष्ठ	1. कनिष्ठ/ जूनियर/ कनीय	1. कनिष्ठ/ पश्चात्वर्ती/ निम्नस्थ/ जूनियर	1. कनिष्ठ
			2. अवर	2. अवर	2. अवर	
				3. छोटा		
Junior (as in Junior Training College)	1. अवर	1. अवर	1. अवर	1. अवर	1. अवर	1. अवर
Junior Accountant	1. कनिष्ठ लेखापाल	1. कनिष्ठ लेखापाल	1. कनिष्ठ लेखापाल/ कनिष्ठ लेखाकार	1. कनिष्ठ लेखापाल/ कनीय लेखापाल	1. कनिष्ठ लेखापाल	1. कनिष्ठ लेखापाल

1	2	3	4	5	6	7
Jurisdiction	1. अधिकार क्षेत्र/ क्षेत्राधिकार/ अधिकारिता	1. अधिकार क्षेत्र क्षेत्राधिकार/ अधिकारिता	1. अधिकार क्षेत्र/ क्षेत्राधिकार/ अधिकारिता/ अधिक्षेत्र	1. अधिकार क्षेत्र/ क्षेत्राधिकार/ अधिकारिता अधिक्षेत्र	1. अधिकार क्षेत्र/ अधिकारिता	1. अधिकार क्षेत्र
Jurist	1. विधिशास्त्री	1. विधिशास्त्री	1. विधिशास्त्री/ विधिवेत्ता	1. विधिशास्त्री/ विधिवेत्ता	1. विधिवेत्ता/ विधिपंडित/ न्यायशास्त्री	1. विधिशास्त्री
Just	1.. न्याय्य/उचित/ ठीक	1. न्यायपूर्ण/ उचित/ठीक	1. न्याय्य/उचित/ ठीक/न्याय संगत	1. न्याय्य/न्यायपूर्ण न्याय संगत यथोचित/ठीक, उचित 2. केवल 3. सच्चा	1. न्यायपूर्ण/ यथोचित/ न्यायसंगत/ न्याय्य/ न्यायानुगत	1. ठीक
Justice	1. न्याय 2. न्यायमूर्ति	1. न्याय 2. न्यायमूर्ति	1. न्याय 2. न्यायमूर्ति 3. न्यायपति	1. न्याय 2. न्यायमूर्ति/ न्यायाधिपति	1. न्याय 2. न्यायाधिपति	1. न्याय 2. न्यायमूर्ति
Justifiable	1. न्यायोचित 2. समर्थनीय	1. न्यायोचित 2. समर्थनीय	1. न्यायोचित 2. समर्थनीय/ उचित	1. तर्क-संगत/ न्याय्य/ न्यायसंगत/ न्यायोचित 2. समर्थनीय	1. न्यायोचित/ न्यायसंगत/ न्यायक्षम्य 2. समर्थनीय	1. न्यायोचित

1	2	3	4	5	6	7
Justification	1. तर्कसंगति/ औचित्य	1. तर्कसंगत/ औचित्य	1. औचित्य/ समर्थन/ न्यायोचित	1. न्यायौचित्य/ तर्कसंगति/ औचित्य	1. औचित्य/ समर्थन/ न्यायानुमतता	1. तर्कसंगत/ औचित्य
Justify	1. न्यायोचित ठहराना/ सफ़ाई देना/ न्यायसंगत सिद्ध करना/उचित सिद्ध करना	1. न्यायोचित ठहराना/उचित सिद्ध करना/ सफ़ाई देना/ न्यायसंगत सिद्ध करना	1. न्यायोचित ठहराना/ सफ़ाई देना/ उचित सिद्ध करना/(का) समर्थन करना	1. न्यायोचित ठहराना/ सफ़ाई देना/ न्यायसंगत सिद्ध करना/ न्याय्य ठहराना/ उचित सिद्ध करना	1. उचित सिद्ध करना/न्याय-संगत सिद्ध करना/सफ़ाई देना/उचित ठहराना 2. समर्थन करना 3. निरपराध ठहराना 4. समकरण करना	1. न्यायोचित ठहराना/ उचित सिद्ध करना
Juvenile	1. बाल/बाल्य/ किशोर	1. किशोर/बाल	1. बाल/बाल्य/ किशोर अवयस्क	1. बाल/किशोर/ अल्पवयस्क 2. बालसंबंधी	1. किशोर/ नवयुवक/ अल्पवयस्क	1. बाल/किशोर

K

Keeper of Archaeology	1. अध्यक्ष, पुरातत्व	1. अध्यक्ष, पुरातत्व	1. अध्यक्ष, पुरातत्व	1. अध्यक्ष, पुरातत्व	1. अध्यक्ष, पुरातत्व	1. अध्यक्ष, पुरातत्व
Keeper of Archives	1. (शासकीय) अभिलेखाध्यक्ष	1. अभिलेखाध्यक्ष	1. अभिलेखाध्यक्ष	1. अभिलेखाध्यक्ष	1. अभिलेखाध्यक्ष	1. अभिलेखाध्यक्ष

1	2	3	4	5	6	7
Keeper of Records	1. अभिलेखपाल	1 अभिलेखपाल	1. अभिलेखपाल	1. अभिलेखपाल	1. अभिलेखपाल	1. अभिलेखपाल
Key-board	1. कुंजीपटल/ की बोर्ड	1. कुंजीपटल/ की बोर्ड	1. कुंजीपटल/ कुंजीफलक/ की बोर्ड	1. कुंजीबोर्ड/ कुंजीफलक/ चाबीपट्ट/ कुंजीपटल/ की बोर्ड	1. कुंजीपटल/ की बोर्ड	कुंजीपटल/ की बोर्ड
Key map	1. मूल नक्शा	1. मूल नक्शा	1. मूल नक्शा/ आधार योजना/ कुंजी मानचित्र/ निर्देशक मानचित्र	1. कुंजी मानचित्र/ मूल नक्शा	1. मूल नक्शा	1. मूल नक्शा

L

1	2	3	4	5	6	7
Labour	1. श्रम	1. श्रम	1. श्रम	1. श्रम/मेहनत/ परिश्रम	1. श्रम/परिश्रम	1. श्रम
	2. श्रमिक-वर्ग	2. श्रमिक-वर्ग	2. श्रमिक	2. श्रमिक/मज़दूर/ श्रमिक-वर्ग	2. मज़दूर/ कामगार/ श्रमिक/ श्रमिक-वर्ग/ श्रम-जीवी	
			3. (चिकित्सा) प्रसव/ प्रसव वेदना	3. प्रसव/प्रसूति	3. प्रसव वेदना/ प्रसूति वेदना	

1	2	3	4	5	6	7
Labour commissioner	1. श्रम आयुक्त	1. श्रम आयुक्त	1. श्रम आयुक्त	1. श्रम आयुक्त	1. श्रम आयुक्त	1. श्रम आयुक्त
Labour relations	1. श्रम संपर्क/ श्रमिक संपर्क	1. श्रम संपर्क/ श्रमिक संपर्क	1. श्रम संपर्क/ श्रमिक संपर्क	1. श्रम संपर्क/ श्रमिक संपर्क	1. श्रम संपर्क/ श्रमिक संपर्क	1. श्रम संपर्क
Labour welfare	1. श्रम कल्याण/ श्रमिक कल्याण	1. श्रम कल्याण/ श्रमिक कल्याण	1. श्रम कल्याण	1. श्रम हित/ श्रम कल्याण	1. श्रम कल्याण/ श्रमिक कल्याण	1. श्रम कल्याण
Labourer	1. श्रमिक/मज़दूर	1. श्रमिक/मज़दूर	1. श्रमिक/मज़दूर/ श्रमजीवी	1. श्रमिक/मज़दूर/ श्रमजीवी/कामगार	1. श्रमिक/मज़दूर/ श्रमजीवी	1. श्रमिक/मज़दूर
Lady attendant	1. परिचारिका	1. परिचारिका	1. परिचारिका	1. परिचारिका	1. परिचारिका	1. परिचारिका
Lady superintendent	1. अधीक्षिका	1. अधीक्षिका	1. अधीक्षिका	1. अधीक्षिका	1. अधीक्षिका	1. अधीक्षिका
Lady supervisor	1. पर्यवेक्षिका	1. पर्यवेक्षिका	1. पर्यवेक्षिका	1. पर्यवेक्षिका	1. पर्यवेक्षिका	1. पर्यवेक्षिका
Land acquisition	1. भूमि अर्जन	1. भूमि अर्जन	1. भूमि अर्जन/ भूमि अध्याप्ति/ भूमि अधिग्रहण	1. भूमि अर्जन/ भू-अर्जन	1. भू-अर्जन	1. भू-अर्जन
Land mark	1. सीमा चिह्न	1. सीमा चिह्न	1. सीमा चिह्न 2. उल्लेखनीय घटना या वस्तु/ मोड़/बिन्दु	1. सीमा चिह्न	1. सीमा चिह्न/ निशान/सीमा भूमि चिह्न/ विभेदक चिह्न 2. प्रमुख स्थान 3. युगप्रवर्तक घटना	1. सीमा चिह्न

1	2	3	4	5	6	7
Land records	1. भू-अभिलेख	1. भू-अभिलेख	1. भू-अभिलेख	1. भू-अभिलेख	1. भू-अभिलेख	1. भू-अभिलेख
Land revenue	1. भू-राजस्व/ मालगुज़ारी	1. भू-राजस्व/ मालगुज़ारी	1. भू-राजस्व/ मालगुज़ारी	1. भू-राजस्व/ मालगुज़ारी/ भू-मालगुजारी	1. भू-राजस्व/ मालगुज़ारी/ भूमि-कर/ भू-मालगुज़ारी/ भू-आगम	1. भू-राजस्व/ मालगुज़ारी
Land tenure	1. पट्टेदारी/ भू-धृति	1. पट्टेदारी/ भू-धृति	1. पट्टेदारी/ भू-धृति	1. भू-धारण/ भू-धृति	1. पट्टेदारी/ भू-धृति/ भू-धारण	1. पट्टेदारी/ भू-धृति
Language Division	1. भाषा-प्रभाग	1. भाषा-प्रभाग	1. भाषा-प्रभाग	1. भाषा-प्रभाग	1. भाषा-प्रभाग	1. भाषा-प्रभाग
Language Expert	1. भाषा विशेषज्ञ	1. भाषा विशेषज्ञ	1. भाषा विशेषज्ञ	1. भाषा विशेषज्ञ	1. भाषा विशेषज्ञ	1. भाषा विशेषज्ञ
Lapse	1. (संज्ञा) लय/ बीतना/ व्यपगमन/ (क्रिया) लय होना/बीत जाना/व्यपगत होना	1. (संज्ञा) बीतना/ व्यपगमन/ (क्रिया) व्यपगत होना/ बीत जाना	1. (संज्ञा) बीतना/ व्यपगम	1. (संज्ञा) लय/व्यपगमन बीतना/कमी/ क्षय/ह्रास	1. (संज्ञा) व्यपगमन/ समाप्ति/भंश	1. लय/बीतना
			2. चूक (क्रिया)लय होना/ व्यपगत होना/ समाप्त होना/बीतना	2. च्युति/स्खलन (क्रिया) लय होना/बीत जाना/व्यपगत होना	2. चूक (क्रिया) बीत जाना/ समाप्त होना/ व्यतीत होना/ व्यपगत होना	

1	2	3	4	5	6	7
Lapsing of deposits	1. जमा का व्यपगमन	1. जमा का व्यपगमन	1. जमा का व्यपगमन	1. जमा का व्यपगमन	1. जमा का व्यपगमन	1. जमा का व्यपगमन
Last pay certificate (LPC.)	1. अन्तिम वेतन-पत्र	1. अन्तिम वेतन प्रमाण-पत्र/ अन्तिम वेतनपत्र	1. अन्मि वेतन प्रमाण-पत्र/ अन्तिम वेतन-पत्र	1. अन्तिम वेतन-पत्र/अन्तिम वेतन प्रमाण-पत्र	1. अन्तिम वेतन प्रमाण-पत्र	1. अन्तिम वेतन-पत्र
Late	1. विलंब/देर	1. विलंब/देर	1. विलंबित	1. विलंब/विलंब से/ देरी से/ पछेती	1. देर/विलंब/ समयोत्तर	1. विलंब/देर
	2. स्वर्गीय	2. स्वर्गीय	2. स्वर्गीय	2. स्वर्गीय	2. स्वर्गीय/ बैकुण्ठवासी/ दिवंगत	2. स्वर्गीय
			3. भूतपूर्व	3. भूतपूर्व	3. भूतपूर्व	
Late payment	1. देर से अदायगी	1. देर से अदायगी	1. देर से अदायगी	1. देर से अदायगी	1. देर से अदायगी	1. देर से अदायगी
Law	1. विधि/क़ानून	1. विधि/क़ानून	1. विधि/क़ानून/ विधान	1. विधि/क़ानून	1. विधि/क़ानून/ राजनियम	1. विधि/क़ानून
			2. नियम	2. नियम (गणित)	2. नियम	
Lay off	1. कामबंदी जबरी छुटटी	—	—	1. जबरछुट्टी, कामबन्दी	—	1. कामबंदी
Lay out	1. अभिन्यास/ खाका/नक्शा	1. अभिन्यास/ खाका/नक्शा	1. अभिन्यास/ खाका/नक्शा (क्रिया) अभिन्यास करना	1. अभिन्यास/ खाका/विन्यास/ ले-आउट (क्रि०) परवान या चप्पल पर चढ़ना (परि०)	1. अभिन्यास/ खाका/नक्शा	1. खाका/नक्शा

1	2	3	4	5	6	7
				2. विभाजन करना/ व्यवस्था करना		
Leader of the house	1. सदन का नेता	1. सदन का नेता	1. सदन का नेता	1. सदन का नेता	1. सदन का नेता/ सभा का नेता/ सभा-नेता/ सभाग्रणी	1. सदन का नेता
Leader of the opposition	1. विरोधी दल का नेता	1. विरोधी दल का नेता	1. विरोधी दल का नेता/नेता विरोधी दल	1. विपक्ष-नेता	1. विरोधी दल का नेता/प्रतिपक्षी-नेता/विपक्ष-नेता	1. विरोधी दल का नेता
Lease	1. पट्टा	1. पट्टा	1. पट्टा	1. पट्टा	1. पट्टा/भाड़ा/ किराया	1. पट्टा
	2. पट्टे पर देना	2. पट्टे पर देना	2. पट्टा करना/ पट्टे पर देना	2. पट्टे पर देना	2. पट्टे पर देना/ किराए पर देना/ भाड़े पर देना	
Lease for Life	1. आजीवन पट्टा	1. आजीवन पट्टा	1. आजीवन पट्टा	1. आजीवन पट्टा	1. आजीवन पट्टा	1. आजीवन पट्टा
Lease —, Mortgage	1. बंधक पट्टा	1. बधक पट्टा	1. बंधक पट्टा	1. बंधक पट्टा	1. बंधक पट्टा	1. बंधक पट्टा
Lease holder	1. पट्टाधारी	1. पट्टाधारी	1. पट्टाधारी	1. पट्टाधारी/ पट्टेदार	1. पट्टाधारी/ पट्टधारी/ पट्टेदार	1. पट्टाधारी
Lease system	1. पट्टा धारिता	1. पट्टा धारिता	1. पट्टा धारिता	1. पट्टा धारिता	1. पट्टा धारिता पट्टेदारी पद्धति	1. पट्टा धारिता
Leave	1. छुट्टी/अवकाश	1. छुट्टी/अवकाश	1. छुट्टी/अवकाश	1. छुट्टी/अवकाश	1. छुट्टी/ अवकाश/विश्राम	1. छुट्टी/अवकाश

1	2	3	4	5	6	7
	2. अनुमति (क्रि०) छोड़ना	2. अनुमति (क्रि०) छोड़ना	2. अनुमति (क्रि०) छोड़ना	2. इजाज़त/ अनुमति (क्रि०) छोड़ना	2. इजाज़त/ अनुमति/अनुज्ञा (क्रि०) छोड़ना/ त्यागना	
Laeve account	1. छुट्टी का लेखा	1. छुट्टी का लेखा	1. छुट्टी-लेखा/ अवकाश लेखा/ छुट्टी का लेखा	1. छुट्टी का लेखा	1. छुट्टी का लेखा	1. छुट्टी का लेखा
Leave —, average	1. औसत छुट्टी	1. औसत छुट्टी	1. औसत छुट्टी/ औसत अवकाश	1. औसत छुट्टी	1. औसत छुट्टी	1. औसत छुट्टी
Leave —, casual	1. आकस्मिक छुट्टी	1. आकस्मिक छुट्टी	1. आकस्मिक छुट्टी/ आकस्मिक अवकाश	1. आकस्मिक छुट्टी	1. आकस्मिक छुट्टी	1. आकस्मिक छुट्टी
Leave —, Commuted	1. परिणत छुट्टी	1. परिणत छुट्टी	1. परिणत छुट्टी/ परिणत अवकाश	1. रूपान्तरित छुट्टी	1. परिणत छुट्टी	1. परिवर्तित छुट्टी
Leave —, Compensatory	1. प्रतिपूरक छुट्टी	1. प्रतिपूरक छुट्टी	1 प्रतिपूरक छुट्टी/ प्रतिपूरक अवकाश	1. क्षतिपूरक छुट्टी	1. प्रतिपूरक छुट्टी	1. प्रतिपूरक छुट्टी
Leave —, Converted	1. परिवर्तित छुट्टी/ रूपांतरित छुट्टी	1. परिवर्तित छुट्टी/ रूपांतरित छुट्टी	1. परिवर्तित छुट्टी/ रूपान्तरित छुट्टी	1. परिणत छुट्टी	1. परिवर्तित छुट्टी/ रूपान्तरित छुट्टी	1. रूपान्तरित छुट्टी
Leave —, Duty	1. कार्यार्थ छुट्टी	1. कार्यार्थ छुट्टी	1. कार्यार्थ छुट्टी	1. कार्यार्थ छुट्टी	1. कार्यार्थ छुट्टी	1. कार्यार्थ छुट्टी

1	2	3	4	5	6	7
Leave —, Earned	1. अर्जित छुट्टी	1. अर्जित छुट्टी	1. अर्जित छुट्टी/ अर्जित अवकाश	1. उपार्जित छुट्टी	1. अर्जित छुट्टी	1. अर्जित छुट्टी
Leave —, Extra-ordinary	1. असाधारण छुट्टी	1. असाधारण छुट्टी	1. असाधारण छुट्टी या अवकाश	1. असाधारण छुट्टी	1. असाधारण छुट्टी	1. असाधारण छुट्टी
Leave —, Maternity	1. प्रसूति छुट्टी	1. प्रसूति छुट्टी	1. प्रसूति छुट्टी/ प्रसवावकाश	1. प्रसूति छुट्टी	1. प्रसूति छुट्टी	1. प्रसूति छुट्टी
Leave —, Medical	1. चिकित्सा छुट्टी	1. चिकित्सा छुट्टी	1. चिकित्सा छुट्टी/ चिकित्सावकाश	1. बीमारी की छुट्टी/स्वास्थ्य छुट्टी/ चिकित्सा/छुट्टी	1. चिकित्सा छुट्टी	1. बीमारी की छुट्टी
Leave —, Prepa-ration	1. तैयारी के लिए छुट्टी	1. तैयारी के लिए छुट्टी	1. तैयारी की छुट्टी/ परीक्षापूर्व छुट्टी	1. तैयारी के लिए छुट्टी	1. तैयारी के लिए छुट्टी	1. तैयारी के लिए छुट्टी
Leave —, Quaran-tine	1. संगरोध छुट्टी/ क्वारेण्टाइन छुट्टी	1. संगरोध छुट्टी/ कारेण्टाइन छुट्टी	1. संगरोधावकाश/ संगरोध छुट्टी/ क्वारेण्टाइन छुट्टी	1. संगरोध छुट्टी/ कारेण्टाइन छुट्टी	1. संगरोध छुट्टी/ क्वारेण्टाइन छुट्टी	1. संगरोध छुट्टी
Leave —, Restricted	1. प्रतिबंधित छुट्टी	1. प्रतिबंधित छुट्टी	1. प्रतिबन्धित छुट्टी	1. प्रतिबन्धित छुट्टी	1. प्रतिबंधित छुट्टी	1. प्रतिबंधित छुट्टी
Leave —, Study	1. अध्ययनार्थ छुट्टी	1. अध्ययनार्थ छुट्टी	1. अध्ययनार्थ छुट्टी/अध्ययन अवकाश	1. अध्ययन छुट्टी/ अध्ययनार्थ छुट्टी	1. अध्ययनार्थ छुट्टी	1. अध्ययन छुट्टी

1	2	3	4	5	6	7
Leave not due	1. अर्जनशोध्य छुट्टी	1. छुट्टी शेष नहीं	1. अदेय अवकाश/ छुट्टी शेष नहीं	1. अदेय छुट्टी/ अनुपार्जित छुट्टी 2. छुट्टी शेष नहीं	1. छुट्टी शेष नहीं	1. छुट्टी बाकी नहीं है, छुट्टी अदेय है
Leave of absence	1. अनुपस्थिति की अनुमति	1. अनुपस्थिति की अनुमति	1. अनुपस्थिति की अनुमति	1. अनुपस्थिति छुट्टी/ अनुपस्थिति इजाज़त/ अनुपस्थिति की अनुमति	1. अनुपस्थिति की अनुमति	1. अनुपस्थिति की अनुमति
Leave not earned	1. अनर्जित छुट्टी	1. अनर्जित छुट्टी	1. अनर्जित छुट्टी	1. अनुपार्जित छुट्टी	1. अनर्जित छुट्टी	1. अनर्जित छुट्टी
Leave preparatory to retirement	1. सेवानिवृत्ति-पूर्व-छुट्टी	1. सेवा-निवृत्ति-पूर्व-छुट्टी	1. निवृत्ति-पूर्व अवकाश/छुट्टी	1. निवृत्ति-पूर्व-छुट्टी	1. पेंशन पर जाने के पूर्व की छुट्टी/ निवृत्ति-पूर्व-छुट्टी/ निवृत्यर्थ छुट्टी/निवृत्ति अवकाश या छुट्टी	1. सेवा-निवृत्ति-पूर्व-छुट्टी
Leave Salary	1. छुट्टी का वेतन	1. छुट्टी का वेतन	1. छुट्टी का वेतन/छुट्टी-वेतन	1. छुट्टी का वेतन/ छुट्टी वेतन	1. छुट्टी का वेतन	1. छुट्टी का वेतन
Leave vacancy	1. अवकाश रिक्ति/ छुट्टी रिक्ति	1. अवकाश रिक्ति/ छुट्टी-रिक्ति	1. अवकाश रिक्ति	1. अवकाश रिक्ति	1. अवकाश रिक्ति	1. अवकाश रिक्ति

1	2	3	4	5	6	7
Leave without pay	1. अवैतनिक छुट्टी/ बिना वेतन छुट्टी	1. अवैतनिक छुट्टी/ बिना वेतन छुट्टी	1. अवैतनिक अवकाश/ अवैतनिक छुट्टी/ बिना वेतन छुट्टी/ निर्वेतन अवकाश	1. बिना वेतन छुट्टी/ निर्वेतन छुट्टी	1. अवैतनिक छुट्टी/ बिना वेतन छुट्टी	1. बिना वेतन छुट्टी
Leave with pay	1. वैतनिक छुट्टी/ सवैतनिक छुट्टी	1. वैतनिक छुट्टी/ सवेतन छुट्टी	1. वैतनिक अवकाश या छुट्टी/ सवेतन छुट्टी/ सवेतन अवकाश	1. सवेतन छुट्टी	1. वैतनिक छुट्टी/ सवेतन छुट्टी	1. वेतन सहित छुट्टी
Lecture Hall	1. भाषण भवन/ लेक्चर हॉल	1. लेक्चर हाल/ व्याख्यान कक्ष/ व्याख्यानशाला	1. व्याख्यानशाला लेक्चर हॉल	1. व्याख्यान कक्ष	1. व्याख्यान-कक्ष	1. भाषण भवन
Lecturer	1. प्राध्यापक/ लेक्चरर	1. प्राध्यापक/ लेक्चरर	1. प्राध्यापक/ लेक्चरर/ व्याख्याता	1. लेक्चरर/ व्याख्याता	1. व्याख्याता/ उपाध्याय	1. प्राध्यापक
Lectures Guide	1. व्याख्याता परिदर्शन	1. व्याख्याता परिदर्शन	1. व्याख्याता परिदर्शक	1. व्याख्याता परिदर्शक	1. व्याख्याता परिदर्शक	1. व्याख्याता परिदर्शक
Ledger	1. खाता	1. खाता	1. खाता/ खाताबही	1. खाता/ खाताबही	1. खाता/ खाताबही/ प्रपंजी/ लेखा-बही	1. खाता

1	2	3	4	5	6	7
Legal	1. विधि	1. वैध/विधिक	1. वैध/विधिक	1. वैध/कानूनी वैधिक 2. विधि वैध	1. विधि/ विधि-सम्बन्धी/ कानून सम्बन्धी 2. कानूनी/वैध/ वैधानिक/ अध्यनुकूल	1. विधि
Legation	1. दूतावास	1. विधि बनाना	1. दूतावास	1. दूतप्रेषण दूतावास दूत-पद	. दूतावास/ दूतपद/ उपदूतावास/ प्रणिध्यावास (प्रणिधि+आवास)	1. दूतावास
Legation of India	1. भारतीय दूतावास	1. भारतीय दूतावास	1. भारतीय दूतावास	1. भारतीय दूतावास	1. भारतीय दूतावास	1. भारतीय दूतावास
Legible	1. सुवाच्य/ पढ़ा जाने योग्य	1. सुवाच्य/ पढ़ा जाने योग्य	1. सुवाच्य/ पढ़ा जाने योग्य	1. सुवाच्य	1. सुवाच्य/ पढ़ा जाने योग्य/स्पष्ट/ सुपाठ्य	1. पढ़ा जाने योग्य
Legislative assembly	1. विधान सभा	1. विधान सभा	1. विधान सभा	1. विधान सभा	1. विधान-सभा	1. विधान सभा
Legislative business	1. विधायी कार्य	1. विधायी कार्य	1. विधायी कार्य	1. विधान कार्य	1. विधायी कार्य	1. विधायी कार्य
Legislative council	1. विधान परिषद्	1. विधान परिषद्	1. विधान परिषद्	1. विधान परिषद्	1. विधान परिषद्	1. विधान परिषद्
Legislative function	1. विधायी कार्य	1. विधायीकार्य/ विधायी प्रकार्य	1. विधायी कार्य/ विधायी कृत्य	1. विधान कृत्य	1. विधायी कार्य	1. विधायी कार्य

1	2	3	4	5	6	7
Legislative measure	1. विधायी कार्य/ विधायी उपाय	1. विधायी उपाय	1. विधायी कार्य/ विधायी उपाय/ विधान-कार्यवाही	1. वैधानिक कार्यवाही/ विधायी कार्य विधायी उपाय	1. विधायी कार्य/ विधायी उपाय	1. विधायी कार्य
Legislature	1. विधान-मंडल	1. विधान-मंडल	1. विधान मंडल	1. विधान मंडल	1. विधान मंडल	1. विधान मंडल
Legitimate	1. उचित/ विधिसम्मत/ विधिसंगत	1. उचित/वैध/ तर्कसंगत	1. उचित/वैध/ विधिसम्मत	1. वैध/ तर्कसंगत	1. यथार्थ/ वास्तविक वैध, उचित तर्कसंगत/ युक्तिसंगत	1. उचित/वैध
	2. धर्मज	2. औरस	2. धर्मज	2. औरस	2. औरस, धर्मज, धर्मजात	
					3. न्याय्य/ न्यायोचित/यथायोग्य	
Leisure	1. अवकाश/ फुरसत	1. अवकाश फुरसत	1. अवकाश/ सुचित्तता/ निश्चिन्तता	1. अवकाश/ फुर्सत/फुरसत	1. अवकाश/ फुरसत	1. अवकाश/ फुरसत
Length of service	1. सेवा काल	1. सेवा काल	1. सेवा काल/ सेवा की अवधि	1. सेवा काल	1. सेवा काल	1. सेवा काल
Leniency	1. नरमी/उदारता	1. नरमी/उदारता	1. नरमी/उदारता	1. औदार्य/मार्दव/ ढिलाई	1. उदारता/मार्दव/ ढिलाई	1. नरमी/उदारता
Letter book	1. पत्र-पुस्ती	1. पत्र-पुस्ती	1. लेटर बुक	1. पत्र-पुस्ती	1. पत्र-पुस्ती	1. पत्र-पुस्ती
Letter head	1. सरनामा/ शीर्षनाम	1. सरनामा/ शीर्षनाम	1. सिरनामा/ पत्र शीर्षक	1. सरनामा/ शीर्ष नामा	1. सरनामा	1. सरनामा

1	2	3	4	5	6	7
Letter of acceptance	1. स्वीकृति-पत्र	1. स्वीकृति-पत्र	1. स्वीकृति-पत्र	1. स्वीकृति-पत्र 2. नामांकन-स्वीकृति-पत्र	1. स्वीकृति-पत्र	1. स्वीकृति-पत्र
Letter of advice	1. सूचना-पत्र	1. सूचना-पत्र	1. सूचना-पत्र	1. सूचना-पत्र	1. सूचना-पत्र	1. सूचना-पत्र
Letter of authority	1. प्राधिकार-पत्र	1. प्राधिकार-पत्र	1. प्राधिकार-पत्र	1. प्राधिकार-पत्र	1. प्राधिकार-पत्र	1. प्राधिकार-पत्र
Letter of credence	1. प्रत्यय-पत्र	1. प्रत्यय-पत्र	1. प्रत्यय-पत्र	1. प्रत्यायन-पत्र	1. प्रत्यय-पत्र	1. प्रत्यय-पत्र
Letter of credit	1. साख-पत्र	1. साख-पत्र	1. साख-पत्र/ प्रत्यय-पत्र	1. उधार-पत्र/ साख-पत्र	1. साख-पत्र	1. साख-पत्र
Letter of introduction	1. परिचय-पत्र	1. परिचय-पत्र	1. परिचय-पत्र	1. परिचय-पत्र	1. परिचय-पत्र/ परिचायक-पत्र	1. परिचय-पत्र
Letter pad	1. पत्र-बंध/ पत्र-पैड	1. पत्र-बंध/ पत्र-पैड	1. पत्र-बंध/ पत्र-पैंड/पत्रपुंज	1. पत्र-बंध/ पत्र-पैड	1. पत्र-बंध/ पत्र-पैड	1. पत्र-बंध
Liability	1. दायिता/देयता/ दायित्व/ उत्तरदायित्व	1. देयता/दायित्व/ देनदारी	1. दायिता/देयता/ दायित्व/ उत्तरवादिता 2. पात्र या भागी होना 3. संभावना 4. ऋण/देनदारी	1. दायिता/देयता दायित्व	1. दायित्व/दायिता/ देयता/ उत्तरवादिता	1. दायिता/देयता/ दायित्व
Liable	1. दायी/दायित्व के अधीन	1. देनदार 2. भागी 3. संभव	1. दायी/दायित्व के अधीन 2. भागी 3. शक्य/संभव	1. दायी 2. भागी	1. दायी/ दायित्वाधीन 2. भागी/बाध्य/ धर्मबद्ध	1. दायी 2. भागी

1	2	3	4	5	6	7
Liable (to pay)	1. देनदार	1. देनदार	1. देनदार	1. देनदार	1. देनदार	1. देनदार
Liaison	1. सम्पर्क	1. सम्पर्क	1. सम्पर्क	1. सम्पर्क	1. सम्पर्क/सहकार/ सहकार्य 2. अवैध प्रेम	1. सम्पर्क
Librarian	1. पुस्तकाध्यक्ष	1. पुस्तकाध्यक्ष	1. पुस्तकाध्यक्ष/ ग्रन्थाध्यक्ष	1. पुस्तकाध्यक्ष/ ग्रंथागारिक	1. पुस्तकाध्यक्ष/ ग्रन्थपाल	1. पुस्तकाध्यक्ष
License (Licence)	1. अनुज्ञप्ति/ लाइसेंस	1. अनुज्ञप्ति/ लाइसेंस	1. अनुज्ञप्ति/ लाइसेंस	1. अनुज्ञप्ति/ लाइसेंस	1. अनुज्ञप्ति/ लाइसेंस/ अनुमति-पत्र 2. अनर्गलता	1. अनुज्ञप्ति/ लाइसेंस
Licence holder	1. अनुज्ञप्तिधारी/ लाइसेंसदार	1. अनुज्ञप्तिधारी/ लाइसेंसदार	1. अनुज्ञप्तिधारी/ लाइसेंसदार	1. लाइसेंसदार/ लाइसेंसी	1. अनुज्ञप्तिधारी/ लाइसेंसदार	1. अनुज्ञप्तिधारी/ लाइसेंसदार
Licensee	1. अनुज्ञप्तिधारी/ लाइसेंसधारी	1. अनुज्ञप्तिधारी/ लाइसेंसधारी	1. अनुज्ञप्तिधारी/ लाइसेंसधारी/ लाइसेंसदार	1. अनुज्ञप्तिधारी/ लाइसेंसदार/ लाइसेंसी	1. अनुज्ञप्तिधारी/ अनुमतिधारी/ अनुमति-पत्र-धारक	1. अनुज्ञप्तिधारी/ लाइसेंसधारी
Lien	1. पुनर्ग्रहणाधिकार 2. धारणाधिकार	1. पुनर्ग्रहणाधिकार/ लियन	1. पुनर्ग्रहणाधिकार, लियन 2. गहन	1. ग्रहणाधिकार 2. गहन	1. पुनर्ग्रहणाधिकार/ लियन 2. ग्रहणाधिकार/ संबंध/अधिकार	1. लियन
Limitation	1. सीमा 2. अवधि	1. सीमा 2. अवधि	1. सीमा 2. अवधि परिसीमा 3. परिसीमन 4. कमी/न्यूनता/ असमर्थता	1. सीमा 2. कालात्यय, मियाद 3. परिसीमन	1. परिसीमा/मर्यादा 2. अवधि 3. प्रतिबंध	1. सीमा 2. अवधि

1	2	3	4	5	6	7
Limited concern	1. सीमित दायिता प्रतिष्ठान	1. सीमित दायिता व्यवसाय	1. सीमित दायिता व्यवसाय	1. परिसीमित दायिता/ सीमित दायिता व्यवसाय	1. सीमित दायिता व्यवसाय	1. सीमित दायिता व्यवसाय
Link	1. (वि०) संलग्न/ संबद्ध (सं०) कड़ी/ शृंखला/बंध/लिंक 2. संपर्क	1. संलग्न/संबद्ध (सं०) कड़ी/ शृंखला/बंध	1. संलग्न/संबद्ध (सं०) कड़ी/ संबंध/संयोजक	1. योजक (सं०) कड़ी/ शृंखला/बंध 2. संपर्क	1. संबंध, जुड़ाई (सं०) कड़ी/ शृंखला	1. संबंध (सं०) संबंध/ कड़ी, शृंखला
Link Language	1. संपर्क भाषा	1. संपर्क भाषा	1. संपर्क भाषा	1. संपर्क भाषा	1. संपर्क भाषा	1. संपर्क भाषा
Linked file	1. संलग्न फाइल/ संलग्न मिसिल/ संबद्ध फाइल/ संबद्ध मिसिल	1. संलग्न फाइल	1. संलग्न फाइल/ संलग्न मिसिल/ संलग्न संचिका/ संबद्ध पत्रावली/ संलग्न पत्रावली	1. लग्न संचिका या फाइल	1. संलग्न फाइल/ संलग्न मिसिल/ संबद्ध फ़ाइल/ संबद्ध मिसिल	1. संबद्ध फाइल/ संलग्न फाइल
Liquidation	1. परिसमापन 2. शोधन 3. निर्धारण	1. परिसमापन 2. शोधन 3. निर्धारण	1. समापन 2. शोधन 3. अपाकरण	1. परिसमापन 2. निर्धारण 3. अपाकरण	1. समाप्ति/विघटन — 3. अवसायन	1. परिसमापन
List	1. सूची	1. सूची	1. सूची	1. सूची	1. सूची	1. सूची
List of business	1. कार्य-सूची	1. कार्य-सूची	1. कार्य-सूची	1. कार्य-सूची	1. कार्य-सूची	1. कार्य-सूची
Literacy	1. साक्षरता	1. साक्षरता	1. साक्षरता	1. साक्षरता	1. साक्षरता	1. साक्षरता
Literal	1. शाब्दिक	1. शाब्दिक	1. शाब्दिक	1. अक्षरशः/ अक्षर-शाब्दिक	1. शब्दशः/शाब्दिक	1. शाब्दिक
Litigant	1. वादकारी मुकद्दमा करने वाला	1. वादकारी/ मुकद्दमा करने वाला	1. वादकारी	1. मुकद्दमेबाज़	1. बादकारी/ मुकद्दमा करने वाला	1. मुकद्दमा करने वाला

1	2	3	4	5	6	7
Litigation	1. मुकद्दमेबाज़ी	1. मुकद्दमेबाज़ी	1. मुकद्दमेबाज़ी 2. वादकरण 3. वाद/मुकद्दमा	1. मुकद्दमेबाज़ी/ 2. वादकरण 3. मुकद्दमा	1. मुकद्दमेबाज़ी/ 2. वादकरण/ वादकार्यवाही/ वादकारिता 3. अभियोग	1. मुकद्दमेबाज़ी
Livelihood	1. जीविका	1. जीविका	1. जीविका	1. जीविका/ आजीविका	1. जीविका/ अजीविका	1. जीविका
Living Expense	1. निर्वाह खर्च	1. निर्वाह खर्च	1. निर्वाह खर्च	1. निर्वाह खर्च	1. निर्वाह खर्च	1. निर्वाह खर्च
Local body	1. स्थानीय निकाय	1. स्थानीय निकाय	1. स्थानीय निकाय	1. स्थानीय निकाय/ स्थानीय संस्था	1. स्थानीय निकाय	1. स्थानीय निकाय
Local purchase	1. स्थानीय खरीद/ स्थानीय क्रय	1. स्थानीय खरीद	1. स्थानीय खरीद/ स्थानीयक्रय	1. स्थानीय खरीद/ स्थानीयक्रय	1. स्थानीय खरीद/ स्थानीयक्रय	1. स्थानीय खरीद
Lock out	1. तालाबन्दी	1. तालाबन्दी	1. तालाबन्दी	1. तालाबन्दी	1. तालाबन्दी	1.तालाबन्दी
Lodging	1. वास	1. वासगृह	1. वासगृह/आवास	1. बासा/निवास/ वास-गृह 2. फसल गिरना	1. वास-गृह/ संवास/निवास/ संवास गृह/ वसति गृह	1. वास
Log book	1. कार्य-पंजी/ लॉग-बुक	1. कार्य-पंजी/ लॉग-बुक/	1. कार्य-पंजी, लॉग-बुक/ वृत्तपंजी	1. लॉग-बुक/ कार्य-पंजी/ कर्म-पुस्ती	1. कार्य-पंजी लॉग-बुक/	1. कार्य-पंजी/ लॉग-बुक
Loss in transit	1. मार्ग में हानि	1. मार्ग में हानि	1. मार्ग में हानि	1. मार्ग में हानि/ परिवहन में हानि	1. मार्ग में हानि	1. मार्ग में हानि

1	2	3	4	5	6	7
Loss of resale	1. पुनर्विक्रय में हानि	1. पुनर्विक्रय में हानि	1. पुनर्विक्रय में हानि	1. पुनर्विक्रय में हानि	1. पुनर्विक्रय में हानि	1. पुनर्विक्रय में हानि
Lounge	1. विश्राम कक्ष	1. विश्राम कक्ष	1. विश्राम कक्ष	1. विश्राम कक्ष	1 विश्राम कक्ष/ सुस्ताने का स्थान	1. विश्राम कक्ष
Lower age limit	1. निम्न आयु सीमा	1. निम्न वय सीमा	1. निचली वय सीमा	1. निम्नतम आयु सीमा/निचली आयु सीमा/ निम्न वय: सीमा	1. निम्न वय: सीमा	1. निचली आयु सीमा
Lower Division Clerk	1. निम्न श्रेणी लिपिक/अवर श्रेणी लिपिक	1. निम्न श्रेणी लिपिक/अवर श्रेणी लिपिक	1. निम्न श्रेणी लिपिक	1. निम्न श्रेणी लिपिक या क्लर्क/ निम्न वर्गीय लिपिक या क्लर्क	1. निम्न श्रेणी लिपिक/ अवर श्रेणी लिपिक	1. निम्न श्रेणी लिपिक/ अवर श्रेणी लिपिक
Lower Selection grade clerk	1. निम्न प्रवरण कोटि लिपिक	1. निम्न प्रवरण कोटि लिपिक	1. निम्न प्रवर श्रेणी लिपिक	1. निम्न प्रवर कोटि लिपिक या क्लर्क/ निम्न सेलेक्शन ग्रेड क्लर्क	1. निम्न वरण ग्रेड लिपिक/ निम्न प्रवर क्रम लिपिक	1. निम्न प्रवरण कोटि लिपिक
Lowest rate	1. न्यूनतम दर/ निम्नतम दर	1. न्यूनतम दर/ निम्नतम दर	1. न्यूनतम दर/ निम्नतम दर	1. न्यूनतम दर/ निम्नतम दर	1. न्यूनतम दर/ निम्नतम दर	1. न्यूनतम दर/ निम्नतम दर
Lumpsum	1. एक राशि/ एक मुश्त	1. एक राशि/ एक मुश्त	1. एक राशि/ एक मुश्त/ एक मुश्त धन/ पिंड राशि	1. एक राशि/ एक मुश्त रकम/ पिंड राशि	1. एक मुश्त/ इकट्ठा/इकट्ठी राशि/ पिण्ड राशि	1. एक मुश्त/ एक राशि/

1	2	3	4	5	6	7
Lunch	1. मध्याह्न-भोजन/ लंच	1. मध्याह्न-भोजन/ लंच	1. भोजन	1. मध्याह्न-भोजन	1. दोपहर का खाना	1. दोपहर का भोजन
Lunch party	1. मध्याह्न-भोजन/ लंचपार्टी	1. मध्याह्न-भोजन/ लंचपार्टी	1. सहभोज	1. मध्याह्न-भोजन/ लंचपार्टी	1. मध्याह्न-भोजन/ लंचपार्टी	1. दोपहर का भोजन

M

1	2	3	4	5	6	7
Machine —, Adding	1. जोड़ मशीन	1. जोड़ मशीन	1. जोड़ मशीन	1. जोड़ मशीन	1. जोड़ मशीन	1. जोड़ मशीन
Machine —, Calculating	1. परिकलन यंत्र/ परिकलित्र	1. परिकलन यंत्र/ परिकलित्र/ गणना मशीन	1. गणना मशीन/ गणित्र	1. गणना मशीन/ गणित्र	1. गणना मशीन/ गणित्र	1. गणना मशीन
Machine —, Perforating	1. छिद्रक मशीन	1. छिद्रक मशीन	1 छिद्रक मशीन	1. छिद्रण मशीन	1. छिद्रक मशीन	1. छिद्रक मशीन
Machine —, Punching	1. बेधनी/पंचित्र	1. बेधनी	1. बेधनी/पंचिग मशीन	1. पंचिंग मशीन/ छेदन-यंत्र	1. बेधनी	1. बेधनी
Machine —, Recording	1. अभिलेखन-मशीन/ अभिलेखित्र	1. अभिलेखन-मशीन/ अभिलेखित्र	1. अभिलेखन-मशीन/ अभिलेखित्र	1. अभिलेखन-मशीन/ अभिलेखित्र	1. अभिलेखन-मशीन/ अभिलेखित्र	1. अभिलेखन-मशीन
Machine —,Stapling	1. तार-सिलाई-मशीन	1. तार-सिलाई-मशीन	1. तार-सिलाई-मशीन	1. तार-सिलाई-मशीन	1. तार-सिलाई-मशीन	1. तार-सिलाई-मशीन
Machine —, Time recording	1. समय लेखी-मशीन/ समय लेखित्र	1. समय लेखी-मशीन/ समय लेखित्र	1. समय लेखी-मशीन/ समय लेखित्र	1. समय लेखी-मशीन/ समय लेखित्र	1. समय लेखी-मशीन/ समय लेखित्र	1. समय लेखी-मशीन

1	2	3	4	5	6	7
Machine tool	1. उपयंत्र	1. उपयंत्र/ मशीन टूल	1. उपयंत्र, मशीन-औज़ार	1. उपयंत्र, मशीन-औज़ार	1. उपयंत्र/ यंत्रोपकरण/ मशीन औज़ार	1. मशीन औज़ार
Machinery of Government	1. शासन-व्यवस्था	1. शासन-व्यवस्था	1. शासन-व्यवस्था	1. शासन-तंत्र	1. शासन-व्यवस्था	1. शासन-व्यवस्था
Magazine	1. गोदाम 2. बारूदघर/ आयुधागार 3. पत्रिका	1. गोदाम 2. बारूदघर/ आयुधागार 3. पत्रिका	1. गोदाम 2. शस्त्रागार मैगज़ीन/ तूणी (रायफल या पिस्तौल) 3. पत्रिका	1. — 2. मैगज़ीन/ बारूदघर 3. पत्रिका	1. भण्डागार 2. बारूदघर/ बारूदखाना/ शस्त्रागार/ मैगज़ीन 3. मैगज़ीन/पत्रिका	1. गोदाम 2. बारूदघर 3. पत्रिका
Magistrate	1. मजिस्ट्रेट	1. मजिस्ट्रेट	1. मजिस्ट्रेट/ दंडाधिकारी	1. मजिस्ट्रेट/ दंडाधिकारी	1. मजिस्ट्रेट/ दंडाधिकारी/ दंडन्यायाधीश/ दंडन्यायाधिकारी	1. मजिस्ट्रेट
Magistrate —, City	1. नगर मजिस्ट्रेट	1. नगर मजिस्ट्रेट	1. नगर/सिटी-मजिस्ट्रेट	1. नगर दंडाधिकारी/ सिटी मजिस्ट्रेट	1. नगर मजिस्ट्रेट/ नगर दंडाधिकारी	1. नगर मजिस्ट्रेट
Mail	1. डाक	1. डाक, डाक में डालना	1. डाक	1. डाक, डाक में डालना	1. डाक	1. डाक
Mail Escort	1. डाक-अनुरक्षी	1. डाक-अनुरक्षी	1. डाक-अनुरक्षी	1. डाक-अनुरक्षी/	1. डाक-अनुरक्षी	1. डाक-अनुरक्षी
Mail guard	1. डाक-रक्षक	1. डाक-रक्षक	1. डाक-रक्षक	1. डाक-रक्षक	1. डाक-रक्षक/ डाकरक्षी	1. डाक-रक्षक
Mailing list	1. डाक-सूची	1. डाक-सूची	1. डाक-सूची	1. डाक-सूची	1. डाक-सूची	1. डाक-सूची
Maintain (account)	1. (लेखा) रखना	1. लेखा रखना	1. लेखा रखना	1. लेखा रखना	1. लेखा रखना	1. लेखा रखना

1	2	3	4	5	6	7
Maintain (a family)	1. (परिवार का) भरण-पोषण करना	1. भरण-पोषण करना	1. (परिवार का) भरण-पोषण करना	1. भरण-पोषण करना	1. भरण-पोषण करना	1. भरण-पोषण करना
Maintain (a garden)	1. (बाग का) अनु-रक्षण करना	1. अनुरक्षण करना	1. अनुरक्षण करना	1. अनुरक्षित करना	1. अनुरक्षण करना	1. अनुरक्षण करना
Maintain (Law & order)	1. (कानून और व्यवस्था) बनाए रखना	1. बनाए रखना	1. (शांति और व्यवस्था) बनाए रखना	1. बनाए रखना	1. बनाए रखना	1. बनाए रखना
Maintenance	1. अनुरक्षण	1. अनुरक्षण	1. अनुरक्षण/ रखरखाव	1. अनुरक्षण	1. अनुरक्षण/ परिरक्षण/रक्षण/ बनाये रखना/ संधारण	1. अनुरक्षण/ देख-भाल
	2. रखना/ भरण-पोषण	2. भरण-पोषण/ रखना	2. भरण-पोषण/ पोषण/रखना	2. संधारण-पोषण भरण-पोषण/	2. पोषण/ प्रतिपालन/ भरण-पोषण	2. भरण-पोषण
					3. व्यवस्था	
Major	1. वयस्क/प्राप्तवय	1. वयस्क/बालिग	1. वयस्क/ प्राप्तवय/बालिग	1. वयस्क/बालिग/ प्राप्तवय	1. वयस्क/ प्राप्तवय/बड़ा	1. वयस्क
	2. मुख्य	2. मुख्य	2. मुख्य	2. मुख्य/वृहत्	2. मुख्य/बड़ा/ प्रधान	2. मुख्य
	3. मेजर	3. मेजर	3. प्रधान/प्रमुख	3. मेजर		3. मेजर
Major head	1. मुख्य शीर्ष	1. मुख्यशीर्ष	1. मुख्यशीर्षक/ प्रधान शीर्षक	1. मुख्य शीर्षक, वृहत् शीर्षक	1. मुख्य शीर्षक/ प्रधान शीर्ष	1. मुख्य शीर्ष
Majority	1. बहुमत	1. बहुमत	1. बहुमत	1. अधिकांश/ बहुमत	1. बहुमत	1. बहुमत

1	2	3	4	5	6	7
	2. वयस्कता/ बालिगपन/ प्राप्तयवता	2. —	2. वयस्कता/ बालिगपन/ प्राप्तवयता	2. वयस्कता/ बालिगपन/ प्राप्तवयता	2. वयस्कता/ बालिगपन	2. —
	3. बहुसंख्यक	3. बहुसंख्यक	3. बहुसंख्यक	3. बहुसंख्यक	3. बहुसंख्यक	3. बहुसंख्यक
Malafides	1. कदाशय	1. कदाशयता/ दुराशयता	1. कदाशयता	1. कदाशयता/ बुरा इरादा	1. कदाशयता/ दुर्भाव/ असद्भाव	1. दुर्भाव
Malpractice	1. अनाचार	1. अनाचार	1. अनाचार	1. अनाचार	1. कदाचार/ दुराचार/कुरीति/ दुराचरण	1. अनाचार/ कुरीति
Man (Defence)	1. सैनिक/जवान	1. सैनिक/जवान	1. सैनिक/जवान	1. सैनिक/जवान	1. सैनिक/जवान	1. सैनिक/जवान
Man days	1. श्रम दिन	1. श्रम दिन	1. श्रम दिन	1. श्रम दिन	1. श्रम दिन	1. श्रम दिन
Man hours	1. श्रम घंटे	1. श्रम घंटे	1. श्रम घंटे	1. श्रम घंटे	1. श्रम घंटे	1. श्रम घंटे
Management	1. प्रबन्ध	1. प्रबन्ध	1. प्रबन्ध	1. प्रबन्ध	1. प्रबन्ध/ व्यवस्था/बन्दोबस्त	1. प्रबन्ध
				2. प्रबन्धाधिकरण		
Manager	1. प्रबंधक/ मैनेजर/ व्यवस्थापक	1. प्रबंधक/ मैनेजर/ व्यवस्थापक	1. प्रबंधक/ मैनेजर व्यवस्थापक	1. प्रबंधक/ मैनेजर	1. प्रबन्धक/ मैनेजर/ व्यवस्थापक/ प्रबन्धकर्त्ता/कर्त्ता	1. प्रबन्धक/ मैनेजर
Manager —, General	1. प्रधान प्रबंधक	1. प्रधान प्रबंधक	1. प्रधान प्रबंधक	1. प्रधान प्रबंधक	.1 प्रधान प्रबंधक	1. प्रधान प्रबंधक
Manager cum-clerk (catering)	1. प्रबन्धक-व-लिपिक (खान-पान)	1. प्रबन्धक-व-लिपिक	1. प्रबन्धक-व-लिपिक	1. प्रबन्धक-व-लिपिक	1. प्रबन्धक-व-लिपिक	1. प्रबन्धक-व-लिपिक

1	2	3	4	5	6	7
Manager of works	1. प्रबन्धक, निर्माण-कार्य	1. प्रबन्धक, निर्माण-कार्य	1. प्रबन्धक, निर्माण-कार्य	1. निर्माण-प्रबन्धक/ प्रबन्धक, निर्माण-कार्य	1. प्रबन्धक, निर्माण-कार्य	1. प्रबंधक, निर्माण-कार्य
Manteda	1. अधिदेश	1. अधिदेश	1. अधिदेश/ समादेश	1. अधिदेश, प्रादेश/	1. अधिदेश/आदेश	1. अधिदेश
Manadatory	1. अधिदेशात्मक, 2. अधिदेशप्राप्त 3. अनिवार्य, 4. आज्ञापत्र	1. आदेशात्मक	1. समादिष्ट 2. — 3. अनिवार्य	1. प्रादेशात्मक 2. प्रादेश प्राप्त	1. आदेशात्मक	1. अधिदेशात्मक
Manifesto	1. घोषण-पत्र	1. घोषणा-पत्र	1. घोषणा-पत्र	1. घोषणा-पत्र	1. घोषणा-पत्र 2. लोक-घोषणा 3. नीति-घोषणा 4. संघोषणा/ संघोषणा-पत्र	1. घोषणा-पत्र
Manipulate	1. चलाना 2. जोड़-तोड़ करना	1. चलाना 2. जोड़-तोड़ करना	1. हाथ से चलाना/ 2. चालाकी से साधना/ जोड़-तोड़ करना 3. कुशलता से प्रबन्ध करना	1. चलाना 2. जोड़-तोड़-करना/ कारसाज़ी करना	1. चलना 2. जोड़-तोड़ करना	1. चलाना 2. जोड़-तोड़ करना
Manipulation	1. हस्त-कौशल	1. हस्त-कौशल	1. हाथ से चलाना	1. क्रिया-कौशल/ चालन	1. हस्त-कौशल/ प्रहस्तन/ हाथ की सफ़ाई/ यंत्र-साधन	1. हस्त-कौशल

1	2	3	4	5	6	7
	2. जोड़-तोड़/ हेरफेर	2. जोड़-तोड़/ हेरफेर	2. चतुराई/ चालाकी हेरफेर घटाना-बढ़ाना	2. हेरफेर हस्त-प्रयोग/	2. छलयोजना/ छलसाधन/ साधना/ काट-छाँट कर बनाना/	2. जोड़-तोड़/ हेर-फेर/
			3. कुशल प्रबन्धन	3. कुशल प्रयोग	3. चलाना	
Manpower	1. मनुष्य-शक्ति	1. मनुष्य-शक्ति	1. मनुष्य-शक्ति/ जन-शक्ति मानव-बल	1. मनुष्य-शक्ति	1. मनुष्य-शक्ति/ मनुष्य बल जन-बल/ जन-शक्ति	1. मनुष्य-शक्ति
Manual	1. (विशे०) शारीरिक/हस्त-	1. शारीरिक	1. हाथ का/हस्त-शारीरिक	1. हस्तक/पद्धति/	1. हाथ का/हस्त-	1. नियम पुस्तक
	1. (सं०) गुटका/ पुस्तिका	1. (सं०) पुस्तिका,	1. (सं०) नियम-संग्रह/संग्रह	1. (सं०) गुटका	1. (सं०) पुस्तिका	
	2. नियम पुस्तक/ नियमावली	2. नियम पुस्तक		2. मैनुअल	2. नियमावली/ मैनुअल/ संक्षिप्त ग्रंथ	
Manual Labour	1. शारीरिक श्रम	1. शारीरिक श्रम	1. शारीरिक श्रम/ हस्त-श्रम	1. शाररिक श्रम	1. शारीरिक श्रम/ हाथ का कार्य हस्त-श्रम	1. शारीरिक श्रम
				2. हाथ का कार्य		
Manufacture	1. विनिर्माण/ औद्योगिक निर्माण/ व्यापारिक निर्माण	1. निर्माण/ औद्योगिक निर्माण/ व्यापारिक निर्माण	1. विनिर्माण/ व्यापारिक निर्माण/ निर्माण	1. विनिर्माण, विनिर्माण करना	1. निर्माण	1. व्यापारिक निर्माण

1	2	3	4	5	6	7
Manuscript	1. पांडुलिपि	1. पांडुलिपि	1. पांडुलिपि/ हस्तलेख/ हस्तलिपि 2. हस्तलिखित ग्रन्थ/ लेखक की प्रति	1. पांडुलिपि/ हस्तलेख	1. पांडुलिपि/ हस्तलेख/ हस्तलिपि 2. हस्तलिखित	1. पांडुलिपि
Margin	1. हाशिया 2. गुंजाइश 3. उपांत	1. हाशिया/ 2. गुंजाइश/ 3. उपांत	1. हाशिया 2. गुंजाइश 3. उपांत	1. हाशिया, अन्तर 2. गुंजाइश 3. उपांत 4. सीमान्त 5. परिसर 6. पट्टी	1. हाशिया, 2. गुंजाइश 3. किनारा/ तट/ पार्श्वप्रान्त 4. सीमान्त 5-6. — 7. मात्रा	1. हाशिया 2. गुंजाइश
Marginal-adjustment	1. उपांतिक समायोजन	1. उपांतिक समायोजन	1. उपांतिक समायोजन	1. उपांतिक समायोजन	1. पार्श्व समायोजन न्यूनतम समायोजन	1. उपांतिक समायोजन
Marginal note	1. हाशिया टिप्पणी	1. हाशिया टिप्पणी	1. हाशिया टिप्पणी/ उपान्त लेख/ उपान्त टिप्पणी	1. हाशिया टिप्पणी/ उपान्त टिप्पणी	1. हाशिया की टिप्पणी/ पार्श्व टिप्पणी	1. हाशिया टिप्पणी
Marker	1. निशानकर्त्ता, मार्कर	1. निशानकर्त्ता, मार्कर	1. निशानकर्त्ता, मार्कर, चिह्नक, दर्शक	1. निशानकर्त्ता, मार्कर, चिह्नक निशाननवीस	1. निशानकर्त्ता, अंकित करने-वाला	1. निशानकर्त्ता, मार्कर
Market value	1. बाज़ार मूल्य	1. बाज़ार मूल्य	1. बाज़ार मूल्य	1. बाज़ार मूल्य	1. बाज़ार मूल्य	1. बाज़ार मूल्य

1	2	3	4	5	6	7
Marketing officer	1. पणन-अधिकारी	1. पणन-अधिकारी	1. पणन-अधिकारी	1. क्रय-विक्रय/ पणन पदाधिकारी/विपणन अधिकारी	1. विपणन अधिकारी/ व्यापार सुधार-अधिकारी/ बाज़ार अधिकारी	1. पणन-अधिकारी
Marking	1. नंबर देना/ नंबर डालना	1. नंबर देना	1. नंबर देना/ नंबर डालना	1. नंबर देना	1. नंबर देना	1. नंबर डालना
	2. अंकन/ चिह्न लगाना	2. चिह्न लगाना	2. अंकन/ चिह्न लगाना/ अंक देना	2. अंकन/ चिह्न लगाना	2. चिह्नांकन/ चिह्न-अंकन/ वन में वृक्षों पर कटाई करने या अन्य किसी विचार से चिह्न लगाना	2. चिह्न लगाना
	3. निशान लगाना	3. निशान लगाना	3. निशान लगाना/ चिह्नांकित 4. (वन) छपान	3. निशान लगाना		3. निशान लगाना
Marks sheet	1. अंक-सूची	1. अंक-सूची	1. अंक-सूची	1. लब्धांक सूची/ अंक-सूची	1. अंक-सूची	1. अंक-सूची
Mason/Mistry	1. राज/राजमिस्त्री	1. राज/राजमिस्त्री	1. राज/राजमिस्त्री/ राजगीर/थवई 2. कड़िया	1. राज/राजमिस्त्री	1. राज/राजमिस्त्री/ चितिकार/ कड़िया	1. राज/राजमिस्त्री

1	2	3	4	5	6	7
Mast	1. मस्तूल	1. मस्तूल	1. मस्तूल 2. ध्वजदंड 3. (वन) लिखवाल/ चपफल	1. मस्तूल/ डोल	1. मस्तूल	1. मस्तूल
Material	1. सामग्री	1. सामग्री	1. सामग्री/ सामान/ पदार्थ/ द्रव्य/ माल/ उपादान	1. (संज्ञा) सामग्री/ उपादान (विशेषण) 2. भौतिक 3. सारभूत/ तात्विक	1. (सं०) सामग्री/ सामान/ द्रव्य/ पदार्थ (विशेषण) 1. महत्त्वपूर्ण/ सारवान/ सारभूत/ 2. भौतिक 3. आर्थिक	1. सामग्री
Maternity	1. प्रसूति/ मातृत्व	1. प्रसूति/ मातृत्व	1. प्रसूति/ मातृत्व	1. मातृ-मातृत्व/ प्रसूति	1. प्रसूति/ मातृत्व	1. प्रसूति
Matter	1. विषय/मामला	1. विषय/मामला	1. विषय/मामला 2. वस्तु/ सामग्री/ द्रव्य 3. विषयवस्तु	1. विषय/मामला 2. द्रव्य/पदार्थ 3. विषयवस्तु/ उपादान 4. जड़वस्तु	1. विषय/ मामला 2. वस्तु/ भूत द्रव्य/ द्रव्य/ पदार्थ 3. विषयवस्तु	1. विषय/मामला

1	2	3	4	5	6	7
Maximum	1. अधिकतम/ ज़्यादा से ज़्यादा	1. अधिकतम/ ज़्यादा से ज़्यादा	1. अधिकतम	1. अधिकतम/ महत्तम/ ज़्यादा से ज़्यादा	1. अधिकतम/ अधिक से अधिक/ उच्चतम	1. अधिकतम/ ज़्यादा से ज़्यादा
Mayor	1. महापौर/मेयर	1. महापौर/मेयर	1. महापौर/मेयर/ नगरप्रमुख	1. महापौर/मेयर	1. महापौर/मेयर/ नियमाध्यक्ष/ महानगर-पालिकाध्यक्ष/ नगर-निगमाध्यक्ष/ नगराध्यक्ष	1. महापौर/मेयर
Means	1. साधन/उपाय	1. साधन/उपाय	1. साधन/उपाय	1. साधन 2. मध्यपद 3. से तात्पर्य है/ अभिप्रेत है	1. साधन/उपाय	1. साधन/उपाय
Measure	1. उपाय 2. माप 3. मान 4. कार्रवाई/ कार्यवाही	1. उपाय 2. माप 3. मान 4. कार्रवाई/ कार्यवाही	1. उपाय 2. माप/नाप 3. मान/मात्रा 4. कार्रवाई/ कार्यवाही	1. उपाय 2. माप/नाप 3. मान 4. कार्रवाई	1. उपाय/योजन/ कार्य 2. माप/नाप 3. मात्रा/परिमाण 4. कार्यवाही/ क्रियाकार 5. सीमा-मर्यादा 6. ताल 7. दंड	1. उपाय 2. माप 3. मान 4. कार्यवाही

1	2	3	4	5	6	7
Measure —, Precautionary	1. पूर्वोपाय/ एहतियाती कार्रवाई	1. पूर्वोपाय/ एहतियाती कार्रवाई	1. पूर्वोपाय/ एहतियाती कार्रवाई	1. पूर्वोपाय/ एहतियाती कार्रवाई	1. पूर्वोपाय/ एहतियाती कार्रवाई	1. एहतियाती कार्रवाई
Measure —, Preventive	1. निवारक उपाय/ रोकथाम-सम्बन्धी उपाय	1. निवारक उपाय/ रोकथाम-सम्बन्धी उपाय	1. निवारक उपाय/ रोकथाम-सम्बन्धी उपाय	1. निवारक उपाय/ निरोधक उपाय	1. निवारक उपाय/ रोकथाम-सम्बन्धी उपाय	1. रोकथाम-सम्बन्धी उपाय
Mechanic	1. यांत्रिक/ मेकैनिम	1. यांत्रिक/ मेकैनिक	1. यांत्रिक/मिस्त्री/ मेकैनिक	1. यांत्रिक/मिस्त्री/ मेकैनिक	1. यांत्रिक/मिस्त्री/ मेकैनिक	1. यांत्रिक/ मेकैनिक
Mediation	1. मध्यस्थता/ बीच-बचाव	1. मध्यस्थता	1. मध्यस्थता/ बीच-बचाव	1. मध्यस्थता/ बीच-बचाव	1. मध्यस्थता	1. मध्यस्थता
Medical aid	1. चिकित्सा-सहायता	1. चिकित्सा-सहायता	1. डाक्टरी सहायता	1. चिकित्सा-सहायता	1. चिकित्सा-सहायता	1. चिकित्सा सहायता
Medical benefit	1. चिकित्सा-सुविधा	1. चिकित्सा-सुविधा	1. चिकित्सा-सुविधा/ चिकित्सा लाभ	1. चिकित्सा-सुविधा	1. चिकित्सा-सुविधा	1. चिकित्सा-सुविधा
Medical certificate of fitness	1. स्वस्थता प्रमाण-पत्र	1. स्वस्थता प्रमाण-पत्र	1. स्वस्थता प्रमाण-पत्र	1. स्वस्थता का डाक्टरी प्रमाण-पत्र/ स्वस्थता प्रमाण-पत्र	1. स्वस्थता प्रमाण-पत्र	1. स्वस्थता का डाक्टरी प्रमाण-पत्र
Medical record card	1. चिकित्सा अभिलेख-पत्र/ चिकित्सा अभिलेख-कार्ड	1. चिकित्सा अभिलेख-कार्ड	1. चिकित्सा अभिलेख-पत्र/ अभिलेख-कार्ड	1. डाक्टरी ब्यौरा कार्ड/ चिकित्सा अभिलेख-कार्ड	1. चिकित्सा अभिलेख-पत्र/ चिकित्सा अभिलेख-कार्ड	1. चिकित्सा अभिलेख-पत्र

1	2	3	4	5	6	7
Meeting	1. बैठक/सभा/ मीटिंग	1. बैठक/सभा/ मीटिंग	1. बैठक/मीटिंग सभा 2. अधिवेशन, मिलन 3. पूर्ति	1. बैठक 2. अधिवेशन 3. खर्च उठाना	1. बैठक/सभा 2. सम्मिलन/ अधिवेशन	1. बैठक/सभा/ मीटिंग
Member	1. सदस्य	1. सदस्य	1. सदस्य 3. अंग, अवयव	1. सदस्य 2. कर्मी 3. अंग	1. सदस्य 3. अंग, भाग, अंश, अवयव	1. सदस्य
Member —, Associate	1. सह-सदस्य	1. सहयोजित सदस्य	1. सहयोजित सदस्य/ सहयुक्त सदस्य	1. सहयोजित सदस्य	1. सहयोजित सदस्य	1. सह-सदस्य
Member —, co-opted	1. सहयोजित सदस्य	1. सहवृत्त सदस्य	1. सहयोजित सदस्य/ सहमेलित सदस्य	1. संवाचित सदस्य/ सहयोजित सदस्य	1. सहयोजित सदस्य	1. सहयोजित सदस्य
Member —, Corres-ponding	1. संवादी सदस्य	1. संवादी सदस्य	1. संवादी सदस्य	1. समरूपी सदस्य/ तदनुसारी सदस्य/ तत्सम सदस्य/ तत्स्थानी सदस्य	1. संवादी सदस्य	1. संवादी सदस्य
Member of Parliament	1. संसद-सदस्य (संसत्सदस्य)	1. संसद-सदस्य	1. संसद-सदस्य	1. संसद-सदस्य	1. संसद-सदस्य	1. संसद-सदस्य

1	2	3	4	5	6	7
Memorandum	1. ज्ञापन	1. ज्ञापन	1. ज्ञापिका, ज्ञापन ज्ञाप	1. ज्ञापन	1. ज्ञापन	1. ज्ञापन
			2. नियम-पत्र	2. संलेख	2. स्मरण लेख	
				3. याददाश्त	3. स्मृतिपत्र	
Memorial	1. स्मारक	1. स्मारक	1. स्मारक	1. स्मारक	1. स्मारक	1. स्मारक
	2. अभ्यावेदन	2. अभ्यावेदन	2. अभ्यावेदन	2. स्मरण-पत्र/ अभ्यावेदन	2. स्मरण-पत्र/ अभ्यावेदन/ विनती-पत्र	
			3. विनिवेदन	3. प्रज्ञप्ति		
Merger	1. विलयन	1. विलयन	1. विलयन/विलय	1. विलयन/विलय	1. संविलयन/ विलीनीकरण	1. विलयन
					2. समन्वय	
Merit	1. गुण	1. गुण	1. गुण	1. गुण	1. गुण/ कुशलता	1. गुण
			2. योग्यता	2. योग्यता	2. योग्यता/ सुयोग्यता	
			3. तत्त्व	3. तत्त्व	—	
			4. गुण-दोष	4. गुण-दोष	4. गुण-दोष	
Merits and demerits	1. गुणावगुण	1. गुणावगुण	1. गुणावगुण/ गुण-दोष	1. गुणावगुण	1. गुणावगुण/ गुण-दोष	1. गुणावगुण
Message	1. संदेश	1. संदेश	1. संदेश	1. संदेश	1. संदेश	1. संदेश
Midwife	1. धात्री/दाई/ धाय	1. धात्री/दाई/ धाय	1. दाई/प्रसूतिका	1. धात्री	1. धात्री/दाई प्रसाविका	1. दाई/धाय
Migrant	1. प्रवासी	1. प्रवासी	1. प्रव्रजक	1. प्रवासी/प्रव्राजी/ प्रव्रजक	1. प्रवासी/प्रव्राजक/ प्रवासक/प्रव्रजक	1. प्रवासी

1	2	3	4	5	6	7
				2. ऋतु के साथ आने वाला पक्षी		
Migration	1. प्रवास	1. प्रवास	1. प्रव्रजन/व्रजन	1. प्रव्रजन/प्रवास	1. प्रवास/प्रव्रजन/ देशान्तरगमन	1. प्रवास
Minimum	1. न्यूनतम/ कम से कम	1. कम से कम/ न्यूनतम	1. न्यूनतम/ कम से कम	1. अल्पतम/ कम से कम/ न्यूनतम	1. न्यूनतम/ कम से कम	1. न्यूनतम/ कम से कम
Minister	1. मंत्री	1. मंत्री	1. मंत्री	1. मंत्री	1. मंत्री	1. मंत्री
Minister —, Chief	1. मुख्यमंत्री	1. मुख्यमंत्री	1. मुख्यमंत्री	1. मुख्यमंत्री	1. मुख्यमंत्री	1. मुख्यमंत्री
Minister —, Deputy	1. उपमंत्री	1. उपमंत्री	1. उपमंत्री	1. उपमंत्री	1. उपमंत्री	1. उपमंत्री
Minister —, Prime	1. प्रधानमंत्री	1. प्रधानमंत्री	1. प्रधानमंत्री	1. प्रधानमंत्री	1. प्रधानमंत्री	1. प्रधानमंत्री
Minister-Envoy	1. मंत्री-दूत	1. मंत्री-दूत	1. मंत्री-दूत	1. मंत्री-दूत	1. मंत्री-दूत	1. मंत्री-दूत
Minister without Portfolio	1. निर्विभाग मंत्री	1. निर्विभाग मंत्री	1. निर्विभाग मंत्री	1. निर्विभाग मंत्री	1. बिना विभाग के मंत्री/ निर्विभाग मंत्री	1. बिना विभाग के मंत्री
Ministerial	1. लिपिक-वर्गीय/ अनुसचिवीय	1. लिपिक-वर्गीय/ अनुसचिवीय	1. लिपिक-वर्गीय/ अनुसचिवीय/ लिपिकीय 2. मंत्रीय	1. अनुसचिवीय/ लिपिक वर्गीय 2. मंत्रालय-संबंधी	1. लिपिक-वर्गीय/ अनुसचिवीय 2. मंत्री-संबंधी/ मंत्रालयिक 3. प्रवासी	1. लिपिक-वर्गीय

1	2	3	4	5	6	7
Ministerial staff	1. लिपिक-वर्गीय कर्मचारी/ दफ़्तरी स्टाफ़	1. लिपिक-वर्गीय कर्मचारी/ दफ़्तरी स्टाफ़	1. कार्यालय कर्मचारीवर्ग/ लिपिक-वर्गीय कर्मचारी/ दफ़्तरी स्टाफ़	1. लिपिक-वर्गीय कर्मचारी/ दफ़्तरी स्टाफ़	1. लिपिक-वर्गीय कर्मचारी/ दफ़्तरी स्टाफ़	1. लिपिक-वर्गीय कर्मचारी/ दफ़्तरी अमला
Ministry	1. मंत्रालय	1. मंत्रालय	1. मंत्रालय	1. मंत्रालय	1. मंत्रालय	1. मंत्रालय
Minor	1. अवयस्क/ अप्राप्तवय/ नाबालिग	1. अवयस्क/ नाबालिग	1. अवयस्क/ नाबालिग/ अप्राप्तवय	1. अवयस्क/ नाबालिग/ अप्राप्तवय	1. अवयस्क/ नाबालिग	1. नाबालिग
	2. लघु/गौण	2. लघु/गौण	2. लघु/गौण/छोटा	2. लघु/गौण	2. छोटा/लघु/गौण/ अमुख्य/अल्प	2. गौण
Minor head	1. लघु शीर्ष/ गौण शीर्ष	1. लघु शीर्ष/ गौण शीर्ष	1. लघु शीर्ष/ गौण शीर्ष/ गौण शीर्षक	1. लघु शीर्ष/ लघु शीर्षक	1. गौण शीर्ष/ छोटा शीर्ष/ लघु शीर्ष/उप-पद	1. लघु शीर्ष/ गौण शीर्ष
Minority	1. अल्पसंख्यक/ अल्पसंख्या/ अल्पसंख्यक वर्ग	1. अल्पसंख्यक/ अल्पसंख्यक वर्ग/ अल्प संख्या	1. अल्पसंख्यक/ अल्प संख्या/ अल्पसंख्यक वर्ग/	1. अवयस्कता/ अप्राप्तवयता	1. अल्पसंख्यक वर्ग	—
	2. अल्पमत	2. अल्पमत	2. अल्पमत	2. अल्प संख्या/ अल्पमत	2. अल्पमत	2. अल्पमत
	3. अवयस्कता	3. अवयस्कता	3. अवयस्कता/ अप्राप्तवयता	3. अल्पसंख्यक वर्ग/ अल्पसंख्यक	3. अवयस्कता	
Minutes	1. कार्यवृत्त	1. कार्यवृत्त	1. कार्यवृत्त	1. वृत्त/कार्यवृत्त/ मिनट	1. (संज्ञा) कार्यवृत्त/ कार्यविवरण/	1. कार्यवृत्त
				2. निर्देश-पत्र/ ज्ञापन-पत्र	2. विवरण/टिप्पण	

1	2	3	4	5	6	7
				3. कला	3. मिनट/कला (विशे०) छोटी-छोटी/सूक्ष्म/क्षुद्र	
Misappropri-ation	1. दुर्विनियोग/ दुर्विनियोजन्	1. दुर्विनियोग	1. दुर्विनियोग	1. दुर्विनियोग	1. दुर्विनियोग/ दुर्योजन/ अपाहरण/ दुरुपयोग/ग़बन	1. ग़बन
Misbehaviour	1. दुर्व्यवहार/ कदाचार	1. दुर्व्यवहार/ कदाचार	1. दुर्व्यवहार	1. दुर्व्यवहार	1. दुर्व्यवहार/ कदाचार/ कुव्यवहार	1. दुर्व्यवहार
Miscellaneous	1. फुटकर/विविध	1. फुटकर/विविध/ प्रकीर्ण	1. फुटकर/विविध/ प्रकीर्ण	1. फुटकर/ विविध/प्रकीर्ण	1. फुटकर/विविध/ प्रकीर्ण	1. फुटकर/विविध
Misconduct	1. अवचार/ कदाचार	1. अवचार/ कदाचार	1. अवचार/ कदाचार/ दुराचार	1. कदाचार	1. अवचार/ दुराचार/ दुर्व्यवहार/ बुरी हरकत	1. अवचार/ कदाचार
Mismanage-ment	1. कुप्रबन्ध	1. कुप्रबन्ध	1. कुप्रबन्ध	1. कुप्रबन्ध/ अव्यवस्था	1. कुप्रबन्ध	1. कुप्रबन्ध
Misrepresentation	1. अन्यथाकथन	1. अन्यथाकथन	1. अन्यथाकथन/ व्यपदेशन	1. अन्यथाकथन/ ग़लतबयानी/ मिथ्यास्थापन/ मिथ्यानिरूपण/ मिथ्याव्यपदेशन/ 2. दुर्व्यपदेशन	1. अन्यथाकथन/ ग़लतबयानी/ अशुद्ध/ उपस्थापन/ मिथ्याप्रदर्शन/ भ्रान्त वर्णन	1. अन्यथाकथन

1	2	3		5	6	
Misuse	1. (सं०) कदुपयोग/ दुरुपयोग (क्रि०) कदुपयोग करना/ दुरुपयोग करना	1. (सं०) कदुपयोग/ दुरुपयोग (क्रि०) दुरुपयोग करना	1. (सं०) कदुपयोग/ दुरुपयोग (क्रि०) दुरुपयोग करना	1. (सं०) दुरुपयोग/ कुप्रयोग/ कदुपयोग	1. (सं०) कदुपयोग/ दुरुपयोग/ कुप्रयोग (क्रि०) कुप्रयोग करना/ दुरुपयोग करना	1. दुरुपयोग (क्रि०) दुरुपयोग करना
Mobile	1. चल	1. चल	1. चल	1. चल/ चलता-फिरता/ चलन्त	1. चल/ चलता-फिरता/ चलनशील/ चलिष्णु	1. चल
Mode of dispatch	1. प्रेषण-प्रकार	1. प्रेषण-प्रकार	1. प्रेषण-प्रकार	1. प्रेषण-प्रकार	1. प्रेषण-प्रकार	1. प्रेषण-प्रकार
Model Room	1. प्रतिरूप कक्ष	1. प्रतिरूप कक्ष	1. प्रतिरूप कक्ष	1. प्रतिरूप कक्ष	1. प्रतिरूप कक्ष	1. प्रतिरूप कक्ष
Modification	1. आशोधन/ तरमीम/ रूपभेद 2. रूपान्तर	1. आशोधन 2. रूपान्तरण	1. आशोधन/ रूप-भेद/ तरमीम 2. उपान्तरण/ परिवर्तन	1. रूपभेद/ आभेदन/ तरमीम 2. उपान्तरण 3. विरूपण	1. आशोधन/ तरमीम/ संशोधन/ रूप-भेद/ 2. परिवर्तन/ सुधार 3. अदल-बदल/ हेर-फेर/ संपरिवर्तन	1. तरमीम/ फेरबदल
Monetary grant	1. आर्थिक अनुदान	1. आर्थिक अनुदान	1. आर्थिक अनुदान	1. आर्थिक अनुदान	1. आर्थिक अनुदान	1. आर्थिक अनुदान

1	2	3	4	5	6	7
Monetary limit	1. आर्थिक सीमा	1. आर्थिक सीमा	1. आर्थिक सीमा	1. आर्थिक सीमा	1. आर्थिक सीमा/ मौद्रिक सीमा/ मुद्रा सीमा	1. आर्थिक सीमा
Money Bill	1. धन विधेयक	1. धन विधेयक	1. धन विधेयक	1. धन विधेयक	1. धन विधेयक	1 धन विधेयक
Monitor	1. मॉनीटर/ अनुश्रोता	1. मॉनीटर/ अनुश्रोता	1. मॉनीटर/ अनुश्रोता 2. अवेक्षक 3. (शिक्षा) कक्षानायक/ मानीटर	1. मॉनीटर/ अनुश्रोता मानितर	1. मॉनीटर/ अनुश्रोता — 3. नायक	1. मॉनीटर
Monopoly	1. एकाधिकार/ एकाधिपत्य	1. एकाधिकार/ एकाधिपत्य	1. एकाधिकार/ एकाधिपत्य/ इजारा	1. एकाधिकार	1. एकाधिकार/ एकाधिपत्य	1. एकाधिकार
Monthly arrear statement	1. बचे हुए काम का मासिक विवरण	1. शेष काम का मासिक विवरण	1. बचे हुए काम का मासिक विवरण	1. मासिक कार्यशेष विवरण/ मासिक बकाया विवरण	1. बचे हुए काम का मासिक विवरण	1. बचे हुए काम का मासिक विवरण
Monthly progress report	1. मासिक प्रगति रिपोर्ट	1. मासिक प्रगति रिपोर्ट	1. मासिक प्रगति रिपोर्ट	1. मासिक प्रगति रिपोर्ट/ मासिक प्रगति प्रतिवेदन	1. मासिक प्रगति रिपोर्ट	1. मासिक प्रगति रिपोर्ट
Monument	1. स्मारक	1 स्मारक	1. स्मारक	1. स्मारक	1. स्मारक	1 स्मारक

1	2	3	4	5	6	7
Mortgage	1. बंधक/गिरवी/ रेहन	1. बंधक/गिरवी/ रेहन	1. बंधक	1. (संज्ञा)— बंधक/रेहन (क्रिया)— बंधक रखना/ रेहन करना	1. बंधक/गिरवी/ रेहन	1. गिरवी/रेहन
Most immediate	1. अतितात्कालिक	1. अतितात्कालिक	1. अतितात्कालिक	1. तत्काल/ तात्कालिक	1. सर्वथा तत्काल	1. अतितात्कालिक
Most urgent	1. अति तुरन्त/ परम आवश्यक	1. अति तुरन्त/ परमावश्यक	1. अति तुरन्त	1. अति अर्जेंट अतिशीघ्र/ अत्यावश्यक	1. अतिशीघ्र/ अत्यन्त जरूरी	1. अति तुरन्त/ परम आवश्यक
Mother tongue	1. मातृभाषा	1. मातृभाषा	1. मातृभाषा	1. मातृभाषा	1. मातृभाषा	1. मातृभाषा
Motion	1. प्रस्ताव	1. प्रस्ताव	1. प्रस्ताव 2. गति	1. प्रस्ताव 2. गति	1. प्रस्ताव 2. गति 3. समावेदन 4. दस्त	1. प्रस्ताव
Motion —, Adjournment	1. स्थगन प्रस्ताव/ काम रोको प्रस्ताव	1. स्थगन प्रस्ताव/ काम रोको प्रस्ताव	1. स्थगन प्रस्ताव/ काम रोको प्रस्ताव	1. काम रोको प्रस्ताव	1. स्थगन प्रस्ताव/ काम रोको प्रस्ताव/ कार्य स्थगन प्रस्ताव	1. काम रोको प्रस्ताव
Motion of confidence	1. विश्वास प्रस्ताव	1. विश्वास प्रस्ताव	1. विश्वास प्रस्ताव	1. विश्वास प्रस्ताव	1. विश्वास प्रस्ताव	1. विश्वास प्रस्ताव
Motion of no-condidence	1. अविश्वास प्रस्ताव	1. अविश्वास प्रस्ताव	1. अविश्वास प्रस्ताव	1. अविश्वास प्रस्ताव	1. अविश्वास प्रस्ताव	1. अविश्वास प्रस्ताव

1	2	3	4	5	6	7
Movable	1. चल/जंगम/ अस्थिर	1. चल/जंगम/ अस्थिर	1. चल	1. चल/जंगम	1. चल/जंगम/ अस्थायी	1. चल/अस्थिर
Move	1. प्रस्ताव रखना/ प्रस्तावित करना	1. प्रस्ताव रखना/ प्रस्तावित करना	1. प्रस्ताव रखना/ प्रस्तावित करना/ प्रस्तुत करना 2. प्रचालित करना 3. चलाना/ गतिमान करना 4. हटाना	1. प्रस्ताव करना/ प्रस्ताव रखना 2. प्रचलित करना 3. चाल	1. प्रस्ताव करना/ प्रस्तावित करना/ प्रस्तुत करना/ संचार करना 2. प्रचालित करना 3. चलाना/गति देना 4. स्थान परिवर्तन करना 5. आना-जाना	1. प्रस्ताव रखना/ प्रस्तावित करना
Movement	1. संचलन	1. संचलन	1. संचलन/संचरण 2. आंदोलन	1. संचलन 2. हलचल/ आन्दोलन 3. गति	1. संचलन 2. आन्दोलन 3. गति 4. स्पन्द 5. गमनागमन/ आना-जाना 6. गतिविधि	1. संचलन
Movement register	1. संचलन पंजी/ संचलन रजिस्टर	1. संचलन पंजी/ संचलन रजिस्टर	1. संचलन पंजी/ संचलन रजिस्टर	1. आवाजाही रजिस्टर/ संचलन रजिस्टर	1. संचलन रजिस्टर/ संचलन-पंजी	1. सचलन रजिस्टर/ संचलन पंजी
Multipurpose	1. बहूउद्देशीय	1. बहूउद्देशीय/ बहुमुखी/ बहुप्रयोजन	1. बहूउद्देशीय/ बहुधन्धी/ बहुप्रयोजन/चहुंमुखी	1. बहुधन्धी/ बहुउद्देशीय	1. बहुमुखी/ बहुप्रयोजन	1. बहुउद्देशीय

1	2	3	4	5	6	7
Municipality	1. नगरपालिका	1. नगरपालिका	1. नगरपालिका	1. नगरपालिका	1. नगरपालिका	1. नगरपालिका
Muster	1. उपस्थिति	1. उपस्थिति	उपस्थिति/ इकट्ठा करना/ भर्ती करना/ जुटाना/ नामावली/ सूची	1. भर्ती करना जुटाना/ इकट्ठा होना/ समुच्चय/ हाज़िरी/ सैन्यमेलन	1. उपस्थिति/ बटोरना/ जुटाना/ एकत्र होना/ एकत्र करना	1. उपस्थिति
Muster roll	1. उपस्थिति नामावली/ हाज़िरी रजिस्टर	1. उपस्थिति नामावली/ हाज़िरी रजिस्टर	1. उपस्थिति नामावली/ चिट्ठा	1. उपस्थिति नामावली/ हाज़िरी रजिस्टर	1. उपस्थिति नामावली/ चिट्ठा संनामावली 2. परिगणन पट	1. उपस्थिति नामावली/ हाज़िरी रजिस्टर
Mutation	1. नामांतरण/ दाखिल-खारिज़	1. नामांतरण	1. नामांतरण 2. (वन) उत्परिवर्तन	1. दाखिल-खारिज़/ नामांतरण 2. उत्परिवर्तन 3. गुणविकृति	1. नामांतरण 2. फेर-फार/ उत्परिवर्तन	1. दाखिल-खारिज़

N

Narrator	1. वर्णनकर्त्ता 2. वाचक	1. वर्णनकर्त्ता 2. वाचक 3. सूत्रधार	1. वर्णनकर्त्ता 2. वाचक 3. सूत्रधार	1. वर्णनकर्त्ता 2. वाचक 3. सूत्रधार	1. वर्णनकर्त्ता 2. वाचक	— 2. वाचक
Nation	1. राष्ट्र	1. राष्ट्र	1. राष्ट्र	1. राष्ट्र	1. राष्ट्र	1. राष्ट्र

1	2	3	4	5	6	7
National	1. राष्ट्रीय 2. राष्ट्रिक	1. राष्ट्रीय 2. राष्ट्रिक	1. राष्ट्रीय 2. राष्ट्रिक 3. देशीय	1. राष्ट्रीय 2. राष्ट्रिक	1. राष्ट्रीय	1. राष्ट्रीय
National anthem	1. राष्ट्रगान	1. राष्ट्रगान	1. राष्ट्रगान	1. राष्ट्रगान/ राष्टगीत	1. राष्ट्रगान	1. राष्ट्रगान
National-debt	1. राष्ट्रीय ऋण	1. राष्ट्रीय ऋण	1. राष्ट्रीय ऋण/ राष्ट्र-ऋण	1. राष्ट्रीय ऋण	1. राष्ट्रीय ऋण/ सरकारी ऋण	1. सरकारी ऋण
National flag	1. राष्ट्र-ध्वज/ राष्ट्रीय झंडा	1. राष्ट्र ध्वज/ राष्ट्रीय झंडा	1. राष्ट्र ध्वज/ राष्ट्रीय झंडा	1. राष्ट्र ध्वज/	1. राष्ट्र ध्वज/ राष्ट्रीय झंडा/ राष्ट्रीय ध्वज/ राष्ट्रीय पताका	1. राष्ट्रीय झंडा
National income	1. राष्ट्रीय आय	1. राष्ट्रीय आय	1. राष्ट्रीय आय	1. राष्ट्रीय आय	1. राष्ट्रीय आय	1. राष्ट्रीय आय
National Language	1. राष्ट्रभाषा	1. राष्ट्रभाषा	1. राष्ट्रभाषा	1. राष्ट्रभाषा	1. राष्ट्रभाषा	1. राष्ट्रभाषा
National song	1. राष्ट्रगान/ राष्ट्रगीत	1. राष्ट्रगान/ राष्ट्रगीत	1. —राष्ट्रगीत	1. राष्ट्रगान/ राष्ट्रगीत	1. राष्ट्रगान/ राष्ट्रगीत	1. राष्ट्रगीत
Nationality	1. राष्ट्रिकता	— 2. राष्ट्रीयता	1. राष्ट्रिकता 2. राष्ट्रीयता	1. राष्ट्रिकता 1. राष्ट्रीयता	1. राष्ट्रिकता 2. राष्ट्रीयता	— 2. राष्ट्रीयता
Nationalization	1. राष्ट्रीयकरण	1. राष्ट्रीयकरण	1. राष्ट्रीयकरण	1. राष्ट्रीयकरण	1. राष्ट्रीयकरण	1. राष्ट्रीयकरण
Native	1. प्राकृतिक/प्राकृत/ सहज 2. देशी/देशज (सं०) मूल निवासी	1. प्राकृतिक/प्राकृत/ सहज 2. देशी/देशज (सं०) मूल निवासी	— 2. देशी/देशज (सं०) देशवासी	1. प्राकृत/अकृत्रिम 2. देशी/देशज (सं०) जन्म-वासी, जन्मजात, अमिश्र	— 2. देशी/देशज (सं०) स्वदेशी/ स्थानिक/स्थानीय/ गँवार	— 2. देशी/देशज (सं०) मूल निवासी

1	2	3	4	5	6	7
Native Language	1. देशीय भाषा	1. देशीय भाषा/ देशी भाषा	1. देश भाषा	1. देशीय भाषा	1. देशीय भाषा	1. देशीय भाषा
Natural resources	1. प्राकृतिक संसाधन	1. प्राकृतिक विभव/ प्राकृतिक संपत्ति/ प्राकृतिक स्रोत	1. प्राकृतिक संसाधन, प्राकृतिक विभव, प्राकृतिक संपत्ति, प्राकृतिक स्रोत	1. प्राकृतिक संसाधन, प्राकृतिक स्रोत, प्राकृतिक साधन, प्राकृतिक संपदा	1. प्राकृतिक संसाधन प्राकृतिक संपत्ति, प्राकृतिक स्रोत, प्राकृतिक साधन	1. प्राकृतिक संपत्ति
Necessary action	1. आवश्यक कार्रवाई	1. आवश्यक कार्रवाई	1. आवश्यक कार्यवाही	1. आवश्यक कार्रवाई	1. आवश्यक कार्रवाई	1. आवश्यक कार्यवाही
Needful	1. आवश्यक कार्रवाई	1. आवश्यक कार्रवाई	1. आवश्यक/ उपयुक्त 2. दरिद्र/दुखी	1. आवश्यक/ यथावश्यक	1. आवश्यक कार्रवाई	1. आवश्यक कार्यवाही/ अपेक्षित कार्यवाही
Negative	1. निषेधात्मक	1. निषेधात्मक	1. निषेधात्मक/ नकारात्मक 2. अभावात्मक 3. ऋणात्मक 4. निगेटिव	1. निषेधात्मक/ निषेधक 2. अभावात्मक 3. ऋणात्मक/ऋण 4. निगेटिव/परिवृत्त चित्र 5. नकार करना/ नकारना	1. निषेधात्मक/ नकारात्मक/नकार — 3. ऋण 4. प्रतिलोम/निगेटिव परिचित्र	1. निषेधात्मक
Neglect of duty	1. कर्त्तव्य की उपेक्षा	1. कर्त्तव्य की उपेक्षा	1. कर्त्तव्य-उपेक्षा/ कर्त्तव्य की उपेक्षा	1. कर्त्तव्य की उपेक्षा 2. कर्त्तव्य के प्रति लापरवाही	1. कर्त्तव्य की उपेक्षा	1. कर्त्तव्य की उपेक्षा

1	2	3	4	5	6	7
Negligence	1. उपेक्षा/प्रमाद/ गफ़लत	1. उपेक्षा/प्रमाद/ गफ़लत	1 उपेक्षा/प्रमाद/ गफ़लत 2. असावधानी	1. उपेक्षा/प्रमाद/ गफ़लत 2. असावधानी 3. लापरवाही	1. उपेक्षा/प्रमाद/ गफ़लत 2. असावधानी	1. उपेक्षा/प्रमाद
Negotiate	1. परक्रामण करना/ बातचीत करना	1. बातचीत करना	1. परक्रामण करना, संक्रामित करना, बातचीत करना, सौदा करना 2. समझौता करना	1. परक्रामण करना, बेचान करना, सौदा करना 2. समझौते की बातचीत करना, समझौता करना 3. पार करना	1. परक्रामण करना, बेचान करना, सौदा करना 2. समझौते की बातचीत करना, समझौता वार्ता करना	
Negotiable instrument	1. परक्राम्य लिखत	1. परक्राम्य लिखत	1, परक्राम्य लिखत	1. परक्राम्य लिखत/ संक्राम्यकरण पत्र	1. परक्राम्य लिखत	
Negotiated Contract	1. बातचीत से तय किया गया ठेका, बातचीत से तय की गई संविदा	1. बातचीत से तय किया गया ठेका, बातचीत से तय की गई संविदा	1. बातचीत से तय किया गया ठेका, बातचीत से तय की गई संविदा	1. बातचीत से तय की गई संविदा	1. बातचीत से तय किया गया ठेका, बातचीत से तय की गई संविदा	1. बातचीत से तय किया गया ठेका
Negotiation	1. (समझौते की) बातचीत 2. परक्रामण	1. (समझोते की) बातचीत	1. (समझौते की) बातचीत, वार्ता, समझौते 2. संक्रामण पराक्रमण	1. समझौता बातचीत, वार्ता (समझौता) समझौता (वार्ता) 2. परक्रामण 3. सौदा	1. समझौते की बातचीत, सन्धि-वार्ता, वार्ता 2. परक्रामण	1. समझौते की बातचीत

1	2	3	4	5	6	7
Nepotism	1. स्वजन-पक्षपात/ भाईभतीजाबाद	1. स्वजन-पक्षपात, भाईभतीजावाद	1. स्वजन-पक्षपात, भाईभतीजावाद, बंधु-पक्षपात	1. स्वजन-पक्षपात, भाईभतीजावाद	1. स्वजन-पक्षपात, बन्धु-पक्षपात, कुनबापरस्ती, भाईभतीजावाद	1. भाई भतीजावाद
Net amount	1. निवल राशि, शुद्ध राशि	1. अवशिष्ट राशि, शुद्ध राशि	1. शुद्ध रकम,	1. शुद्ध राशि	1. शुद्ध राशि	1. निवल राशि, शुद्ध राशि
Net assests	1. निवल परिसंपत्ति, शुद्ध परिसंपत्ति	1. अवशिष्ट, परिसंपत्ति, शुद्ध परिसंपत्ति	1. अवशिष्ट, परिसंपत्ति शुद्ध परिसंपत्ति	1. शुद्ध आस्तियाँ	1. अवशिष्ट, शुद्ध परिसंपत्ति	1. निवल परिसंपत्ति, शुद्ध परिसंपत्ति
Net total	1. शुद्ध जोड़	1. शुद्ध जोड़	1. शुद्ध जोड़	1. शुद्ध जोड़	1. शुद्ध जोड़	1. शुद्ध जोड़
Net weight	1. निवल भार, शुद्ध भार नेट भार	1. शुद्ध भार, निवल भार	1. शुद्ध भार, निवल भार, नेट भार	1. शुद्ध भार	1. निवल भार, शुद्ध भार, नेट भार	1. निवल भार, शुद्ध भार
Neutral	1. तटस्थ	1. तटस्थ	1. तटस्थ, मध्यग, उदासीन	1. तटस्थ, उदासीन	1. तटस्थ, मध्यम 2. नपुंसक, क्लीव	1. तटस्थ
News Editor	1. समाचार संपादक	1. समाचार संपादक	1. समाचार संपादक	1. समाचार संपादक	1. समाचार संपादक	1. समाचार संपादक
News Reader	1. समाचार वाचक	1. समाचार वाचक	1. समाचार वाचक	1. समाचार वाचक	1. समाचार वाचक	1. समाचार वाचक
News Reporter	1. समाचारदाता	1. संवाददाता	1. संवाददाता	1. संवाददाता	1. संवाददाता	1. संवाददाता
Night shift	1. रात की पारी	1. रात की पारी	1. रात की पारी	1. रात की पारी, रात-पारी	1. रात की पारी	1. रातपारी

1	2	3	4	5	6	7
No-confidence motion	1. अविश्वास प्रस्ताव	1. अविश्वास प्रस्ताव	1. अविश्वास प्रस्ताव	1. अविश्वास प्रस्ताव	1. अविश्वास का प्रस्ताव	1. अविश्वास प्रस्ताव
No demand certificate	1. बेबाकी, (प्रमाण) पत्र	1. बेबाकी, (प्रमाण) पत्र	1. बेबाकी, (प्रमाण) पत्र	1. बेबाकी, प्रमाण-पत्र फारखवी पत्र	1. बेबाकी, प्रमाण-पत्र	1. बेबाकी-पत्र
No objection certificate	1. अनापत्ति (प्रमाण) पत्र	1. अनापत्ति (प्रमाण) पत्र	1. अनापत्ति (प्रमाण) पत्र	1. अनापत्ति प्रमाण-पत्र, निरापेक्ष प्रमाण-पत्र	1. अनापत्ति प्रमाण-पत्र	1. अनापत्ति-पत्र
Nominal inspection	1. नाममात्र का निरीक्षण	1. नाममात्र का निरीक्षण	1. नाममात्र का निरीक्षण	1. नाममात्र निरीक्षण	1. नाममात्र निरीक्षण	1. नाममात्र का निरीक्षण
Nominal member	1. नाममात्र का सदस्य	1. नाममात्र का सदस्य	1. नाममात्र सदस्य	1. नाममात्र का सदस्य	1. नाममात्र का सदस्य	1. नाममात्र का सदस्य
Nominal value	1. अंकित मूल्य	1. अंकित मूल्य	1. अंकित मूल्य	1. अभिहित मूल्य	1. मूल्य, नाममात्र कीमत	1. अंकित मूल्य
Nominate	1. नामित करना	1. मनोनीत करना	1. नामित करना, मनोनीत करना	1. नामित करना, नाम निर्देशन करना, मनोनीत करना	1. मनोनीत करना, नामज़द करना, नाम निर्देशन	1. मनोनीत करना
Nomination	1. नाम-निर्देशन 2. मनोनयन, नामन, नामांकन	1. नाम-निर्देशन 2. मनोनयन	1. नाम-निर्देशन 2. मनोनयन, नामन	1. नाम-निर्देशन 2. मनोनयन, नामजदगी	1. नाम-निर्देशन 2. नामांकन, नियोजन, मनोनयन, नामज़दगी	1. नामन 2. नामांकन

1	2	3	4	5	6	7
Non-acceptance	1. अस्वीकृति	1. अस्वीकृति	1. अस्वीकृति	1. अस्वीकृत, अस्वीकार, अप्रतिग्रहण	1. अस्वीकृत	1. अस्वीकृति
Non-advertised	1. अविज्ञापित	1. अविज्ञापित	1. अविज्ञापित	1. अविज्ञापित	1. अविज्ञापित	1. अविज्ञापित
Non-age	1. अवयस्कता	1. अवयस्कता	1. अवयस्कता	1. अवयस्कता, नाबालिगी	1. अवयस्कता	1. अवयस्कता
Non-compliance	1. अपालन	1. अपालन	1. अपालन	1. अपालन, अननुपालन	1. अपालन, अननुपालन, अननुवर्तन	1. अपालन
Non-confidential	1. अगोपनीय	1. अगोपनीय	1. अगोपनीय	1. अगोपनीय	1. अगोपनीय	1. अगोपनीय
Non-consent	1. असहमति	1. असहमति	1. असहमति	1. असहमति, असम्मति	1. असहमति	1. असहमति
Non-delivery	1. अवितरण	1. अवितरण	1. अवितरण	1. अवितरण 2. गैरसुपुर्दगी 3. अप्रदान, अपरिदान 4. अप्रसव 5. गैर डिलीवरी	1. अवितरण	1. अवितरण
Non-Gazetted	1. अराजपत्रित	1. अराजपत्रित	1. अराजपत्रित	1. अराजपत्रित	1. अराजपत्रित	1. अराजपत्रित
Non-observance	1. अपालन	1. अपालन	1. अपालन, अननुपालन	1. अपालन, अननुपालन	1. अपालन, न बरतना	1. अपालन
Non-official	1. गैरसरकारी, अशासकीय,	1. गैरसरकारी, अशासकीय,	1. गैरसरकारी, अशासकीय,	1. गैरसरकारी, अशासकीय,	1. गैरसरकारी, अशासकीय	1. गैरसरकारी, अशासकीय

1	2	3	4	5	6	7
	अनधिकारिक	अनधिकारिक	अशासकीय, अनधिकारिक, गैरअधिकारी	अराजकीय, अनधिकारिक, गैरअधिकारी		
Non payment certificate	1. अशोधन (प्रमाण) पत्र अदेनगी (प्रमाण) पत्र	1. अशोधन (प्रमाण) पत्र अदेनगी (प्रमाण) पत्र	1. अशोधन (प्रमाण) पत्र	1. अशोधन प्रमाण-पत्र, गैरअदायगी प्रमाण-पत्र, अनभुगतान प्रमाण-पत्र,	1. अशोधन पत्र, न चुकाने का पत्र, भुगतान न करने का पत्र	1. अदेनगी पत्र
Non-pensionable	1. अपेंशनी/ गैरपेंशनी	1. गैरपेंशनी/ अपेंशनी	1. पेंशनरहित	1. अपेंशनी/ गैरपेंशनी	1. अपेंशनी/ गैरपेंशनी	1. अपेंशनी/ गैरपेंशनी
Non-practising allowance	1. प्रैक्टिसबन्दी भत्ता	1. प्रैक्टिसबन्दी भत्ता	1. प्रैक्टिसबन्दी भत्ता	1. प्रैक्टिसबन्दी भत्ता 2. व्यवसायबन्दी भत्ता	1. प्रैक्टिसबन्दी भत्ता	1 प्रैक्टिसबन्दी भत्ता
Non-recurring expenditure	1. अनावर्त व्यय/ अनावर्ती व्यय	1. अनावर्त व्यय/ अनावर्ती व्यय	1. अनावर्त व्यय/ अनावर्ती व्यय/ अनावर्तक व्यय	1. अनावर्ती व्यय	1. अनावर्ती व्यय/ अनावर्तक व्यय	1. अनावर्ती व्यय
Non-salable	1. अविक्रेय	1. अविक्रेय	1. अविक्रेय	1. अविक्रेय	1. अविक्रेय	1. अविक्रेय
Non-salection post	1. अप्रवरण पद	1. अप्रवरण पद	1. अप्रवरण पद/ गैरसिलेक्शन पद	1. अप्रवरण पद	1. अप्रवरण पद	1. अप्रवरण पद
Non-standard	1. अमानक/ मानक के अनुसार नहीं	1. अमानक/ मानक के अनुसार नहीं	1. अमानक/ मानक के अनुसार नहीं	1. अमानक	1. अमानक/ मानक के अनुसार नहीं	1. मानक के अनुसार नहीं

1	2	3	4	5	6	7
Non-voted	1. अदत्त मत	1. अदत्त मत	1. अदत्त मत	1. अदत्त मत	1. अदत्त मत	1. अदत्त मत
Non-working day	1. अवकाश/ छुट्टी का दिन	1. अवकाश/ छुट्टी का दिन	1. छुट्टी का दिन/ अनध्याय	1. कार्यरहित दिन	1. अवकाश/ छुट्टी का दिन	अवकाश/ छुट्टी का दिन
Note	1. टिप्पणी/नोट	1. टिप्पणी/नोट	1. टिप्पणी/नोट	1. टिप्पणी/नोट/ पत्र/टीप 2. स्वर 3. उल्लेख	1. टिप्पणी/नोट/ टिप्पण/टीप 2. स्वर 3. नोट/अर्थपत्र 4. रुक्का/पत्रक	1. टिप्पणी/नोट
Note of dissent	1. असहमति नोट	1. असहमति नोट	1. असहमति नोट/ असहमति टिप्पणी	1. विमति टिप्पणी	1. असहमति नोट	1. असहमति नोट
Note sheet	1. टिप्पणी-पत्र	1. टिप्पणी-पत्र	1. टिप्पणी-पत्र	1. टिप्पणी-पत्र	1. टिप्पणी-पत्र/ टीप-पत्र	1. टिप्पणी-पत्र
Noted	1. नोट कर लिया	1. नोट किया	1. नोट कर लिया 2. लिखित/अंकित 3. लब्धप्रतिष्ठ	1. नोट कर लिया/ टिप्पणित/टीपा हुआ 2. लिखित/अंकित 3. विश्रुत	1. नोट किया/ज्ञात किया/सूचित किया/टीप लिया 2. अंकित किया 3. प्रसिद्ध/प्रख्यात/ विश्रुत	1. नोट किया
Noter	1. टिप्पणी लेखक	1. टिप्पणी लेखक	1. टिप्पटी लेखक/ टिप्पणीकार 2. उपलेखक	1. टिप्पणीकार 2. लेखक	1. टिप्पणकार/ टीपलेखक	1. टिप्पणी लेखक
Notes cover	1. टिप्पणी आवरण	1. टिप्पणी आवरण	1. टिप्पणी आवरण	1. टिप्पणी आवरण	1. टिप्पणी आवरण	1. टिप्पणी आवरण
Notice board	1. सूचनापट्ट/ नोटिसबोर्ड	1. सूचनापट्ट/ नोटिसबोर्ड	1. सूचनापट्ट/ सूचनाबोर्ड/ नोटिसबोर्ड	1. सूचनापट्ट	1. सूचनापट्ट/ सूचनाबोर्ड/ सूचनाफलक	1. सूचना-पट्ट

1	2	3	4	5	6	7
Notice of discharge	1. कार्यमुक्ति सूचना/ कार्यमुक्ति नोटिस	1. कार्यमुक्ति सूचना/ कार्यमुक्ति नोटिस	1. कार्यमुक्ति सूचना	1. बरखास्तगी नोटिस	1. कार्यमुक्ति सूचना/ कार्यमुक्ति नोटिस	1. कार्यमुक्ति सूचना
Notification	1. अधिसूचना	1. अधिसूचना	1. अधिसूचना/ विज्ञप्ति	1. अधिसूचना/ विज्ञप्ति	1. अधिसूचना विज्ञप्ति	1. अधिसूचना
Notified area	1. अधिसूचित क्षेत्र/ नोटीफ़ाइड एरिया	1. अधिसूचित क्षेत्र/ नोटीफ़ाइड एरिया	1. अधिसूचित क्षेत्र/ नोटीफ़ाइड एरिया	1. अधिसूचित क्षेत्र	1. अधिसूचित क्षेत्र/ विज्ञापित क्षेत्र	1. अधिसूचित क्षेत्र
Noting	1. टिप्पणी लेखन	1. टिप्पणी लेखन	1. टिप्पणी लेखन	1. टिप्पण	1. टिप्पणी लेखन	1. टिप्पणी लेखन
Null and void	1. बातिल और शून्य	1. बातिल और शून्य/अकृत और शून्य/प्रभाव-शून्य	1. बातिल और शून्य/अकृत और शून्य 2. निष्प्रभाव	1. अकृत और शून्य 2. निरर्थक	1. बातिल और शून्य/ व्यर्थ और शून्य/ निरर्थक और व्यर्थ/ शून्य और उपकृत 2. व्यर्थ और अव्यवहार्य	1. अकृत और शून्य
Nullify	1. बातिल करना/ अकृत करना	1. बातिल करना/ अकृत करना	1. अकृत करना/ व्यर्थ करना 2. निष्प्रभाव करना	1. अकृत करना 2. निष्फल करना	1. रद्द करना/ शून्यकरण 2. निरर्थक करना/ नहीं के बराबर करना	1. अकृत करना

1	2	3	4	5	6	7
Numeral	1. संख्यांक/अंक	1. संख्यांक/अंक	1. संख्यांक/अंक	1. संख्या/अंक	1. संख्या/अंक	1. संख्या/अंक
Nurse	1. नर्स/ परिचारिका/ उपचारिका	1. उपचारिका	1. परिचारक/ उपचारक 2. धात्री/दाई 3. पोषक (वन)	1. नर्स/ परिचारिका	1. परिचारिका/ उपचारिका 2. धात्री/धाय/दाई	1. नर्स/ परिचारिका
Nurse (Male)	1. परिचारक/ उपचारक	1. परिचारक	1. परिचारक/ उपचारक	1. परिचारक	1. उपचारक/ परिचारक	1. परिचारक

O

Oath	1. शपथ	1. शपथ	1. शपथ	1. शपथ	1. शपथ	1. शपथ
—Of allegiance	1. निष्ठाशपथ, राजनिष्ठा-शपथ	1. निष्ठाशपथ, राजनिष्ठा-शपथ	1. निष्ठाशपथ, राजनिष्ठा-शपथ	1. निष्ठा की शपथ	1. निष्ठाशपथ/ निष्ठा की शपथ	1. निष्ठाशपथ
—Of office	1. पद-शपथ	1. पद-शपथ	1. पद-शपथ	1. पद-शपथ	1. पद-शपथ/ पद की शपथ	1. पद-शपथ
—Of secrecy	1. गोपनीयता-शपथ	1. गोपनीयता-शपथ	1. गोपनीयता-शपथ, गोपन-शपथ	1. गोपनीयता की शपथ, गुप्तता-शपथ	1. गोपनीयता-शपथ	1. गोपनीयता-शपथ
Obedience	1. आज्ञापालन, आज्ञानुवर्तन	1. आज्ञापालन	1. आज्ञापालन/ आज्ञाकारिता, पालन या मानना	1. आज्ञापालन, आज्ञानुवर्तन अनुपालन	1. आज्ञापालन, आज्ञाकारिता	1. आज्ञापालन

1	2	3	4	5	6	7
Object	1. (सं०) वस्तु	1. वस्तु/प्रयोजन/ उद्देश्य	1. वस्तु/ पदार्थ/ उद्देश्य/विषय	1. वस्तु/पदार्थ विषय, उद्देश्य, बिम्ब	1. वस्तु/पदार्थ विषय, भाजन, उद्देश्य/प्रयोजन/ हेतु	1. वस्तु/पदार्थ
	(क्रि०) आपत्ति उठाना/ आपत्ति करना	(क्रि०) आपत्ति करना/विरोध करना/आपत्ति उठाना	(क्रि०) आपत्ति करना	(क्रि०) आपत्ति उठाना/आपत्ति करना	(क्रि०) आपत्ति करना/आपत्ति उठाना	(क्रि०) आपत्ति उठाना/आपत्ति करना
Objection	1. आपत्ति	1. आपत्ति	1. आपत्ति, आक्षेप	1. आपत्ति	1. आपत्ति, आक्षेप	1. आपत्ति
Obligation	1. बाध्यता/ दायित्व/ आभार/बंधन	1. बाध्यता/ दायित्व/ आभार/बन्धन	1. बाध्यता/ दायित्व/ आभार/ देनदारी/बन्धन	1. बाध्यता/ दायित्व/ आभार/बन्धन	1. बाध्यता/बद्धता/ बन्धन/दायित्व/ आभार/अनुग्रह/ कर्त्तव्यता,	1. बध्यता/ दायित्व/ आभार/बन्धन
Obligatory	1. बाध्यकर/ अनिवार्य	1. बाध्यकारी/ अनिवार्य	1. बाध्यकर/ अनिवार्य/ आग्रही	1. बाध्यकर/ अनिवार्य/ आभार्य	1. बाध्यकर/ अनिवार्य	1. अनिवार्य
Obscene	1. अश्लील	1. अश्लील	1. अश्लील	1. अश्लील	1. अश्लील	1. अश्लील
Observance	1. पालन	1. पालन	1. पालन/ अनुपालन/ मानना	1. पालन/ अवलोकन	1. पालन/ अनुपालन/ अवलोकन	1. पालन
Observation	1. प्रेक्षण/संप्रेक्षण	1. प्रेक्षण	1. संप्रेक्षण/ संवीक्षण	1. प्रेक्षण	1. प्रेक्षण/ परिवीक्षण/पालन	1. प्रेक्षण
	2. लेखा-टिप्पणी, समुक्ति	2. लेखा-टिप्पणी	2. अभ्युक्ति/ लेखाटिप्पणी निरीक्षण/	2. आलोचन/ अवलोकन/ कथन	2. अभ्युक्ति/ टिप्पणी/ आलोचन/	

1	2	3	4	5	6	7
			प्रेक्षित-अंक/ अवलोकन		अवलोकन, विचार, वचन, उक्ति	
Observatory, Astronomical	1. वेधशाला	1. वेधशाला	1. वेधशाला	1. वेधशाला	1. वेधशाला	1. वेधशाला
Observer	1. प्रेक्षक	1. प्रेक्षक	1. प्रेक्षक/सवीक्षक	1. प्रेक्षक, दर्शक	1. प्रेक्षक, परिवीक्षक, दृश्य-अवलोकक, देखनेवाला, पालनकरने वाला	1. प्रेक्षक
Obsolete	1. लुप्त/अप्रचलित	1. लुप्त/अप्रचलित	1. लुप्तप्रयोग, अप्रचलित, अप्रयुक्त	1. लुप्तप्रयोग, अप्रचलित	1. अप्रचलित, गतप्रयोग लुप्तप्रयोग, पुराना	1. लुप्त/अप्रलित
Obstruction	1. बाधा	1. बाधा	1. बाधा/रुकावट अवरोध	1. बाधा/अवरोध, विघ्न	1. बाधा/विघ्न/ रुकावट/अड़ँगा	1. बाधा
Obvious	1. स्पष्ट	1. स्पष्ट	1. स्पष्ट	1. स्पष्ट/सुस्पष्ट/ प्रत्यक्ष/एकदम	1. स्पष्ट/प्रत्यक्ष	1. स्पष्ट
Occasional	1. यदाकदा, अनियत, प्रासंगिक	1. यदाकदा, अनियत, प्रासंगिक	1. यदाकदा सामयिक	1. यदाकदा आवसरिक	1. यदाकदा, आकस्मिक प्रासंगिक, क्वचित	1. यदाकदा, अनियत
Occupation	1. उपजीविका/ व्यवसाय/धंधा	1. उपजीविका/ व्यवसाय/धंधा	1. उपजीविता/ व्यवसाय/पेशा	1. उपजीविका/धंधा	1. उपजीविका/ व्यवसाय/धंधा	1. व्यवसाय/धंधा

1	2	3	4	5	6	7
	2. अधिभोग 3. अधिग्रहण	— 3. कब्ज़ा	2. भोग 3. कब्ज़ा	2. अधियोग 3. दखल	2. अधिवास 3. आधिपत्य/ दखल	
Occupy	1. अधिकार में करना/दखल करना 2. स्थान घेरना	1. अधिकार में करना/ दखल करना 2. स्थान घेरना	1. अधिकार में करना/ दखल करना 2. स्थान घेरना	1. अधिभोग/करना दखल करना	1. अधिपत्य में रखना/दखल में लेना/ अधिवासित करना/बस जाना	1. अधिकार में करना/ दखल करना 2. स्थान घेरना
Occurrence	1. घटना	1. घटना	1. घटना 2. होना	1. घटना 2. होना 3. प्राप्ति-स्थान	1. घटना	1. घटना
Octroi duty	1. चुंगी	1. चुंगी	1. चुंगी	1. चुंगी	1. चुंगी	1. चुंगी
Off duty	1. काम के बाद/ काम पर न होना 2. खाली दिन	1. काम के बाद/ काम पर न होना	1. काम के बाद/ काम पर न होना 2. खाली दिन	1. काम के बाद/ काम पर न होना	1. काम के बाद/ काम पर न होना/ कार्य से छुट्टी पर/कार्य-विरत 2. खाली दिन	1. काम के बाद/ 2. खाली दिन
Offence	1. अपराध	1. अपराध	1. अपराध 2. कष्ट/क्षोभ आघात	1. अपराध	1. अपराध/ दुश्चरण	1. अपराध
Offender	1. अपराधी	1. अपराधी	1. अपराधी/ अपराधकारी	1. अपराधी	1. अपराधी	1. अपराधी

1	2	3	4	5	6	7
Offensive	1. आक्रमणात्मक	1. आक्रमणात्मक	1. आक्रमणात्मक	1. आक्रमणात्मक	1. आक्रमणात्मक/ आक्रामक	—
	2. अप्रिय/कटु	2. अप्रिय/कटु	2. अप्रिय/कटु	2. अप्रिय/ अपमानजनक	2. घृणास्पद/ अप्रीतिकर	2. अप्रिय/कटु
	3. उपघातक	3. उपघातक	3. उपघातक	3. उद्वेपक/	3. उद्वेपक/ रोषकारी	
			4. आक्षेपात्मक	—		
				5. बीभत्स		
Offer	1. नियुक्ति-प्रस्ताव	1. नियुक्ति-प्रस्ताव	1. नियुक्ति-प्रस्ताव/ प्रस्थापना	1. नियुक्ति-प्रस्ताव (पद का) ऑफ़र/प्रस्थापना	1. नियुक्ति-प्रस्ताव	1. नियुक्ति-प्रस्ताव
			2. प्रस्तुति	1. प्रस्तुति/प्रस्ताव	1. प्रस्तुति/प्रस्ताव (करना)	
				3. निवेदन	3. पेश करना/ देने का प्रस्ताव करना	
					4. अर्पण करना/ देना	
Office	1. कार्यालय/ दफ़्तर	1. कार्यालय/ दफ़्तर	1. कार्यालय/ दफ़्तर	1. कार्यालय/ दफ़्तर	1. कार्यालय/ दफ़्तर/ऑफ़िस	1. कार्यालय/ दफ़्तर
	2. पद	2. पद	2. पद	2. पद	2. पद	2. पद
			3. कर्त्तव्य			
Office —, acceptance of	1. पद-स्वीकृति	1. पद-स्वीकृति	1. पद-स्वीकृति	1. पद-स्वीकृति	1. पद-स्वीकृति	1. पद-स्वीकृति

1	2	3	4	5	6	7
Office —, attached	1. संलग्न कार्यालय/ संलग्न दफ़्तर	1. संलग्न कार्यालय/ संलग्न दफ़्तर	1. संलग्न कार्यालय/ संलग्न दफ़्तर	1. संलग्न कार्यालय	1. संलग्न कार्यालय/ संलग्न दफ़्तर	1. संलग्न कार्यालय
Office Subordinate	1. अधीनस्थ कार्यालय/ अधीन कार्यालय	1. अधीनस्थ कार्यालय/ अधीन कार्यालय	1. अधीन कार्यालय/ अधीनस्थ कार्यालय	1. अधीनस्थ कार्यालय/ अधीन कार्यालय	1. अधीनस्थ कार्यालय/ अधीन कार्यालय	1. अधीन कार्यालय
Office-bearer	1. पदाधिकारी	1. पदाधिकारी	1. पदाधिकारी	1. पदधारी	1. पदधारी/ पदाधिकारी	1. पदधारी
Office-copy	1. कार्यालय-प्रति/ दफ़्तर की प्रति	1. कार्यालय-प्रति/ दफ़्तर की प्रति	1. कार्यालय-प्रति/ दफ़्तर की प्रति	1. कार्यालय-प्रति/ दफ़्तर-कापी	1. कार्यालय-प्रति	1. कार्यालय-प्रति
Office-hours	1. कार्यालय-समय	1. कार्यालय-समय	1. कार्यालय-समय	1. कार्यालय-समय	1. कार्यालय समय	1. कार्यालय समय
Office-note	1. कार्यालय टिप्पणी/ कार्यालय नोट	1. कार्यालय-टिप्पणी	1. कार्यालय-टिप्पणी/ कार्यालय नोट	1. कार्यालय-टिप्पणी	1. कार्यालय टिप्पणी/ कार्यालय नोट/ कार्यालयीन टिप्पणी	1. कार्यालय-टिप्पणी
Office-order	1. कार्यालय आदेश	1. कार्यालय आदेश	1. कार्यालय आदेश	1. कार्यालय आदेश	1. कार्यालय आदेश	1. कार्यालय आदेश
Officer-in-charge	1. प्रभारी अधिकारी	1. प्रभारी अधिकारी	1. प्रभारी अधिकारी	1. प्रभारी पदाधिकारी/ कार्यभार पदाधिकारी	1. प्रभारी अधिकारी/ प्रभारी पदाधिकारी	1. कार्यभारी अधिकारी
Officer-on-special duty	1. विशेष कार्य अधिकारी	1. विशेष कार्य अधिकारी	1. विशेष कार्य अधिकारी/ विशेषाधिकारी	1. कार्य विशेष पदाधिकारी	1. विशेष कर्त्तव्यस्थ/ अधिकारी/ विशेषाधिकारी	1. विशेष कार्य अधिकारी
Official	1. शासकीय/ सरकारी	1. शासकीय/ सरकारी	1. शासकीय	1. शासकीय/ सरकारी/ राजकीय	1. शासकीय/ सरकारी	1. सरकारी कर्मचारी

1	2	3	4	5	6	7
	2. आधिकारिक	2. आधिकारिक	2. आधिकारिक	2. आधिकारिक 3. पदीय/ पदसंबंधी	2, आधिकारिक/ कार्यालयीन	
Official benches	1. सरकारी पक्ष	1. सरकारी पक्ष/ शासकीय पक्ष	1. सरकारी पक्ष	1. सरकारी पक्ष	1. सरकारी पक्ष 2. मन्त्रि-वर्ग	1. सरकारी पक्ष
Official business	1. सरकारी काम	1. सरकारी काम	1. सरकारी काम	1. सरकारी काम	1. सरकारी काम/ शासकीय कार्य	1. सरकारी काम
Official duty	1. पदीय कर्त्तव्य	1. पदीय कर्त्तव्य	1. पदीय कर्त्तव्य/ आधिकारिक कर्त्तव्य/ शासकीय कर्त्तव्य	1. पदीय कर्त्तव्य/ सरकारी काम	1. पदीय कर्त्तव्य	1. पदीय कर्त्तव्य
Official Gallery	1. सरकारी दीर्घा	1. सरकारी दीर्घा	1. सरकारी दीर्घा	1. सरकारी दीर्घा	1. सरकारी दीर्घा	1. सरकारी दीर्घा
Official Language	1. राजभाषा	1. राजभाषा	1. राजभाषा	1. राजभाषा	1. राजभाषा/ शासकीय भाषा/ सरकारी भाषा/ कार्यालयीन भाषा	1. राजभाषा
Official Secret	1. सरकारी गुप्ति	1. सरकारी गुप्ति/ सरकारी रहस्य	1. सरकारी गुप्ति	1. शासकीय गोपनीयता	1. सरकारी गुप्ति	1. सरकारी गुप्ति
Official Version	1. सरकारी कथन	1. सरकारी कथन/ 2. आधिकारिक कथन	1. सरकारी कथन 2. आधिकारिक कथन	1. सरकारी कथन 2. आधिकारिक कथन	1. सरकारी कथन 2. आधिकारिक कथन	1. सरकारी कथन
Officiate	1. स्थानापन्न होना 2. स्थानापन्न रूप में काम करना	1. स्थानापन्न होना 2. स्थानापन्न रूप में काम करना	1. स्थानापन्न होना 2. स्थानापन्न रूप में काम करना	1. स्थानापन्न होना 2. स्थानापन्न रूप में काम करना	1. स्थानापन्न होना	1. स्थानापन्न होना

1	2	3	4	5	6	7
Officiating	1. स्थानापन्न	1. स्थानापन्न	1. स्थानापन्न	1. स्थानापन्न	1. स्थानापन्न/ कार्यवाहक	1. स्थानापन्न
On deputation	1. प्रतिनियुक्ति पर	1. प्रतिनियुक्ति पर	1. प्रतिनियुक्ति पर	1. प्रतिनियुक्ति पर	1. प्रतिनियुक्ति पर	1. प्रतिनियुक्ति पर
On probation	1. परिवीक्षाधीन/ परखाधीन	1. परिवीक्षाधीन/ परिवीक्षा पर/ आज़माइशी	1. परिवीक्षाधीन	1. परिवीक्षाधीन	1. परिवीक्षा पर/ परखाधीन 2. परीक्षात्मक रूप से	1. परखाधीन
Onus	1. भार/दायित्व	1. भार/दायित्व	1. भार/दायित्व	1. भार	1. भार/दायित्व	1. भार/दायित्व
Open delivery	1. खुला परिदान/ खुली सुपुर्दगी	1. खुली सुपुर्दगी	1. खुला परिदान/ खुली सुपुर्दगी/ खुला माल देना/ खुला वितरण	1. खुला वितरण खुली सुपुर्दगी/	1. खुला परिदान/ खुली सुपुर्दगी	1. खुली सुपुर्दगी
Open session	1. खुला अधिवेशन	1. खुला अधिवेशन	1. खुला अधिवेशन	1. खुला अधिवेशन	1. खुला अधिवेशन	1. खुला अधिवेशन
Opening balance	1. अधशेष/रोकड़ जमा/आदिशेष	1. अधशेष/रोकड़ जमा	1. अवशेष/रोकड़ जमा	1. अधशेष/ आरंभ शेष	1. प्रारंभिक शेष/ पिछली बाकी/ प्रारंभ में निकले हुए शेष	1. पिछली बाकी
Operation	1. प्रचालन 2. संक्रिया 3. शल्यक्रिया/ ऑपरेशन	1. प्रवर्तन	1. परिपालन/चालन/ प्रवर्तन/प्रवृत होना 2. कार्य/क्रिया/ संक्रिया 3. शल्यकर्म	1. परिचालन/ प्रवर्तन 2. क्रिया/संक्रिया/ कार्रवाई 3. शल्यक्रिया	1. प्रचलन/चालन/ प्रवर्तन/प्रभाव/ प्रभावशीलता 2. क्रिया/कार्य/ संकार्य/कार्यवाही 3. शल्य कर्म/क्रिया 4. प्रयोग	1. प्रचालन 2. संक्रिया

1	2	3	4	5	6	7
Operator	1. प्रचालक/ ऑपरेटर	1. प्रचालक/ ऑपरेटर	1. प्रचालक/चालक/ परिचालक/ ऑपरेटर	1. प्रचालक/ परिचालक/ ऑपरेटर 2. कारक	1. प्रचालक/चालक/ चलाने वाला	1. प्रचालक
Opinion	1. राय	1. राय	1. राय/मत	1. राय/मत/ अभिमत	1. राय/मत/ अभिप्राय	1. राय
Opportunity	1. अवसर	1. अवसर/मौका	1. अवसर/ सुअवसर	1. अवसर/मौका	1. अवसर	1. अवसर
Opposition	1. विरोधी 2. विरोधी दल	1. विरोध 2. विरोधी दल	1. विरोध/सामना 2. विरोधी दल/ प्रतिपक्षी	1. विरोध — 3. प्रतियोग/ प्रतिमुखता 4. वियोग/वियति	1. विरोध 2. विरोधी दल/ विरोधी-पक्ष/ प्रतिपक्षी/विपक्ष	1. विरोधी 1. विरोधीदल
Option	1. विकल्प	1. विकल्प	1. विकल्प/इच्छा	1. विकल्प/इच्छा 2. पसन्द	1. विकल्प/इच्छा 2. वरणाधिकार	1. विकल्प
Oral	1. मौखिक/ज़बानी	1. मौखिक/ज़बानी	1. मौखिक	1. मौखिक 2. खानेवाली (औषधि)	1. मौखिक/ज़बानी	1. मौखिक/ज़बानी
Oral consultation	1. मौखिक परामर्श/ ज़बानी सलाह/ मशविरा	1. मौखिक परामर्श/ ज़बानी सलाह	1. मौखिक परामर्श/ ज़बानी सलाह/ मशविरा	1. मौखिक परामर्श	1. मौखिक परामर्श/ ज़बानी सलाह/ ज़बानी मशविरा	1. मौखिक परामर्श/ सलाह
Order, standing	1. स्थायी आदेश.	1. स्थायी आदेश	1. स्थायी आदेश	1. स्थायी आदेश	1. स्थायी आदेश	1. स्थायी आदेश

1	2	3	4	5	6	7
Order of merit	1. गुणानुक्रम	1. योग्यताक्रम, गुणानुक्रम	1. योग्यताक्रम से	1. योग्यताक्रम	1. योग्यताक्रम से, गुणानुक्रम, योग्यतानुसार	1. योग्यताक्रम से
Ordinance	1. अध्यादेश	1. अध्यादेश	1. अध्यादेश	1. अध्यादेश	1. अध्यादेश	1. अध्यादेश
Ordinance Officer	1. आयुध अधिकारी/ आर्डिनैंस अफ़सर	1. आयुध अधिकारी	1. आयुध अधिकारी	1. आयुध अधिकारी	1. आयुध अधिकारी	1. आयुध अधिकारी
Organisation	1. संगठन	1. संगठन	1. संगठन/संघटन/ संस्था, व्यवस्था	1. संघटन, व्यवस्था	1. संगठन	1. संगठन
Orientation & study centre	1. अभिविन्यास तथा अध्ययन केन्द्र	1. अभिविन्यास तथा अध्ययन केन्द्र	1. अभिविन्यास तथा अध्ययन केन्द्र	1. अभिविन्यास तथा अध्ययन केन्द्र	1. अभिविन्यास तथा अध्ययन केन्द्र	1. अभिविन्यास तथा अध्ययन केन्द्र
Original	1. मूल प्रति (वि०) मूल/ मौलिक	1. मूल प्रति (वि०) मूल/ मौलिक	1. मूल प्रति (वि०) मूल/ मौलिक/ आरम्भिक	1. मूल (वि०) मौलिक/ आरम्भिक	1. मूल प्रति (वि०) मूल/ मौलिक/ आरम्भिक/ नवीन	1. मूल प्रति (वि०) मूल, मौलिक
Original copy	1. मूल प्रति	1. मूल प्रति	1. मूल प्रति	1. मूल प्रति	1. मूल प्रति	1. मूल प्रति
Out of date	1. पुराना/ गतावधिक/ अप्रचलित	1. पुराना/ गतावधिक	1. पुराना/ गतावधिक/ अप्रचलित	1. अप्रचलित/ अनद्भवन	1. पुराना/ गतावधिक/ अप्रचलित/ गतप्रयोग	1. पुराना/ अप्रचलित
Out of order	1. खराब/चालू नहीं/ बिगड़ी दशा में 2. अव्यवस्थित/ अनियमित	1. खराब/चालू नहीं/ बिगड़ी दशा में 2. अव्यवस्थित/ अनियमित	1. बिगड़ी दशा में 2. अव्यवस्थित/ अनियमित	1. खराब/चालू नहीं/ बिगड़ी दशा में 2. नियमबाह्य	1. खराब/विकृत/ बिगड़ा हुआ/ चालू नहीं 2. नियमबाह्य	1. खराब/चालू नहीं/ बिगड़ी दशा में

1	2	3	4	5	6	7
Out of turn allotment	1. बिना पारी आबंटन	1. बिना पारी आबंटन	1. बिना पारी आबंटन 2. बिना पारी नियतन	1. पारी बाहर आबंटन	1. बिना पारी आबंटन	1. बिना पारी आबंटन
Out door Patients Department	1. बहिरंग रोगी विभाग, बाह्य रोगी विभाग	1. बहिरंग रोगी विभाग	1. बहिरंग रोगी विभाग, बाहरी रोगी विभाग, अनावासिक रोगी विभाग	1. बाहरी रोगी विभाग, वर्हिर्वासी रोगी विभाग	1. बहिरंग रोगी विभाग/ बाह्य रोगी विभाग	1. बाह्य रोगी विभाग
Outfit allowance	1. परिधान भत्ता	1. परिधान भत्ता	1. सज्जा भत्ता/ सामग्री भत्ता	1. परिधान भत्ता, सज्जा भत्ता	1. परिधान भत्ता/ सज्जा भत्ता	1. परिधान भत्ता
Outgoing files	1. जाने वाली फाइलें/निर्गामी फाइलें	1. जाने वाली फाइलें/ निर्गामी फाइलें/ निर्गामी मिसिलें	1. जाने वाली फाइलें/निर्गामी फाइलें/निर्गामी मिसिलें/निर्गामी पत्रावलियाँ	1. निर्गामी संचिका	1. जाने वाली फाइलें, निर्गामी फाइलें, संचिकायें, मिसिलें, बहिर्गमन फाइलें, बाहर जाने वाली फाइलें	1. जाने वाली फाइलें
Out lay	1. परिव्यय 2. प्रारूप/खाका	1. परिव्यय 2. प्रारूप/खाका	1. परिव्यय	1. उद्व्यय 2. खाका	1. उद्व्यय, खर्च 2. लागत	1. लागत 2. प्रारूप/खाका
Out put	1. उत्पादन/उत्पाद	1. उत्पादन	1. उत्पादन/ पैदावार 2. निकासी	1. उत्पादन 2. निष्पत्ति 3. पैदावार 4. प्रदान, अवदान	1. उत्पादन 2. किया काम 3. पैदावार/उपज/ प्रदान	1. उत्पादन/उत्पाद

1	2	3	4	5	6	7
Outstanding	1. उत्कृष्ट/प्रकृष्ट	1. उत्कृष्ट/विशिष्ट 2. बकाया/शेष	1. उत्कृष्ट/विशिष्ट 2. अवशिष्ट/ बकाया 3. अशोधित/अदत्त/ अप्राप्त/खड़ा	1. उत्कृष्ट 2. अप्राप्त/बकाया 3. अशोधित 4. परादेय/निर्वत्य	1. उत्कृष्ट 2. शेष/बकाया/ अवशिष्ट 3. अदत्त/अप्राप्त	1. उत्कृष्ट
Outward register	1. जावक रजिस्टर	1. जावक रजिस्टर	1. जावक रजिस्टर 2. जावक पंजी	1. जावक रजिस्टर	1. जावक रजिस्टर 2. जावक पंजी	1. जावक रजिस्टर
Outward returns	1. जावक विवरणियाँ	1. जावक विवरणियाँ	1. जावक विवरणियाँ	1. जावक विवरणियाँ	1. जावक विवरणियाँ	1. जावक विवरणियाँ
Over age	1. अधिक आयु	1. अधिक आयु	1. अधिकायु/ अतिवय	1. वयातीत	1. वयातीत, वयोत्तर, वयोपरि, निश्चित उम्र से ऊपर	1. अधिकायु
Over all	1. समस्त/समग्र/ कुल	1. समस्त/समग्र/ कुल	1. समस्त/सम्पूर्ण/ सर्व	1. समग्र 2. सर्वोपरि 3. सर्वच्छादी/ सर्वच्छाद 4. व्यापक	1. समस्त/कुल — 3. सर्वच्छादी 4. व्यापक 5. सब मिलाकर/ कुल मिलाकर	1. समस्त/कुल
Over due	1. अतिशोध्य 2. पुराना/बाकी	— 2. पुराना/बाकी	— 2. पुराना/बाकी	— 2. बीतकाल	— 2. पुराना/बाकी	— 2. पुराना/बाकी

1	2	3	4	5	6	7
		3. अत्यावधिक	3. अत्यावधिक	3. अवध्यतीत/	3. अत्यावधिक/ कालातीत	
			4. अतिप्राय	4. अतिदेय/खड़ा	4. विलम्बित देय	
Overestimate	1. अधिप्राक्कलन/ अधिक अनुमान (क्रि०) अधिक आँकना/अधिक कूतना	1. अधिक अनुमान/ अधिक प्राक्कलन (क्रि०) अधिक आँकना/अधिक कूतना	1. अधिप्राक्कलन/ अधिक अनुमान (क्रि०) अधिक आँकना/अधिक कूतना	1. अधिप्राक्कलन/ (क्रि०) अधिप्राक्कलन करना	1. अधिप्राक्कलन	— (क्रि०) अधिक आँकना/ अधिक कूतना
Over head Charge	1. ऊपरी खर्च	1. ऊपरी खर्च	1. ऊपरी खर्च/ सामान्य व्यय 2. कार्यालय व्यय	1. ऊपरी चार्ज/ ऊपरी व्यय	1. ऊपरी खर्च/ ऊपरी व्यय	1. ऊपरी खर्च
Over Payment	1. अधिक भुगतान/ अधिक अदायगी	1. अधिक भुगतान/ अधिक अदायगी	1. अधिक भुगतान/ अधिक अदायगी	1. अधिक भुगतान	1. अधिक भुगतान/ अधिक अदायगी 2. अधिशोधन/ अधिक शोधन 3. अधिक चुकौती	1. अधिक भुगतान/ अधिक अदायगी
Overhauling	1. जीर्णोद्धार	1. जीर्णोद्धार	1. जीर्णोद्धार करना	1. पुनर्योजन	1. पुनर्नवन/ पूर्ण परीक्षण	1. पूरी मरम्मत
	2. पूरी मरम्मत/ ओवर हाल	2. पूरी मरम्मत/ ओवर हाल	2. ओवर हाल करना	2. पूरी मरम्मत/ ओवर हाल 3. प्रतिसंस्कार		
Over time	1. अतिरिक्त समय	1. अतिरिक्त समय	1. अतिरिक्त समय	1. अधिसमय	1. अतिरिक्त समय/ अधिसमय/ अधिक समय	1. अतिरिक्त समय
			2. अतिकाल	2. समयोपरि/ अतिसमय		

1	2	3	4	5	6	7
Over time allowance	1. अतिरिक्त समय भत्ता/ समयोपरि भत्ता	1. अतिरिक्त समय भत्ता	1. अतिरिक्त समय भत्ता/ अतिकाल भत्ता/ समयोपरि भत्ता	1. अधिसमय भत्ता	1. अतिरिक्त समय भत्ता	1. अतिरिक्त समय भत्ता
Owning authority	1. स्वामी प्राधिकारी/ मालिक प्राधिकारी	1. स्वामी प्राधिकारी/ मालिक प्राधिकारी	1. स्वामी प्राधिकारी/ मालिक प्राधिकारी	1. स्वामी प्राधिकारी	1. स्वामी प्राधिकारी	1. स्वामी प्राधिकारी

P

1	2	3	4	5	6	7
Packet	1. पुलिंदा/पैकेट	1. पुलिंदा/पैकेट	1. पुलिंदा/पैकेट	1. पुलिंदा/पैकेट	1. पुलिंदा/पैकेट/ पुड़ा/बंडल/ संवेष्टिका	1. पुलिंदा/पैकेट
Pact	1. समझौता	1. समझौता	1. समझौता	1. समझौता/संधि/ अभिविदा	1. समझौता/संधि/ प्रतिश्राव 2. वचन-पत्र	2. समझौता
Pad	1. गद्दी/पैड	1. गद्दी/पैड	1. गद्दी/पैड 2. पत्रपुंज, (चिकित्सा) उपधान	1. गद्दी/उपधानी 2. पैड/तल्प (क्रिया) उपधापन	1. गद्दी/उपधानी 1. पैड/पत्रचय/ लेखनपत्र चय	1. गद्दी/पैड
Pad, Ink	1. स्याही पैड/ मसिपैड	1. स्याही पैड/ मसिपैड	1. स्याही पैड/ मसिपैड	1. स्याही/पैड मसितल्प	1. स्याही पैड/ मसीतल्प	1. स्याही पैड
Pad, Letter	1. पत्र पैड	1. पत्र पैड	1. पत्र पैड/पत्रपुंज पैड	1. पत्राली	1. पत्र पैड	1. पत्र पैड
Pad, Writing	1. लेखन पैड	1. लेखन पैड	1. लेखन-पट	1. लेखन पैड	1. लेखनपैड	1. लेखन पैड

1	2	3	4	5	6	7
Pagination	1. पृष्ठसंख्या डालना	1. पृष्ठसंख्या डालना	1. पृष्ठसंख्या डालना/ पृष्ठसंख्या देना/ पृष्ठ पर नंबर डालना 2. पृष्ठ संख्या	1. पृष्ठ-संख्यापन	1. पृष्ठसंख्या डालना	1. पृष्ठसंख्या डालना
Paid	1. प्रदत्त/दत्त	1. प्रदत्त/	1. प्रदत्त/दत्त/ दत्तशुल्क	1. संदत्त	1. दत्त	—
	2. सवेतन	2. सवेतन	2. सवेतन/वैतनिक	2. वैतनिक	2. अदा किया हुआ	
	3. भुगतान किया हुआ/ अदा किया हुआ	3. भुगतान किया हुआ अदा किया हुआ	3. भुगतान किया हुआ/ अदा किया हुआ/ भुगतान हुआ/ अदा किया/ दे दिया/शोधित	3. भुगतान किया हुआ/ भुगतान किया	3. भुगतान किया हुआ/ चुकाया हुआ	3. भुगनान किया हुआ/ अदा किया हुआ
					4. दत्तभारक 5. वैतनिक	
Painter	1. रंगसाज	—	1. रंगसाज/पेंटर	1. रंगसाज/रंजक	1. रंगसाज/रंगेरा/ रंग पोतने वाला/ रंगलेपक	1. रंगसाज
	2. चित्रकार		2. चित्रकार 3. प्रलेपक	2. चित्रकार 3. पागर (परिवहन)	2. पेंटर/चित्रकार	2. चित्रकार
Pamphlet	1. पुस्तिका	1. पुस्तिका	1. पुस्तिका	1. ग्रंथिका/ पैम्फ़लेट	1. पुस्तिका/ लघुपुस्तिका/ चौपन्ना/पैम्फ़लेट	1. पुस्तिका

1	2	3	4	5	6	7
Panel	1. नामिका	1. नामिका/पैनेल	1. नामिका 2. (सार्व० नि०) परदा/दिल्हा 3. खंड/फलक	1. नामिका/तालिका/पैनेल 2. दिल्हा/पल्ला 3. खंड/पट्टा/फलक (क्रिया) दिल्हा लगाना	1. नामिका/क्रम-सूची/तालिका 2. पटिया	1. नामिका
Par-excellenee	1. श्रेष्ठ, उत्कृष्ट	1. श्रेष्ठ, उत्कृष्ट	1. श्रेष्ठ, उत्कृष्ट	1. श्रेष्ठ, उत्कृष्ट	1. श्रेष्ठ, उत्कृष्ट	1. श्रेष्ठ, उत्कृष्ट
Parity	1. समानता, बराबरी	1. समानता, बराबरी	1. समानता, समता	1. समानता, समता, साम्य 2. अनुरूपता 3. सममूल्य-दर	1. समानता, समतुल्यता, बराबरी	1. समानता, बराबरी
Parliament	1. संसद	1. संसद	1. संसद	1. संसद, पार्लियामेंट	1. संसद	1. संसद
Parliamentary	1. संसदीय	1. संसदीय	1. संसदीय	1. संसदीय, सांसद, संसद्-	1. संसदीय, सांसद, संसद्-	1. संसदीय
Parliamentary affairs	1. संसदीय कार्य	1. संसदीय कार्य	1. संसदीय कार्य	1. संसदीय कार्य	1. संसदीय कार्य	1. संसदीय कार्य
Parliamentary democracy	1. संसदीय लोकतंत्र	1. संसदीय लोकतंत्र	1. संसदीय लोकतंत्र	1. संसदीय लोकतंत्र	1. संसदीय लोकतंत्र	1. संसदीय लोकतंत्र
Part file	1. खंड फ़ाइल, खंड मिसिल/ खंड संचिका	1. खंड फ़ाइल	1. खंड फ़ाइल, खंड मिसिल, खंड संचिका, खंड पन्नावली	1. खंड संचिका	1. खंड फ़ाइल. खंड मिसिल	1. खंड फ़ाइल

1	2	3	4	5	6	7
Part time	1. अंशकालिक	1. अंशकालिक	1. अंशकालिक	1. अंशकालिक	1. अंशकालिक	1. अंशकालिक
Partiality	1. पक्षपात	1. पक्षपात	1. पक्षपात	1. पक्षपात, तरफ़दारी, अनुरक्ति	1. पक्षपात	1. पक्षपात
Particulars	1. ब्यौरा, विशिष्टियाँ	1. ब्यौरा, विशिष्टियाँ	1. ब्यौरा, विशिष्टियाँ, विवरण	1. ब्यौरा, विवरण, विशिष्टियाँ	1. ब्यौरा, विवरण, विशिष्टियाँ	1. ब्यौरा
Partition	1. विभाजन, बँटवारा	1. विभाजन, बँटवारा	1. विभाजन, बँटवारा	1. विभाजन, बँटवारा	1. विभाजन, बँटवारा	1. विभाजन, बँटवारा
Partnership deed	1. साझापत्र, भागिता-विलेख	1. साझापत्र	1. साझापत्र, भागिता-विलेख	1. साझापत्र साझेदारी पत्र	1. साझापत्र, भागिता-विलेख	1. साझापत्र
Pass	1. (संज्ञा) पास	1. पास	1. पास, प्रवेशपत्र	1. पास/प्रवेशपत्र/ अनुमति पत्र	1. पास/प्रवेश-पत्र	1. पास/प्रवेशपत्र
	2. पारण	2. पारण	2. यात्रापत्र	2. पारण	2. पार-पत्र	2. पार-पत्र
			3. दर्रा, गली	3. दर्रा	3. दर्रा, घाटी	
			4. संकट दशा/ स्थिति	4. संकटापन्न अवस्था/ नाजुक हालत		
	1. (क्रिया) पास करना	1. (क्रिया) पास करना	1. (क्रिया) पास करना/ संक्रान्त करना/ पारित करना/ पारित होना/	1. पारित होना/ पारित करना/ पास करना/ पास होना/	1. पास करना/ पारित करना	1. (क्रिया) पास करना
	2. पार जाना/ गुज़ारना	2. पार जाना/ गुज़रना	2. गुज़रना/ आगे बढ़ाना	2. पार जाना/ गुज़र जाना	2. पार करना	2. पार जाना

1	2	3	4	5	6	7
			3. उत्तीर्ण होना	3. उत्तीर्ण होना	3. उत्तीर्ण करना	
			4. बीतना/बिताना	4. देना		
			5. पास जाना	5. चला जाना		
Pass bills	1. बिल पास करना	1. बिल पास करना	1. बिल पास करना	1. बिल पास करना	1. बिल पास करना	1. बिल पास करना
Passage	1. मार्ग/गली/गलियां	1. मार्ग/गली	1. निर्गम/गलियारा/रास्ता/मार्ग	1. मार्ग/गली/पथ/रास्ता	1. मार्ग/गली/पथ/पगडंडी	1. मार्ग/गली
	2. किराया	2. किराया	2. किराया	2. मार्गव्यय	2. किराया	2. किराया
	3. अंश/उद्धरण	3. अंश, उद्धरण	3. (लेखा, भाषण आदि का) अंश/उद्धरण	3. लेखांश	3. लेखांश/लेख्यांश	3. अंश
	4. यात्रा	4. यात्रा	4. यात्रा	4. यात्रा		4. यात्रा
			5. यात्राधिकार/गमनाधिकार	—		
			6. निर्गम	—		
			7. पारण	7. पारण	7. पारण	
Passport	1. पारपत्र, पासपोर्ट	1. पासपोर्ट, पारपत्र	1. पासपोर्ट, पारपत्र, वीसा	1. पासपोर्ट, पारपत्र	1. पारपत्र, पासपोर्ट	1. पारपत्र, पासपोर्ट
Patent	1. पेटेंट, एकस्व	1. पेटेंट, एकस्व	1. पेटेंट, एकस्व	1. पेटेंट, एकस्व	1. पेटेंट, एकस्व	1. पेटेंट, एकस्व
				2. प्रत्यक्ष, सुस्पष्ट		
Patron	1. संरक्षक	1. संरक्षक	1. संरक्षक	1. संरक्षक	1. संरक्षक	1. संरक्षक
	2. प्रश्रयदाता	2. प्रश्रयदाता	2. प्रश्रयदाता	—	2. आश्रयदाता	
Patronage	1. संरक्षण	1. संरक्षण	1. संरक्षण	1. संरक्षण	1. संरक्षण	1. संरक्षण
			2. संरक्षकत्व	—	—	
			3. प्रश्रय	3. प्रश्रय	3. प्रश्रय, आश्रय	

1	2	3	4	5	6	7
Pay	1. वेतन	1. वेतन	1. वेतन	1. वेतन, तनख्वाह	1. वेतन, तनख्वाह	1. वेतन, तनख्वाह
Pay, advance	1. अग्रिम वेतन	1. अग्रिम वेतन	1. अग्रिम वेतन, अग्रिम	1. अग्रिम वेतन	1. अग्रिम वेतन	1. अग्रिम वेतन
Pay, Basic	1. मूल वेतन	1. मूल वेतन	1. मूल वेतन	1. मूल वेतन	1. मूल वेतन	1. मूल वेतन
Pay-bill	1. वेतन बिल, वेतन-विपत्र	1. वेतन विल, वेतन-पत्र	1. वेतन-पत्र, वेतन-बिल	1. वेतन बिल वेतन-विपत्र	1. वेतन बिल, वेतन-देयक, वेतन-पत्र	1. वेतन बिल
Pay-day	1. वेतन दिवस	1. वेतन दिवस	1. वेतन दिवस	1. वेतन दिवस	1. वेतन दिन 2. शोधन दिवस	1. वेतन दिन
Pay —, Fixed	1. नियत वेतन	1. नियत वेतन	1. नियत वेतन	1. नियत वेतन	1. नियत वेतन	1. नियत वेतन
Pay —, Personal	1. वैयक्तिक वेतन	1. वैयक्तिक वेतन	1. वैयक्तिक वेतन, व्यक्तिक वेतन	1. वैयक्तिक वेतन, निजी वेतन	1. वैयक्तिक वेतनन, निजी वेतन	1. वैयक्तिक वेतन, निजी वेतन
Pay —, Presumptive	1. प्रकल्पित वेतन	1. प्रकल्पित वेतन	1. प्रकल्पित वेतन	1. प्रकल्पित वेतन, संभावित वेतन, कल्पित वेतन	1. प्रकल्पित वेतन, संभावी वेतन	1. संभावी वेतन
Pay —, special	1. विशेष वेतन	1. विशेष वेतन	1. विशेष वेतन	1. विशेष वेतन	1. विशेष वेतन	1. विशेष वेतन
Pay —, substantive	1. मूलपद वेतन	1. संस्थाई वेतन, मौलिक पद वेतन	1. मौलिक पद वेतन	1. मौलिक पद वेतन	1. मूल पद वेतन, मौलिक पद वेतन	1. मूल पद वेतन
Pay order	1. अदायगी आदेश	1. भुगतान आदेश	1. अदायगी आदेश, भुगतान आदेश	1. भुगतान आदेश, अदायगी आदेश	1. भुगतान आदेश, अदायगी आदेश	1. भुगतान आदेश,
Pay roll	1. वेतन-पत्रक	1. वेतन-पत्रक	1. वेतन-पत्रक	1. वेतन-चिट्ठा, वेतन-पत्रक	1. वेतन-पत्रक	1. वेतन-पत्रक

1	2	3	4	5	6	7
Pay-scale	1. वेतनमान	1. वेतनमान	1. वेतनमान	1. वेतनमान	1. वेतनमान	1. वेतनमान
Pay-slip	1. वेतन-पर्ची	1. वेतन-पर्ची	1. वेतन-पर्ची	1. वेतन-पर्ची, वेतन-पत्र	1. वेतन-पर्ची	1. वेतन-पर्ची
Payable	1. देय/भुगतानी	1. भुगतान योग्य, देय	1. देय, शोधनीय	1. भुगतानी, संदेय, देय, भुगतान के लायक़	1. देय, भुगतान योग्य, भुगताये जाने योग्य, दिये जाने योग्य	1. देय, भुगतान योग्य
Payee	1. पानेवाला, आदाता	1. आदाता, पानेवाला, प्राप्तकर्त्ता	1. पानेवाला, आदाता	1. प्राप्तकर्त्ता, पानेवाला, आदाता	1. पानेवाला, रुपए पानेवाला, आदाता, भुगतानगृहीता	1. पानेवाला
Payer	1. भुगतानकर्त्ता 2. दाता	1. भुगतानकर्त्ता, देनेवाला 2. दाता	1. भुगतानकर्त्ता, देनेवाला 2. दाता	1. प्राप्तकर्त्ता, पानेवाला 2. आदाता	1. देनेवाला, चुकानेवाला 2. दाता, भुगतान करने वाला, शोधन	1. भुगतानकर्त्ता 2. दाता
Payment	1. भुगतान, संदाय, देना	1. भुगतान, अदायगी	1. भुगतान, संदाय, शोधन, अदायगी 2. व्यय (देय, मूल्य शुल्क आदि)	1. भुगतान, संदाय, अदायगी	1. भुगतान, अदायगी, चुकान, शोधन	1. भुगतान
Pecuniary	1. धनसंबंधी	1. धनसंबंधी	1. धनसंबंधी, आर्थिक	1. धनसंबंधी, आर्थिक, धनीय	1. धनसंबंधी आर्थिक, धनविषयक, वैत्तिक	1. धनसंबंधी
Pediatrician	1. बाल-चिकित्सक	1. बाल-चिकित्सक	1. बालरोग चिकित्सक	1. बालरोग चिकित्सक	1. बाल-चिकित्सक	

1	2	3	4	5	6	7
Penal code	1. दंड-संहिता	1. दंड-संहिता	1. दंड-संहिता	1. दंड-संहिता	1. दंड-संहिता	1. दंड-संहिता
Penal rent	1. दंड-स्वरूप किराया	1. दंडस्वरूप किराया	1. दंड-स्वरूप किराया	1. दंड-स्वरूप किराया	1. दंड-स्वरूप किराया	1. दंड-स्वरूप किराया
Penalty	1. दंड 2. अर्थदंड, जुर्माना 3. शास्ति	1. दंड 2. अर्थदंड 3. शास्ति	1. दंड 2. अर्थदंड 3. शास्ति	1. दंड 2. अर्थदंड, पेनाल्टी 3. शास्ति	1. दंड — 3. शास्ति	1. दंड 2. जुर्माना
Pending	1. अनिर्णीत, पड़ा हुआ, रुका हुआ, लंबित 2. तक/पर्यन्त	1. लंबित, अनिर्णीत, रुका हुआ, पड़ा हुआ 2. तक/पर्यन्त	1. अनिर्णीत, विचाराधीन, पड़ा हुआ, रुका हुआ/लंबित, अनिस्तारित, अनिर्वतित	1. लंबित, लंबित रहने तक 2. पर्यन्त, अवधि में	1. लंबित, लम्बमान, अनिर्णीत, निलम्बित, पड़ा हुआ, विचाराधीन 2. तक/पर्यन्त	1. निलम्बित
Pensionable	1. पेंशनयोग्य, पेंशनी	1. पेंशनयोग्य	1. पेंशनयुक्त, सनिवृत्तिक	1. पेंशनयोग्य, निवृत्ति-वेतन योग्य/पेंशनी	1. पेंशनयोग्य, सनिवृत्ति-वेतन, निवृत्ति-वेतन योग्य	1. पेंशनयोग्य
Pensionable Post	1. पेंशनी पद	1. पेंशनी पद	1. पेंशनयुक्त पद	1. पेंशनी पद	1. पेंशनी पद	1. पेंशनी पद
Pensioner	1. पेंशनभोगी	1. पेंशनभोगी	1. पेंशनभोगी, पेंशनग्राही	1. पेंशनभोगी, निवृति-वेतन-भोगी	1. पेंशनभोगी, निवृत्ति वैतनिक, निवृत्ति वेतनभोगी	1 पेंशनभोगी
Pen-tray	1. क़लमदान	1. क़लमदान	1. लेखनी-घर, लेखनी-धरन	1. क़लमदान	1. क़लमदान	—

1	2	3	4	5	6	7
Per annum	1. प्रतिवर्ष, वार्षिक, सालाना	1. वार्षिक, प्रतिवर्ष, सालाना	1. प्रतिवर्ष, वार्षिक, सालाना	1. प्रतिवर्ष, वार्षिक, सालाना	1. प्रतिवर्ष, वार्षिक, सालाना	1. सालाना
Per bearer	1. वाहक द्वारा, पत्रवाहक द्वारा	1. पत्रवाहक द्वारा, वाहक द्वारा	1. पत्रवाहक द्वारा, वाहक द्वारा	1. वाहक द्वारा, पत्रवाहक द्वारा	1. वाहक द्वारा, पत्रवाहक द्वारा, वाहक के हाथ	1. वाहक के हाथ, वाहक द्वारा
Per capita	1. प्रतिव्यक्ति	1. प्रतिव्यक्ति	1. प्रतिव्यक्ति	1. प्रतिव्यक्ति, व्यक्तिवार	1. प्रतिव्यक्ति, व्यक्तिपरक	1. प्रतिव्यक्ति
Percent	1. प्रतिशत, फ़ीसदी	1. प्रतिशत	1. प्रतिशत, फ़ीसदी	1. प्रतिशत, फ़ीसदी	1. प्रतिशत, सैकड़ा, प्रतिसैकड़ा	1. प्रतिशत
Performance	1. निष्पादन, पालन	1. निष्पादन	1. पालन, कला, कौशल 2. अभिनय, खेल, प्रदर्शन	1. पालन, कार्यसंपादन, संपादन 2. प्रदर्शन 3. करना (किसी काम को), काम	1. निष्पादन, सम्पादन 2. प्रदर्शन 3. काम, अनुष्ठान, कृति 4. पालन	1. निष्पादन, पालन
Performance register	1. निष्पादन रजिस्टर	1. निष्पादन रजिस्टर	1. निष्पादन रजिस्टर, निष्पादन-पंजी	1. निष्पादन रजिस्टर, कार्य-सम्पादन रजिस्टर	1. निष्पादन रजिस्टर, निष्पादन-पंजी	1. निष्पादन रजिस्टर
Period	1. अवधि, कालावधि	1. अवधि	1. अवधि, कालावधि 2. (शिक्षा) घंटा	1. अवधि, कालावधि — 3. काल, 4. युग	1. अवधि, कालावधि 2. घंटा 3. काल, समय 4. युग	1. अवधि

1	2	3	4	5	6	7
Periodical	1. (सं०) पत्र/ सामायिकी/ पत्रिका	1. सामयिक पत्र/पत्रिका	1. आवधिक पत्र/ पत्रिका	1. सामयिकी/ पत्रिका, नियतकालिक पत्रिका	1. सावधि पत्र, नियतकालिक पत्रिका	1. नियतकालिक पत्रिका
	(वि०) आवधिक, समय-समय पर, सामयिक, कालिक	(वि०) आवधिक, समय-समय पर	(वि०) आवधिक, सामयिक, कालिक, नियत-कालिक	(वि०) आवधिक, सामयिक, कालिक, नियतकालिक	(वि०) नियत-कालिक, कालिक	
Periodical inspection	1. आवधिक निरीक्षण, समय-समय पर निरीक्षण	1. समय-समय निरीक्षण, आवधिक निरीक्षण	1. आवधिक निरीक्षण, समय-समय पर निरीक्षण	1. आवधिक निरीक्षण, नियतकालिक निरीक्षण	1. आवधिक निरीक्षण, समय-समय पर निरीक्षण	निरीक्षण
Periodical report	1. आवधिक रिपोर्ट	1. आवधिक रिपोर्ट	1. आवधिक रिपोर्ट, नियतकालिक रिपोर्ट	1. आवधिक रिपोर्ट, नियतकालिक रिपोर्ट/प्रतिवेदन	1. आवधिक रिपोर्ट	1. आवधिक रिपोर्ट
Periodical return	1. आवधिक विवरणी	1. आवधिक विवरणियाँ	1. आवधिक विवरण, नियतकालिक विवरण	1. आवधिक विवरणी, नियतकालिक विवरणी	1. आवधिक विवरण, नियतकालिक विवरण नियतकालिक प्रविवरण	1. आवधिक विवरणी
Perishable	1. विनाशवान	1. विनाशवान	1. विनाशवान	1. विनश्वर, नाशवान, विनाशवान, बिगड़नेवाला	1. बिगड़नेवाली शीघ्रनाशी, नश्वर, क्षयशील, नाशवान	1. बिगड़नेवाली

1	2	3	4	5	6	7
Permanency	1. स्थायित्व	1. स्थायित्व	1. स्थायित्व	1. स्थायित्व	1. स्थायित्व	1. स्थायित्व
Permanent	1. स्थायी	1. स्थायी	1. स्थायी	1. स्थायी	1. स्थायी	1. स्थायी
Per mensum	1. प्रतिमाह, माहवार	1. प्रतिमास	1. प्रतिमास, माहवार	1. प्रतिमाह	1. प्रतिमास, माहवार	1. प्रतिमास
Permisible	1. अनुमेय, अनुज्ञेय 2. क्षम्य	1. अनुमेय, अनुज्ञेय 2. क्षम्य	1. अनुज्ञेय	1. अनुज्ञेय, अनुमत	1. अनुमेय, अनुज्ञेय, स्वीकार्य	1. अनुमेय
Permission	1. अनुज्ञा, अनुमति	1. अनुमति, अनुज्ञा	1. अनुज्ञा, अनुमति	1. अनुज्ञा, अनुमति	1. अनुज्ञा, अनुमति	1. अनुमति
Permit	1. (सं) अनुज्ञा-पत्र परमिट (क्रि०) अनुज्ञा देना	1. अनुज्ञा-पत्र, परमिट (क्रि०) अनुज्ञा देना	1. अनुज्ञा-पत्र, परमिट, अनुज्ञा (क्रि०) अनुज्ञा देना	1. अनुज्ञा-पत्र, परमिट, अनुमति-पत्र (क्रि०) अनुज्ञा, अनुमति देना	1. परमिट, अनुज्ञा-पत्र, अनुज्ञा (क्रि०) अनुज्ञा/ अनुमति देना	1. परमिट (क्रि०) अनुमति देना
Permitted	1. अनुज्ञप्त/अतुमति-प्राप्त 2. अनुमति दी जाती है	1. अनुज्ञप्त, अनुमतिप्राप्त 2. अनुमति दी जाती है	1. अनुज्ञात	1. अनुज्ञा-प्राप्त, अनुज्ञात, परमिटधारी	1. अनुज्ञात, अनुज्ञापित	1. अनुमतिप्राप्त, 2. अनुमति दी जाती है
Perpetual	1. शाश्वत	1. शाश्वत	1. शाश्वत, चिरस्थायी	1. शाश्वत, चिरस्थायी	1. शाश्वत, चिरस्थायी	1. चिरस्थायी
Personal	1. वैयक्तिक	1. वैयक्तिक	1. वैयक्तिक, व्यक्तिगत	1. वैयक्तिक, निजी	1. वैयक्तिक, स्वीय, निजी, दैहिक, आत्मीय	1. वैयक्तिक

1	2	3	4	5	6	7
Personal —assistant	1. वैयक्तिक सहायक	1. वैयक्तिक सहायक	1. वैयक्तिक सहायक	1. वैयक्तिक सहायक, निजी सहायक	1. वैयक्तिक सहायक	1. वैयक्तिक सहायक
Personnel	1. कार्मिक	1. कार्मिक	1. कार्मिक	1. कार्मिक, कार्मिकी	1. कार्मिक कर्मचारीवर्ग सेविवर्ग 2. सदस्यगण	1. कार्मिक
Perspective	1. संदर्श/परिप्रेक्ष्य	1. संदर्श	1. सदर्श/परिदृष्टि	1. संदर्श/अनुदृष्टि	1. स्वरूप/दृष्टिकोण	1. संदर्श
Persuade	1. समझाना/मनाना 2. सहमत कराना	1. समझाना/मनाना 2. सहमत करना	1. समझाना-बुझाना/मनाना 2. सहमत करना/विश्वास दिलाना	1. समझाना/मनाना — 3. अनुनय करना	1. समझाना/मनाना/समझाना-बुझाना — 3. अनुनय करना	1. समझाना/मनान २. सहमत करना
Persuasion	1. समझाना-बुझाना/मनाना 2. अनुनय/प्रवर्तन	1. समझाना/मनाना/बुझाना २. अनुनय	1. समझाना-बुझाना/मनाना २. अनुनय	1. मनाना 2. अनुनय	1. मनाना/मनुहार/समझाना 2. अनुनय	1. समझाना-बुझाना/मनाना —
Perusal	1. अवलोकन/देखना	1. अवलोकन/देखना	1. अवलोकन/देखना 2. परिशीलन	1. अवलोकन — 3. पढ़ना	1. अवलोकन/ २. परिशीलन/वाचन 3. पढ़ना 4. अवलोकनार्थ	1. अवलोकन
Petition	1. याचिका/अर्जी	1. याचिका	1. याचिका/अर्जी	1. याचिका/अर्जी 2. प्रार्थना-पत्र	1. याचिका/अर्जी/याचिका-पत्र २. प्रार्थना पत्र 3. आवेदन-पत्र	1. याचिका/अर्जी

1	2	3	4	5	6	7
Plaintiff	1. वादी	1. वादी	1. वादी	1. वादी/मुद्दई	1. वादी	1. वादी
Plan	1. योजना	1. योजना	1. योजना/ परियोजना 2. नक्शा/रेखांक	1. योजना/ आयोजन/प्लान 2. खाका/नक्शा/ आलेख 3. उपाय	1. योजना/ आयोजन/प्लान/ उपाय 2. खाका/ योजनाचित्र/ मानचित्र/रेखाचित्र	1. योजना
Planner	1. योजनाकार	1. योजनाकार	1. योजनाकार/ नियोजनाकार/ नियोजक	1. योजनाकार आयोजक	1. योजनाकार	1. योजनाकार
Planning	1. योजना 2. योजना बनाना	1. योजना/आयोजना 2. योजना बनाना	1. योजना 2. योजना बनाना 3. नियोजन	1. योजन/आयोजन आयोजना 2. योजना बनाना, आयोजना बनाना	1. आयोजना/ योजना/ आयोजना 2. योजना बनाना आयोजना बनाना	1. योजना
Planning Commission	1. योजना आयोग	1. योजना आयोग	1. योजना आयोग	1. योजना आयोग	1. योजना आयोग	1. योजना कमीशन
Pleader	1. अधिवक्ता/ प्लीडर	1. अधिवक्ता/ प्लीडर	1. अभिवक्ता/ प्लीडर	1. अभिवक्ता/वकील	1. अभिवक्ता/ वकील/प्लीडर 2. अभिभावक	1. वकील
Pleasure	1. प्रसाद	1. प्रसाद	1. प्रसाद/प्रसन्नता/हर्ष 2. सुख/आनन्द 3. अच्छा	1. प्रसाद 2. सुख/आह्लाद	1. प्रसाद, प्रसन्नता 2. सुख/विहार	1. प्रसाद

1	2	3	4	5	6	7
Plenary	1. पूर्ण	1. पूर्ण	1. पूर्ण	1. पूर्ण	1. पूर्ण/संपूर्ण 2. सर्वांगीण	1. पूर्ण
Plenary Conference	1. पूर्ण सम्मेलन	1. पूर्ण सम्मेलन	1. पूर्ण सम्मेलन	1. पूर्ण सम्मेलन	1. पूर्ण सम्मेलन 2. सर्वांगीण सम्मेलन	1. पूर्ण सम्मेलन
Plenary Session	1. पूर्ण अधिवेशन	1. पूर्ण अधिवेशन	1. पूर्ण अधिवेशन/ प्रारम्भिक अधिवेशन	1. पूर्ण अधिवेशन/ पूर्ण सम्मेलन	1. पूर्ण अधिवेशन 2. सर्वांगीण/ संपूर्ण अधिवेशन	1. पूर्ण अधिवेशन
Plus amendments & minus amendments	1. वृद्धि के संशोधन और कमी के संशोधन	1. वृद्धि के संशोधन एवं कमी के संशोधन	1. वृद्धि के संशोधन एवं कमी के संशोधन	1. वृद्धि के संशोधन एवं कमी के संशोधन	1. वृद्धि के संशोधन एवं कमी के संशोधन	—
Police	1. आरक्षी/पुलिस	1. आरक्षी/पुलिस	1. आरक्षी/पुलिस	1. आरक्षी/पुलिस	1. आरक्षी/आरक्षक/ पुलिस	1. आरक्षी, पुलिस
Policy	1. बीमा-पालिसी/ बीमा 2. नीति	1. बीमा-पालिसी/ बीमापत्र 2. नीति	1. पालिसी 2. नीति	1. बीमा-पालिसी 2. नीति	1. बीमा-पालिसी 2. पालिसी/नीति/ कार्य-नीति	1. बीमा-पालिसी 2. नीति
Poll	1. मतदान	1. मतदान	1. मतदान 2. मतसंख्या/ मतगणना	1. मतदान/ मतदान करना/ वोट डालना 2. मतसंख्या	1. मतदान/ मत डालना/देना/ वोट देना 2. मतसंख्या/ मतदत्तसंख्या 3. मतस्थान/ मतदान स्थान	1. मतदान

1	2	3	4	5	6	7
Pool staff	1. पूल अमला/ पूल कर्मचारी	—	1. समुच्चय/ कर्मचारीवर्ग	—	—	—
Port Conservator	1. पत्तन संरक्षक	1. पत्तन संरक्षक	1. पत्तन संरक्षक	1. पत्तन संरक्षक	1. पत्तन संरक्षक	1. पत्तन संरक्षक
Port trust	1. पत्तन-प्रबंध समिति/ पत्तन-न्यास	1. पत्तन-प्रबंध समिति	1. पत्तन-प्रबंध समिति	1. पत्तन-प्रबंध समिति	1. पत्तन-प्रबंध समिति	1. पत्तन-प्रबंध समिति
Porter	1. पोर्टर/भारिता	1. पोर्टर/भारिता	1. पोर्टर/भारिक/ मोटिया	1. भारवाह/कुली 2. द्वारपाल/दरबान / प्रतीहार	1. भारिका 2. द्वारपाल	1. पोर्टर
Portfolio	1. संविभाग	1. संविभाग	1. विभाग/ कार्यविभाग	1. संविभाग/विभाग पोर्टफ़ोलियो 2. पत्राधानी	1. मंत्री का कार्य-विभाग/ पोर्टफ़ोलियो	—
Possession	1. कब्ज़ा	1. कब्ज़ा/ स्वाधीनता	1. कब्ज़ा/भोग परिग्रह	1. कब्ज़ा/ स्वाधिकार 2. कब्ज़ाधीन क्षेत्र/ कब्ज़ाकृत क्षेत्र	1. कब्ज़ा/स्ववश अधिकार/ अधिभोग आधिपत्य 2. धारण	1. कब्ज़ा
Post	1. पद 2. डाक 3. केन्द्र	1. पद 2. डाक 3. केन्द्र	1. पद 2. डाक 3. केन्द्र	1. पद/पदस्थापन करना 2. डाक/उत्तर —	1. पद/स्थान/जगह 2. डाक/प्रेष —	1. पद 2. डाक 3. केन्द्र

1	2	3	4	5	6	7
	4. चौकी	4. चौकी	4. चौकी (पुलिस/ सेवा) 5. खंम्भा/स्तम्भ		4. चौकी/प्रहरी/ स्थान 5. खम्भा, खम्भ/ दण्ड, स्तम्भ	4. चौकी
Post, Permanent pensionable	1. स्थायी पेंशनी पद	1. स्थायी पेंशन-योग पद/ स्थायी पेंशन पद	1. स्थायी पेंशनी पद	1. स्थायी पेंशन पद	1. स्थायी पेंशन पद	1. स्थायी पेंशन पद
Post, selection	1. प्रवरण पद/ सेलेक्शन पद	1. प्रवरण पद/ चयन पद	1. प्रवरण पद/ सेलेक्शन पद	1. प्रवरण पद	1. प्रवरण पद	1. प्रवरण पद
Post, Substantive	1. मौलिक पद/ मूल पद	1. मौलिक पद	1. मौलिक पद/ मूल पद	1. मौलिक पद	1. मौलिक पद/ मूल पद	1. मूल पद
Post-dated	1. उत्तर-तारीख़ी/ उत्तर दिनांकित	1. उत्तर-दिनांकित	1. उत्तर-तारीख़ी/ उत्तर-दिनांकित	1. उत्तर-दिनांकित	1. उत्तर-तारीख़ी/ उत्तर-दिनांकित, उत्तर तिथि/ उत्तर तिथीय/ बाद की तारीख़-का	1. बाद की तारीख़ का
Post-graduate	1. स्नातकोत्तर	1. स्नातकोत्तर	1. स्नातककोत्तर	1. स्नातककोत्तर	1. स्नातकोत्तर/ अधिस्नातक	1. स्नातकोत्तर
Postal certificate	1. डाक प्रमाणपत्र	1. डाक प्रमाणपत्र	1. डाक प्रमाणपत्र	1. डाक प्रमाणपत्र	1. डाक प्रमाणपत्र	1. डाक प्रमाणपत्र
Postal copies	1. डाक प्रतियाँ	1. डाक प्रतियाँ	1. डाक प्रतियाँ	1. डाक प्रतियाँ	1. डाक प्रतियाँ	1. डाक प्रतियाँ
Posthumous	1. मरणोपरांत/ मरणोत्तर	1. मरणोपरांत/ मरणोत्तर	1. मरणोत्तर	1. मरणोपरांत	1. मरणोपरांत/ मरणोत्तर/ मृत्युत्तर	1. मरणोपरांत

1	2	3	4	5	6	7
Posting	1. तैनाती/ पद-स्थापना	1. पदस्थान/ पदस्थापना	1. तैनाती, स्थापन/ पदस्थापना 2. प्रविष्टि 3. प्रेषण	1. पदस्थापन, डाक में छोड़ना, डाक में डालना	1. तैनाती, पदस्थापना	1. तैनाती
Postpone	1 मुल्तवी करना	1. मुल्तवी करना	1. मुल्तवी करना/ स्थगित करना	1. मुल्तवी करना/ स्थगित करना	1. मुल्तवी करना/ स्थगित करना/ विलम्बित करना/ आगे ढकेल देना/ आगे हटा देना	1. मुल्तवी करना
Power	1. शक्ति 2. बिजली	1 शक्ति/अधिकार 2. बिजली/विद्युत	1. शक्ति/अधिकार/ अख़्तियार 2. बिजली/विद्युत	1. शक्ति 2. बिजली 3. घात	1. शक्ति/सामर्थ्य/ अधिकार 2. बिजली/विद्युत (क्रि०) शक्ति हथिया लेना, सत्तारूढ़ होना, अधिकार ग्रहण करना	1. शक्ति 2. बिजली
Powerhouse	1. बिजलीघर	1. बिजलीघर	1. बिजलीघर	1. बिजलीघर	1. बिजलीघर/ विद्युतगृह	1. बिजलीघर
Power of Attorney	1. मुख़्तारनामा	1. मुख़्तारनामा	1. मुख़्तारनामा/ अभिकरण पत्र	1. मुख़्तारनामा/ वकालतनामा	1. मुख़्तारनामा/ वकालतनामा/ प्राधिकरणपत्र/ प्रतिनिधिपत्र/ अधिकारपत्र	1. मुख़्तारनामा

1	2	3	4	5	6	7
Practice	1. पद्धति 2. कर्म/पेशा	1. पद्धति 2. कर्म/पेशा	1. पद्धति/परिपाटी 2. कार्य/व्यवसाय (चिकित्सा) 3. व्यवहार 4. अभ्यास	1. परिपाटी 2. व्यवसाय 3. व्यवहार 4. अभ्यास	1. पद्धति/आचरण/ कार्यप्रणाली 2. वृत्ति/व्यवसाय/ उपार्जन 3. व्यवहार/प्रयोग/ नित्यक्रम/प्रथा/रूढ़ि 4. अभ्यास	1. पद्धति 2. कर्म/पेशा
Practice, Legal	1. वकालत	1. वकालत	1. वकालत	1. वकालत/ विधि व्यवसाय	1. वकालत	1. वकालत
Practice, Medical	1. चिकित्साकर्म/ डाक्टरीपेशा	1. चिकित्सा-व्यवसाय/ डाक्टरीपेशा	1. चिकित्सा कर्म/ डाक्टरीपेशा	1. चिकित्सा-व्यवसाय/ डाक्टरीपेशा	1. चिकित्साकर्म/ डाक्टरीपेशा	1. चिकित्साकर्म/ डाक्टरीपेशा
Preamble	1. प्रस्तावना/ उद्देशिका	1. प्रस्तावना	1. प्रस्तावना/ उद्देशिका 2. आमुख	1. उद्देशिका	1. प्रस्तावना/ प्राक्कथन 2. आमुख 3. भूमिका	1. प्रस्तावना
Precaution	1. पूर्वविधान/ पूर्वोपाय/ एहतियात	1. सावधानी/ सतर्कता/ एहतियात	1. पूर्वविधानी/ पूर्वोपाय/ सतर्कता/ सावधानी	1. पूर्वविधान/ पूर्वोपाय एहतियात	1. पूर्वविधान/ पूर्वोपाय/ सावधानी/ सतर्कता/ पूर्वसावधानी	1. सावधानी/ सतर्कता/ एहतियात
Precedence	1. पूर्वता/अग्रता	1. पूर्वता/अग्रता	1. पूर्वता/अग्रता	1. पूर्वता/ पूर्ववर्तिता	1. पूर्वता/ पूर्ववर्तिता/ पूर्वस्थान/ अग्रमान्यता	1. पूर्वता/अग्रता

1	2	3	4	5	6	7
Precedence, order of	1. पूर्वता-क्रम	1. पूर्वता-क्रम	1. अग्रता-क्रम	1. पूर्वता-क्रम	1. पूर्वता-क्रम	1. पूर्वता-क्रम
Precedent	1. पूर्वउदाहरण/ नज़ीर	1. पूर्वउदाहरण/ नज़ीर	1. पूर्वउदाहरण/ नज़ीर/ दृष्टान्त	1. पूर्वोदाहरण 2. पूर्ववर्ती	1. पूर्वोदाहरण/ मिसाल/ दृष्टान्त/ पूर्व-निर्णय/ पूर्व-पालनीय 2. पूर्वगामी	1. पूर्वउदाहरण/ पूर्व नज़ीर
Predecessor	1. पूर्वज 2. पूर्वाधिकारी 3. पूर्ववर्त्ती	1. पूर्वज 2. पूर्वाधिकारी 3. पूर्ववर्त्ती	1. पूर्वज 2. पूर्वाधिकारी 3. पूर्ववर्त्ती	— 2. पूर्वाधिकारी 3. पूर्ववर्त्ती	1. पूर्वज, पूर्वाधिकारी 3. पूर्ववर्ती, पूर्वानुवर्ती	1. पूर्वज 2. पूर्वाधिकारी
Preface	1. प्रस्तावना	1. प्रस्तावना/ भूमिका	1. प्रस्तावना	1. आमुख/ प्राक्कथन	1. प्रस्तावना/ भूमिका/प्राक्कथन	1. प्रस्तावना/ भूमिका
Preferable	1. वरीय	1. वरीय/ अधिमान्य/श्रेष्ठतर	1. वरीय/ अधिमान्य	1. अधिमान्य	1. अधिमान्य	1. वरीय
Preference	1. अधिमान/ तरजीह	1. अधिमान/ तरजीह	1. अधिमान/ तरजीह/ वरीयता	1. अधिमान/ तरजीह	1. अधिमान/ तरजीह/ अग्रमान्यता	1. तरजीह
Prejudice	1. (संज्ञा) प्रतिकूल प्रभाव 2. पूर्वग्रह	1. प्रतिकूल प्रभाव 2. पूर्वग्रह	1. प्रतिकूल प्रभाव	1. प्रतिकूल प्रभाव/ विपरीत प्रभाव 2. पूर्वाग्रह	1. प्रतिकूल प्रभाव, विपरीत प्रभाव, प्रतिकूलता 2. पूर्वग्रह/पक्षपात 3. अवधारण 4. हानि, क्षति	1. प्रतिकूल प्रभाव

1	2	3	4	5	6	7
	1. (क्रिया) प्रतिकूल प्रभाव डालना	1. प्रतिकूल/प्रभाव डालना	1. प्रतिकूल प्रभाव डालना	1. प्रतिकूल प्रभाव डालना	—	—
	2. पूर्वग्रह रखना	2. पूर्वग्रह रखना	2. पूर्वग्रह रखना			
Prejudicial	1. प्रतिकूल/ हानिकर	—	1. प्रतिकूल/ हानिकर, विपरीत	1. प्रतिकूल प्रभाव डालना	1. प्रतिकूल प्रभाव डालनेवाला/ हानिकर/ हानिकारक	1. प्रतिकूल/ हानिकर
Preliminary	1. (वि०) प्रारंभिक/ प्राथमिक	1. प्रारंभिक/ प्राथमिक	1. प्रारंभिक/ प्राथमिक	1. प्रारंभिक/ प्राथमिक	1. प्रारंभिक	1. प्रारंभिक
	1. (संज्ञा) प्रस्ताविक	1. प्रस्ताविक	1. प्रस्ताविक	1. प्रस्ताविक	1. प्रस्ताविक	1. प्रस्ताविक
Preliminary report	1. प्रारंभिक रिपोर्ट	1. प्राथमिक रिपोर्ट	1. प्रारंभिक रिपोर्ट/ प्रारंभिक प्रतिवेदन	1. प्रारंभिक रिपोर्ट	1. प्रारंभिक रिपोर्ट	1. प्रारंभिक रिपोर्ट
Premature	1. समयपूर्व	1. समयपूर्व	1. समयपूर्व	1. समयपूर्व/ समय के पहले	1. समय से पूर्व/ समय पूर्व/ काल पूर्व/पूर्वपक्व	1. समय से पहले
	2. अकाल	2. अकाल	2. अकाल	2. अकाल/अकालिक	2. असामयिक	
Premises	1. परिसर/अहाता	1. परिसर/अहाता	1. परिसर/अहाता	1. परिसर/अहाता/ स्थान	1. परिसर/अहाता	1. अहाता
				2. आमुख		
Preparation	1. तैयारी/उपक्रम	1. तैयार/उपक्रम	1. तैयारी	1. तैयारी/उपक्रम/	1. तैयारी/सज्जा आयोजन	1. तैयारी
				2. तैयार करना	—	
				3. बनाना	3. निर्मित पदार्थ निर्मिति	

1	2	3	4	5	6	7
Prescribed	1. विहित/निर्धारित	1. विहित/निर्धारित	1. विहित/निर्धारित/ नियत	1. विहित/नियत	1. विहित/निर्धारित/ नियत	1. नियम
Prescribed form	1. विहित फ़ार्म/ निर्धारित फ़ार्म	1. विहित फ़ार्म/ निर्धारित फ़ार्म	1. विहित फ़ार्म/ विहित प्रपत्र	1. विहित फ़ार्म	1. विहित प्रपत्र/ निर्धारित फ़ार्म/ नियत प्रपत्र	1. नियत फ़ार्म
Presentation	1. प्रस्तुतीकरण	1. प्रस्तुतीकरण/ प्रस्तुत करना/ उपस्थापन	1. प्रस्तुति/ प्रस्तुत करना	1. प्रस्तुति/ उपस्थित किया जाना/ उपस्थित करना/ पेश किया जाना	1. प्रस्तुति/ प्रतिपादन/ उपस्थापन/ पेश करना	1. पेश करना
		2. भेंट		2 भेंट/उपहार	2. भेंट/उपहार	2. उपहार
Preservation	1. परिरक्षण/ संरक्षण	1. परिरक्षण/ संरक्षण	1. परिरक्षण/ संरक्षण/संरक्षा	1. परिरक्षण	1. परिरक्षण/ संरक्षण	1. संरक्षण
President	1. राष्ट्रपति 2. अध्यक्ष/सभापति	1. राष्ट्रपति 2. अध्यक्ष/सभापति	1. राष्ट्रपति 2. सभापति	1. राष्ट्रपति 2. अध्यक्ष/सभापति	1. राष्ट्रपति 2. अध्यक्ष/सभापति/ प्रधान	1. राष्ट्रपति 2. अध्यक्ष/सभापति
Press	1. मुद्रणालय/प्रेस 2. समाचार-पत्र/ प्रेस	1. मुद्रणालय/प्रेस 2. समाचार-पत्र/ प्रेस	1. मुद्रणालय/प्रेस 2. (समाचार) पत्र/ प्रेस	1. मुद्रणालय/प्रेस/ छापाखाना — 3. दाबक/दबाव डालना	1. मुद्रणालय/प्रेस/ छापाखाना 2. समाचार-पत्र 3. दाबने की कल	1. प्रेस 2. समाचार-पत्र
Press censorship	1. प्रेससेंसरी	1. प्रेससेंसरी	1. प्रेससेंसरी	—	1. प्रेससेंसरी	1. प्रेससेंसरी

1	2	3	4	5	6	7
Press-communique	1. प्रेस-विज्ञप्ति	1. प्रेस-विज्ञप्ति	1. प्रेस-विज्ञप्ति	1. प्रेस-विज्ञप्ति	1. प्रेस-विज्ञप्ति/ पत्र-विज्ञप्ति/ प्रेस-नोट/ पत्रज्ञाप्ति	1. प्रेस-विज्ञप्ति
Press-conference	1. पत्रकार सम्मेलन	1. पत्रकार सम्मेलन	1. पत्रकार सम्मेलन	1. पत्रकार सम्मेलन/ प्रेस कान्फ्रेंस	1. पत्रकार सम्मेलन/ पत्रप्रतिनिधि सम्मेलन/ प्रेस कान्फ्रेंस	1. पत्रकार सम्मेलन
Press gallery	1. पत्रकार-दीर्घा/ पत्रकार-गैलरी	1. पत्रकार-दीर्घा/ पत्रकार-गैलरी	1. पत्रकार-दीर्घा/ पत्रकार-गैलरी/ पत्रकार-वीथी	1. पत्रकार-दीर्घा	1. पत्रकार-दीर्घा/ पत्रकार-गैलरी/ पत्रकार-वीथी	1. पत्रकार-दीर्घा
Press handont	1. प्रेस-पत्रक	1. प्रेस-पत्रक	1. प्रेस-पत्रक	1. प्रेस-पत्रक	1. प्रेस-पत्रक	1. प्रेस-पत्रक
Press release	1. प्रेस-प्रकाशनी	1. प्रेस-प्रकाशनी	1. प्रेस-प्रकाशनी/ प्रकाश्य	1. प्रेस प्रकाशनार्थ/ प्रेस प्रकाश्य	1. प्रेस-प्रकाशनी/ प्रकाशनार्थ/ वृत्त-भोक	1. प्रेस-प्रकाशनी
Press reporter	1. समाचारदाता	1. संवाददाता	1. संवाददाता	1. संवाददाता	1. वृत्त-दाता	1. संवाददाता
Presupposed	1. पूर्व-कल्पित	1. पूर्व-कल्पित	1. पूर्व-कल्पित	1. पूर्वधारणा बनाना	1. पूर्वकल्पित	1. पूर्वकल्पित
Prevention	1. निवारण/ रोकथाम/निरोध	1. निवारण/ रोकथाम/निरोध	1. निवारण/ रोकथाम/निरोध	1. निवारण/ रोकथाम/निरोध/ निग्रह	1. निवारण/ रोकथाम/रोक/ रोध/प्रतिबंध	1. निवारण/ रोकथाम
Preventive measure	1. निवारक उपाय	1. निवारक उपाय/ रोक के उपाय	1. निवारक उपाय/ (चिकित्सा) प्रतिवेधक उपाय	1. निवारक उपाय/ रोकने के उपाय	1. निवारण उपाय/ निवारक कार्य/ रोक के उपाय	1. रोक के उपाय

1	2	3	4	5	6	7
Price list	1. कीमत-सूची/ दाम-सूची	1. कीमत-सूची/ दाम-सूची	1. कीमत-सूची/ दाम-सूची	1. कीमत-सूची/ दाम-सूची/ मूल्य-सूची	1. कीमत-सूची/ दाम-सूची/ मूल्य-सूची	1. मूल्य-सूची
Prima facie	1. प्रत्यक्षतः/ प्रथम दृष्टि में	1. प्रत्यक्षतः/ प्रथम दृष्टि में	1. प्रत्यक्षतः/ प्रथम दृष्ट्या	1. प्रत्यक्षतः/ प्रथम दृष्ट्या	1. प्रथम दृष्ट्या/ प्रथम दर्शन/ प्रथम दृष्टि में	1. प्रथम दृष्टि में
Primary	1. प्राथमिक	1. प्राथमिक	1. प्राथमिक 2. मुख्य	1. प्राथमिक/ 2. मुख्य/प्रधान 3. प्रारंभिक/पूर्ववर्ती	1. प्राथमिक/ 2. मुख्य/प्रधान 3. प्रारंभिक	1. प्राथमिक
Primary receipt	1. मूल आवती	1. मूल आवती/ मूल रसीद	1. मूल आवती/ मूल रसीद	1. मूल आवती/ प्रारंभिक रसीद	1. मूल आवती (?)	1. मूल आवती
Prime	1. — 2. —			1. अभाज्य 2. मूल		
Prime-minister	1. प्रधानमन्त्री	1. प्रधानमन्त्री	1. प्रधानमन्त्री	1. प्रधानमन्त्री	1. प्रधानमन्त्री	1. प्रधानमन्त्री
Principal (as in Principal Director)	1. प्रधान	1. प्रधान/मुख्य	1. प्रधान/मुख्य	1. प्रमुख/प्रधान/ मुख्य 2. मूल ३. कर्त्ता	1. प्रधान/मुख्य	1. प्रधान
(of college)	1. प्रधानाचार्य/ प्रिंसिपल	1. प्रधानाचार्य/ प्रिंसिपल	1. प्रधानाचार्य	1. प्रधानाचार्य/ प्राचार्य	1. प्रधानाचार्य/ प्राचार्य/ प्रिंसिपल/ प्रांशुपाल	1. प्रधानाचार्य/ प्रिंसिपल
Printing and Stationery	1. मुद्रण तथा लेखन सामग्री	1. मुद्रण तथा लेखन सामग्री	1. मुद्रण तथा लेखन सामग्री	1. मुद्रण तथा लेखन सामग्री	1. मुद्रण/छपाई तथा लेखन सामग्री	1. मुद्रण/छपाई तथा लेखन सामग्री

1	2	3	4	5	6	7
Priority	1. प्राथमिकता/ अग्रता	1. प्राथमिकता	1. प्राथमिकता/ अग्रता/पूर्वता/ पूर्विकता	1. अग्रता/पूर्विकता	1. प्राथमिकता/ पूर्वता/ पूर्ववर्तिता/ प्राथम्य/ पूर्वस्थिति	1. प्राथमिकता/ अग्रता
Private	1. प्राइवेट/निजी 2. गैर-सरकारी	1. प्राइवेट/निजी/ 2. गैर-सरकारी	1. प्राइवेट/निजी/ व्यक्तिगत 2. गैर-सरकारी/ असार्वजनिक/ अशासकीय 3. प्राइवेट/गृहपाठी	1. प्राइवेट/निजी 2. गैर-सरकारी/ स्वतंत्र	1. प्राइवेट/निजी/ व्यक्तिगत 2. गैर-सरकारी/ अशासकीय/ असार्वजनिक 3. — 4. सामान्य सिपाही 5. गुप्त	1. प्राइवेट/निजी 2. गैर-सरकारी
Private Secretary	1. निजी सचिव	1. निज़ी सचिव	1. निजी सचिव	1. निज़ी सचिव	1. निजी सचिव	1. निजी सचिव
Privilege	1. विशेषाधिकार	1. विशेषाधिकार	1. विशेषाधिकार	1. विशेषाधिकार	1. विशेषाधिकार 2. सुविधा	1. विशेषाधिकार
Probability	1. प्रायिकता	1. प्रायिकता	1. संभाविता/ संभाव्यता/ संभावना/ अधिसंभाव्यता	1. संभाविता/ संभाव्यता	1. संभाविता/ संभाव्यता/ संभावना	1. प्रायिकता
Probation	1. परिवीक्षा/परख/ आज़माइश	1. परिवीक्षा/परख	1. परिवीक्षा/ परख/ आज़माइश	1. परिवीक्षा/ प्रोबेशन	1. परिवीक्षा/ परख/परीक्षा/ आज़माइश	1. परिवीक्षा/ परख/ आज़माइश

1	2	3	4	5	6	7
Probationer	1. परिवीक्षाधीन/ परखाधीन/ आज़माइशी	1. परिवीक्षाधीन/ परखाधीन	1. परिवीक्षाधीन/ परखाधीन/ परीक्ष्यमाण/ आज़माइशी	1. परिवीक्षाधीन	1. परिवीक्षाधीन व्यक्ति/ परीक्षाधीन व्यक्ति	1. परीक्षाधीन व्यक्ति
Procedural rules	1. क्रियाविधि नियमावली	1. क्रियाविधि नियमावली	1. क्रियाविधि नियमावली	1. क्रियाविधि नियमावली	1. क्रियाविधि नियमावली	1. क्रियाविधि नियमावली
Procedure	1. कार्यविधि/प्रक्रिया	1. कार्यविधि/प्रक्रिया	1. कार्यविधि/प्रक्रिया	1. कार्यविधि/प्रक्रिया	1. कार्यविधि	1. कार्यविधि
Proceeding	1. कार्यवाही	1. कार्यवाही/ कार्रवाई	1. कार्यवाही	1. कार्यवाही	1. कार्यवाही/ कार्यवाहियाँ/ कार्यविवरण	1. कार्यवाही
Proclamation	1. उद्घोषणा	1. उद्घोषणा	1. उद्घोषणा/ घोषणा	1. उद्घोषणा/ घोषणा	1. उद्घोषणा/ घोषणा/विज्ञप्ति	1. उद्घोषणा
Procurement	1. आसादन/प्रापण	1. वसूली	1. वसूली/प्राप्ति/ अधिप्राप्ति	1. वसूली/प्राप्ति/ अधिप्राप्ति/उपायन/ मुहैया करना	1. वसूली/प्राप्ति/ अध्याप्ति	1. वसूली
Producer (Film)	1. निर्माता	1. निर्माता	1. निर्माता	1. उत्पादक	1. निर्माता/उत्पादक	1. निर्माता
(Radio)	1. प्रस्तुतकर्त्ता/ प्रस्तुत अधिकारी	1. प्रस्तुतकर्त्ता	1. प्रस्तुतकर्त्ता	1. प्रस्तुतकर्त्ता प्रोड्यूसर/ प्रोग्राम संयोजक	1. प्रस्तुतकर्त्ता	1. प्रस्तुतकर्त्ता
Production	1. उत्पादन	1. उत्पादन	1. उत्पादन 2. पेश करना/ प्रस्तुति	1. उत्पादन 2. पेश करना	1. उत्पादन 2. प्रस्तुति/ पेश करना 3. प्रोग्राम की तैयारी/प्रोग्राम का संयोजन	1. उत्पादन

1	2	3	4	5	6	7
Professor	1. आचार्य/प्रोफ़ेसर	1. आचार्य/प्रोफ़ेसर	1. आचार्य/प्रोफ़ेसर/ प्राध्यापक	1. प्रोफ़ेसर/ प्राध्यापक	1. आचार्य/ प्राध्यापिका	1. आचार्य/प्रोफ़ेसर
Proficiency	1. प्रवीणता	1. प्रवीणता	1. प्रवीणता	1. प्रवीणता	1. प्रवीणता/ प्रवीण्य/ विशेष योग्यता/ प्रवीणता प्राप्त करना	1. प्रवीणता
Proforma	1. प्रपत्र 2. निदर्शन-पत्र 3. फ़ार्म	1. प्रपत्र 2. निदर्शन-पत्र 3. फ़ार्म	1. प्रपत्र 2. निदर्शन-पत्र/ निदर्श 3. फ़ार्म	1. प्रपत्र/प्रोफ़ार्मा 2. निदर्शन-पत्र	1. प्रपत्र 2. निदर्शन 3. फ़ार्म	1. प्रपत्र 2. निदर्शन 3. फ़ार्म
Progress-chart	1. प्रगति चार्ट	1. प्रगति चार्ट	1. प्रगति चार्ट	1. प्रगति चार्ट	1. प्रगति चार्ट	1. प्रगति चार्ट
Progress-report	1. प्रगति रिपोर्ट/ प्रगति विवरण	1. प्रगति विवरण	1. प्रगति विवरण/ प्रगति रिपोर्ट	1. प्रगति रिपोर्ट/ प्रगति प्रतिवेदन	1. प्रगति रिपोर्ट/ प्रगति-विवरण	1. प्रगति रिपोर्ट/ प्रगति विवरण
Prohibited	1. निषिद्ध	1. निषिद्ध/ प्रतिषिद्ध	1. निषिद्ध	1. निषिद्ध/ प्रतिषिद्ध	1. निषिद्ध/ प्रतिषिद्ध	1. निषिद्ध
Prohibition	1. निषेध 2. नशाबंदी	1. निषेध 2. नशाबंदी	1. निषेध 2. नशाबंदी/ मद्यनिषेध 3. प्रतिषेध	1. निषेध/रोक 2. शराबबंदी/ मद्यनिषेध	1. निषेध 2. नशाबंदी/ मद्यनिषेध 3. प्रतिषेध	1. निषेध 2. नशाबंदी
Prohibitory order	1. निषेधात्मक आदेश	1. निषेधात्मक आदेश	1. निषेधाज्ञा	1. प्रतिषेधात्मक आदेश	1. निषेधात्मक आदेश	1. निषेधात्मक आदेश
Project	1. परियोजना	1. परियोजना/ प्रायोजना	1. परियोजना/ प्रायोजना	1. परियोजना	1. परियोजना/ निर्माण-योजना 2. प्रक्षेप	1. परियोजना

1	2	3	4	5	6	7
Promise	1. वचन	1. वचन	1. वचन/प्रतिज्ञा	1. वचन/प्रतिज्ञा (क्रिया) वचन देना/ प्रतिज्ञा करना	1. वचन/प्रतिज्ञा (क्रिया) वचन देना/ प्रतिज्ञा करना	1. वचन
Promissory note	1. वचन-पत्र/ रुक्का	1. वचन-पत्र/ रुक्का/ प्रोनोट	1. वचन-पत्र/ रुक्का/ प्रामिसरी नोट	1. वचन-पत्र/ प्रामिसरी नोट	1. वचन-पत्र/ रुक्का/ प्रामिसरी नोट/ प्रतिश्रुति पत्र	1. वचन-पत्र/ रुक्का
Promotion	1. प्रोन्नति/पदोन्नति तरक्की/वर्धन	1. प्रोन्नति/पदोन्नति	1. प्रोन्नति	1. प्रोन्नति	1. प्रोन्नति/पदोन्नति	1. पदोन्नति
Promulgation	1. प्राख्यापन	1. प्रख्यापन	1. प्रख्यापन/प्रचार/ प्रवर्तन/जारी करना	1. प्रख्यापन	1. प्रख्यापन/ प्रचालन/ प्रवर्तन/ऐलान	1. ऐलान
Proof	1. प्रमाण 2. प्रूफ़ (प्रेस)	1. प्रमाण 2. प्रूफ़ (प्रेस)	1. प्रमाण/सबूत 2. प्रूफ़ (मुद्रण)	1. प्रमाण/सबूत 2. प्रामुद्र	1. प्रमाण/उपपत्ति/ सिद्धि 2. प्रूफ़/प्रामुद्रण	1. प्रमाण 2. प्रूफ़
Proposal	1. प्रस्थापना/प्रस्ताव	1. प्रस्ताव	1. प्रस्थापना/प्रस्ताव	1. प्रस्तावना/प्रस्ताव	1. प्रस्थापना/प्रस्ताव	1. प्रस्ताव
Prospection	1. विवरण-पत्रिका	1. विवरण-पत्रिका	1. विवरण-पत्रिका	1. विवरण-पत्रिका	1. विवरण-पत्रिका/ योजना-पत्रिका/ विवरण-पत्र/ प्रविवरण	1. विवरण-पत्रिका
Provident fund	1. भविष्य निधि/ निर्वाह निधि	1. भविष्य निधि	1. भविष्य निधि/ निर्वाह-निधि	1. भविष्य निधि	1. भविष्य निधि/ निर्वाह निधि	1. भविष्य निधि
Provision	1. उपबंध/शर्त 2. व्यवस्था	1. उपबंध/शर्त 2. व्यवस्था	1. उपबंध/शर्त 2. व्यवस्था/प्रबन्ध	1. उपबंध/शर्त 2. व्यवस्था	1. उपबंध/शर्त 2. व्यवस्था	1. शर्त 2. व्यवस्था

1	2	3	4	5	6	7
	3. रसद	3. रसद	3. रसद	3. रसद	3. रसद/संभार खाद्य सामग्री	
Provisional	1. अनन्तिम/ अस्थायी/ अंत:कालीन	1. अनन्तिम/ अस्थायी/	1. अनन्तिम/ अस्थायी/ अंत:कालीन हेतुमत्	1. अनन्तिम/ अस्थायी/ अंत:कालीन 2. औपबंधिक	1. अस्थायी/ अनन्तिम/ अन्त:कालीन/ कच्चा	1. अस्थायी
Proviso	1. परंतुक/शर्त	1. परंतुक/शर्त	1. परंतुक/शर्त 2. प्रतिबंध	1. परंतुक/शर्त 2. प्रतिबंध प्रतिबद्ध	1. परंतुक/शर्त 2. प्रतिबंध/ उपबंध	1. परंतुक
Provocation	1. प्रकोपन	1. प्रकोपन	1. प्रकोपन/ उत्तेजना	1. प्रकोपन/ उत्तेजना/ उकसाना	1: प्रकोपना/ उत्तेजना/ भड़काना	1. उत्तेजना/ भड़काना
Proximo	1. आगामी मास का	1. आगामी मास का	1. आगामी मास का	1. आगामी मास का	1. आगामी मास का/ आगामी	1. आगामी मास का
Proxy	1. प्रतिपत्र/प्रतिपत्री/ परोक्षी	1. प्रतिपत्र/प्रतिपत्री/ परोक्षी	1. प्रतिनिधि-पत्र/ प्रतिनिधित्व/ प्रतिनिधि	1. प्रतिपत्र	1. प्रतिपत्री/ प्रतिपुरुष/परोक्षी	1. प्रतिपत्र
Public	1. (वि०) सार्व-जनिक/आम/ सरकारी/लोक (सं०) जनता/ पब्लिक	1. सार्वजनिक/आम/ सरकारी/लोक (सं०) जनता	1. सार्वजनिक/आम/ सरकारी/लोक/ शासकीय (सं०) जनता	1. सार्वजनिक/आम-जनलोक/ सरकारी/ शासकीय/ राजकीय/ लोकविदित (सं०) लोक, जनता, जन, पब्लिक	1. (वि०)सार्वजनिक आम/लोक सरकारी/ शासकीय/ राजकीय (सं०) जनता	1. (वि०)सार्वजनिक/ लोक (सं०) जनता

1	2	3	4	5	6	7
Public interest	1. लोकहित	1. लोकहित	1. लोकहित/ सार्वजनिक हित	1. लोकहित/ सार्वजनिक हित	1. लोकहित/ सार्वजनिक हित	1. लोकहित
Public-servant	1. लोक-सेवक	1. लोक-सेवक/ सरकारी-कर्मचारी	1. लोक-सेवक/ राजसेवक/ सरकारी-कर्मचारी	1. लोक-सेवक	1. लोक-सेवक/ शासकीय सेवक	1. लोक-सेवक
Publication	1. प्रकाशन	1. प्रकाशन	1. प्रकाशन	1. प्रकाशन	1. प्रकाशन	1. प्रकाशन
Publicity	1. प्रचार	1. प्रचार	1. प्रचार/ विख्यायन	1. प्रचार	1. प्रचार/प्रकाशन	1, प्रचार
Put-up-slip	1. पेश-पर्ची	1. पेशपर्ची	1. पेशपर्ची	1. पेशपर्ची	1. पेश-पर्ची	1. पेशपर्ची

Q

Quadruplicate	1. चौहरा 2. चार प्रतियाँ	1. चौहरा 2. चार प्रतियाँ	1. — 2. चार प्रतियाँ/ चौथी प्रति चतुर्थक	1. चौहरा 2. चार प्रतियाँ (क्रि०) चौगुना करना/चार प्रतियाँ करना	1. चौहरा 2. चार प्रतियाँ/ चौथी प्रति	1. — 2. चार प्रतियाँ
Qualification	1. अर्हता/योग्यता	1. अर्हता/योग्यता	1. अर्हता/योग्यता	1. अर्हता/योग्यता	1. अर्हता/योग्यता 2. उपाधि	1. अर्हता/योग्यता
Qualified Candidate	1. योग्य उम्मीदवार	1. योग्य उम्मीदवार	1. योग्य उम्मीदवार	1. योग्य उम्मीदवार/ अर्ह अभ्यर्थी	1. योग्य उम्मीदवार	1. योग्य उम्मीदवार

1	2	3	4	5	6	7
Qualifying examination	1. अर्हक परीक्षा	1. अर्हक परीक्षा	1. अर्हक परीक्षा	1. योग्यता-प्रदायी परीक्षा	1. अर्हकारी परीक्षा, अर्हता प्रदान करने वाली परीक्षा	1. अर्हक परीक्षा
Quality	1. गुण/विशेषता 2. गुणवत्ता/गुणता 3. कोटि/प्रकार	1. गुण/विशेषता 2. गुणता 3. कोटि/प्रकार	1. गुण/विशेषता 2. गुणता 3. कोटि/प्रकार	1. गुण 2. — 3. कोटि/प्रकार किस्म/क्वालिटी	1. गुण 2. लक्षण 3. श्रेणी/प्रकार	1. गुण/विशेषता 2. गुणता 3. कोटि/प्रकार
Quality-certificate	1. गुणतापत्र/ गुणता प्रमाणपत्र	1. गुण-पत्र/ गुण-प्रमाणपत्र	1. गुण-पत्र/ गुण-प्रमाणपत्र	1. गुणप्रमाण-पत्र	1. गुण-पत्र/ गुण-प्रमाणपत्र	1. गुण-पत्र/ गुण-प्रमाणपत्र
Quality control	1. गुणता-नियंत्रण	1. गुणता नियंत्रण	1 गुण नियंत्रण/ कोटि/किस्म/ प्रकार नियंत्रण	1. गुण-नियंत्रण/ कोटिनियंत्रण	1. गुणता नियंत्रण	1. कोटि नियंत्रण
Quantity	1. मात्रा/परिमाण 2. राशि	1. मात्रा/परिमाण 2. राशि	1. मात्रा/परिमाण 2. राशि	1. मात्रा/परिमाण 2. राशि	1. मात्रा/परिमाण 2. राशि	1. मात्रा 2. राशि
Quantum	1. क्वांटम/प्रमात्रा/ मात्रा	1. क्वांटम/प्रमात्रा	1. प्रमात्रा/मात्रा	1. प्रमात्रा/मात्रा/ नियतपरिमाण 2. अंश/राशि	1. प्रमात्रा/मात्रा परिमाण	1. क्वांटम/मात्रा
Quarantine	1. संगरोध/ क्वारण्टाइन	1. संगरोध/ क्वारण्टाइन	1. संगरोध/संरोध/ करन्तीन (कारनटाइन)/ निरोध	1. संगरोध/करंतीन/ निरोध	1. संगरोधन/ निरोध	1. संगरोध/ क्वारण्टाइन
Quarterly	1. त्रैमासिक	1. त्रैमासिक	1. त्रैमासिक/ तिमाही	1. त्रैमासिक/ तिमाही	1. त्रैमासिक/ तिमाही	1. तिमाही
Quasi-Permanency	1. स्थायिवत्ता	1. स्थायिवत्ता	1. स्थायिवत्ता	1. स्थायिवत्ता	1. स्थायीवत्ता	1. स्थायीवत्ता

1	2	3	4	5	6	7
Quasi Permanent	1. स्थायिवत्	1. स्थायिवत्	1. स्थायिवत्	1. स्थायिवत्	1. स्थायिवत्	1. स्थायिवत्
Question-Branch	1. प्रश्नशाखा	1. प्रश्नशाखा	1. प्रश्नशाखा	1. प्रश्नशाखा	1. प्रश्नशाखा	1. प्रश्नशाखा
Question-hour	1. प्रश्न-अवधि	1. प्रश्न-अवधि	1. प्रश्न का घंटा	1. प्रश्न-अवधि	1. प्रश्न-अवधि	1. प्रश्न-अवधि
Questionnaire	1. प्रश्नावली/ प्रश्नमाला	1. प्रश्नावली/ प्रश्नमाला	1. प्रश्नावली	1. प्रश्नावली	1. प्रश्नावली/ प्रश्न-सूची	1. प्रश्नावली/ प्रश्नमाला
Quotation	1. भाव/दर	1. भाव/दर	1. भाव/दर/निर्ख़	1. भाव/दर/निर्ख़	1. मूल्य/भाव/ कथित मूल्य/ दर/निरख	1. कथित मूल्य
	2. उद्धरण	2. उद्धरण	2. उद्धरण	2. उद्धरण	2. उद्धरण/अवतरण	
			3. मूल्य विवरण	3. मूल्य तालिका		

R

1	2	3	4	5	6	7
Radio Operator	1. रेडियो प्रचालक	1. रेडियो प्रचालक	1. रेडियो प्रचालक	1. रेडियो प्रचालक	1. रेडियो प्रचालक	1. रेडियो प्रचालक
Random	1. यादृच्छिक	1. यादृच्छिक	1. यादृच्छिक	1. यादृच्छिक	1. यादृच्छिक, यादृच्छा	—
	2. सांयोगिक	2. सांयोगिक	2. आकस्मिक	—	—	—
	3. अनियमित	3. अनियमित	3. बेतरतीब	3. बेतरतीब	3. बेतरतीब, अटकलपच्चू	3. अनियमित बेतरतीब
			4. बिना सोच-विचार के		4. निरुद्देश्य	

1	2	3	4	5	6	7
Range (Forest)	1. रेंज, वनखंड	1. रेंज, वनखंड	1. रेंज, राजि, वनखंड, वनराजि 2. गोचर, क्षेत्र	1. रेंज, राजि 2. क्षेत्र, इलाका	1. रेंज, वनखंड, राजि	1. रेंज, वनखंड
(Defence)	1. चाँदमारी, मार	1. चाँदमारी	1. चाँदमारी	1. चाँदमारी	1. चाँदमारी	—
(Distance)	1. परास	1. परास	1. परास, दूरी	1. परास, दूरी, सीमांतर	1. परास, दूरी	
Rank	1. पद, ओहदा 2. श्रेणी, पंक्ति	1. पद 2. श्रेणी, पंक्ति	1. पद,ओहदा 2. श्रेणी, पंक्ति लाइन	1. पद, ओहदा, दर्जा, पदवी 2. पंक्ति, रैंक	1. पद, ओहदा, दर्जा, पदवी, पदस्थिति 2. श्रेणी, पद, पंक्ति	1. पद, ओहदा, 2. श्रेणी, पंक्ति
Rate	1. दर, रेट 2. पौर-कर	1. दर, रेट 2. पौर-कर	1. दर, रेट 2. उपशुल्क	1. दर, भाव 2. उपशुल्क (क्रिया) मानना, समझना	1. दर, भाव, 2. पौरकर स्थानीयकर उपकर, महसूल 3. मात्रा, अनुपात, गति	1. दर, रेट 2. कर
Rate-card	1. दर-पत्र रेटकार्ड	1. दर-पत्र, रेटकार्ड	1. दर-पत्र, रेटकार्ड	1. दर कार्ड	1. दर-पत्र रेटकार्ड	1. दर-पत्र
Rates	1. महसूल	1. महसूल	1. महसूल	1. महसूल	1. महसूल	1. महसूल
Ratificatior	1. अनुसमर्थन	1. अनुसमर्थन, सत्यांकन	1. अनुसमर्थन, सत्यांकन	1. अनुसमर्थन	1. अनुसमर्थन, सत्यांकन, पुष्टिकरण, अनुपुष्टि, अपोद्बलन	1. अनुसमर्थन

1	2	3	4	5	6	7
Rationalization	1. युक्तिकरण, औचित्य स्थापन	1. युवितकरण, औचित्य स्थापन, अभिनवीकरण	1. युक्तिकरण, वैज्ञानिकन, अभिनवीकरण	1. युक्तिकरण, युक्तिसंगत बनाना, परिमेयकरण	1. युक्तिकरण, युक्ति संगत बनाना, वैज्ञानिकीकरण	1. युक्तिकरण
Rationing	1. राशन (व्यवस्था)	1. राशन (व्यवस्था)	1. राशन	1. राशन, अनुभाजन	1. राशन (व्यवस्था)	1. राशन
Raw material	1. कच्चा माल	1. कच्चा माल	1. कच्चा माल, कच्ची सामग्री	1. कच्चा माल, कच्ची सामग्री	1. कच्चा माल, कच्ची सामग्री, कच्चा सामान	1. कच्चा माल
Reaction	1. प्रतिक्रिया	1. प्रतिक्रिया	1. प्रतिक्रिया, अभिक्रिया, क्रिया	1. प्रतिक्रिया	1. प्रतिक्रिया, प्रत्याघात	1. प्रतिक्रिया
Reader (Univerity)	1. उपाचार्य, रीडर	1. उपाचार्य, रीडर	1. उपाचार्य, रीडर	1. प्रवाचक, रीडर	1. उपाचार्य रीडर, प्रवाचक	1. रीडर
(General)	1. वाचक	1. वाचक	1. वाचक	1. पाठक, वाचक	1. पाठक, वाचक पढ़नेवाला	
		2. रीडर, पुस्तक	2. रीडर, पुस्तक		1. पुस्तक, पाठ्य पुस्तक	
(Court)	1. पेशकार	1. पेशकार	1. पेशकर, उपस्थापक	1. पाठक, वाचक	1. प्रस्तुतकार	1. पेशकार
Realization	1. वसूली, उगाही	1. वसूली, उगाही	1. वसूली, उगाहना	1. वसूली, उगाही उगाहना 2 अनुमति	1. वसूली, प्राप्ति, उगाही 2. अनुभव, समझ 3. कार्य परिणति	1. वसूली, उगाही
Reappointment	1. पुनर्नियुक्ति	1. पुनर्नियुक्ति	1. पुनर्नियुक्ति	1. पुनर्नियुक्ति	1. पुनर्नियुक्ति	1. पुनर्नियुक्ति

1	2	3	4	5	6	7
Reappropriation	1. पुर्नविनियोजन	1. पुर्नविनियोजन	1. पुर्नविनियोजन, पुर्नविनियोग	1. पुर्नविनियोग	1. पुर्नविनियोजन,	1. पुर्नविनियोजन
Reassessment	1. पुर्ननिधारण	1. पुर्ननिधारण	1. पुर्ननिधारण	1. पुर्ननिधारण	1. पुर्ननिधारण	1. पुर्ननिधारण
Rebate	1. घटौती, छूट	1. घटौती	1. कटौती, छूट, 2. बट्टा 3. पताम (सा० नि०)	1. कटौती, छूट 2. बट्टा, रिबेट	1. घटौती, छूट 2. बट्टा, रिबेट, कमी, अवहार	1. घटौती, छूट
Recall	1. प्रत्याहवान, वापस बुलाना	1. वापस बुलाना	1. प्रत्याहवान, वापस बुलाना, बुलाना 2. प्रत्यास्मरण 3. वापस माँगना	1. प्रत्याहवान, वापस बुलाना 2. स्मरण कराना, स्मरण होना, याद दिलाना 3. वापस माँगना	1. प्रत्याहवान करना, वापस बुलाना, बुलाना	1. वापस बुलाना
Recapitulation	1. सार-कथन	1. सार-कथन	1. सार-कथन 2. संक्षिप्तावृत्ति, दोहराना 3. पुनरावर्तन	— 2. संक्षिप्तावृत्ति, दोहराना 3. पुनरावर्त्तन	1. सार-कथन 2. संक्षिप्तावृत्ति, दोहराना 3. पुनरावर्तन	1. सार-कथन, दोहराना
Receipt	1. आय 2. आवती, प्राप्ति 3. रसीद	1. आय 2. आवती, प्राप्ति 3. रसीद	1. आय 2. आवती, आवक, प्राप्ति, वसूली 3. रसीद	1. आय 2. प्राप्ति, वसूली 3. रसीद, पावती	1. आय 2. आवती, प्राप्ति 3. रसीद	1. आय 2. आवती, प्राप्ति 3 रसीद

1	2	3	4	5	6	7
Receipt-book	1. रसीद बही	1. रसीदबही	1. रसीद बही	1. रसीद बही	1. रसीद बही, पावती पुस्तक प्राप्ति पुस्त	1. रसीद बही
Receipt certificate	1. प्राप्ति-प्रमाणपत्र	1. प्राप्ति-प्रमाणपत्र	1. प्राप्ति-प्रमाणपत्र	1. प्राप्ति-पत्र	1. प्राप्ति-प्रमाणपत्र	1. प्राप्ति-प्रमाणपत्र
Receipt register	1. आवती रजिस्टर	1. आवती रजिस्टर	1. आवती रजिस्टर	1. पावती रजिस्टर	1. आवती रजिस्टर, प्राप्ति पंजी	1. आवती रजिस्टर
Receipt Voucher	1. प्राप्ति-वाउचर	1. प्राप्ति-वाउचर	1. प्राप्ति-वाउचर	1. प्राप्ति-वाउचर	1. प्राप्ति-वाउचर	1. प्राप्ति-वाउचर
Receipts and disbursements	1. आय और संवितरण	1. आय और संवितरण	1. आय और संवितरण	1. प्राप्ति तथा संवितरण, प्राप्तियाँ और व्यय	1. आय और संवितरण	1. आय और संवितरण
Receiver	1. पानेवाला, प्राप्तकर्त्ता 2. रिसीवर, आदाता	1. पानेवाला, प्राप्तकर्त्ता	1. पानेवाला, प्राप्ता प्राप्तकर्त्ता प्रापक 2. रिसीवर, आदाता 3. ग्राहिब	1. पानेवाला, प्रापक 2. रिसीवर 3. ग्राही, गृहीता 4. चोंगा (फ़ोन)	1. पानेवाला प्राप्तकर्त्ता 2. रिसीवर	1. पानेवाला, प्राप्तकर्त्ता 2. रिसीवर
Reception Room	1. स्वागतकक्ष	1. स्वागतकक्ष	1. स्वागतकक्ष	1. स्वागतकक्ष, स्वागतगृह	1. स्वागतकक्ष	1. स्वागतकक्ष
Receptionist	1. स्वागती	1. स्वागतकर्त्ता	1. स्वागती	1. स्वागती, स्वागतकर्त्ता, स्वागतक	1. स्वागती, स्वागतकर्त्ता	1. स्वागती

1	2	3	4	5	6	7
Recess	1. अवकाश, विश्रांति	1. अवकाश, विश्रांति	1. विश्रांति	1. अवकाश, विश्रांति	1. अवकाश, विश्रांति, विश्राम	1. अवकाश, विश्रांति
			2. मध्यावकाश	2. विश्रांतिकाल	2. विश्रांतिकाल	
			3. अल्पावकाश	3. अवकाश	3. अल्पावकाश, अल्पकालीन/ विराम	
			4. कटाव, खांचा, झिरी	4. कटाव, खांचा	4. कटाव, दरी, झिरी, गड्ढा, गुहा	
Recipient	1. पानेवाला, आदाता	1. पानेवाला, आदाता	1. पानेवाला, प्रापक	1. पानेवाला, प्राप्तिकर्त्ता	1. पानेवाला, आदाता, प्राप्तिकर्त्ता, गृहीता	1. पानेवाला
Reciprocal	1. अन्योन्य, पारस्परिक, परस्पर	1. अन्योन्य, पारस्परिक, परस्पर, परस्परानुवर्ती	1. अन्योन्य, पारस्परिक, परस्पर	1. अन्योन्य, पारस्परिक, परस्पर	1. अन्योन्य, पारस्परिक, परस्पर	1. परस्पर
			2. व्यतिहारी	2. व्यतिकारी, व्युत्क्रम		
Reciprocate	1. परस्पर आदान-प्रदान करना	1. परस्पर आदान-प्रदान करना	1. परस्पर आदान-प्रदान करना	1. परस्पर आदान-प्रदान करना, अदला-बदली करना	1. आदान-प्रदान करना,	1. परस्पर आदान-प्रदान करना
			2. प्रतिदान करना		2. प्रतिदान करना	

1	2	3	4	5	6	7
Redamation	1. उद्धार, उद्धारण, भूमि-उद्धार	1. भूमि-उद्धार	1. उद्धार, भू-सुधार, भूमि-उद्धार	1. उद्धार, भूमि उद्धार, कृष्यकरण, कृषियोग्य बनाना, बंजर-कर्षण 2. उद्धार	1. सुधार, कृष्यकरण, कृषियोग्य-करण 2. उपयोगी बनाना, उपादेयकरण	1. भूमि-सुधार
Recognised	1. मान्य, मान्यता-प्राप्त 2. अभिज्ञात	1. मान्य, मान्यता-प्राप्त 2. अभिज्ञात	1. मान्यता-प्राप्त, मान्यता 2. अभिज्ञात	1. मान्यता-प्राप्त	1. मान्य, मान्यता-प्राप्त, अभिमत 2. अभिज्ञात	1. मान्यता-प्राप्त
Recognition	1. मान्यता 2. पहचान, अभिज्ञान	1. मान्यता 2. पहचान, अभिज्ञान	1. मान्यता 2. पहचान, अभिज्ञान	1. मान्यता 2. पहचान	1. मान्यता 2. पहचान, अभिज्ञान	1. मान्यता 2. पहचान
Recommend	1. सिफ़ारिश करना, अभिशंसा करना, संस्तुति करना	1. सिफ़ारिश करना, संस्तुति करना	1. सिफ़ारिश करना, संस्तुति करना	1. सिफ़ारिश करना, अनुशंसा करना, अनुशंसित करना	1. सिफ़ारिश करना, अनुशसा करना, अभिशंसा करना, संस्तुति करना, अनुरोध करना	1. सिफ़ारिश करना
Recommend-ation	1. सिफ़ारिश, अभिशंसा, संस्तुति	1. सिफ़ारिश, संस्तुति	1. सिफ़ारिश, अभिशंसा, संस्तुति	1. सिफ़ारिश, अनुशंसा	1. सिफ़ारिश, अनुशंसा, अभिस्ताव	1. सिफ़ारिश, संस्तुति
Recommenda-tory	1. सिफ़ारिशी	1. सिफ़ारिशी, सस्तुति-	1. सिफ़ारिशी, अभिशंसात्मक	1. सिफ़ारिशी	1. सिफ़ारिशी	1. सिफ़ारिशी

1	2	3	4	5	6	7
Recommended	1. संस्तुत 2. सिफारिश की जाती है	1. संस्तुत 2. सिफारिश की जाती है	1. संस्तुत	1. संस्तुत 2. सिफारिश की जाती है	1. अनुशंसित	1. सिफारिश की जाती है
Reconcile	1. समाधान करना, मेल-मिलाप करना 2. समाधान कराना, मेल-मिलाप कराना	1. समाधान करना	1. समाधान करना 2. संगति बैठाना, मेल कराना/बैठाना	1. समाधान करना, समझौता करना 2. समाधान कराना, पुनर्मेल कराना	1. समाधान करना, समझौता करना, मेल करना, संतुष्ट करना 2. समाधान कराना	1. मेल-मिलाप करना 2. मेल-मिलाप कराना
Reconcilation	1. समाधान, 2. मेल-मिलाप	1. समाधान	1. समाधान 2. मेल-मिलाप, मेल, 3. समझौता	1. समाधान 2. मेल-मिलाप	1. समाधान 2. मेल-मिलाप, मेल, साम्य 3. समझौता 4. संतोष, मिलान	1. समाधान 2. मेल-मिलाप
Reconcilation of accounts	1. लेखा-समाधान	1. लेखा-समाधान	1. लेखा-समाधान, लेखों का समाधान	1. लेखा-समाधान	1. लेखा-समाधान, लेखा-मिलान	1. लेखा-समाधान
Reconcilation of statement	1. समाधान-विवरण	1. समाधान-विवरण	1. समाधान-विवरण	1. समाधान-विवरण	1. समाधान-विवरण	1 समाधान-विवरण
Reconsidera-tion	1. पुनर्विचार	1. पुनर्विचार	1. पुनर्विचार	1. पुनर्विचार	1. पुनर्विचार	1. पुनर्विचार
Reconstitution	1. पुनर्गठन	1. पुनर्गठन	1. पुनर्गठन	1. पुनर्गठन	1. पुनर्गठन	1. पुनर्गठन
Reconstruction	1. पुनर्निर्माण	1. पुनर्निर्माण	1. पुनर्निर्माण	1. पुनर्निर्माण, पुनर्गठन	1. पुनर्निर्माण	1. पुनर्निर्माण

1	2	3	4	5	6	7
Record	1. अभिलेख, रिकार्ड	1. अभिलेख	1. अभिलेख, 2. वृत्त	1. अभिलेख, रिकार्ड 2. वृत्त 3. ध्वनि अभिलेखन	1. अभिलेख, रिकार्ड 2. लेख्य संग्रह	1. अभिलेख, रिकार्ड
	(क्रिया) दर्ज करना, अंकित करना	(क्रिया) दर्ज करना, अंकित करना	(क्रिया) दर्ज करना, अंकित करना, अभिलिखित करना	(क्रिया) दर्ज करना, अंकित करना, अभिलिखित करना, संग्रह करना	(क्रिया) दर्ज करना, अंकित करना	(क्रिया) दर्ज करना, अंकित करना
Record-keeper	1. अभिलेखपाल	1. अभिलेखपाल	1. अभिलेखपाल	1. अभिलेखपाल	1. अभिलेखपाल, रिकार्ड कीपर	1. अभिलेखपाल
Record of service	1. सेवा-वृत्त, सेवा-रिकार्ड	1. सेवा-अभिलेख, सेवा-रिकार्ड	1. सेवा-वृत्त, सेवा-रिकार्ड	1. सेवा-अभिलेख, सेवा-रिकार्ड	1. सेवा-अभिलेखा, सेवा-रिकार्ड	1. सेवाभिलेख
Recording	1. अभिलेखबद्ध करना, रिकार्ड करना	1. अभिलेखबद्ध करना	1. अभिलेखबद्ध करना, रिकार्ड करना, अभिलेखन	1. अभिलेखबद्ध करना, रिकार्ड करना, अभिलेखन 2 ध्वनि अभिलेखन, स्वरांकन 3. संग्रहण	1. अभिलेखबद्ध करना रिकार्ड करना, अभिलेखन करना,	1. रिकार्ड करना
Recovery	1. वसूली	1. वसूली	1. वसूली, प्रत्याप्ति, प्रत्युद्धरण	1. वसूली, पुनः प्राप्ति, प्रत्युद्धरण 2. स्वास्थ्यलाभ, चंगा होना	1. वसूली, उगाही पुनः प्राप्ति उपलब्धि 2. स्वास्थ्यलाभ, रोग मुक्ति	1. वसूली

1	2	3	4	5	6	7
Recovery of dues	1. देय की वसूली	1. देय की वसूली	1. देय की वसूली	1. देय की वसूली	1. देय की वसूली	1. देय की वसूली
Recreation	1. मनोविनोद	1. मनोविनोद, मनोरंजन	1. मनोविनोद, मनोरंजन, विनोद	1. मनोविनोद, मनोरंजन, आमोद-प्रमोद	1. मनोविनोद, मनोरंजन, विनोद, मनबहलाव, श्रमापहार	1. मनोविनोद, मनोरंजन
Recruit	1. रंगरूट	1. रंगरूट	1. रंगरूट 2. नवरोह (वन)	1. रंगरूट, नवनियुक्त	1. रंगरूट	1. रंगरूट
	(क्रि०) भर्ती करना	(क्रि०) भर्ती करना	(क्रि०) भर्ती करना	(क्रि०) भर्ती (भरती) करना	(क्रि०) भर्ती करना	(क्रि०) भर्ती करना
Recruitment	1. भर्ती	1. भर्ती	1. भर्ती	1. भर्ती, भरती	1. भरती	1. भरती
Recruitment, Direct	1. सीधी भर्ती	1. सीधी भर्ती	1. सीधी भर्ती	1. सीधी भर्ती	1. सीधी भरती	1. सीधी भरती
Recruitment officer	1. भर्ती-अधिकारी	1. भर्ती-अधिकारी	1. भर्ती-अधिकारी	1. भर्ती-अधिकारी	1. भरती-अधिकारी	1. भर्ती-अधिकारी
Rectification	1. परिशोधन, सुधार	1. सुधार, संशोधन	1. परिशोधन, सुधार, ठीक करना	1. परिशोधन, परिशुद्धि	1. परिशोधन, सुधार, शोधन, संशुद्धि	1. परिशोधन, सुधार
Rectify	1. परिशोधन करना, सुधार करना	1. ठीक करना, सुधारना	1. परिशोधन करना, सुधारना, ठीक करना	1. परिशुद्ध करना	1. परिशोधन करना, शोधन करना, सुधारना, संशुद्धि करना	1. सुधार करना, सुधारना
Rector (University)	1. रेक्टर कुलदेशिक	1. रेक्टर	1. रेक्टर कुल अधिपति	1. रेक्टर	1. रेक्टर	1. रेक्टर

1	2	3	4	5	6	7
Recurring	1. आवर्ती, आवर्तक	1. आवर्ती, आवर्तक	1. आवर्ती, आवर्तक	1. आवर्ती, आवर्तक	1. आवर्ती, आवर्तक	1. आवर्ती
Recurring-charge	1. आवर्ती प्रभार	1. आवर्ती प्रभार	1. आवर्ती प्रभार, आवर्तक प्रभार	1. आवर्ती प्रभार, आवर्त्ती व्यय	1. आवर्ती प्रभार	1. आवर्ती प्रभार
Recurring-grant	1. आवर्ती अनुदान	1. आवर्ती अनुदान	1. आवर्ती अनुदान, आवर्तक अनुदान	1. आवर्ती अनुदान, आवर्तक अनुदान	1. आवर्ती अनुदान, आवर्तक अनुदान	1. आवर्ती अनुदान
Redeem	1. छुड़ाना, मोचन करना	1. छुड़ाना, मोचन करना	1. छुड़ाना, मोचन करना, निष्क्रिय करना	1. छुड़ाना, मोचन करना, मोचित करना-कराना	1. छुड़ाना, विमोचन करना, निष्क्रिय करना, मुक्त/मोचन करना	1. छुड़ाना
Redemption	1. छुड़ाना, मोचन, प्रतिदान	1. छुड़ाना, मोचन	1. विमोचन, मोचन, प्रतिदान,निष्क्रिय	1. विमोचन, मोचन, प्रतिदान, उद्धार	1. छुड़ाना, मोचन, विमोचन, निष्क्रियण	1. छुड़ाना, मोचन
Red hot priority demand	1. अति अग्रतामाँग, अति प्राथमिकता माँग	1. अति अग्रता माँग, अति प्राथमिकता माँग	—	—	1. अति अग्रता माँग, अति प्राथमिकता माँग	1. अति अग्रता माँग
Redress	1. निवारण (क्रि०) निवारण करना, दूर करना	1. निवारण (क्रि०) निवारण करना, दूर करना	1. निवारण, प्रतिकार (क्रि०) निवारण करना, दूर करना	1. निवारण, प्रतितोष (क्रि०) निवारण करना, प्रतिकार करना	1. निवारण (क्रि०) निवारण करना	1. निवारण (क्रि०) निवारण करना, दूर करना
Reduce	1. घटाना, कम करना	1. घटाना, कम करना	1. घटाना, कम करना	1. घटाना, कम करना, कमी करना	1. घटान, घटाना, कम करना/होना	1. घटाना, कम करना

1	2	3	4	5	6	7
			2. पदावनत करना 3. परिवर्तित करना, रूपान्तरित करना	2. अवनत कराना 3. विच्युत	2. अवनत करना 3. परिणत करना	
Reduction	1. कमी	1. कमी, घटाना	1. कमी, घटाना 2. पदावनति	1. कमी, घटाव 2. विच्युति (क्रिया) कमी करना, घटना	1. कमी, घटी, कटौती	1. कमी
Redundant	1. अनावश्यक, व्यतिरिक्त	1. अनावश्यक, अतिरिक्त	1. अनावश्यक, अतिरिक्त, फालतू	1. निष्प्रयोजन, व्यर्थ, निरर्थक	1. अनावश्यक, अतिरिक्त, अधिक, निरर्थक	1. अनावश्यक, अधिक, अतिरिक्त
Re-employment	1. पुनर्नियुक्ति, पुनर्नियोजन	1. पुनर्नियुक्ति	1. पुनर्नियुक्ति, पुन:सेवायोजन, पुन:सेवायुक्त करना	1. पुनर्नियुक्ति, पुनर्नियोजन	1. पुनर्नियुक्ति, पुनर्सेवा नियोजन, फिर से नौकरी देना, पुन: नोकरी मिलना	1. पुन: नौकरी मिलना, फिर से नौकरी मिलना
Re-examination	1. पुन: परीक्षा	1. पुन: परीक्षा	1. पुन: परीक्षा	1. पुन: परीक्षा	1. पुन: परीक्षा, पुन:परीक्षण पुन: पृच्छा	1. पुन: परीक्षा
Refer	1. (विचारार्थ) भेजना	1. (विचारार्थ) भेजना	1. भेजना	1. भेजना	1. भेजना	1. भेजना

1	2	3	4	5	6	7
	2. हवाला देना, उल्लेख करना 3. निर्देश देना	2. उल्लेख करना 3. निर्देश देना	2. हवाला देना 3. निर्देश देना/करना 4. पूछना, पृच्छा करना, विमर्श करना 5. (प्रमाण के लिए) देखना	2. हवाला देना, उल्लेख करना 3. निर्देश/निर्देशित करना, निर्दिष्ट करना	2. हवाला देना, उल्लेख करना 3. निर्देश/निर्देशन करना, निर्दिष्ट करना	2. हवाला देना, उल्लेख करना 3. निर्देश करना
Referee	1. निर्देशी, रेफ़री	1. निर्देशी, रेफ़री	1. निर्देशी, रेफ़री	1. विनिर्धारिक, रेफ़री	1. मध्यस्थ, रेफ़री, निर्णायक, पंच	1. रेफ़री
Reference	1. संदर्भ, निर्देश, हवाला	1. संदर्भ, निर्देश, हवाला	1. संदर्भ, निर्देश, हवाला 2. संबंध, प्रसंग 3. उल्लेख 4. पृच्छा, प्रेषण 5. विमर्श	— निर्देश, हवाला 2. प्रसंग	1. संदर्भ, निर्देश, हवाला 2. प्रसंग 3. उल्लेख	1. संदर्भ, हवाला
Reference, Back	1. पिछला संदर्भ, पिछला हवाला	1. पिछला संदर्भ, पिछला हवाला	1. पिछला संदर्भ, पिछला हवाला	1. पिछला हवाला	1. पिछला संदर्भ, पिछला हवाला	1. पिछला संदर्भ
Reference, Cross	1. प्रतिनिर्देश	1. प्रतिनिर्देश	1. प्रतिनिर्देश	1. प्रतिनिर्देश	1. प्रतिनिर्देश	1. प्रतिनिर्देश
Reference, Later	1. उत्तर संदर्भ, पूर्व निर्देश, बाद का हवाला	1. उत्तर संदर्भ, बाद का हवाला	1. उत्तर संदर्भ, उत्तर निर्देश, बाद का हवाला	1. उत्तर संदर्भ, बाद का हवाला	1. उत्तर संदर्भ, उत्तर निर्देश, बाद का हवाला	1. उत्तर संदर्भ, बाद का हवाला

1	2	3	4	5	6	7
Reference, Previous	1. पूर्वसंदर्भ, पूर्वनिर्देश, पिछला हवाला	1. पूर्वसंदर्भ, पूर्वनिर्देश, पूर्व हवाला	1. पूर्वसंदर्भ, उत्तर निर्देश, बाद का हवाला	1. पूर्वसंदर्भ, पहले का हवाला	1. पूर्वसंदर्भ, पूर्व निर्देश, पूर्व हवाला	1. पूर्वसंदर्भ, पूर्व हवाला
Referencing	1. संदर्भ देना, हवाला देना	1. संदर्भ देना, हवाला देना	1. संदर्भ देना, हवाला देना, निर्देशांकन	1. निर्देशीकरण, हवाला देना	1. निर्देशांकन, हवाला देना	1. संदर्भ देना, हवाला देना
Refinery	1. परिष्करण	1. परिष्करण	1. परिष्करण	1. परिष्करण	1. परिष्करणी, परिष्करण	1. परिष्कर
Refresher Course	1. पुनश्चर्या	1. पुनश्चर्या	1. पुनश्चर्या, अभिनवन पाठ्यक्रम, नवीकरण पाठ्यक्रम	1. पुनश्चर्या, आवृत्ति कोर्स, आवृत्ति-चर्या	1. पुनश्चर्या, पुनरध्ययन पाठ्यक्रम, नवीकरण, प्रत्यास्मरण पाठ्यक्रम	1. पुनश्चर्या
Refreshment	1. जलपान, उपाहार	1. जलपान, अल्पाहार	1. जलपान, उपाहार	1. जलपान, उपाहार, अल्पाहार	1. जलपान, अल्पाहार	1. जलपान, उपाहार
Refund	1. (धन) वापसी (क्रि०) धन लौटाना, धन फेरना	1. धन वापसी धन वापस करना	1. वापसी, धन वापसी (धनराशि) वापस करना, धन लौटाना, धन फेरना	1. वापसी, प्रत्यर्पण, वापस करना, लौटाना, प्रत्यर्पण करना	1. वापसी, प्रत्यर्पण, वापस करना, लौटाना, फेरना, प्रत्यर्पण करना	1. वापसी, धन लौटाना, धन फेरना
Refuse	1. अस्वीकार करना,	1. अस्वीकार करना,	1. अस्वीकार करना,	1. इन्कार करना, नामंजूर करना	1. अस्वीकार करना,	1. अस्वीकार करना,

1	2	3	4	5	6	7
	इनकार करना	इनकार करना	इनकार करना, अस्वीकृत करना	2. कूड़ा-कचरा	इनकार करना, अस्वीकृत करना, मना करना	इनकार करना
Refutation	1. खंडन	1. खंडन	1. खंडन	1. खंडन, निराकरण	1.. खंडन, निराकरण	1. खंडन
Region	1. क्षेत्र, प्रदेश	1. क्षत्र, प्रदेश	1. क्षेत्र, प्रदेश, संभाग	1. क्षेत्र, प्रदेश, इलाका	1. क्षेत्र, प्रदेश, इलाका	1. क्षेत्र, प्रदेश
Regional	1. क्षेत्रीय	1. प्रादेशिक	1. क्षेत्रीय, संभागीय	1. क्षेत्रीय	1. क्षेत्रीय, प्रादेशिक, प्रदेश-	1. क्षेत्रीय
Regional Organisation	1. प्रादेशिक संगठन	1. प्रादेशिक संगठन	1. प्रादेशिक संगठन	1. क्षेत्रीय संगठन	1. प्रादेशिक संगठन, क्षेत्रीय संगठन	1. प्रादेशिक संगठन
Register keeper	1. पंजीपाल, रजिस्टरपाल	1. पंजीपाल, रजिस्टरपाल	1. पंजीपाल	1. पंजीपाल, रजिस्टरपाल	1. पंजीपाल, रजिस्टरपाल	1. रजिस्टरपाल
Registered	1. पंजीकृत, पंजीबद्ध, रजिस्ट्री हुआ	1. रजिस्ट्री हुआ	1. पंजीबद्ध, निबंधित, निषिद्ध, रजिस्ट्री हुआ, रजिस्ट्रीकृत	1. निबंधित, रजिस्टर्ड, रजिस्ट्रीकृत	1. पंजीबद्ध, पंजीकृत, पंजीयित, रजिस्ट्रीकृत, रजिस्ट्री हुआ, रजिस्टर्ड	1. रजिस्टर्ड
Registered acknowldge-ment	1. रजिस्ट्री, रसीदी डाक	1. रजिस्ट्री, रसीदी डाक	1. रजिस्ट्री, रसीदी डाक	—	1. रजिस्ट्री, रसीदी डाक	1. रजिस्ट्री, रसीदी डाक
Registering Authority	1. पंजीयन प्राधिकारी,	1. पंजीयन प्राधिकारी,	1. निबंधक प्राधिकारी	1. पंजीयन प्राधिकारी,	1. पंजीयन प्राधिकारी,	1. पंजीयन प्राधिकारी,

1	2	3	4	5	6	7
	रजिस्ट्री प्राधिकारी	रजिस्ट्री प्राधिकारी	—	रजिस्ट्री प्राधिकारी	रजिस्ट्री प्राधिकारी, रजिस्ट्रीकर्त्ता, प्राधिकारी, निबंधक	रजिस्ट्री प्राधिकारी
Registrar	1. पंजीयक, पंजीकार, रजिस्ट्रार	1. पंजीयक, रजिस्ट्रार	1. निबंधक	1. निबंधक, रजिस्ट्रार	1. पंजीयक, पंजीकार, रजिस्ट्रार	1. पंजीयक, पंजीकार, रजिस्ट्रार
Registrar (of University)	1. कुल-सचिव	1. कुल-सचिव	1. कुल-सचिव	1. कुल-सचिव	1. कुल-सचिव	1. कुल-सचिव
Registrar of Births & Deaths	1. जन्म-मृत्यु रजिस्ट्रार	1. जन्म-मृत्यु रजिस्ट्रार	1. जन्म-मृत्यु रजिस्ट्रार	1. जन्म-मृत्यु रजिस्ट्रार	1. जन्म-मृत्यु रजिस्ट्रार, जन्म-मृत्यु पंजीकार	1. जन्म-मृत्यु रजिस्ट्रार
Registrar of Cooperative Societies	1. सहकारी समितियों का रजिस्ट्रार	1. सहकारी समितियों का रजिस्ट्रार	1. सहकारी समितियों का निबन्धक, सहकारी समितियों का रजिस्ट्रार	1. सहकारी समितियों का रजिस्ट्रार	1. सहकारी समितियों का पंजीकार, सहकारी समितियों का रजिस्ट्रार	1. सहकारी समितियों का रजिस्ट्रार
Registration	1. पंजीकरण, रजिस्ट्री	1. पंजीकरण, पंजीयन, रजिस्ट्री	1. पंजीकरण, निबन्धन, रजिस्ट्री, रजिस्ट्रीकरण	1. निबन्धन, रजिस्ट्री रजिस्ट्रीकरण	1. पंजीकरण, पंजीबन्धन, पंजीयन, रजिस्ट्री, रजिस्ट्रेशन	1. रजिस्ट्री

1	2	3	4	5	6	7
Regret	1. खेद (क्रिया) खेद प्रकट करना	1. खेद (क्रिया) खेद प्रकट करना	1. खेद	1. खेद, खेद है	1. खेद	1. खेद
Regrettable	1. खेद का विषय	1. खेद का विषय	1. खेद का विषय	1. खेद का विषय	1. खेद का विषय	1. खेद का विषय
Reg ulations	1. विनियम	1. विनियम	1. विनियम, विनियमन, नियमन	1. विनियम, विनियमन, नियमन	1. विनियम, नियमन	1. विनियम, विनियमन
Rehabilitation	1. पुनर्वास	1. पुनर्वास	1. पुनर्वास	1. पुनर्वास, पुनर्वासन, पुनःस्थापन	1. पुनर्वास, पुनःस्थापन	1. पुनर्वास
Rehearsal	1. पूर्वाभ्यास	1. पूर्वाभ्यास	1. पूर्वाभ्यास	1. पूर्वाभ्यास 2. पूर्वाभिनय, रिहर्सल	1. पूर्वाभ्यास 2. पूर्वाभिनय, रिहर्सल	1. पूर्वाभ्यास
Reimbursement	1. प्रतिपूर्ति	1. प्रतिपूर्ति	1. प्रतिपूर्ति, वापसी	1. प्रतिपूर्ति	1. प्रतिपूर्ति, पूर्ति, भरपाई	1. प्रतिपूर्ति
Reinstate	1. पुनःस्थापित करना, बहाल करना	1. पुनःस्थापित करना, बहाल करना	1. पुनःस्थापित करना, बहाल करना	1. फिर से बहाल करना	1. पुनःस्थापित करना, बहाल करना, पुनराधिष्ठापित करना, फिर से लगाना, फिर से नियुक्त करना	1. बहाल करना
Reinstatement	1. बहाली	1. बहाली	1. बहाल, यथापूर्वकरण	1. बहाली	1. बहाली, पुनराधिष्ठापन, पुनःस्थापन	1. बहाली

1	2	3	4	5	6	7
Reiterate	1. दुहराना, फिर कहना	1. दुहराना, फिर कहना	1. दुहराना, फिर कहना	1. दुहराना, फिर कहना	1. दोहराना, फिर से कहना	1. दुहराना, फिर से कहना
Reject	1. अस्वीकार करना	1. अस्वीकार करना	1. अस्वीकार करना, स्नेहवंचित करना	1. नामंजूर करना, अगृहीत करना	1. अस्वीकार करना, अस्वीकृत करना, रद्द करना, नामंजूर करना, नकारना	1. अस्वीकार करना
Rejected bid	1. अस्त्रीकृत बोली	1. अस्वीकृत बोली	1. अस्वीकृत बोली	1. अस्वीकृत बोली	1. अस्वीकृत बोली	1. अस्वीकृत बोली
Rejection memo	1. अस्वीकृति पत्र	1. अस्वीकृति पत्र	1. अस्वीकृति पत्र	1. अस्वीकृति पत्र	1. अस्वीकृति पत्र	1. अस्वीकृति पत्र
Rejoinder	1. प्रत्युत्तर	1. प्रत्युत्तर	1. प्रत्युत्तर, प्रतिवाद	1. प्रत्युत्तर, उत्तर	1. प्रत्युत्तर, प्रत्युक्ति	1. प्रत्युत्तर
Relaxation	1. छूट, रियायत, ढील	1. रियातन	1. छूट, रियायत, ढील	1. छूट	1. छूट, रियायत ढिलाई	1. छूट, रियायत, ढील
	2. श्रांति	—	2. विश्राम	—	2. विश्रांति, विश्राम	
	3. शिथिलन	3. शैथिल्य	3. शिथिलता, शिथिलीकरण, शिथिलन	3. शैथिल्य, शिथिलीकरण	3. शैथिल्य, शिथिलीकरण	
Release	1. मुक्ति, रिहाई, छुटकारा, छूट निर्मुक्ति	1. मुक्ति, रिहाई	1. मुक्ति, रिहाई छुटकारा, छूट, मोचन	1. विमुक्ति, रिहाई संमोचन	1. मुक्ति, छुटकारा, छूट, मोचन	1. मुक्ति, रिहाई, छुटकारा, छूट
	2. (धन) दे देना	2. बंटन	2. बंटन		—	

1	2	3	4	5	6	7
	3. रिहा करना, मुक्त करना, छुटकारा देना	3. रिहा करना, छोड़ना	3. मुक्त करना, छोड़ना, छोड़ देना, निर्मुक्ति करना 4. माल छोड़ना 5. हटाना	3. छोड़ देना, छोड़ना, निर्मुक्त करना 4. माल छोड़ना 5. हटाना	3. मुक्त करना, छोड़ना, रिहा करना, निर्मुक्त करना	
Release, General	1. आम निर्मोचन	1. आम बंटन, आम छूट/ रिहाई	1. श्याम बंटन	1. आम छूट	1. आम बंटन	1. आम छूट
Release-date	1. निर्मोचन तिथि	1. बंटन तिथि, छूटने की तिथि	1. बंटन तिथि	1. बंटन तिथि	1. बंटन तिथि	बंटन तिथि
Relevant	1. संगत, सुसंगत	1. संगत, सुसंगत	1. संगत, सुसंगत, संबद्ध	1. सुसंगत, प्रसंगोचित	1. संगत, सुसंगत, संबद्ध, सुसंबद्ध, एतत्सम्बद्ध, प्रसांगिक	1. संबद्ध
Reliable	1. विश्वसनीय, पक्का	1. विश्वसनीय	1. विश्वसनीय, विश्वास का पक्का	1. विश्वसनीय, विश्वास का	1. विश्वसनीय, पक्का	1. विश्वसनीय, पक्का
Relic	1. पुरावशेष	1. पुरावशेष	1. अवशेष, स्मृतिचिह्न	1. पुरावशेष, अवशेष	1. अवशेष	1. अवशेष
Relief	1. सहायता, राहत 2. बदल 3. अनुतोष	1. सहायता, राहत 2. बदल 3. अनुतोष	1. सहायता, राहत 2. बदला 3. अनुतोष	1. सहायता, राहत राहत रकम 2. बदली 4. अनुतोष, साहाय्य	1. सहायता, राहत — 3. अनुतोष	1. सहायता, राहत 2. बदल

1	2	3	4	5	6	7
			4. मुक्ति	4. विराम, विरमित होना	4. पदावमुक्ति भारावमुक्ति	
			5. आराम, उपशमन	5. आराम, शमन	5. आराम, दुख-परिहार निवारण	
				6. कुमुक	6. कुमुक	
				7. प्राकृतिक बनावट	7. उभार, उद्भृति, उकेरी	
Relieve	1. (नौकरी) से छुट्टी देना, छुट्टी पाना, छुट्टी मिलना, भारमुक्त करना	1. भारमुक्त करना	1. छुट्टी देना, छुट्टी पाना, छुट्टी मिलना भारमुक्त करना, अवमुक्त करना	1. मुक्त रहना, विरमित होना, कार्यमुक्त करना, भारमुक्त करना	1. छुट्टी पाना, छुट्टी मिलना, छुट्टी देना, भारमुक्त करना	1. छुट्टी देना, छुट्टी पाना, छुट्टी मिलना, भारमुक्त करना
				2. साहाय्य देना, इमदाद देना	2. सहायता पहुँचाना, सहायता करना	
					3. शांति देना, दुःख हटाना, अनुतोष करना	
					4. छुटकारा देना, मुक्त करना, रिहा करना	
Relieving clerk	1. एवज़ी क्लर्क, एवज़ी लिपिक	1. एवज़ी क्लर्क, एवज़ी लिपिक	1. एवज़ी क्लर्क, एवज़ी लिपिक	1. भारग्राही लिपिक, भारग्राही क्लर्क	1. भारग्राही लिपिक, भारमोचन क्लर्क	1. एवज़ी क्लर्क, एवज़ी लिपिक

1	2	3	4	5	6	7
Relieving officer	1. भारमोचन अधिकारी	1. भारमुक्त अधिकारी, कार्यभार सम्हालने वाला अधिकारी	1. भारग्राही अधिकारी, अवमोचन अधिकारी, पद छुड़ाने वाला अधिकारी	1. भारग्राही अधिकारी, भारग्राही पदाधिकारी	1. भारग्राही अधिकारी, भारावमोचन अधिकारी	1. भारमोचन अधिकारी
Relinquishment	1. त्याग 2. स्वत्व-त्याग	1. त्याग 2. स्वत्व-त्याग	1. परित्याग 2. स्वत्व-त्याग	1. छोड़ना, त्याग	1. त्याग, छोड़ना, अवत्याग, कार्यभार छोड़ना	1. त्याग
Remark	1. विचार, अभियुक्ति (क्रिया) विचार प्रकट करना	1. अभ्युक्ति	1. विचार, टिप्पणी, अभ्युक्ति, मन्तव्य (क्रिया) प्रकट करना, मन्तव्य देना	1. अभ्युक्ति (क्रिया) कहना	1. विचार, टीका, टिप्पणी, कैफ़ियत अभ्युक्ति, रिमार्क (क्रिया) विचार प्रकट करना, टीका-टिप्पणी करना, मत प्रकट करना	1. विचार, अभ्युक्ति टिप्पणी, विचार प्रकट करना
Reminder	1. स्मरण-पत्र, अनुस्मारक	1. स्मरण-पत्र	1. स्मरण-पत्र, अनुस्मारक, अनुबोधक, तगादा	1. स्मार, स्मार-पत्र तकाज़ा, तकादा	1. स्मरण-पत्र, संस्मरण-पत्र, संस्मृति-पत्र, स्मृति-पत्र, अनुस्मारक, तकाज़ा, तगादा	1. अनुस्मारक
Remission	1. परिहार, माफ़ी, छूट	1. परिहारा, माफ़ी, छूट	1. परिहार, माफ़ी, छूट	1. परिहार, माफ़ी, छूट	1. परिहार, माफ़ी, छूट, क्षमा	1. छूट

1	2	3	4	5	6	7
Remit	1. प्रेषण करना, भेजना	1. प्रेरण करना	1. (रुपया) भेजना	1. प्रेषण करना, भेजना	1. प्रेषण करना, भेजना, पटाना	1. प्रेषण करना, भेजना
	2. माफ़ करना, छोड़ना	2. माफ़ करना, छोड़ना	2. माफ़ करना, छोड़ना, छोड़ देना, छूट देना	2. माफ़ी देना, छोड़ देना, माफ़ करना, छूट देना, परिहार करना	2. माफ़ करना, क्षमा करना, छूट देना, परिहार करना	2. माफ़ करना, छोड़ना
Remittance	1. प्रेषण, भेजना	1. प्रेषण, भेजना	1. प्रेषण, भेजना	1. प्रेषण, विप्रेषण	1. प्रेषण, भेजना, विप्रेषण	1. —
	2. प्रेषित धन, भेजी गई रकम	2. प्रेषित धन, भेजी गई रकम	2. प्रेषित धन, भेजी गई रकम	2. भेजी गई रकम	2. भेजी हुई रकम	2. भेजी गई रकम
					3. प्रेषणादेश	
Remittee	1. प्रेषिती, पानेवाला	1. प्रेषिती, पानेवाला	1. प्रेषिती, पानेवाला	1. प्रेषिती, पानेवाला	1. प्रेषिती, पानेवाला	1. पानेवाला
Remitter	1. प्रेषक, भेजनेवाला	1. प्रेषक, भेजनेवाला	1. प्रेषक, भेजनेवाला	1. प्रेषक, विप्रेषक, भेजनेवाला	1. प्रेषक, भेजनेवाला	1. प्रेषक, भेजनेवाला
Removal	1. निष्कासन, हटाया जाना	1. निष्कासन, हटाया जाना	1. हटाना, हटाया जाना	1. निष्कासन, हटाया जाना, हटाना	1. निष्कासन, हटाया जाना, हटाना	1. हटाया जाना
	2. अपनयन		2. पृथक्करण	2. दूर किया जाना, अपसरण	2. अपसारण, पृथक्करण	
Remuneration	1. पारिश्रमिक, मेहनताना	1. पारिश्रमिक, मेहनताना	1. पारिश्रमिक, मेहनताना	1. पारिश्रमिक, मेहनताना	1. पारिश्रमिक, मेहनताना	1. पारिश्रमिक

1	2	3	4	5	6	7
Renewal	1. नवीकरण	1. नवीकरण	1. नवीकरण	1. नवीकरण, नयाकरण	1. नवीकरण, नवीनकरण, नवकरण, नवीयन, नवीनीकरण	1. नवीकरण
Rent	1. भाटक, किराया, भाड़ा 2. लगान	1. भाटक, किराया 2. लगान	1. भाटक, किराया, भाड़ा 2. लगान	1. किराया, भाड़ा 2. लगान	1. भाटक, किराया, भाड़ा 2. लगान	1. किराया, भाड़ा 2. लगान
Rented space	1. भाड़े पर लिया स्थान	1. भाड़े पर लिया स्थान	1. भाड़े पर लिया स्थान	1. भाड़े पर लिया स्थान	1. भाड़े पर लिया स्थान	1. भाड़े पर लिया स्थान
Reorganisation	1. पुन:संगठन, पुनर्गठन	1. पुनर्गठन	1. पुनर्गठन, पुनर्संघटन	1. पुनर्गठन, पुन:गठन	1. पुनर्गठन, पुन:संघटन	1. पुनर्गठन
Repatriate	1. देश-प्रत्यावर्तन, देश को लौटाना, देश वापस भेजना	1. देश-प्रत्यावर्तन, देश को लौटाना	1. देश वापस भेजना	1. प्रत्यावर्तन, स्वदेश-प्रत्यावर्तन	1. देश-प्रत्यावर्तन, देश को लौटाना, स्वदेशावर्तन करना, पुन: स्वदेश को लौटाना 2. स्वदेश-प्रेषण, स्वदेश-प्रतिपेषण	1. देश को लौटाना, देश वापस भेजना
Repatriation	1. देश-प्रत्यावर्तन, प्रत्यावासन	1. देश-प्रत्यावर्तन, प्रत्यावासन, देश वापस भेजना	1. देश-प्रत्यावर्तन, देश वापस भेजना	—	1. स्वदेशावर्तन, देश-प्रत्यावर्तन, देश वापस भेजना/लौटाना	1. देश वापस भेजना

1	2	3	4	5	6	7
Repay	1. शोधन करना	1. शोधन करना	1. प्रतिशोधन करना	—	1. शोधन/प्रतिशोधन करना	1. शोधन करना
	2. चुकाना	2. चुकाना	2. प्रति संदाय	2. प्रति संदाय/ संदत्त करना	2. चुकाना, प्रतिदान करना	2. चुकाना
	3. लौटाना, वापस करना		3. वापस करना	3. वापस करना, अदा करना	3. लौटाना	3. लौटाना, वापस करना
Repayable	1. शोध्य	1. प्रतिशोधन	1. प्रतिशोध्य	—	1. प्रतिशोध्य	—
	2. प्रतिदेय	2. पुन: भुगतान, अदायगी	2. प्रतिदेय	2. प्रतिदेय, वापस/अदा करने योग्य, बदले में देने योग्य	2. प्रदेय	2. वापस/अदा करने योग्य
Repeal	1. निरसन (क्रिया) निरसन करना	1. निरसन (क्रिया) निरसन करना	1. निरसन (क्रिया) निरसन करना, निरस्त करना	1. निरसन (क्रिया) निरसित करना	1. निरसन (क्रिया) निरसन करना, निरसित करना, निरस्त करना	1. निरसन
Repeat order	1. पुनरादेश	1. पुनरादेश	1. पुनरादेश	1. पुनरादेश	1. पुनरादेश	1. पुनरादेश
Report	1. प्रतिवेदन, विवरण, रिपोर्ट	1. प्रतिवेदन, रिपोर्ट	1. प्रतिवेदन, विवरण, रिपोर्ट	1. प्रतिवेदन, विवरण, रिपोर्ट, रपट	1. प्रतिवेदन, विवरण, रिपोर्ट, रपट	1. विवरण, रिपोर्ट
			2. आख्या, वृत्त		2. वृत्त, रपोर्ट	
			3. सूचना, रपट		3. सूचना, रपट	
			4. संवाद, समाचार			
	(क्रिया) रिपोर्ट देना/करना,	(क्रिया) रिपोर्ट देना/करना,	(क्रिया) रिपोर्ट देना/करना,	(क्रिया) रिपोर्ट देना/करना,	(क्रिया) रिपोर्ट करना/देना,	

1	2	3	4	5	6	7
	प्रतिवेदन करना, प्रतिवेदित करना	प्रतिवेदन करना	प्रतिवेदन करना, प्रतिवेदित करना, रिपोर्ट देना	प्रतिवेदन करना, प्रतिवेदित करना, रपट लिखाना, सूचना देना	प्रतिवेदन करना, प्रतिवेदित करना	
Reporter	1. प्रतिवेदक, रिपोर्टर	1. प्रतिवेदक, रिपोर्टर	1. वृत्तलेखक	1. प्रतिवेदक, रिपोर्टर	1. प्रतिवेदक, रिपोर्टर, वृत्त-लेखक	1. प्रतिवेदक, रिपोर्टर
			2. (समाचार पत्र का) संवाददाता	2. समाचारदाता, संवाददाता	2. संवाददाता	
Repository	1. निधान, संग्रह	1. निधान, संग्रह	1. निधन, संग्रह	1. संग्रह, निक्षेपागार, भंडार	1. संग्रह	1. संग्रह
Represent	1. प्रतिनिधित्व करना	1. प्रतिनिधित्व करना	1. प्रतिनिधित्व करना	1. प्रतिनिधित्व करना, निरूपण करना, प्रतिदर्शन, निरूपण	1. प्रतिनिधित्व करना, प्रदर्शित करना	1. प्रतिनिधित्व करना
	2. अभिवेदन देना	2. आवेदन करना	2. प्रकट करना	2. अभिवेदन करना,	2. अभिवेदन करना, निवेदन करना	2. अभिवेदन करना
Representation	1. प्रतिनिधित्व	1. प्रतिनिधित्व	1. प्रतिनिधित्व	1. प्रतिनिधित्व	1. प्रतिनिधित्व, प्रतिनिधान, निरूपण	1. प्रतिनिधान
	2. अभ्यावेदन, अभिवेदन	2. अभ्यावेदन	2. अभिवेदन, प्रत्यावेदन, व्यपदेशन	2. अभ्यावेदन, विरोध-प्रदर्शन	2. अभ्यावेदन, निवेदन, प्रतिवेदन	2. प्रतिवेदन

1	2	3	4	5	6	7
			3. वर्णन, चित्रण, रूपण 4. चित्र, प्रतिकृति 5. अभिनय			
Representation, Identical	1. समान अभिवेदन	1. समान अभ्यावेदन	1 समान अभिवेदन	1. समान अभ्यावेदन,	1. समान अभिवेदन, समान प्रतिनिवेदन	1. समान, प्रतिवेदन
Representation, Majority	1. बहुमत/बहुसंख्यक प्रतिनिधित्व	1. बहुमत/बहुसंख्यक प्रतिनिधित्व	1. बहुमत/बहुसंख्यक प्रतिनिधित्व	1. बहुसंख्यक प्रतिनिधित्व	1. बहुमत/बहुसंख्यक प्रतिनिधित्व	1. बहुमत प्रतिनिधित्व
Representation, Minority	1. अल्पमत/ अल्पसंख्यक प्रतिनिधित्व	1. अल्पमत/ अल्पसंख्यक प्रतिनिधित्व	1. अल्पमत/ अल्पसंख्यक प्रतिनिधित्व	1. अल्पमत/ अल्पसंख्यक प्रतिनिधित्व	1. अल्पमत/ अल्पसंख्यक प्रतिनिधित्व	1. अल्पमत प्रतिनिधित्व
Representation, Proportional	1. आनुपातिक प्रतिनिधित्व	1. आनुपातिक प्रतिनिधित्व	1. अनुपातिक प्रतिनिधित्व आनुपाती प्रतिनिधित्व	1. आनुपातिक प्रतिनिधित्व	1. आनुपातिक प्रतिनिधित्व	1. आनुपातिक प्रतिनिधित्व
Representative	1. प्रतिनिधि	1. प्रतिनिधि	1. प्रतिनिधिक, 2. द्योतक	1. प्रतिनिधि, प्रतिनिधिक	1. प्रतिनिधि	1. प्रतिनिधि
Reprimand	1. फटकार, भर्त्सना (क्रि०) फटकारना, भर्त्सना करना	1. फटकार, भर्त्सना (क्रि०) फटकारना, भर्त्सना करना	1. फटकार, भर्त्सना (क्रिया) फटकारना, भर्त्सना करना	1. फटकार, भर्त्सना, धिग्दंड (क्रिया) फटकारना	1. फटकार, भर्त्सना, डाँट (क्रिया) फटकारना, भर्त्सना करना, डाँटना, डाँट देना	1. फटकार (क्रिया) फटकारना

1	2	3	4	5	6	7
Reproduction	1. पुनरुत्पादन 2. उद्धरण 3. प्रतिलिपि, प्रतिकृति 4. प्रजनन	1. पुनरुत्पादन 2. उद्धरण 3. प्रतिलिपि	1. प्रत्युत्पादन 2. उद्धरण 3. प्रतिलिपि, प्रतिकृति 4. प्रजनन 5. पुनरुत्पत्ति (वन) प्रजनन 6. मुद्रण, छापना	1. पुनरुत्पादन उत्पादन 2. — 3. प्रतिरूप 4. जनन	1. पुनरुत्पादन 2. उद्धरण 3. प्रतिरूप 4. पुनरुत्पत्ति	1. — 2. उद्धरण 3. प्रतिलिपि
Repugnant	1. प्रतिकूल, विरुद्ध	1. प्रतिकूल, विरुद्ध	1. प्रतिकूल, विरुद्ध	1. विरुद्ध	1. प्रतिकूल, विरुद्ध, विपरीत, प्रतीप 2. अरुचिकर	1. प्रतिकूल, विरुद्ध
Repurchase	1. पुनः क्रय, फिर से खरीद	1. पुनः क्रय, फिर से खरीद	1. पुनः क्रय, फिर से खरीद	1. पुनः क्रय, फिर से खरीद	1. पुनः क्रय, फिर से खरीद	1. फिर से खरीद
Requirement	1. अपेक्षा, आवश्यकता	1. आवश्यक, माँग	1. आवश्यकता, अपेक्षा	1. आवश्यकता, अपेक्षा	1. आवश्यकता, अपेक्षा, माँग	1. अपेक्षा
Requisite	1. आवश्यक, अपेक्षित	1. आवश्यक, अपेक्षित	1. आवश्यक, अपेक्षित	1. आवश्यक, अपेक्षित	1. आवश्यक, आवश्यकता, अपेक्षित, अपेक्ष्य	1. आवश्यक, अपेक्षित
Requisites	1. आवश्यक गुण, आवश्यक वस्तुएँ, अपेक्षित गुण, अपेक्षित वस्तुएँ	1. आवश्यक गुण, आवश्यक वस्तुएँ, अपेक्षित गुण, अपेक्षित वस्तुएँ	1. आवश्यक गुण, आवश्यक वस्तुएँ, अपेक्षित वस्तुएँ	1. आवश्यक गुण	1. आवश्यक गुण, आवश्यक वस्तुएँ, अपेक्षित गुण, अपेक्षित वस्तुएँ	1. आवश्यक गुण, आवश्यक वस्तुएँ, अपेक्षित गुण, अपेक्षित वस्तुएँ
Requisition	1. माँग	1. माँग	1. माँग	1. माँग, अधियाचना	1. माँग, प्रार्थना, अधियाचना	माँग

1	2	3	4	5	6	7
	2. अधिग्रहण	2. अधिग्रहण	1. अधिग्रहण, अधियाचन 3. अध्यपेक्षा	2. अधिग्रहण 3. अपेक्षा	2. अधिग्रहण, अधिप्राप्ति 3. अपेक्षा	
Requisition slip	1. माँग-पर्ची, माँगणी-पर्ची	1. माँग-पर्ची	1. माँग-पर्ची	1. माँग-पर्ची	1. माँग-पर्ची	1. माँग-पर्ची
Rescind	1. विखंडन करना	1. विखंडन करना	1. विखंडित करना, विखंडन करना, मंसूख करना	1. विखंडित करना, मंसूख करना	1. विखंडित करना, उपखंडन करना, मंसूख करना, रद्द करना, निरस्त करना, काट देना, उठा लेना, निराकरण करना	1. रद्द करना, निरस्त करना
Rescue Home	1. उद्धार-गृह	1. उद्धार-गृह	1. उद्धार-गृह	1. उद्धार-गृह	1. उद्धार-गृह	1. उद्धार-गृह
Research	1. गवेषणा, अनुसंधान	1. गवेषणा, अनुसंधान, शोध	1. गवेषणा, अनुसंधान, शोध	1. गवेषणा, अनुसंधान, शोध, खोज	1. गवेषणा, अन्वेषण, अनुसंधान, शोध, शोधन, खोज	1. अनुसंधान, खोज
Research Fellow	1. अध्येता	1. अध्येता	1. अध्येता	1. अध्येता	1. अध्येता	1. अध्येता
Research Unit	1. अनुसंधान एकक	1. अनुसंधान एकक	1. अनुसंधान एकक	1. अनुसंधान एकक	1. अनुसंधान एकक	1. अनुसंधान एकक
Reserve Police	1. रिज़र्व पुलिस	1. रिज़र्व पुलिस	1. रिज़र्व पुलिस, आरक्षित पुलिस	1. रिज़र्व पुलिस	1. रिज़र्व पुलिस, रक्षित पुलिस	1. रिज़र्व पुलिस
Reserve Price	1. आरक्षित कीमत	1. आरक्षित कीमत	1. आरक्षित कीमत	1. आरक्षित कीमत, आरक्षित मूल्य, रिज़र्व कीमत	1. आरक्षित कीमत, आरक्षित मूल्य	1. आरक्षित कीमत

1	2	3	4	5	6	7
Reservation	1. आरक्षण, रक्षण	1. आरक्षण, रक्षण	1. आरक्षण, रक्षण	1. आरक्षण	1. आरक्षण, पूर्वरक्षण, प्रारक्षण, रक्षण 2. निर्बन्धन	1. आरक्षण
Reservoir Divsion	1. जलाशय-प्रभाग	1. जलाशय-प्रभाग	1. जलाशय-प्रभाग	1. जलाशय-प्रभाग, जलागार-प्रभाग	1. जलाशय-प्रभाग	1. जलाशय, प्रभाग
Resettlement	1. पुनः स्थापन, पुनर्व्यस्थापन	1. पुनः स्थापन, पुनर्व्यवस्थापन	1. पुनर्व्यस्थापन, पुनर्वासन, पुनर्वास	1. पुनः स्थापन, पुनर्वासन	1. पुनः स्थापन, पुनर्व्यवस्था, पुनर्वास	1. पुनर्वास
Residence	1. निवास, आवास	1. निवास, आवास	1. निवास, निवास-स्थान	1. निवास, निवास-स्थान, आवास	1. निवास, निवास-स्थान, निवास-गृह, पदावास	1. निवास, आवास
Residential	1. निवास, आवास	1. निवास, आवास	1. आवासिक	1. आवासीय, स्थानिक	1. निवास, निवास-संबंधी, आवासी, निवासार्थ	1. निवास, आवास
Residuary power	1. अवशिष्ट अधिकार	1. अवशिष्ट अधिकार	1. अवशिष्ट अधिकार	1. अवशिष्ट अधिकार	1. अवशिष्ट शक्तियाँ	1. अवशेष शक्तियाँ, बचे हुए अधिकार
Residue	1. अवशेष	1. अवशेष	1. अवशेष, अवशिष्ट	1. अवशेष, अवशिष्टि	1. अवशेष, शेषभाग अवशिष्ट/तलछट	1. अवशेष
Resign	1. त्यागपत्र देना, इस्तीफ़ा देना	1. त्यागपत्र देना, इस्तीफ़ा देना	1. त्यागपत्र देना, इस्तीफ़ा देना, त्यागदेना	1. त्यागपत्र देना, पद त्याग देना	1. त्यागपत्र देना, इस्तीफ़ा देना, पदत्याग करना 2. भरोसे पर छोड़ना	1. त्यागपत्र देना, इस्तीफ़ा देना

1	2	3	4	5	6	7
Resignation	1. त्यागपत्र, इस्तीफ़ा	1. त्यागपत्र, इस्तीफ़ा 2. पदत्याग, त्याग, आत्मसमर्पण	1. त्यागपत्र, इस्तीफ़ा 2. पदत्याग	1. त्यागपत्र, इस्तीफ़ा	1. त्यागपत्र, इस्तीफ़ा 2. पदत्याग	1. त्यागपत्र, इस्तीफ़ा
Resolution	1. संकल्प	1. संकल्प	1. संकल्प 2. निश्चय	1. संकल्प, प्रस्ताव 2. निश्चय 3. खंडन, विघटन, वियोजन	1. संकल्प, प्रस्ताव 2. निश्चय 3. घुले होने की अवस्था 4. विश्लेषण, निराकरण	1. संकल्प
Resources	1. संसाधन, स्रोत 2. संपदा	1. प्राकृतिक साधन 2. प्राकृतिक संपदा	1. संसाधन 2. सम्पत्ति, विभव	1. साधन, स्रोत, संबल, साधनस्रोत 2. —	1. संसाधन, साधन, स्रोत 2. सम्पत्ति	1. स्रोत 2. संपदा
Respectfully	1. सादर	1. सादर	1. सादर	1. सादर आदरपूर्ण, सम्मान-सूचक	1. सादर	1. सादर
Respectively	1. क्रमानुसार, क्रमशः	1. क्रमशः	1. क्रमशः, यथायोग	1. क्रमानुसार, क्रमशः, क्रम से, यथास्थिति	1. क्रमानुसार, क्रमशः, क्रम से, यथाक्रम से, पृथक्-पृथक् रूप से	1. क्रमानुसार, क्रमशः
Respondent	1- प्रत्यर्थी, प्रतिवादी	1. प्रत्यर्थी, प्रतिवादी	1. प्रत्यर्थी, प्रतिवादी, उत्तरवादी	1. प्रत्यर्थी, प्रतिवादी	1. प्रत्यर्थी, प्रतिवादी, प्रतिपक्षी, उत्तरवादी, उत्तरदाता	1. प्रत्यर्थी, प्रतिवादी

1	2	3	4	5	6	7
Responsibility	1. उत्तरदायित्व, दायित्व, ज़िम्मेदारी	1. उत्तरदायित्व, दायित्व, ज़िम्मेदारी	1. उत्तरदायित्व	1. उत्तरदायित्व, दायित्व, ज़िम्मेदारी, ज़िम्मेवारी	1. उत्तरदायित्व, दायित्व, ज़िम्मेदारी	1. उत्तरदायित्व, दायित्व, ज़िम्मेदारी
Restitution	1. प्रत्यानयन,	1. प्रत्यानयन	1. प्रत्यानयन	1. वापस देना, वापस दिलाना	1. प्रत्यानयन, वापस देना/ दिलाना, वापसी	1. वापस देना, वापसी
	2. प्रव्यवस्थान	2. प्रव्यवस्थान	2. प्रव्यवस्थापन, पुनःस्थापन	2. प्रव्यास्थापन	2. प्रव्यवस्थापन, पुनःस्थापन	2. लौटाया जाना
Restoration	1. पुनःस्थापना, फिर से चालू करना	1. पुन.स्थापन, फिर से चालू करना	1. पुनःस्थापन	1. पुनःस्थापन, फिर से चालू करना, वापस देना, लौटा देना	1. पुनःस्थापन, फिर से चालू करना, मूल निरुपण	1. फिर से चालू करना
			2. पुनर्नवीकरण	2. पुनर्नवीकरण	2. पुनर्नवीकरण	
			3. प्रत्यावर्तन	3. प्रत्यावर्तन	3. प्रत्यावर्तन	
Restraint	1. अवरोध, नियंत्रण	1. अवरोध	1. अवरोध, रोक नियंत्रण, प्रतिबंध	1. अवरोध, नियंत्रण, रुकावट	1. अवरोध, रोक रुकावट, प्रतिबंध	1. अवरोध, नियंत्रण
	2. निग्रह, संयम	2. निग्रह	2. निग्रह	2. निग्रह, संयम	2. निग्रह, संयम	2. निग्रह, संयम
Restricted	1. प्रतिबंधित, सीमित	1. प्रतिबंधित, सीमित	1. प्रतिबद्ध, सीमित, निर्बंधित	1. प्रतिबद्ध, सीमित, बाधित	1. प्रतिबंधित, सीमित, बाधित, निर्बन्धित, प्रतिबद्ध, निर्बद्ध	1. प्रतिबंधित, सीमित
				2. संकुचित, संकोचित		

1	2	3	4	5	6	7
Restriction	1. प्रतिबंध, रोक	1. प्रतिबंध, रोक	1. प्रतिबंध, निर्बन्धन	1. प्रतिबद्ध, बाधा, पाबंन्दी, रोक 2. संकोचन	1. प्रतिबद्ध, पाबन्दी, रोक, निर्बन्धन, सीमाबन्धन	1. प्रतिबन्ध, रोक
Resume	1. सार-वृत्त (क्रि०) पुन: आरंभ करना, पुन: शुरू करना	1. सार-वृत्त (क्रि०) पुन: आरंभ करना,	1. सार-वृत्त, सार, संक्षेप (क्रि०) पुन: आरंभ करना, पुन: ग्रहण करना, वापस लेना, जब्त करना	1. सार-वृत्त, संक्षेप (क्रि०) फिर से आरंभ करना, पुनर्ग्रहण करना	1. सार-वृत्त, (क्रि०) पुन: आरंभ करना, पुन: शुरू करना	1. सार-वृत्त (क्रि०) पुन: आरंभ करना, पुन: शुरू करना
Resumption	1. पुनरारंभ	1. पुनरारंभ	1. पुनरारंभ, पुनर्ग्रहण, प्रत्यादान, जब्त	1. पुनरारंभ, पुनर्ग्रहण पुन: चालू करना, फिर से जारी करना	1. पुनरारंभ, पुनर्ग्रहण, पुनर्धारण, पुन: चालू करना	1. पुनरारंभ, पुन: चालू करना
Retire	1. निवृत्त होना, रिटायर होना	1. निवृत्त होना, रिटायर होना	1. निवृत्त होना, निवृत्ति ग्रहण करना, रिटायर होना	1. सेवा निवृत्त होना, रिटायर होना, एकांत में आना	1. सेवानिवृत्त होना, सेवामुक्त होना, रिटायर होना, विरत होना	1. निवृत्त होना, सेवानिवृत्त होना
Retired	1. निवृत्त	1. निवृत्त	1. निवृत्त	1. सेवानिवृत्त	1. सेवानिवृत्त	1. निवृत्त
Retirement	1. निवृत्ति	1. निवृत्ति	1. निवृत्ति	1. निवृत्ति, सेवानिवृत्ति, रिटायर हो जाना	1. निवृत्ति, सेवानिवृत्ति, अवकाश-ग्रहण, विरति	1. निवृत्ति, सेवानिवृत्ति

1	2	3	4	5	6	7
Retirement benefit	1. निवृत्ति-लाभ	1. निवृत्ति-लाभ	1. निवृत्ति-लाभ, सेवानिवृत्ति-लाभ	1. निर्वृत्ति-लाभ	1. निवृत्ति-लाभ	1. निवृत्ति-लाभ
Retrenchment	1. छँटनी	1. छँटनी	1. छँटनी, कमी, कमी करना, कटौती, कारन्त	1. छँटनी	1. छँटनी, कमी, काट-छाँट, अपवर्तन	1. छँटनी
Retrospective	1. पूर्वव्यापी, भूतलक्षी	1. पूर्वव्यापी, भूतलक्षी	1. पूर्वव्यापी, भूतलक्षी, पूर्वगामी	1. भूतलक्षी	1. पूर्वव्यापी, भूतलक्षी, पूर्वापेक्षी	1. पूर्वव्याप्ति
Return	1. विवरणी	1. विवरणी	1. विवरणी	1. विवरणी	1. विवरणिका, विवरण-पत्र, प्रविवरण	1. विवरणी
					2. फल, लाभ प्रतिलाभ, आय	
	2. प्रतिलाभ	—	2. प्रतिलाभ	—		
	3. वापसी	—	3. वापसी	3. वापसी	3. वापसी	3. वापस
	4. उत्तर	—	4. प्रत्यावर्तन, परिलेख	4. उत्तर	4. प्रत्यावर्तन	4. उत्तर
	1. (क्रि०) वापस करना/लौटाना,	1. वापस करना/लौटाना	1. वापस करना, वापस होना	1. वापस करना/लौटाना,	1. वापस करना, लौटाना, लौट आना	1. वापस करना, वापस लौटाना
	2. निर्वाचित करना, निर्वाचित होना		2. निर्वाचित करना	2. निर्वाचित करना, निर्वाचित होना	1. निर्वाचित करना	2. निर्वाचित करना, निर्वाचित होना
Return-journey	1. वापसी यात्रा	1. वापसी यात्रा	1. वापसी यात्रा	1. वापसी यात्रा	1. वापसी यात्रा	1. वापसी यात्रा
Return of post	1. वापसी डाक	1. वापसी डाक	1. वापसी डाक	1. वापसी डाक	1. लौटती डाक	1. वापसी डाक

1	2	3	4	5	6	7
Returning Officer	1. निर्वाचन अधिकारी	1. निर्वाचन अधिकारी	1. निर्वाचन अधिकारी	1. निर्वाची पदाधिकारी, रिर्टनिंग आफ़िसर	1 निर्वाचन अधिकारी, चुनाव अधिकारी	1. निर्वाचन अधिकारी
Returns	1. विवरणी, नियत विवरण	1. विवरणियाँ, नियत विवरण	1. विवरणी, नियत विवरण, परिलेख	1. प्रत्यागम	1. विवरणी, नियत विवरण, प्रविवरण	1. विवरणी, नियत विवरण
Revalidation	1. पुनर्वैधीकरण	1. पुनःवैधीकरण	1. पुनर्वैधीकरण	1. पुनर्वैधीकरण, फिर से वैध बनाना	1. पुनर्वैधीकरण	1. पुनर्वैधीकरण
Revaluation	1. पुनर्मूल्यन	1. पुनर्मूल्यन	1. पुनर्मूल्यन	1. पुनर्मूल्यांकन	1. पुनर्मूल्यन, पुनर्मूल्यांकन, पुनःपरीक्षण, पुनरंकन	1. पुनर्मूल्यन
Revenue	1. राजस्व	1. राजस्व	1. राजस्व, लाभ, आगम	1. राजस्व, आमदनी, आय	1. राजस्व	1. राजस्व
Reverse	1. उत्क्रम, प्रतिलोभ, विपर्यास, उल्टा	1. उत्क्रम, प्रतिलोम, विपर्यास, उल्टा	1. विपर्यय, विलोम, उलटा	1. प्रतिलोम, प्रतिकूल, उल्टा (क्रि०) पीछे ले जाने वाला (क्रि०) उलटना, उलट देना, विपर्यय करना	1. उत्क्रम, प्रतिकूल, विपरीत, उल्टा, विपर्यय (क्रि०) उलटना, उलट देना, पलटना, परिवर्तित करना	1. प्रतिलोम, उल्ट

1	2	3	4	5	6	7
Reversion	1. परावर्तन	1. परावर्तन	1. परावर्तन, प्रत्यावर्तन	1. प्रतिवर्तन, प्रत्यावर्तन	1. प्रतिवर्तन, प्रत्यावर्तन, प्रत्यागमन	1. परावर्तन
			2. उत्तर-भोग, शेष भोग	2. उत्तर-भोग	2. उत्तर-भोग	
			3. प्रतिवर्तन (वन)		3. प्रतिवर्तन	
					4. वापसी, लौटाना, वापस होना, परावर्ताधिकार	
					5. पदावनति	
Reverted	1. प्रत्यावर्तित	1. प्रत्यावर्तित	1. प्रत्यावर्तित, प्रतिवर्तित	1. प्रतिवर्तित	1. प्रत्यावर्तित	1. प्रत्यावर्तित
Review	1. समीक्षा	1. समीक्षा	1. समीक्षा	1. समीक्षा	1. समीक्षा, समालोचना	1. समीक्षा
	2. पुनरीक्षण	2. पुनरीक्षण	2. पुनरीक्षण	—	—	2. पुनरीक्षण
			3. पुर्नविलोकन (विधि)	3. पुर्नविलोकन	3. पुर्नविलोकन	
					4. सिंहावलोकन	
	1. (क्रि०) समीक्षा करना	1. समीक्षा करना	1. समीक्षा करना	1. समीक्षा करना	1. समीक्षा करना	
	2. पुनरीक्षण करना	2. पुनरीक्षण करना	2. पुनरीक्षण करना	2. पुर्नविलोकन करना	2. पुर्नविलोकन करना	
Reviewer	1. समीक्षाकार, समीक्षक	1. समीक्षाकार, समीक्षक	1. समीक्षक	1. समीक्षाकार, समीक्षक	1. समीक्षाकार, समीक्षक	1. समीक्षाकार, समीक्षक
	2. पुनरीक्षक	2. पुनरीक्षक		2. पुनरीक्षक	2. पुनरीक्षक	2. पुनरीक्षक

1	2	3	4	5	6	7
Reviewing officer	1. पुनरीक्षण-अधिकारी	1. पुनरीक्षण अधिकारी	1. पुनरीक्षण अधिकारी	1. पुनरीक्षण अधिकारी	1. पुनरीक्षण अधिकारी	1. पुनरीक्षण अधिकारी
Revise	1. परिशोधित करना	1. संशोधन करना, दोहराना	1. परिशोधन करना, दोहराना, पुनरीक्षित करना	1. पुनरीक्षण	1. पुनरीक्षण करना, दोहराना,, संशोधन करना, सुधारना	1. परिशोधित करना, दोहराना
Revising officer	1. पुनरीक्षण अधिकारी	1. पुनरीक्षण अधिकारी	1. पुनरीक्षण अधिकारी	1. पुनरीक्षण पदाधिकारी	1. पुनरीक्षण अधिकारी, पुनरीक्षण पदाधिकारी	1. पुनरीक्षण अधिकारी
Revision	1. पुनरीक्षण, दोहराना, परिशोधन	1. पुनरीक्षण	1. पुनरीक्षण, दोहराना, परिशोधन 2. नजरसानी	1. पुनरीक्षण	1. पुनरीक्षण, दोहराना, संशोधन 2. निगरानी, पुर्नविचार	1. पुनरीक्षण, दोहराना परिशोधन
Revival	1. पुनरुज्जीवन, पुनः प्रवर्तन	1. फिर से चालू करना	1. पुनरुज्जीवन, पुनः प्रवर्तन	1. पुनरुज्जीवित, पुनर्जीवित	1. पुनरुज्जीवित, पुनर्जीवन, पुनः प्रवर्तन,, फिर से चालू करना	1. फिर से चालू करना
Revocation	1. प्रतिसंहरण, निरसन	1. प्रतिसंहरण, निरसन	1. प्रतिसंहरण, निरसन	1. प्रतिसंहरण, परावर्तन	1. प्रतिसंहरण, निरसन, प्रत्याहरण, खंडन	1. निरसन

1	2	3	4	5	6	7
Revoke	1. प्रतिसंहरण	1. प्रतिसंहरण करना, वापस लेना, रद्द करना	1. प्रति संहरण करना, वापस लेना, रद्द करना	1. प्रतिसंहरण करना, प्रतिसंहत करना, परावर्तन करना	1. प्रतिसंहरण करना, प्रतिसंहृत करना, प्रत्याहरण करना, खंडन करना, रद्द करना	1. निरस्त करना, खंडन करना, रद्द करना
Reward	1. पारितोषिक, पुरस्कार 2. प्रतिफल	1. पारितोषिक, पुरस्कार, इनाम	1. पारितोषिक, पुरस्कार, इनाम 2. प्रतिफल	1. पारितोषिक, पुरस्कार, इनाम 2. प्रतिफल	1. पारितोषिक, पुरस्कार 2. प्रतिफल	1. पारितोषिक, पुरस्कार
Roadways	1. सड़कमार्ग, रोडवेज़	1. सड़कमार्ग, रोडवेज़	1. रथ्यायान, रोडवेज़	1. सड़कमार्ग, रोडवेज़	1. सड़कमार्ग, रोडवेज़	1. सड़कमार्ग, रोडवेज़
Roll	1. पंजी, नामावली, फ़र्द	1. पंजी, नामावली, फ़र्द	1. पंजी, नामावली, फ़र्द	1. नामावली, रजिस्टर, पुस्ती 2. गोला	1. पंजी, नामावली, तालिका 2. गोल गड्डी	1. पंजी, नामावली
	(क्रि०) लपेटना		1. (क्रि०) लपेटना	1. (क्रि०) लपेटना	1. (क्रि०) लपेटना 2. डगमगाना 3. लुढ़कना, लोटपोट होना	1. लपेटना
Roll-character	1. आचरणपंजी	1. आचरणपंजी	1. आचरणपंजी, चरित्रपंजी	1. चरित्री	1. आचरणपंजी	1. आचरणपंजी
Roster	1. रोस्टर	1. रोस्टर	1. रोस्टर, कर्त्तव्य-पंजी	1. रोस्टर, क्रमिका	1. रोस्टर	1. रोस्टर

1	2	3	4	5	6	7
Rough copy	1. कच्ची नकल	1. कच्ची नकल	1. कच्ची नकल, कच्ची प्रति	1. कच्ची प्रति, अस्वच्छ प्रति	1. कच्ची नकल, कच्ची प्रति, प्रारंभिक प्रति	1. कच्ची नकल
Routine	1. नेमी, दस्तूरी	1. नेमी, दस्तूरी	1. नेमी, दस्तूरी, नैत्यक	1. नेमी, दैनन्दिन, नेम, चर्या, नितचर्या, दिनचर्या	1. नेमी, दस्तूरी, सामान्य, नित्य, नैत्यक	1. नेमी
Routine note	1. नेमी नोट, दस्तूरी नोट	1. नेमी नोट, दस्तूरी नोट	1. नेमी नोट, नैत्यक टिप्पणी	1. नेमी टिप्पणी, रुटीन नोट्स	1. नेमी नोट, दस्तूरी नोट	1. नेमी नोट
Routine test	1. नेमी परीक्षण	1. नेमी परीक्षण	1. नेमी परीक्षण, नैत्यक परीक्षण	1. नेमी परीक्षण	1. नेमी परीक्षण	1. नेमी परीक्षण
Rules & Regulations	1. नियम-विनियम	1. नियम-विनियम	1. नियम-विनियम	1. नियम-विनियम	1. नियम-विनियम	1. नियम-विनियम
Rules of business	1. कार्य-संचालन नियमावली	1. कार्य-संचालन, नियमावली	1. कार्य-संचालन, नियमावली	1. कार्य-संचालन, नियमावली, कार्य-नियमावली	1. कार्य-संचालन, नियमावली, कार्य-नियमावली	1. कार्य-संचालन नियमावली
Ruling	1. विनिर्णय	1. विनिर्णय	1. विनिर्णय, व्यवस्था 2. रेखांकन, रेखण	1. विनिर्णय, व्यवस्था 2. रेखांकन, रेखण	1. विनिर्णय, व्यवस्था, समावेश अधिमत 2. रेखा, रेखांकन	1. विनिर्णय, व्यवस्था
Running Contract	1. चालू संविदा, चालू ठेका	1. चालू संविदा, चालू ठेका	1. चालू संविदा, चालू ठेका	1. चालू संविदा, चालू ठेका	1. चालू संविदा, चालू ठेका	1. चालू ठेका
Rural	1. ग्राम, ग्रामीय	1. ग्राम, देहाती	1. ग्राम, देहात	1. ग्राम, ग्राम्य, देहाती	1. ग्राम, ग्राम्य, देहाती, ग्रामीण, ग्रामसंबंधी	1. ग्राम, ग्रामीण

1	2	3	4	5	6	7

S

Sabotage	1. तोड़फोड़/ अन्तर्ध्वंस	1. तोड़फोड़/ अन्तर्ध्वंस	1. तोड़फोड़	1. गुप्त तोड़फोड़/ गुप्तध्वंस/ गुप्त तोड़फोड़ क़रना/ काम बिगाड़ना	1. तोड़फोड़/ अन्तर्ध्वंस/ विध्वंस/ गुप्त तोड़फोड़	1. तोड़फोड़
Safe	1. सुरक्षित/ निरापद/ भयरहित/अभय	1. सुरक्षित/ निरापद/ भयरहित	1. सुरक्षित	1. सुरक्षित/ निरापद/अभय/ क्षेम 2. (संज्ञा) तिजोरी	1. सुरक्षित/ निरापद/अभय क्षेम/भयरहित 2. (संज्ञा) तिजोरी	1. सुरक्षित
Safe Conduct	1. यात्रा सुरक्षण 2. यात्रा सुरक्षण-पत्र/अभयपत्र 3. सुरक्षित रूप से ले जाया जाना	1. यात्रासुरक्षण 2. यात्रा सुरक्षण-पत्र/ अभय-पत्र 3. सुरक्षित रूप से ले जाया जाना	1. यात्रा-सुरक्षा	1. यात्रा सुरक्षण 2. यात्रा सुरक्षण-पत्र 3. सुरक्षित रूप से ले जाया जाना	1. यात्रा-सुरक्षा	1. यात्रा सुरक्षा
Safe Custody	1. निरापद-अभिरक्षा/ सुरक्षित अभिरक्षा	1. निरापद अभिरक्षा/ अभय अभिरक्षा	1. निरापद परिरक्षा/ सुरक्षित अभिरक्षा	1. निरापद अभिरक्षा/रक्षा	1. सुरक्षित अभिरक्षा/ सुरक्षित संरक्षण	1. सुरक्षित संरक्षण
Safeguard	1. सुरक्षण	1. सुरक्षण	1. रक्षाकवच, अभिरक्षा	1. सुरक्षा/बचाव (क्रि०) सुरक्षण करना/ बचाव करना	1. सुरक्षा/बचाव/ रक्षोपाय/ परित्राण/ रक्षा-कवच	1. सुरक्षग

1	2	3	4	5	6	7
Safeguarding	1. रक्षात्मक/ सुरक्षात्मक	1. सुरक्षात्मक	1. सुरक्षात्मक	1. सुरक्षण/रक्षा	1. सुरक्षात्मक	1. सुरक्षात्मक
Safety	1. सुरक्षा/संरक्षा/ क्षेम	1. सुरक्षा/संरक्षा क्षेम	1. सुरक्षा/ सुरक्षितता/ क्षेम/बचाव	1. सुरक्षा/बचाव/ क्षेम	1. सुरक्षा/बचाव/ क्षेम	1. सुरक्षा/संरक्षा/ क्षेम/
Salaried	1. वैतनिक	1. वेतनभोगी	1. वेतनभोगी/ सवेतन/ वैतनिक	1. वेतनभोगी/ सवेतन/ वैतनिक	1. वैतनिक	1. वैतनिक
Salary	1. वेतन/ सम्बलम्	1. वेतन	1. वेतन/ सम्बलम्	1. वेतन/ संबलम्/ तनख्वाह	1. वेतन	1. वेतन
Sale acconnt	1. विक्रयलेखा/ बिक्रीलेखा	1. विक्रयलेखा/ बिक्रीलेखा	1. विक्रयलेखा/ बिक्रीलेखा	1. बिक्रीलेखा/ विक्रयलेखा	1. विक्रयलेखा/ बिक्रीलेखा	विक्रयलेखा
Sale deed	1. बैनामा	1. बैनामा/ विक्रयलेख	1. बैनामा/ विक्रय-पत्र	1. बैनामा/ विक्रयविलेख	1. बैनामा/ विक्रय-विलेख/ विक्रय-पत्र	1. बैनामा
Sale letter	1. विक्रय-पत्र	1. विक्रय-पत्र	1. विक्रय-पत्र/ बिक्री-पत्र	1. विक्रय-पत्र/ बिक्री-पत्र	1. विक्रय-पत्र	1. विक्रय-पत्र
Sale value	1. विक्रय-मूल्य/ बिक्री-मूल्य	1. विक्रय-मूल्य/ बिक्री-मूल्य	1. विक्रय-मूल्य/ बिक्री-मूल्य	1. विक्रय-मूल्य/ बिक्री-मूल्य	1. विक्रय-मूल्य/ बिक्री-मूल्य	1. विक्रय-मूल्य
Salvage	1. कबाड़/उबार/ उबारना/ भ्रंशउद्धार/ उद्धारण	1. कबाड़	1. उबार/उद्धार/ बचाव/ नाशरक्षण	1. (सं०) कबाड़/ उबार/उद्धार	1. कबाड़/ नाशरक्षित/ भ्रंशोद्धार/ उद्धार/	1. कबाड़/उबार/ उबारना/ नष्ट होने से बचाना

1	2	3	4	5	6	7
				2. निस्तार/ निस्तारण 3. बचाखुचा माल (क्रि०) उद्धार करना/ नष्ट होने से बचाना	2. पोतोद्धार 3. उद्धार-शुल्क	
Salvage and Scrap	1. कबाड़ और रद्दी	1. कबाड़ और रद्दी	1. कबाड़ और रद्दी माल	1. कबाड़ और रद्दी	1. कबाड़ और रद्दी	1. कबाड़ और रद्दी
Sample	1. नमूना/प्रतिदर्श/ सैम्पल	1. नमूना/	1. नमूना/प्रतिदर्श/ सम्पुल/ 2. प्रतीक 3. निदर्श 4. बानगी	1. (सं०) नमूना/ सैम्पल/प्रतिदर्श/ — 3. न्यादर्श/ 4. बानगी (क्रि०) नमूना देना/ बानगी देना	1. नमूना/प्रतिदर्श/ — 3. न्यादर्श 4. बानगी	1. नमूना/सैम्पल/
Sample Collector	1. नमूना-संग्राहक	1. नमूना-संग्राहक	1. नमूना-संग्राहक	1. नमूना-संग्राहक	1. नमूना-संग्राहक	1. नमूना-संग्राहक
Sample Taker	1. प्रतिदर्श गृहीता/ नमूना गृहीता	1. प्रतिदर्श गृहीता/ नमूना गृहीता	1. प्रतिदर्श गृहीता/ नमूना गृहीता	1. प्रतिदर्श गृहीता/ नमूना-गृहीता	1. प्रतिदर्श गृहीता नमूना गृहीता	1. प्रतिदर्श गृहीता/ नमूना गृहीता
Sanction	1. मंज़ूरी/	1. मंज़ूरी/स्वीकृति	1. मंज़ूरी/स्वीकृति/ संस्वीकृति/ सम्मोदन	1. मंज़ूरी/स्वीकृति/ संमोदन/ मंज़ूर करना/ मंज़ूरी देना/ स्वीकृति देना/ स्वीकृत करना	1. मंज़ूरी/स्वीकृति/ सम्मोदन/	1. मंज़ूरी

1	2	3	4	5	6	7
					2. अनुशास्ति 3. सत्ता/पृष्ठबल	
Sanctioning authority	1. मंजूरदाता-प्राधिकारी	1. स्वीकृति अधिकारी	1. संस्वीकृति/ अधिकारी/ सम्मोदक प्राधिकारी	1. मंजूर करनेवाला प्राधिकारी/ सम्मोदन प्राधिकारी	1. स्वीकृति प्राधिकारी	1. स्वीकृति प्राधिकारी
Sanctioning order	1. मंजूरी आदेश	1. स्वीकृति आदेश	1. मंजूरी आदेश/ संस्वीकृति आदेश	1. मंजूरी आदेश/ स्वीकृत्यादेश	1. संस्वीकृति आदेश मंजूरी आदेश/	1. मंजूरी आदेश
Sanitary	1. सफ़ाई-/ स्वास्थ्यकर	1. सफ़ाई-/ स्वास्थ्यकर	1. सफ़ाई-/ सफ़ाईसंबंधी	1. सफ़ाईसंबंधी/ आरोग्यकारी/ सफ़ाई-स्वच्छता, स्वास्थ्यकर	1. स्वास्थ्यकर/ आरोग्यकर/ स्वास्थ्यरक्षा-संबंधी/ आरोग्यकारी/ स्वच्छ/ साफ़-सुथरा	1. सफ़ाई/ स्वास्थ्यकर
Sanitation	1. सफ़ाई स्वच्छता स्वास्थ-रक्षा	1. सफ़ाई/स्वच्छता, स्वास्थ्य-रक्षा	1. सफ़ाई/ स्वच्छता, स्वास्थ्य-रक्षा	1. सफ़ाई/ स्वच्छता, आरोग्य 2. आरोग्य-प्रबंध स्वच्छता-प्रबंध	1. सफ़ाई/ स्वच्छता 2. आरोग्य-प्रबन्ध/ स्वच्छता-प्रबन्ध, आरोग्य-रक्षण 3. आरोग्य/ स्वास्थ्य-रक्षा	1. सफ़ाई/ स्वच्छता, स्वास्थ्य-रक्षा

1	2	3	4	5	6	7
Satisfaction	1. संतोष/संतुष्टि/ तुष्टि/समाधान	1. संतोष/संतुष्टि/ तुष्टि/समाधान	1. संतोष/तुष्टि/ समाधान	1. संतोष/तुष्टि/ समाधान/ परितोष	1. संतोष/समाधान/ तृप्ति/परितोष/ तुष्टि	1. संतोष/तुष्टि/ समाधान
			2. पूर्ति		2. भुगतान/ भरपाई/ निस्तारण/ परिशोध	
			3. संदेह निवारण			
Scaffolder	1. पाड़ बाँधनेवाला	1. पाड़ बाँधनेवाला	1. पाड़ बाँधनेवाला	1. मचान बाँधनेवाला	1. मचान बाँधनेवाला	1. पाड़ बाँधनेवाला
Scale	1. माप/मान/ मापक्रम/पैमाना/ मापनी/अनुमाप	1. माप/मान	1. मान/मात्रा/ मानक्रम/पैमाना मापक्रम/ माप-सारणी/ मापदंड/मापनी/ पैमाना	1. माप/मापक्रम/ पैमाना/मापनी/ मापमान,अनुमाप-क्रम	1. माप/मापश्रेणी/ मापसारणी/ पैमाना/मापमान/ अनुमाप-श्रेणी/ मापनी	1. माप/मापक्रम/ पैमाना/मापनी
			2. शुल्क/पपड़ी	2. शुल्क/पपड़ी	2. छिलका/बक्कल	
			3. तुला		3. तराजू का पलड़ा	
Scale of pay	1. वेतनमान	1. वेतनमान	1. वेतनमान	1. वेतनमान	1. वेतनमान	1. वेतनमान
Scarcity	1. न्यूनता/कमी	1. न्यूनता/कमी	1. अभाव	1. कमी/दुर्लभता/ दुष्प्राप्यता/ स्वल्पता/विरलता	1. न्यूनता/कमी/ अभाव/विरलता/ दुर्लभता	1. न्यूनता/कमी
			2. दुष्काल	2. दुष्काल	2. दुष्काल, अकाल, दुर्भिक्ष	

1	2	3	4	5	6	7
Schedule	1. अनुसूची	1. अनुसूची/ सारणी-पत्र	1. अनुसूची	1. (संज्ञा) अनुसूची/ तालिका/ (क्रिया)अनुसूचित करना	1. अनुसूची/सूची/ कार्यक्रम तालिका/ परिशिष्ट	1. अनुसूची
Schedule —, Programme	1. कार्यक्रम-अनुसूची	1. कार्यक्रम-अनुसूची	1. कार्यक्रम	1. कार्यक्रम- अनुसूची/कार्यक्रम	1. कार्यक्रम	1. कार्यक्रम-अनुसूची
Schedule —, Time	1. समय-अनुसूची	1. समय-अनुसूची	1. समय-अनुसूची/ समय सारणी	1. अनुसूचित समय/ नियत समय	1. समय अनुसूची, निश्चित समय/ निर्धारित समय/ नियत समय	1. नियत समय/ अनुसूचित समय
Scheme	1. योजना	1. योजना	1. योजना	1. योजना/स्कीम/ (क्रि०) योजना बनाना, स्कीम तैयार करना	1. योजना	1. योजना
			2. (मुद्रण) विवरण-पत्र			
Scope	1. विषय-क्षेत्र/ कार्यक्षेत्र/परिधि/ विस्तार	1. विषय-क्षेत्र/ कार्यक्षेत्र	1. विषय-सीमा/ विषय-क्षेत्र/ कार्यक्षेत्र/व्याप्ति/ क्षेत्र	1. विषय-क्षेत्र/ क्षेत्र/दायरा/ विस्तार/परिधि	1. कार्यक्षेत्र/क्षेत्र/ विस्तार/व्याप्ति	3. विषय-क्षेत्र/ कार्य-क्षेत्र/ परिधि/विस्तार
				2. गुंजाइश	2. गुंजाइश/अवसर/ अवकाश	
Script writer	1. वस्तुलेखक	1. वस्तुलेखक	1. वस्तुलेखक/ लिपिकार	1. लिपिकार	1. लिपिकार/लेखक	1. लिपिकार
				2. आलेखक		

1	2	3	4	5	6	7
Scrutinizer	1. संवीक्षक	1. संवीक्षक	1. संवीक्षक	1. परिनिरीक्षक	1. संवीक्षक/ परिनिरीक्षक	1. संवीक्षक
Scrutiny	1. संवीक्षा/छानबीन	1. संवीक्षा/छानबीन	1. संवीक्षा/छानबीन/ संनिरीक्षा	1. परिनिरीक्षा/ परिनिरीक्षण	1. संवीक्षा/ सूक्ष्मपरीक्षण/ परिनिरीक्षा/ जाँच/छानबीन/ सूक्ष्मजाँच	1. संवीक्षा
Sculptor	1. मूर्तिकार	1. मूर्तिकार	1. मूर्तिकार/शिल्पी	1. मूर्तिकार/शिल्पी	1. मूर्तिकार/शिल्पी/ तक्षक	1. मूर्तिकार
Seal	1. (संज्ञा) मुद्रा/ मोहर	1. मुद्रा/मोहर	1. मुद्रा/मुहर	1. मुद्रा/मुहर 2. नाममुद्रा 3. बंध	1. मुद्रा/मोहर/मुहर	1. मुद्रा/मोहर/
	1. (क्रि०) मोहर लगाना	1. (क्रि०) मोहर लगाना	1. (क्रि०) मुहर लगाना/ संमुद्रित करना/ मुद्रांकित करना 2. बंद करना	1. (क्रि०) मोहर लगाना/ मुहर लगाना/ मुद्रा लगाना/ मुहरबंद करना 2. मूँदना/बंद करना	1. (क्रि०) मुहर लगाना/ मोहर लगाना/ मुद्रा लगाना/ मुद्रांकित करना	1. (क्रि०) मोहर लगाना
Sealed	1. मोहरबंद/ मुद्रांकित	1. मोहरबंद	1. मुहरबंद/ मुद्रांकित/ संमुद्रित, मुहर लगा हुआ	1. मुहरबंद/ मोहरबंद/ मुद्रांकित 2. बंद किया	1. मोहरबंद/ सीलबंद/ मुद्रांकित/ मुद्राक्त/मुद्रायुक्त	1. मोहरबंद/ मुद्रांकित

1	2	3	4	5	6	7
Secession	1. पार्थक्य 2. पृथक होना	1. पार्थक्य 2. पृथक होना	1. अलगाव/ संबंध-विच्छेद 2. अलग होना	1. पार्थक्य/अलगाव	1. अलगाव/ संबंध-विच्छेद 2. अलग होना/ अपसर्जन	1. पार्थक्य/ 2. पृथक होना
Secondary	1. गौण 2. माध्यमिक	1. गौण 2. माध्यमिक	1. गौण 2. (शिक्षा)— माध्यमिक	1. गौण/अप्रधान 2. माध्यमिक 3. द्वितीयक 4. परवर्ती 5. संचायक	1. गौण/अप्रधान 2. माध्यमिक 3. द्वितीयक	1. गौण 2. माध्यमिक
Secrecy	1. गोपनीयता	1. गोपनीयता	1. गोपनीयता/गोपन	1. गोपनीयता/ गुप्तता/ 2. रहस्य	1. गोपनीयता 2. छिपाव/गूढ़ता/ भेद/रहस्य/ गुह्यता 3. एकान्त 4. गुप्त रखने की शक्ति 5. भरोसा	1. गोपनीयता
Secret	1. गुप्त/गुप्तबात	1. गुप्त/गोपनीय	1. गुप्त/ अतिगोपनीय	1. गुप्त/गोपनीय गुप्त बातें 2. रहस्य/भेद	1. गुप्त/गूढ़/ गोपनीय 2. भेद/रहस्य	1. गुप्त/गुप्तबात
Secret —, Most	1. अतिगुप्त	1. परमगुप्त	3. परमगुप्त	1. परम गोपनीय/ परम गुप्त	1. परमगुप्त	1. अतिगुप्त

1	2	3	4	5	6	7
Secret —, Top	1. परम गुप्त	1. परम गुप्त	1. परम गुप्त	1. नितान्त गोपनीय/ नितान्त गुप्त	1. परम गुप्त	1. परम गुप्त
Secret cover	1. गुप्त लिफ़ाफ़ा/ गुप्त आवरण	1. गुप्त लिफ़ाफ़ा/ गुप्त आवरण	1. गुप्त लिफ़ाफ़ा/ गुप्त आवरण	1. गुप्त लिफ़ाफ़ा	1. गुप्त लिफ़ाफ़ा	1. गुप्त लिफ़ाफ़ा/ गुप्त आवरण
Secret instruction	1. गुप्त अनुदेश	1. गुप्त अनुदेश	1. गुप्त अनुदेश	1. गुप्त अनुदेश	1. गुप्त अनुदेश	1. गुप्त अनुदेश
Secret letter	1. गुप्त पत्र	1. गुप्त पत्र	1. गुप्त पत्र	1. गुप्त पत्र	1. गुप्त पत्र	1. गुप्त पत्र
Secretariat	1. सचिवालय	1. सचिवालय	1. सचिवालय	1. सचिवालय	1. सचिवालय	1. सचिवालय
Secretary —, Additional	1. अपर सचिव	1. अपर सचिव	1. अपर सचिव/ अतिरिक्त सचिव	1. अपर सचिव	1. अपर सचिव/ अतिरिक्त सचिव	1. अपर सचिव
Secretary —, Assistant	1. सहायक सचिव	1. सहायक सचिव	1. सहायक सचिव	1. सहायक सचिव	1. सहायक सचिव	1. सहायक सचिव
Secretary —, Deputy	1. उपसचिव	1. उपसचिव	1. उपसचिव	1. उपसचिव	1. उपसचिव	1. उपसचिव
Secretary —, Joint	1. संयुक्त सचिव	1. संयुक्त सचिव	1. संयुक्त सचिव	1. संयुक्त सचिव	1. संयुक्त सचिव	1. संयुक्त सचिव
Secretary —, Military	1. सैनिक सचिव	1. सैनिक सचिव	1. सैनिक सचिव	1. सैन्य सचिव	1. सैनिक सचिव	1. सैनिक सचिव
Secretary —, Parliamentary	1. संसदीय सचिव	1. संसदीय सचिव	1. संसदीय सचिव	1. संसदीय सचिव	1. संसदीय सचिव	1. संसदीय सचिव
Secretary —, Principal	1. प्रधान सचिव	1. प्रधान सचिव	1. प्रधान सचिव	1. प्रधान सचिव/ प्रमुख सचिव	1. प्रधान सचिव	1. प्रधान सचिव
Secretary —, Private	1. निजी सचिव	1. निजी सचिव	1. निजी सचिव	1. निजी सचिव/ आप्त सचिव	1. निजी सचिव/ व्यक्तिगत सचिव/ प्राइवेट सेक्रेटरी	1. निजी सचिव

1	2	3	4	5	6	7
Secretary —, Special	1. विशेष सचिव	1. विशेष सचिव	1. विशेष सचिव	1. विशेष सचिव	1. विशेष सचिव	1. विशेष सचिव
Secretary —, Under	1. अवर सचिव/ अनुसचिव	1. अवर सचिव/ अनुसचिव	1. अवर सचिव	1. अवर सचिव	1. अवर सचिव	1. अवर सचिव
Secretary —, General	1. महासचिव	1. महासचिव	1. महासचिव	1. महासचिव	1. महासचिव	1. महासचिव
Section	1. अनुभाग	1. अनुभाग	1. अनुभाग	1. अनुभाग/प्रशाखा	1. अनुभाग/ अनुविभाग/ उपविभाग/ विभाग का भाग	1. अनुभाग
	2. धारा	2. धारा	2. (अधिनियम की) धारा	2. धारा/सेक्शन	2. धारा	2. धारा
			3. खंड/काट/ परिच्छेद	3. काट, खंड	3. टुकड़ा, कटाव	
				4. भाग/प्रभाग/ प्रवर्ग	4. उपश्रेणी/उपवर्ग/ शाखा	
Section —, Sub	1. उप-धारा	1. उप-धारा	1. उप-धारा	1. उप-धारा 2. उपशाखा	1. उप-धारा	1. उप-धारा
Section clerk	1. अनुभाग क्लर्क/ अनुभाग लिपिक	1. अनुभाग क्लर्क/ अनुभाग लिपिक	1. अनुभाग लिपिक	1. अनुभाग क्लर्क/ अनुभाग लिपिक	1. अनुभाग लिपिक	1. अनुभाग लिपिक
Section diary	1. अनुभाग डायरी	1. अनुभाग डायरी	1. अनुभाग डायरी/ अनुभाग दैनिकी	1. प्रशाखा दैनिकी/ प्रशाखा डायरी/ अनुभाग दैनिकी/ अनुभाग डायरी	1. अनुभाग डायरी	1. अनुभाग डायरी
Section Head	1. अनुभाग प्रधान	1. अनुभाग प्रधान	1. अनुभाग प्रधान	1. अनुभाग प्रधान	1. अनुभाग प्रधान	1. अनुभाग प्रधान

1	2	3	4	5	6	7
Section officer	1. अनुभाग अधिकारी	1. अनुभाग अधिकारी	अनुभाग अधिकारी	1. प्रशाखा पदाधिकारी/ अनुभाग-पदाधिकारी	1. अनुभाग अधिकारी/ शाखाधिकारी	1. अनुभाग अधिकारी
Sectional Assistant	1. अनुभागीय सहायक	1. अनुभागीय सहायक	1. अनुभागीय सहायक	1. प्रशाखा सहायक	1. अनुभागीय सहायक	1. अनुभागीय सहायक
Sectional note book	1. अनुभागीय नोट-बुक	1. अनुभागीय नोट-बुक	1. अनुभागीय नोट-बुक	1. प्रशाखीय नोट-बुक	1. अनुभागीय नोट-बुक	1. अनुभागीय नोट-बुक
Sector —, Private	1. निजी क्षेत्र/ प्राइवेट सेक्टर	1. निजी सेक्टर/ प्राइवेट सेक्टर	1. अशासकीय उद्योगक्षेत्र	1. प्राइवेट सेक्टर	1. निजीक्षेत्र/ प्राइवेट सेक्टर	1. निजी क्षेत्र/ प्राइवेट सेक्टर
Sector —, Public	1. सार्वजनिक क्षेत्र/ पब्लिक सेक्टर	1. सार्वजनिक क्षेत्र/ पब्लिक सेक्टर	1. शासकीय उद्योगक्षेत्र	1. सार्वजनिक क्षेत्र/ पब्लिक सेक्टर	1. सार्वजनिक क्षेत्र/ पब्लिक सेक्टर	1. सार्वजनिक क्षेत्र/ पब्लिक सेक्टर/
Security	1. प्रतिभूति 2. सुरक्षा	1. प्रतिभूति/ ज़मानत 2. सुरक्षा	1. प्रतिभूति/ ज़मानत 2. सुरक्षा 3. ऋण-पत्र	1. प्रतिभूति/ ज़मानत 2. सुरक्षा 3. ऋण-पत्र ऋणाधार 4. ज़मानत-पत्र/ प्रतिभूत-पत्र	1. प्रतिभूति/ ज़मानत 2. सुरक्षा/सुरक्षण 3. ऋण-पत्र	1. प्रतिभूति 2. सुरक्षा
Security bond	1. प्रतिभूति-पत्र	1. प्रतिभूति बंधपत्र/ ज़मानतनामा	1. प्रतिभूति-पत्र/ बंधपत्र/ ज़मानतनामा	1. प्रतिभूति-पत्र/ प्रतिभूति बंधपत्र/ ज़मानतनामा	1. प्रतिभूति बंध/ ज़मानतनामा	1. ज़मानतनामा
Security deposit	1. प्रतिभूति जमा/ ज़मानत जमा	1. प्रतिभूति जमा/ ज़मानत जमा	1. प्रतिभूति जमा/ ज़मानत जमा/	1. प्रतिभूति जमा/ ज़मानत जमा/	1. प्रतिभूति जमा/ ज़मानत जमा/	1. ज़मानत जमा/

1	2	3	4	5	6	7
			प्रतिभूति निक्षेप	प्रतिभूति निक्षेप	धरोहर/ जमानत के रूप में जमा रकम	
Security guard	1. सुरक्षा गारद	1. सुरक्षा गारद	1. सुरक्षा गारद	1. सुरक्षा गारद	1. सुरक्षा गारद	1. सुरक्षा गारद
Security —,instruction	1. सुरक्षा अनुदेश	1. सुरक्षा अनुदेश	1. सुरक्षा अनुदेश	1. सुरक्षा अनुदेश	1. सुरक्षा अनुदेश	1. सुरक्षा अनुदेश
Security office	1. सुरक्षा अधिकारी	1. सुरक्षा अधिकारी	1. सुरक्षा अधिकारी	1. सुरक्षा अधिकारी	1. सुरक्षा अधिकारी	1. सुरक्षा अधिकारी
Sedition	1. राजद्रोह	1. राजद्रोह	1. राजद्रोह	1. राजद्रोह	1. राजद्रोह	1. राजद्रोह
Seizure	1. अभिग्रहण	1. अभिग्रहण	1. अभिग्रहण/ पकड़ना/कब्ज़ा/ आक्रमण (रोग)	1. अभिग्रहण कब्ज़ा	1. अभिग्रहण/ अभिहरण, कब्ज़ा	1. कब्ज़ा
				2. जाम होना	2. जाम होना	2. जाम होना
Select committee	1. प्रवर समिति	1. प्रवर समिति	1. प्रवर समिति	1. प्रवर समिति	1. प्रवर समिति/ विशिष्ट समिति	1. प्रवर समिति
Selection	1. प्रवरण/ सेलेक्शन	1. प्रवरण	1. प्रवरण	1. प्रवरण	1. प्रवरण	1. प्रवरण
	2. चयन	2. चयन/चुनाव	2. चयन/चुनाव	2. सेलेक्शन/चयन/ वरण/चुनाव	2. चयन/चुनाव/ छाँट	2. चयन
					3. पसन्द	
Selection committee	1. प्रवरण समिति	1. प्रवरण समिति/ चयन समिति	1. प्रवरण समिति/ चुनाव समिति	1. प्रवरण समिति/ चयन समिति	1. प्रवरण समिति	1. प्रवरण समिति
Selection grade	1. प्रवरण-कोटि/ सेलेक्शन ग्रेड	1. सेलेक्शन ग्रेड	1. प्रवरण श्रेणी/ प्रवरण कोटि/ सेलेक्शन ग्रेड	1. सेलेक्शन ग्रेड/ प्रवरण कोटि	1. प्रवरण श्रेणी	1. प्रवरण कोटि

1	2	3	4	5	6	7
Selection post	1. प्रवरण-पद	1. प्रवरण-पद/ चयन-पद	1. प्रवरण-पद	1. प्रवरण-पद	1. प्रवरण-पद	1. प्रवरण-पद
Selfcontained	1. स्वतःपूर्ण	1. स्वतःपूर्ण	1. स्वतःपूर्ण	1. स्वतःपूर्ण/ स्वयंपूर्ण	1. स्वतःपूर्ण/ स्वयंपूर्ण/ अनन्यापेक्ष 2. घुन्ना/चुप्पा	1. स्वतःपूर्ण
Selfdefence	1. आत्मरक्षा	1. आत्मरक्षा	1. आत्मरक्षा/ प्रतिरक्षा	1. आत्मरक्षा	1. आत्मरक्षा/ आत्मप्रतिरक्षा/ स्वरक्षा/अपना बचाव	1. आत्मरक्षा
Self explanatory	1. स्वतः स्पष्ट	1. स्वतः स्पष्ट/	1. स्वतः स्पष्ट/ स्वयं व्याख्यात	1. स्वतः स्पष्ट	1. स्वतः स्पष्ट/ स्वयं स्पष्ट/ स्वयं व्याख्यात	1. स्वतः स्पष्ट
Seminar	1. विचार-गोष्ठी/ संगोष्ठी	1. विचार-गोष्ठी/ सेमिनार	1. विचार-गोष्ठी/ संगोष्ठी/ सेमिनार	1. संगोष्ठी/ सेमिनार	1. विचार-गोष्ठी/ सेमिनार/ परिसंवाद विशेषाध्ययन-वर्ग	1. विचार-गोष्ठी/ संगोष्ठी
Semi-skilled	1. अर्ध-कुशल	1. अर्द्ध-कुशल	1. अर्ध-कुशल	1. अर्ध-कुशल/ अल्प दक्ष	1. अर्ध-कुशल	1. अर्ध-कुशल
Senate	1. सीनेट/ वरिष्ठ सभा	1. सीनेट/ वरिष्ठ सभा	1. सीनेट/ वरिष्ठ सभा/ शिष्ट परिषद्	1. सीनेट/अभिषद्	1. सीनेट/ महासभा/ अधिसभा/ प्रमुख शाखा/ प्रबन्ध समिति	1. सीनेट

1	2	3	4	5	6	7
Sender	1. प्रेषक	1. प्रेषक	1 भेजनेवाला	1. प्रेषक/ भेजनेवाला	1. प्रेषक/ भेजनेवाला	1. प्रेषक
Senior	1. ज्येष्ठ/वरिष्ठ	1. वरिष्ठ	1. वरिष्ठ/ज्येष्ठ/ वर्षिष्ठ 2. उच्च	1. प्रवर/वरीय	1. वरिष्ठ/उच्च/ जेष्ठ/बड़ा/ सीनियर	1. प्रवर
Senior Accountant	1. वरिष्ठ लेखापाल	1. वरिष्ठ लेखापाल	1. वरिष्ठ लेखापाल	1. वरीय लेखापाल/ प्रवर लेखापाल	1. वरिष्ठ लेखापाल	1. वरिष्ठ लेखापाल
Senior Chargeman	1. वरिष्ठ कार्येक्षक/ वरिष्ठ चार्जमैन	1. वरिष्ठ कार्येक्षक/ वरिष्ठ चार्जमैन	1. वरिष्ठ कार्येक्षक/ वरिष्ठ चार्जमैन	1. वरिष्ठ कार्यवेक्षक	1. वरिष्ठ कार्यवेक्षक/ वरिष्ठ चार्जमैन	1. वरिष्ठ कार्येक्षक/ वरिष्ठ चार्जमैन
Senior clerk	1. वरिष्ठ क्लर्क/ लिपिक	1. वरीय लिपिक	1. वरिष्ठ लिपिक	1. वरिष्ठ लिपिक/ प्रवर लिपिक	1. वरिष्ठ लिपिक	1. वरिष्ठ लिपिक
Senior Design Assistant	1. वरिष्ठ अभिकल्प सहायक	1. वरिष्ठ अभिकल्प सहायक	1. वरिष्ठ अभिकल्प सहायक	1. वरीय अभिकल्प सहायक	1. वरिष्ठ अभिकल्प सहायक	1. वरिष्ठ अभिकल्प सहायक
Senior Draftsman	1. वरिष्ठ प्रारूपकार	1. वरिष्ठ प्रारूपकार/ वरिष्ठ प्रारूपक	1. वरिष्ठ प्रारूपकार	1. वरीय प्रारूपक/ वरीय प्रारूपकार	1. वरिष्ठ प्रारूपकार	1. वरिष्ठ प्रारूपकार
Senior Estimator	1. वरिष्ठ प्राक्कलक	1. वरिष्ठ प्राक्कलक	1. वरिष्ठ प्राक्कलक	1. वरीय प्राक्कलक	1. वरिष्ठ प्राक्कलक	1. वरिष्ठ प्राक्कलक
Senior grade	1. वरिष्ठ श्रेणी	1. वरिष्ठ श्रेणी/ वरिष्ठ प्रक्रम	1. जेष्ठ श्रेणी	1. वरीय श्रेणी/ वरीय प्रक्रम	1. वरिष्ठ श्रेणी	1. वरिष्ठ श्रेणी
Senior Lecturer	1. वरिष्ठ प्राध्यापक	1. वरिष्ठ प्राध्यापक	1. वरिष्ठ प्राध्यापक	1. वरीय व्याख्याता	1. वरिष्ठ अध्यापक	1. वरिष्ठ प्राध्यापक
Senior Mechanic	1. वरिष्ठ मेकैनिक	1. वरिष्ठ मेकैनिक	1. वरिष्ठ मेकैनिक	1. वरीय यांत्रिक	1. वरिष्ठ मेकैनिक/ वरिष्ठ मिस्त्री/ वरिष्ठ यान्त्रिक	1. वरिष्ठ मेकैनिक

1	2	3	4	5	6	7
Senior most	1. वरिष्ठतम	1. वरिष्ठतम	1. वरिष्ठता/ ज्येष्ठतम	1. वरिष्ठ/ज्येष्ठ/ सबसे बड़ा	1. वरिष्ठतम/ ज्येष्ठतम/ अग्रतम	1. वरिष्ठतमं
Senior Salesman	1. वरिष्ठ विक्रेता	1. वरिष्ठ विक्रेता	1. वरिष्ठ विक्रेता	1. वरीय विक्रय कर्मचारी/ विक्रय-परिचर	1. वरिष्ठ विक्रेता	1. वरिष्ठ विक्रेता
Senior time-Scale	1. वरिष्ठ कालमान	1. वरिष्ठ कालमान	1. जेष्ठ कालमान/ वरिष्ठ काल-मान	1. वरीय कालमान	1. वरिष्ठ कालमान	1. वरिष्ठ कालमान
Senior translator	1. वरिष्ठ अनुवादक	1. वरिष्ठ अनुवादक	1. वरिष्ठ अनुवादक	1. वरीय अनुवादक/ प्रवर अनुवादक	1. वरिष्ठ अनुवादक	1. वरिष्ठ अनुवादक
Seniority	1. जेष्ठता/ वरिष्ठता/ वर्षिष्ठता	1. वरिष्ठता	1. जेष्ठता/ वर्षिष्ठता	1. वरीयता	1. जेष्ठता/ वरिष्ठता/अग्रता	1. प्रवरता
Sensation	1. संवेदना/ संवेदन	1. संवेदना/ संवेदन	1. संवेदना/ संवेदन 2. मनोवेग/उद्वेग 3. उत्तेजना/ सनसनी/हलचल	1. संवेदना/ संवेदन — 3. सनसनी	1. संवेदना/ संवेदन/ चेतना — 3. खलबली/संवेद	1. संवेदना
Sequence	1. अनुक्रम	1. अनुक्रम	1. अनुक्रम/क्रम/ तारतम्य	1. अनुक्रम/क्रम/ आनुपूर्व्य	1. अनुक्रम/क्रम	1. अनुक्रम/क्रम
Serial list	1. क्रम-सूची	1. क्रम-सूची	1. क्रम-सूची	1. क्रम-सूची	1. क्रम-सूची	1. क्रम-सूची
Serial number	1. क्रमांक/ क्रम संख्या	1. क्रमांक/ क्रम संख्या	1. क्रम संख्या	1. क्रमांक/ क्रम संख्या	1. क्रमांक/ अनुक्रमांक/ क्रम संख्या	1. क्रमांक

1	2	3	4	5	6	7
Series	1. आवलि	1. आवलि	1. आवलि/माला/ श्रृंखला	1. आवली/ आवलि/माला	1. आवलि/श्रेणी/ श्रृंखला/ श्रेणीमाला/ पंक्ति 2. सिलसिला	1. आवलि
Serious	1. गंभीर	1. गंभीर/भारी	1. गंभीर/भारी	1. गंभीर/सख्त/ चिंताजनक	1. गंभीर/घोर/ गहन	1. गंभीर
Servant	1. सेवक/भृत्य/ नौकर	1. कर्मचारी	1. सेवक/नौकर/ कर्मचारी	1. सेवक/नौकर/ कर्मचारी	1. सेवक/कर्मचारी/ भृत्य	1. सेवक/नौकर/ कर्मचारी/
Service	1. सेवा/नौकरी 2. व्यवस्था 3. सेवाई 4. तामील 5. सर्विस (विधि)	1. सेवा/नौकरी 2. व्यवस्था	1. सेवा 2. व्यवस्था 3. उपचर्या/ मरम्मत 4. तामील 5. उपयोग, सर्विस 6. यातायात परियात	1. सेवा/नौकरी 2. व्यवस्था 3. उपचर्या/चर्या मरम्मत 4. तामील 5. सर्विस 6. परिवेषण	1. नौकरी/सेवा — 3. चर्या 4. तामीली/निर्वाह 5. सर्विस — 7. परोसगारी	1. सेवा/नौकरी
Service —, Indian Administrative	1. भारतीय प्रशासन सेवा	1. भारतीय प्रशासन सेवा	1. भारतीय प्रशासन सेवा	1. भारतीय प्रशासन सेवा	1. भारतीय प्रशासन सेवा	1. भारतीय प्रशासन सेवा
Service —, Indian Foreign	1. भारतीय विदेश सेवा	1. भारतीय विदेश सेवा	1. भारतीय विदेश सेवा	1. भारतीय बाह्यसेवा/ भारतीय विदेश सेवा	1. भारतीय विदेश सेवा	1. भारतीय विदेश सेवा

1	2	3	4	5	6	7
Service book	1. सेवापंजी/ सेवा पुस्तिका	1. सेवा पुस्तिका/ सेवा-पंजी	1. सेवा पुस्तिका/ सेवा-पंजी/ सेवापत्री	1. सेवा पुस्तिका	1. सेवा पुस्तिका/ सेवा-पुस्त/ सेवा पुस्तक	1. सेवा-पुस्तक
Service roll	1. सेवा-वृत्त	1. सेवा-वृत्त	1. सेवा-वृत्त	1. सेवा-पुस्ती	1. सेवा-वृत्त/ सेवा-सूची	1. सेवा-वृत्त
Service sheet	1. सेवा-पत्र	1. सेवा-पत्र	1. सेवा-पत्र	1. सेवा-पत्र	1. सेवा-पत्र	1. सेवा-पत्र
Services —, Essential	1. अनिवार्य सेवायें	1. अनिवार्य सेवायें	1. अनिवार्य सेवायें	1. अनिवार्य सेवायें	1. अनिवार्य सेवायें	1. अनिवार्य सेवायें
Services —, Subordinate	1. अधीनस्थ सेवायें	1. अधीनस्थ सेवा	1. अधीनस्थ सेवायें	1. अधीनस्थ सेवा/ अवर सेवा	1. अधीनस्थ सेवायें	1. अधीनस्थ सेवायें
Session	1. सत्र 2. अधिवेशन	1. सत्र 2. अधिवेशन	1. सत्र 2. अधिवेशन	1. सत्र 2. अधिवेशन सेशन	1. सत्र 2. अधिवेशन सेशन	1. सत्र 2. अधिवेशन
Session —, Plenary	1. पूर्ण अधिवेशन	1. पूर्ण अधिवेशन	1. पूर्ण अधिवेशन	1. पूर्ण अधिवेशन	1. पूर्ण अधिवेशन	1. पूर्ण अधिवेशन
Session —, School	1. शिक्षासत्र/ विद्यालय सत्र	1. शिक्षासत्र/ विद्यालय सत्र	1. विद्यालय शिक्षासत्र/ विद्यालय सत्र	1. शिक्षासत्र/ विद्यालय सत्र	1. शिक्षासत्र/ विद्यालय सत्र	1. शिक्षासत्र/ विद्यालय सत्र
Sessions Judge	1. सत्र-न्यायाधीश	1. सत्र-न्यायाधीश	1. सत्र-न्यायाधीश/ सेशन न्यायाधीश/ सेशन जज	1. सत्र-न्यायाधीश/ दौरा जज/सेशन न्यायाधीश	1. सत्र-न्यायाधीश	1. सत्र-न्यायाधीश
Set aside	1. अपास्त करना	1. अपास्त करना	1. अपास्त करना/ खारिज करना/ निराकृत करना	1. अपास्त करना/ रद्द करना 2. अलग करना	1. अपास्त करना/ रद्द करना/ निरस्त करना	1. रद्द करना/ अलग करना

1	2	3	4	5	6	7
Set	1. विन्यस्त	1. विन्यस्त	1. सेट/कुलक	1. सेट	1. सेट/स्थिर/ निश्चित/नियमित	1. स्थिर/निश्चित/ नियत
	2. समुच्चय	2. समुच्चय		2. समुच्चय	2. —	
				3. तत्परता 4. कुलक (गणित) 5. स्थायी निरूपण (भौतिक) 6. रुख	3-6. समूह	
				7. जड़ीहुई	7. जमाना/बिठाना	
					8. डूबना/अस्त होना/ अपने आप को लगाना	
Settlement	1. बंदोबस्त	1. बंदोबस्त/	1. बंदोबस्त/	1. बंदोबस्त/ भू-व्यवस्था	1. बन्दोबस्त/ भू-व्यवस्था/ निश्चय/व्यवस्था/ व्यवस्थापन/ अवस्थापन	1. बंदोबस्त
	2. निपटारा/ समझौता/ व्यवस्थापन	2. निपटारा/ समझौता	2. समाधान/ परिशोधन/ चुनौती	2. निपटारा/ निबटारा, समझौता, निश्चय	2. निबटारा/ परिशोधन/ समझौता	2. निपटारा/ समझौता
			3. उपनिवेश/बस्ती	3. बस्ती	3. बस्ती/वसति/ उपनिवेश	
				4. नीचे बैठना/ बैठाना	4. नीचे बैठना	
				5. स्थिरीकरण 6. परिनिर्धारण		

1	2	3	4	5	6	7
Set up	1. व्यवस्था/ढाँचा 2. स्थापित करना	1. व्यवस्था/ढाँचा 2. स्थापित करना	1. व्यवस्था/ढाँचा 2. स्थापित करना	1. गठन 2. स्थापित करना	1. स्थापन 2. स्थापित किया जाना/ स्थापना करना/ खड़ा करना	1. व्यवस्था/ढाँचा 2. स्थापित करना
Severance	1. पृथक्करण/ संबंध-विच्छेद/ विभाजन	1. पृथक्करण/ संबंध-विच्छेद/ विभाजन	1. पृथक्करण/ विच्छेद/विभाजन अलगाव/पृथकता	1. पृथक्करण/ विच्छेद/विभाजन/ अलगाव	1. पृथक्करण/ विच्छेद/पृथकत्व/ विभाजन/ अलगाव	1. पृथक्करण/ संबंध-विच्छेद/ विभाजन
Shaper	1. आकृतिकार	1. आकृतिकार	1. आकृतिकार	1. आकृतिकार 2. रोपर	1. आकृतिकार/ रूपकार	1. आकृतिकार
Share	1. अंश/शेयर 2. भाग (क्रिया) भागी होना/ साझी होना/ भाग पाना	1. अंश 2. भाग (क्रिया) साझी होना/ भागी होना	1. अंश 2. हिस्सा	1. अंश/शेयर 2. हिस्सा/भाग (क्रिया) अंश पाना/ शेयर पाना/ हिस्सा बाँटना/ भाग पाना/ बाँट लेना	1. अंश/हिस्सा 2. भाग (क्रिया) बाँट लेना/ हिस्सा लेना/ हिस्सा बाँटना/ भाग लेना/ अंश लेना	1. अंश/शेयर 2. भाग (क्रिया) भागी होना/ साझी होना/ भाग पाना
Shift	1. पारी	1. पारी	1. पारी	1. पारी/शिफ्ट/पाली 2. स्थान परिवर्तन करना	1. पारी/पर्याय 2. ले जाना/ बदलना/ स्थानान्तरण करना	1. पारी

1	2	3	4	5	6	7
Shift **—, Day**	1. दिन पारी	1. दिन पारी	1. दिन पारी	1. दिन पारी	1. दिन पारी	1. दिन पारी
Shift **—, Night**	1. रात पारी	1. रात पारी	1. रात पारी	1. रात पारी/ रात्रिकालीन पारी	1. रात पारी	1. रात पारी
Shift System	1. पारी प्रणाली	1. पारी प्रणाली	1. पारी प्रणाली	1. पारी प्रणाली	1. पारी प्रणाली	1. पारी प्रणाली
Shipyard	1. पोत-प्रांगण	1. पोत-प्रांगण	1. पोत-प्रांगण	1. पोत-प्रांगण/ शिपयार्ड	1. पोत-प्रांगण/ पोत-आँगन	1. पोत-प्रांगण
Shipping	1. जहाज़रानी/ पोत परिवहन	1. जहाज़रानी	1. जहाज़रानी/ नौ-वहन	1. नौ-वहन/ नौ-परिवहन/ नौ-चालन/ पोत-परिवहन	1. नौ-वहन/ नौ-चालन/ जहाज़रानी/ जहाज़ से भेजना/ पोत-चालन/ पोत-वाणिज्य/ पोत-समूह	1. जहाज़रानी
Shortfall	1. कमी	1. कमी/न्यूनता	1. कमी/न्यूनता	1. कमी/न्यूनता	1. कमी/न्यूनता	1. कमी
Shorthand	1. आशुलिपि	1. आशुलिपि	1. आशुलिपि	1. आशुलिपि/	1. आशुलिपि/ शीघ्रलिपि/ संकेत लिपि	1. आशुलिपि
Short notice	1. अल्प सूचना	1. अल्प सूचना	1. अल्प सूचना	1. अल्प सूचना	1. अल्प सूचना	1. अल्प सूचना
Shortage	1. कमी	1. कमी	1. कमी	1. कमी/न्यूनता/ अल्पता 2. घाटा	1. कमी/न्यूनता/ अल्पता	1. कमी

1	2	3	4	5	6	7
Show cause notice	1. हेतुक दर्शित करने के लिए सूचना/ कारण निदर्शन नोटिस/ कारण बताओ नोटिस	1. कारण बताओ नोटिस	1. हेतुक दर्शित करने की सूचना/ कारण निदर्शन सूचना/ कारण निदर्शन नोटिस/ कारण बताने की सूचना	1. हेतुक दर्शित करने के लिए सूचना/ कारण बताओ नोटिस	1. कारण नोटिस/ 'कारण बताओ' नोटिस/ कारण बताने का सूचना पत्र/ 'कारण बताओ' सूचना-पत्र	1. कारण बताओ नोटिस
Sign	1. चिह्न/संकेत (क्रि०) हस्ताक्षर करना	1. चिह्न (क्रि०) हस्ताक्षर करना	1. चिह्न/संकेत	1. चिह्न/संकेत 2. लक्षण (क्रि०) हस्ताक्षर करना/ हस्ताक्षरित करना	1. चिह्न/संकेत 2. लक्षण (क्रि०) हस्ताक्षर करना	1. चिह्न/संकेत (क्रि०) हस्ताक्षर करना
Signal	1. संकेत/सिगनल	1. संकेत/सिगनल	1. संकेत/सिगनल	1. संकेत/सिगनल/ संकेतक/संदेश (क्रि०) सिगनल देना/ संकेत भेजना/ संकेत देना/ संकेत करना	1. संकेत/सिगनल/ संकेतक/सूचना/ इशारा (क्रि०) संकेत भेजना/ सिगनल देना	1. संकेत/सिगनल
Sign writer	1. पट्टिका लेखक	1. पट्टिका लेखक	1. पट्टिका लेखक	1. पट्टिका लेखक	1. पट्टिका लेखक	1. पट्टिका लेखक
Signature	1. हस्ताक्षर	1. हस्ताक्षर	1. हस्ताक्षर	1. हस्ताक्षर/दस्तख़त	1. हस्ताक्षर	1. हस्ताक्षर

1	2	3	4	5	6	7
Signature pad	1. हस्ताक्षर-पैड/	1. हस्ताक्षर-पैड	1. हस्ताक्षर-पैड	1. हस्ताक्षर-पैड/ हस्ताक्षरिका/ दस्तख़ती बही	1. हस्ताक्षर-पैड	1. हस्ताक्षर-पैड
Similar	1. सदृश/ऐसी ही/ वैसी ही/ समरूप	1. सदृश/ऐसी ही/ वैसे ही/ समरूप	1. समरूप/ समतुल्य	1. सदृश/ वैसे ही/समरूप समान	1. सदृश/ऐसे ही/ वैसा ही/समान/ समरूप/ तत्सदृश/ समतुल्य	1. सदृश/ऐसे ही/ वैसे ही/समरूप
Simultaneous	1. युगपत्/ समक्षणिक/ 2. एक साथ/ एक ही समय पर	1. युगपत्/ समक्षणिक 2. एक साथ/ एक ही समय पर	1. एक साथ/ समकालिक	1. युगपत् 2. एक साथ/ एक ही समय पर	1. युगपत्/ समवर्ती	1. एक साथ/ एक ही समय पर
Sine die	1. अनिश्चित काल के लिए	1. अनिश्चित काल के लिए	1. अनिश्चित काल के लिए	1. अनिश्चित काल के लिए	1. अनिश्चित काल के लिए/ अनियत दिन पर्यन्त/अनिश्चित तिथि तक	1. अनिश्चित काल के लिए
Sinequo non	1. अनिवार्य शर्त/ अपरिहार्य शर्त	1. अनिवार्य शर्त/ अपरिहार्य शर्त	1. अनिवार्य शर्त/ अनिवार्य	1. अनिवार्य शर्त	1. अनिवार्य शर्त/ अपरिहार्य	1. अनिवार्य शर्त
Sir	1. श्रीमान्/ महोदय	1. महोदय	1. (संबोधन में) श्रीमान्/महोदय	1. श्रीमान्/ महोदय/ महाशय	1. श्रीमान्/ महोदय/ मान्यवर/ आर्य/श्रीमान्	1. श्रीमान्/ महोदय

1	2	3	4	5	6	7
Sister-in-charge	1. प्रभारी सिस्टर	1. प्रभारी सिस्टर	1. प्रभारी सिस्टर	1. प्रभारी सिस्टर	1. प्रभारी सिस्टर	1. प्रभारी सिस्टर
Site	1. स्थल/ घटनास्थल/ स्थान	1. स्थल/ घटनास्थल	1. स्थल/ घटनास्थल/ निर्माण-स्थल 2. (वन) स्थानगुण	1. स्थल/स्थान	1. स्थल/स्थान	1. स्थल/स्थान
Site plan	1. स्थल नक्शा	1. स्थल नक्शा	1. स्थल का नक्शा/ स्थल मानचित्र	1. स्थल नक्शा	1. स्थल नक्शा	1. स्थल नक्शा
Sitting member	1. वर्तमान सदस्य/ आसीन सदस्य	1. वर्तमान सदस्य/ आसीन सदस्य	1. वर्तमान सदस्य	1. वर्तमान सदस्य/ आसीन सदस्य	1. वर्तमान सदस्य/ विद्यमान सदस्य	1. वर्तमान सदस्य
Sketch	1. रेखाचित्र	1. रेखाचित्र	1. रेखाचित्र/ रेखाकृति/खाका	1. रेखाचित्र/स्केच 2. शब्द-चित्र/ आरूपण/ रेखांकन	1. रेखाचित्र/खाका/ रूपरेखा/स्केच 2. सारांश	1. रेखाचित्र
Skilled carpenter	1. कुशल काष्ठकार/ कुशल बढ़ई	1. कुशल काष्ठकार/ कुशल बढ़ई	1. कुशल काष्ठकार/ कुशल बधिक/ कुशल बढ़ई	1. कुशल बढ़ई	1. कुशल बढ़ई	1. कुशल बढ़ई
Slander	1. अपमान वचन	1. अपमान वचन	1. अपमान वचन/ अपवचन	1. अपमान वचन/ कलंक 2. कलंक लगाना	1. अपमान वचन/ अपमानजनक शब्द/ अपवचन	1. अपमान वचन

1	2	3	4	5	6	7
Slip	1. पर्ची	1. पर्ची	1. पर्ची 2. स्खलन 3. चूक 4. फिसलन/स्लिप/ सरकना, खिसक, सरक	1. पर्ची/पर्णी/ चिट/पुर्जी/पत्र 2. स्खलन 3. भूल/चूक 4. खिसकना/ सर्पण/फिसलन (विशेष०) प्रमोह/ नया पत्ता/टहनी	1. पर्ची/पर्णी/चिट 2. स्खलन/ 3. च्युति, चूक जाना, भूल जाना 4. चकमा/सरकना/ फिसलना/ खिसकना/ सरकाना/ चकमा देना/ खिसक जाना सरक जाना/ 5. चोरी से रख देना 6. चीरना/टुकड़ा काटना	1. पर्ची
Slum	1. गन्दी बस्ती	1. गंदी बस्ती	1. गंदी बस्ती/ गंदा मुहल्ला	1. गंदी बस्ती/ गंदा मुहल्ला	1. गंदी बस्ती/ दरिद्र बस्ती/ गरीब वस्ती/ मलिनावास/ गंदी बस्तियों में जाना	1. गंदी बस्ती
Small	1. लघु अल्प (बचत)	1. लघु अल्प (बचत)	1. लघु अल्प (बचत) छोटा, क्षुद्र	1. लघु अल्प (बचत) छोटा	1. लघु अल्प (बचत) कम, छोटा, क्षुद्र, ह्रस्व	1. लघु, अल्प (बचत)

1	2	3	4	5	6	7
Smuggle	1. चोरी से लाना, चोरी से ले जाना, तस्कर व्यापार करना	1. चोरी से ले जाना, चोरी से लाना, तस्कर व्यापार करना	1. चोरी से लाना या ले जाना, चोरगुज़ारी करना, अपवहन करना	1. तस्करी व्यापार, चोरी से ले जाना, तस्कर व्यापार करना	1. चोरी से ले जाना, चोरी से माल ले जाना, चोरी से माल का आयात-निर्यात करना	1. चोरी से ले जाना, चोरी से लाना, तस्कर व्यापार करना
Smuggling	1. तस्कर व्यापार, चौकीमारी, चोरी से माल लाना ले जाना	1. तस्कर व्यापार	1. अपवहन, चोरगुज़ारी	1. तस्कर व्यापार, तस्करी	1. तस्कर व्यापार, चुंगी चोरी, चौर्य्यानयन, अवैध प्रेषण	1. तस्कर व्यापार
Social Security	1. सामाजिक सुरक्षा	1. सामाजिक सुरक्षा	1. सामाजिक सुरक्षा	1. सामाजिक सुरक्षा	1. सामाजिक सुरक्षा, समाज सुरक्षा	1. सामाजिक सुरक्षा
Social welfare	1. समाज कल्याण	1. समाज कल्याण	1. समाज कल्याण	1. समाज कल्याण	1. समाज कल्याण	1. समाज कल्याण
Society	1. समाज	1. समाज	1. समाज, संघ	1. समाज	1. समाज, संघ	1. समाज
	2. सोसाइटी	2. सोसाइटी	2. सभा, संगति समिति	2. सोसाइटी, समिति	2. सोसाइटी, समिति, संस्था	2. सोसाइटी
Soil	1. मृदा, मिट्टी	1. मृदा, मिट्टी	1. मृदा, मिट्टी	1. मृदा, मिट्टी	1. मृदा, मिट्टी, तलमिट्टी	1. मिट्टी
	2. भूमि	2. भूमि	2. भूमि	2. भूमि	2. भूमि, ज़मीन	2. भूमि, ज़मीन
Sojourn	1. अवस्थान, विराम	1. अवस्थान, विराम	1. अवस्थान, विराम	1. अवस्थापन, विराम	1. अल्पवास, मुकाम	1. विराम

1	2	3	4	5	6	7
Sole	1. एकमात्र	1. एकमात्र	1. एकमात्र	1. एकमात्र	1. एकमात्र	1. एकमात्र
Solemn	1. सत्यनिष्ठ, गंभीर	1. सत्यनिष्ठ, गंभीर	1. सत्यनिष्ठ, गंभीर, पवित्र, महत्त्वपूर्ण	1. सत्यनिष्ठ, गंभीर	1. सत्यनिष्ठ, गंभीर, पवित्र, विधिपूर्वक	1. सत्यनिष्ठ, गंभीर
Solemnity	1. गंभीरता, गांभीर्य	1. गंभीरता, गांभीर्य	1. गंभीरता, गांभीर्य	1. गंभीरता, गांभीर्य	1. गंभीरता, गांभीर्य	1. गंभीरता
Solemnly	1. सत्यनिष्ठापूर्वक, सत्यनिष्ठा से	1. सत्यनिष्ठापूर्वक, सत्यनिष्ठा से	1. सत्यनिष्ठापूर्वक	1. सत्यनिष्ठा, विधिपूर्वक	1. सत्यनिष्ठा से, सत्य प्रतिज्ञापूर्वक, प्रतिज्ञापूर्वक, दृढ़ संकल्पित होकर, गंभीरतापूर्वक	1. सत्यनिष्ठापूर्वक, सत्यनिष्ठा से
Solution	1. साधन 2. हल	1. साधन 2. हल	— 2. हल, समाधान, सुझाव 3. घोल, विलय, विलयन	— 2. समाधान, हल, उत्तर 3. सुलेशन/विलयन	— 2. समाधान, हल, उपाय, उत्तर 3. घोल	1. साधन 2. हल
Sorting	1. छँटाई	1. छँटाई, छटनी	1. छँटाई, छाँटना	1. छाँटना, छाँट, छँटाई	1. छँटाई	1. छँटाई
Source	1. स्रोत, उद्गम	1. स्रोत, उद्गम 2. साधन	1. स्रोत, उद्गम 2. साधन	1. स्रोत, उद्गम 2. मूल साधन, मूल	1. स्रोत, उद्गम, सोता 2. प्रभव	1. स्रोत, उद्गम
Souvenir	1. सूवनियर, स्मारिका	1. सूवनियर	1. सूवनियर, स्मारिका	1. स्मारिका, सूवनियर, स्मृति-उपायन, स्मृति-चिह्न	1. स्मारिका	1. स्मारिका

1	2	3	4	5	6	7
Sovereign	1. अधिराट्, प्रभु, प्रभुसत्ता सम्पन्न, सर्वसत्ताधारी	1. अधिराट्, प्रभु, प्रभुसत्ता सम्पन्न, सर्वसत्ताधारी	1. प्रभु, प्रभुसत्ता सम्पन्न	1. अधिराट्, प्रभु, प्रभुसत्ता सम्पन्न, संपूर्ण प्रभुत्व सम्पन्न, सम्राट	1. प्रभु, संपूर्ण प्रभुत्व सम्पन्न, संपूर्ण सभुाधारी, सम्पन्न, सम्राट, राजा 2. एकछत्र 3. स्वर्णमुद्रा	1. प्रभुसत्ता सम्पन्न
Sovereignty	1. प्रभुसत्ता, प्रभुता, सर्वोच्च सत्ता	1. प्रभुसत्ता, प्रभुता, सर्वोच्च सत्ता	1. प्रभुसत्ता, प्रभुता	1. प्रभुसत्ता, प्रभुता, प्रभुत्व	1. प्रभुसत्ता, प्रभुता 2. एकछत्रता	1. प्रभुसत्ता, प्रभुता, सर्वोच्च सत्ता
Spacing	1. अंतर छोड़ना	1. अंतर छोड़ना	1. अंतर छोड़ना, अंतर देना, अंतर रखना, अन्तरण 2. अन्तर, अन्तराल	1. अंतर छोड़ना, अंतर रखना, अंतर-फ़ासला, फ़ासला, अंतर 2. अन्तराल, समयान्तर देना	1. अंतर छोड़ना	1. अंतर छोड़ना
Speaker	1. अध्यक्ष	1. अध्यक्ष	1. अध्यक्ष (लोकसभा) 2. वक्ता	1. अध्यक्ष 2. वक्ता	1. अध्यक्ष 2. वक्ता, बोलनेवाला	1. अध्यक्ष
Special	1. विशेष	1. विशेष	1. विशेष, विशिष्ट	1. विशेष, खास	1. विशेष, विशिष्ट	1. विशेष
Specialist	1. विशेषज्ञ	1. विशेषज्ञ	1. विशेषज्ञ	1. विशेषज्ञ	1. विशेषज्ञ	1. विशेषज्ञ
Specific	1. विनिर्दिष्ट	1. विशिष्ट, विशेष 2. आपेक्षिक	1. विनिर्दिष्ट, निर्दिष्ट, विशिष्ट, विशेष	1. विनिर्दिष्ट, विशिष्ट 2. आपेक्षिक	1. निर्दिष्ट, विशिष्ट, विशेष, निश्चित यथोलिखित	1. विशिष्ट

1	2	3	4	5	6	7
Specification	1. विनिर्दिष्ट, विनिर्देश	1. विशिष्ट	1. विशिष्ट, विनिर्देशन, निर्देश, विवरण, ब्योरा	1. विनिर्देश, विशिष्ट, विस्तृत विवरण	1. विशिष्ट, विशिष्ट निर्देश, विशेषीकरण, विस्तृत विवरण, विवरण, तफ़सील	1. विशिष्ट
Specimen	1. नमूना, निदर्श	1. नमूना	1. नमूना, निदर्श, प्रतिरूप, बानगी	1. नमूना	1. नमूना, निदर्श, प्रतिरूप	1. नमूना
Specimen Signature	1. नमूना हस्ताक्षर	1. नमूना हस्ताक्षर	1. नमूना हस्ताक्षर	1. नमूना हस्ताक्षर, हस्ताक्षर का नमूना	1. नमूने का हस्ताक्षर, आदर्श हस्ताक्षर	1. नमूना हस्ताक्षर
Speculation	1. सट्टा	1. सट्टा	1. सट्टा	1. सट्टा, सट्टेबाजी फाटका	1. सट्टा, सट्टेबाज़ फाटका	1. सट्टा
		2. अनुमान, अटकल	2. अनुमान, अटकल	2. परिकल्पना	2. परिकल्पना, अनुमान, अटकल	2. अनुमान, अटकल
Speech	1. भाषण	1. भाषण	1. भाषण	1. भाषण, व्याख्यान	1. भाषण, व्याख्यान, वक्तृता	1. भाषण
			2. भाषा, बोली		2. भाषा, बोली 3. बातचीत 4. बोलने की शक्ति	
Speed	1. चाल, रफ़्तार, गति	1. चाल, रफ़्तार, गति	1. चाल गति,	1. चाल, रफ़्तार	1. चाल, रफ़्तार, गति, वेग	1. चाल, रफ़्तार, गति
			2. क्षिप्रता	2. क्षिप्रता		
Sphere	1. गोला 2. क्षेत्र	1. गोला 2. क्षेत्र	1. गोला 2. क्षेत्र	1. गोला, मंडल 2. क्षेत्र, आकार	1. गोला, भूमंडल 2. क्षेत्र	1. गोला 2. क्षेत्र

1	2	3	4	5	6	7
Sponsor	1. प्रयोजन (क्रि०) प्रायोजित करना	1. प्रयोजक	1. उत्तरदायी 2. पुरस्कर्त्ता, पोषक (क्रि०)उत्तरदायी होना, पुरस्कृत करना, पोषित करना	1. प्रयोजक, तत्त्वावधान	1. परियोजक, धर्मपिता (क्रि०) प्रवर्तन करना, उत्तरदायी होना, दायित्व लेना, प्रतिभू बनना	1. प्रयोजन
Squad	1. स्क्वाड, दस्ता	1. स्क्वाड, दस्ता	1. जत्था, दल	1. स्क्वाड, दस्ता, टुकड़ी	1. दस्ता, वृन्द	1. दस्ता
Squad, flying	1. उड़नदस्ता	1. उड़नदस्ता	1. उड़नदस्ता	1. उड़नदस्ता	1. उड़नदस्ता	1. उड़नदस्ता
Staff	1. कर्मचारी-वृन्द, स्टाफ़	1. कर्मचारी वर्ग	1. कर्मचारी वर्ग, स्टाफ़, अमला अध्यापक वर्ग (शिक्षण)	1. कर्मचारी वर्ग, स्टाफ़, गण	1. कर्मचारी वृन्द, कर्मचारी गण, कर्मचारी वर्ग, सेवकगण, सेवक वर्ग, अमला 2. दण्ड	1. कर्मचारी वर्ग, स्टाफ़
Staff artist	1. विभागीय कलाकार	1. विभागीय कलाकार	1. विभागीय कलाकार	1. विभागीय कलाकार	1. विभागीय कलाकार	1. विभागीय कलाकार
Stage	1. रंगमंच 2. अवस्था, प्रक्रम	1. मंच 2. अवस्था	1. मंच, रंगमंच चबूतरा 2. अवस्था, प्रक्रम 3. चरण, सोपान, 4. मचान, टाड़, संदली, पाड़	1. रंगमंच 2. अवस्था, प्रक्रम, क्रम	1. रंगमंच, रंगभूमि, मंच 2. अवस्था, प्रक्रम, स्थिति, श्रेणी 3. पड़ाव, विराम,स्थल	1. रंगमंच 2. अवस्था

1	2	3	4	5	6	7
Stamp	1. टिकट, स्टाम्प 2. मोहर 3. मुद्रांक	1. टिकट, स्टाम्प 2. मोहर	1. टिकट, स्टाम्प 2. मुहर	1. टिकट, स्टाम्प 2. ठप्पा 3. मुद्रांक	1. टिकट, स्टाम्प	1. टिकट 2. मोहर 3. मुद्रांक
Stamping	1. मोहर लगाना	1. मुहर लगाना	1. मुहर लगाना	1. मोहर लगाना, ठप्पा लगाना	1. मुहर लगाना	1. मोहर लगाना
Standard	1. मानक, स्तर, दंड	1. मानक, स्टैण्डर्ड	1. मानक, स्तर 2. ध्वजदंड/पताका/ ध्वजवृक्ष	1. मानक, मान स्तर, स्तरमान 2. ध्वजदंड	1. मानक, मान, स्तर, मापदंड, प्रामाणिक, प्रमाण 2. ध्वज	1. मानक, स्तर, दंड
Standard heads	1. मानकशीर्ष	1. मानकशीर्ष	1. मानकशीर्ष	1. मानकशीर्ष	1. मानकशीर्ष	1. मानकशीर्ष
Standardization	1. मानकीकरण	1. मानकीकरण	1. मानकीकरण, मानक निर्धारित करना	1. मानकीकरण	1. मानकीकरण, प्रमाणीकरण, प्रमाणिक बनाना, एक प्रमाण का बनाना	1. मानकीकरण
Standing	1. स्थायी	1. स्थायी	1. स्थायी	1. स्थायी	1. स्थायी, अचल, स्थिर 2. सेवाकाल 3. स्थिति	1. स्थायी
Standing-Commission	1. स्थायी आयोग	1. स्थायी आयोग	1. स्थायी आयोग	1. स्थायी आयोग	1. स्थायी आयोग	1. स्थायी आयोग
Standing-guard file	1. स्थायी निदेश मिसिल	1. स्थायी निदेश फ़ाइल	1. स्थायी निदेश फ़ाइल	1. स्थायी गार्ड फ़ाइल, स्थायी निदेश संचिका	1. स्थायी निदेश मिसिल	1. स्थायी निदेश फ़ाइल

1	2	3	4	5	6	7
Standing order	1. स्थायी आदेश	1. स्थायी आदेश	1. स्थायी आदेश	1. स्थायी आदेश	1. स्थायी आदेश	1. स्थायी आदेश
Starred	1. तारांकित	1. तारांकित	1. तारांकित	1. तारांकित	1. तारांकित	1. तारांकित
State	1. राज्य 2. स्थिति, दशा, अवस्था, हालत	1. राज्य	1. राज्य 2. स्थिति, अवस्था	1. राज्य 2. स्थिति, अवस्था, दशा, हालत	1. राज्य 2. स्थिति, अवस्था, दशा	1. राज्य 2. स्थिति, दशा, अवस्था, हालत
Statement	1. कथन 2. बयान, वक्तव्य, विवरण	— 2. बयान, विवरण	1. कथन 2. वक्तव्य, बयान, विवरण, विवरण-पत्र	1. कथन 1. बयान, वक्तव्य, विवरण	1. कथन 2. बयान, वक्तव्य, विवरण, लेखा 3. सारणी	1. लेखा विवरण-पत्र 2. वक्तव्य
Statesman	1. राजमर्मज्ञ	1. राजमर्मज्ञ	1. राजनीतिज्ञ, शासनमर्मज्ञ	1. राजमर्मज्ञ, राजनीतिमर्मज्ञ, नीतिमान, नीतिज्ञ	1. राजनीतिज्ञ, राजनीतिकुशल	1. राजमर्मज्ञ
Station	1. स्टेशन, केन्द्र	1. स्टेशन, स्थान	1. स्टेशन, केन्द्र, स्थान 2. मुख्यालय, मुख्यनगर	1. स्टेशन, केन्द्र, स्थान 2, आस्थान, पदस्थान	1. स्टेशन, केन्द्र, स्थान, स्थानक 2. स्थान, स्थिति	1. स्टेशन, केन्द्र
Station Director (AIR)	1. केन्द्रनिदेशक	1. केन्द्रनिदेशक	1. केन्द्रनिदेशक	1. केन्द्रनिदेशक	1. केन्द्रनिदेशक	1. केन्द्रनिदेशक
Station Master	1. स्टेशन-मास्टर	1. स्टेशन-मास्टर	1. स्टेशन-मास्टर	1. स्टेशन-मास्टर	1. स्टेशन-मास्टर	1. स्टेशन-मास्टर
Stationery	1. लेखन-सामग्री	1. लेखन-सामग्री	1. लेखन-सामग्री	1. लेखन-सामग्री, स्टेशनरी	1. लेखन-सामग्री	1. लेखन-सामग्री
Statistical	1. सांख्यिकीय, सांख्यिकी	1. सांख्यिकीय	1. सांख्यिकीय, सांख्यिक, आँकड़ा-संबंधी	1. सांख्यिकीय, आँकड़ा-संबंधी	1. सांख्यिकीय	1. सांख्यिकीय

1	2	3	4	5	6	7
Statistical Bulletin	1. सांख्यिकीय बुलेटिन	1. सांख्यिकीय बुलेटिन	1. सांख्यिकीय बुलेटिन	1. सांख्यिकीय बुलेटिन	1. सांख्यिकीय बुलेटिन	1. सांख्यिकीय बुलेटिन
Statistical Yearbook	1. सांख्यिकीय अब्दकोश	1. सांख्यिकीय अब्दकोश	1. सांख्यिकीय अब्दकोश	1. सांख्यिकीय अब्दकोश	1. सांख्यिकीय अब्दकोश	1. सांख्यिकीय अब्दकोश
Statistician	1. सांख्यिक, सांख्यिकीविद्	1. सांख्यिक, सांख्यिकीविद्	1. सांख्यिक, संख्याविद्	1. सांख्यिक, सांख्यिक शास्त्री	1. सांख्यिक, सांख्यिकीविद्, आँकड़ा शास्त्री	1. सांख्यिक
Statistics	1. सांख्यिकी 2. आँकड़े	1. सांख्यिकी 2. आँकड़े	1. सांख्यिकी 2. आँकड़े, अंक-संकलन	1. सांख्यिकी 2. आँकड़े	1. सांख्यिकी 2. आँकड़े, आँकड़ेवारी	1. सांख्यिकी 2. आँकड़े
Status	1. स्थिति, हैसियत, प्रतिष्ठा, मर्यादा	1. स्थिति, हैसियत, प्रतिष्ठा	1. स्थिति, हैसियत, प्रतिष्ठा	1. स्थिति, हैसियत, प्रतिष्ठा, प्रास्थिति	1. स्थिति, हैसियत, प्रस्थिति, प्रतिष्ठा पद, अवस्था	1. स्थिति, हैसियत
Statuo-quo	1. यथापूर्व-स्थिति	1. यथापूर्व-स्थिति	1. यथापूर्व-स्थिति, पूर्व स्थिति	1. यथापूर्व-स्थिति, यथापूर्व, ज्यों-का-त्यों	1. यथापूर्व-स्थिति, पूर्ववत् स्थिति, यथास्ति, यथावत्	1. यथापूर्व-स्थिति
Statute	1. कानून, संविधि	1. कानून	1. संविधि, परिनियम	1. कानून, परिनियम स्टेट्यूट	1. संविधि, परिनियम, अधिनियम, संस्थापित	1. कानून, संविधि
Statutory	1. कानूनी, विधिक, सांविधिक	1. कानूनी, विधिक	1. विधिक, सांविधिक, संविहित 2. परिनियमित, परिनियत	1. कानूनी 2. परिनियम	1. विधिक, वैध, वैधानिक, सांविधिक 2. परिनियम अधिनियमित	1. कानूनी

1	2	3	4	5	6	7
Stay Order	1. रोकने का आदेश	1. रोकने का आदेश	1. रोकने का आदेश, रोधनादेश	1. रोकने का आदेश	1. रोकने का आदेश, रोधनादेश, स्थगन-आदेश	1. रोकने का आदेश
Steering Committee	1. विषय-निर्वाचन समिति	1. विषय-निर्वाचन समिति	1 विषय-निर्वाचन समिति	3. विषय-निर्वाचन समिति	1. कर्णधार समिति	1. विषय-निर्वाचन समिति
Steno, Stenographer	1. स्टेनो, आशुलेखक	1. आशुलिपिक, शीघ्रलिपिक	1. स्टेनो, आशुलेखक	1. आशुलिपिक	1. आशुलिपिक, शीघ्रलिपिक, शीघ्रलेखक, आशुलेखक, संकेतलेखक	1. स्टेनो, आशुलिपिक
Stenotypist	1. आशुटंकक, स्टेनोटाइपिस्ट	1. आशुटंकक, शीघ्रलिपिक	1. आशुलेखन, टंकक, आशुटंकक	1. आशुटंकक	1. आशुटंकक, स्टेनोटाइपिस्ट	1. आशुटंकक, स्टेनोटाइपिस्ट
Sterestyped	1. रूढ़, रूढ़िबद्ध	1. रूढ़ि, रूढ़िबद्ध	1. रूढ़िबद्ध, बँधा हुआ	1. रूढ़, रूढ़िबद्ध, नियत, निश्चित	1. रूढ़िबद्ध, साँचाबद्ध	1. रूढ़ि, रूढ़िबद्ध
Stipend	1. वृत्तिका, वज़ीफ़ा	1. वृत्तिका, वज़ीफ़ा	1. वृत्तिका, वज़ीफ़ा	1. वृत्तिका, वृत्ति, वज़ीफ़ा	1. वृत्तिका, वज़ीफ़ा	1. वज़ीफ़ा
Stipulate	1. अनुबंध करना	1. अनुबंध करना	1. अनुबंध करना 2. शर्त लगाना	1. अनुबंध करना 2. शर्त लगाना	1. अनुबंध करना, निर्बन्धन करना 2. सौदा करना	1. अनुबंध करना
Stipulation	1. अनुबंध	1. अनुबंध	1. अनुबंध, शर्त, ठहराव	1. अनुबंध, शर्त	1. अनुबंध, ठहराव, अभिसंविदा	1. अनुबंध
Stock	1. सामान, स्टाक, माल	1. सामान, स्टाक, माल	1. सामान, माल, स्टाक, भंडार, वस्तु	1. सामान, स्टाक, माल	1. सामान, स्टाक, माल	1. सामान, माल, स्टाक

1	2	3	4	5	6	7
	2. शेष माल	2. शेष माल	2. शेष माल 3. स्टाक (कम्पनी) 4. सरकारी ऋण 5. पशुधन 6. स्कन्ध	2. शेष माल 3. स्टाक — 5. पशुधन 6. स्कन्ध, धड़	2. शेष माल	2. शेष माल
Stock taking	1. माल की पड़ताल, स्टाक-मिलान	1. माल की पड़ताल, स्टाक-मिलान	1. माल की जाँच पड़ताल, स्टाक-मिलान, भंडार-परीक्षण	1. माल जाँचना, स्टाक-मिलान, स्टाक लेना	1. माल की सँभाल, भंडार की जाँच	1. माल की जाँच
Stock Verifier	1. स्टाक सत्यापक	1. स्टाक सत्यापक	1. भंडार-परीक्षक	1. स्टाक का सत्यापक, माल का सत्यापक	1. स्टाक सत्यापक	1. स्टाक सत्यापक
Stockman	1. पशुपाल	1. पशुपाल	1. पशुपाल	1. पशुपाल	1. पशुपाल	1. पशुपाल
Storage	1. संचयन, गोदाम में रखना, भंडार में रखना	1. गोदाम में रखना, गोदाम भाड़ा, गोदाम भंडार	1. संचयन, गोदाम भाड़ा, संग्रहागार, संग्रह व्यय	1. संचयन, गोदाम में रखना, भंडार में रखना, भंडारकरण, गोदाम प्रभार	1. संचयन, गोदाम में रखना, गोदाम भाड़ा	1. संचयन
Store	1. भंडार, गोदाम	1. भंडार, गोदाम	1. भंडार, गोदाम, कोठार, संग्रहागार	1. भंडार, गोदाम, स्टोर 2. संचय करना 3. जमा	1. भंडार, गोदाम, स्टोर 2. विक्रयागार	1. भंडार, गोदाम
Store Houseman	1. भंडारवाला	1. भंडारवाला	1. भंडारवाला	1. भंडारिक	1. भंडारवाला	1. भंडारवाला

1	2	3	4	5	6	7
Storekeeper	1. भंडारी	1. भंडारी	1. भंडारी, कोठारी, भंडारक	1. भंडारी, भंडारपाल	1. भंडारी, कोठारी, संग्रहागारिक	1. भंडारी
Storeman	1. भंडारकर्मी	1. भंडारकर्मी	1. भंडारकर्मी	1. भंडारकर्मी	1. भंडारकर्मी	1. भंडारकर्मी
Stores	1. सामान, सामग्री, भंडार	1. सामान	1. सामान, सामग्री, भंडार, वस्तु, वस्तुसंग्रह	1. सामान, सामग्री, भंडार	1. सामान, सामग्री, भंडार	1. सामान, सामग्री, भंडार
Stricture	1. अवक्षेप	1. अवक्षेप	1. अवक्षेप	1. निंदात्मक अभ्युक्ति 2. संकोच, संकोचन	1. अवक्षेप, निन्दा, भर्त्सना 2. संकोचन 3. कड़ी टीका, तीव्र आलोचना, कटाक्ष, छींटे	1. अवक्षेप
Strike	1. हड़ताल 2. आघात करना	1. हड़ताल	1. हड़ताल 2. आघात करना	1. हड़ताल 2. आघात, मार, आघात/प्रहार करना, चोट करना 3. सूझना, दिमाग में आना	1. हड़ताल 2. आघात करना	1. हड़ताल 2. आघात करना
Structure	1. संरचना	1. संरचना	1. संरचना, रचना, बनावट 2. ढाँचा, निर्माण, निर्मिति 3. भवन, इमारत	1. संरचना, रचना, बनावट 2. निर्मिति 3. इमारत	1. संरचना, रचना, बनावट 2. ढाँचा, स्वरूप, गहन 3. भवन, इमारत रचिति	1. संरचना

1	2	3	4	5	6	7
Sub (Subordinate)	1. नायब, छोटा, उप-	1. नायब, छोटा, उप-	1. नायब, छोटा, उप-, अवर	1. सब, अवर, उप-	1. नायब, छोटा, उप-, अवर, अनु-, सब-	1. नायब, छोटा, उप-
Sub-committee	1. उपसमिति	1. उपसमिति	1. उपसमिति	1. उपसमिति	1. उपसमिति	1. उपसमिति
Sub-head	1. उपशीर्ष	1. उपशीर्ष	1. उपशीर्ष	1. उपशीर्ष	1. उपशीर्ष	1. उपशीर्ष
Sub-judge	1. उपन्यायाधीश	1. उपन्यायाधीश	1. उपन्यायाधीश	1. अवरन्यायाधीश	1. उपन्यायाधीश	1. उपन्यायाधीश
Sub-para	1. उपपैरा	1. उपपैरा	1. उपपैरा, उपकंडिका, उपपैराग्राफ़	1. उपकंडिका	1. उपपैरा, उपकंडिका	1. उपपैरा
Sub-rule	1. उपनियम	1. उपनियम	1. उपनियम	1. उपनियम	1. उपनियम	1. उपनियम
Subject	1. विषय 2. प्रजा	1. विषय	1. विषय 2. प्रजा	1. विषय विषयवस्तु 2. प्रजा 3. उद्देश्य 4. अधीन 5. व्यक्ति	1. विषय, विषयवस्तु 2. प्रजा 3. स्वत्व का विषय 4. अधीन 5. व्यक्ति, कर्त्ता	1. विषय 2. प्रजा
Subletting	1. दरकिरायेदारी, उपभाड़ा	1. दरकिरायेदारी, उपभाड़ा	1. दरकिरायेदारी, उपभाड़ा	1. दरकिरायेदारी	1. शिकमी-किरायेदारी, उपभाड़ेदारी	1. दरकिरायेदारी, उपभाड़ा
Submission	1. निवेदन 2. अधीनता स्वीकार करना 3. प्रस्तुतीकरण, पेशी	1. निवेदन — 3. प्रस्तुतीकरण, पेश करना	1. निवेदन 3. प्रस्तुतीकरण, पेशी	1. निवेदन 2. समर्पित करना 3. प्रस्तुत किया जाना, पेश करना	1. निवेदन, विनती 2. अधीनता, समर्पण 3. प्रस्तुतीकरण, प्रस्तुति, अग्रेस्थापन	1. निवेदन 2. अधीनता स्वीकार करना 3. पेशी

1	2	3	4	5	6	7
	4. अधीनता			4. अधीनता, प्रणति	4. अधीनता, प्रणति	—
	5. मानलेना/मानना			5. मानना/मान लेना		5. मान लेना/मानना
Submit	1. प्रस्तुत करना	1. प्रस्तुत करना	1. प्रस्तुत करना	1. प्रस्तुत करना, पेश करना, सम्मुख रखना, सामने रखना	1. प्रस्तुत करना, समक्ष रखना, आगे रखना, पेश करना	1. प्रस्तुत करना
	2. निवेदन करना	2. निवेदन करना	2. निवेदन करना, निवेदित करना	2. निवेदन करना, निवेदित करना	2. निवेदन करना	2. निवेदन करना
				3. भेज देना	3. भेजना, प्रेषित करना	
				4. समर्पित करना	4. अनुवर्तन करना, अधीन हो जाना, आत्मसमर्पण करना	
Subordinate	1. अधीन, अधीनस्थ, मातहत	1. अधीनस्थ	1. अधीन, अधीनस्थ, मातहत, अवर	1. अधीन, मातहत, निचला	1. अधीन, अधीनस्थ, मातहत, निचला	1. अधीन, अधीनस्थ, मातहत
Subordinate office	1. अधीनस्थ कार्यालय	1. अधीनस्थ कार्यालय	1. अधीनस्थ कार्यालय	1. अधीनस्थ कार्यालय, अधीन कार्यालय	1. अधीनस्थ कार्यालय	1. अधीनस्थ कार्यालय
Subscribe	1. चंदा या शुल्क देना, ग्राहक बनना	—	1. चंदा या शुल्क देना, ग्राहक बनना	1. चंदा देना/लेना, ग्राहक बनना	1. चंदा देना/लेना, ग्राहक बनना,	
	2. समर्थन करना, सहमत होना	—	2. समर्थन करना, सहमत होना	2. योगदान देना, योगदान करना	2. स्वीकृति देना, सहमत होना	

1	2	3	4	5	6	7
	3. हस्ताक्षर करना	—	3. हस्ताक्षर करना	3. हस्ताक्षर करना, हस्ताक्षरित करना	3. हस्ताक्षर करना, अनुहस्ताक्षर करना	
	4. नीचे लिखना	—	4. नीचे लिखना	—	—	
	5. अभिदान, अभिदान करना	5. अभिदान देना	5. अभिदान करना	5. अभिदान करना	5. अभिदान देना	
Subsequent	1. बाद का, अनुवर्ती, उत्तरवर्त्ती, उत्तरभाष्य (विधि)	1. बाद का, उत्तरवर्ती	1. बाद का, अनुवर्ती उत्तरवर्ती पाश्चिक	1. बाद का, अनुवर्ती उत्तरवर्ती, पाश्चिक, अनुगामी, परवर्ती पश्चात्वर्ती, परवर्ती, पश्चात्	1. बाद का, अनुवर्ती, उत्तरवर्ती, अनुगामी, परवर्ती, पश्चात्वर्ती	1. बाद का अनुवर्ती, उत्तरवर्ती
Subsidiary	1. गौण 2. सहायक	1. गौण 2. सहायक	1. गौण 2. सहायक	1. गौण 2. सहायक	1. गौण 2. सहायक, सहायतार्थ सहायता के रूप में, उपसहायक	1. गौण 2. सहायक
	3. समनुषंगी	3. अनुसंगी		3. समनुषंगी, अनुसंगी		
Subsidise	1. सहायता देना	1. सहायता देना	1. सहायता देना	1. सहायता देना	1. आर्थिक सहायता देना, पूर्ति करना	1. सहायता देना

1	2	3	4	5	6	7
Subsidy	1. सहायिकी, इमदाद	1. सहायता (आर्थिक), इमदाद	1. आर्थिक सहायता, इमदाद, राज सहायता	1. सहायकी, इमदाद, आर्थिक सहायता अर्थ-साहाय्य,	1. राज्य साहाय्य, आर्थिक सहायता, राजानुदान अर्थ-साहाय्य	1. आर्थिक सहायता, इमदाद
Subsistence	1. निर्वाह, वर्तिता	1. निर्वाह	1. निर्वाह, गुज़ारा	1. निर्वाह, जीव निर्वाह गुज़ारा	1. निर्वाह जीवन निर्वाह, गुज़ारा, जीविका, उपजीविका	1. निर्वाह
Subsistence allowance	1. निर्वाह-भत्ता	1. निर्वाह-भत्ता	1. निर्वाह-भत्ता	1. निर्वाह-भत्ता, गुज़ारा भत्ता, जीवननिर्वाह भत्ता	1. निर्वाह-भत्ता, गुज़ारा भत्ता	2. निर्वाह-भत्ता
Subsistence grant	1. निर्वाह-अनुदान	1. निर्वाह-अनुदान	1. निर्वाह-अनुदान	1. निर्वाह-अनुदान, जीवननिर्वाह अनुदान	1. निर्वाह-अनुदान	1. निर्वाह-अनुदान
Substance	1. द्रव्य 2. सार 3. पदार्थ	1. द्रव्य 2. सार 3. पदार्थ	1. द्रव्य 2. सार, तत्त्व 3. पदार्थ 4. उपादान 5. सारांश	1. द्रव्य 2. सार 3. पदार्थ 4. उपादान	1. द्रव्य 2. सार, मथितार्थ 3. पदार्थ, वस्तु 4. उपादान 5. सारांश	1. द्रव्य 2. सार 3. पदार्थ
Substantive	1. मौलिक, मूल	1. मौलिक, मूल, संस्थायी	1. मौलिक, मूल	1. मौलिक, मूल 2. सारभूत 3. अधिकारी 4. मुख्य	1. मौलिक/ मूल, मूलभूत वास्तविक, वास्तवीय 2. सारभूत	1. मौलिक, मूल

1	2	3	4	5	6	7
Substantive post	1. मूल-पद	1. मूल-पद	1. मूल-पद	1. मौलिक-पद	1. मूल-पद, मौलिक पद	1. मूल-पद
Substitute	1. एवज़ी प्रतिस्थानी	1. एवज़ी, प्रतिस्थानी	1. एवज़ी, प्रतिस्थानी, स्थानापन्न 2. उपकल्प	1. एवज़ी, एवज, प्रतिस्थापक 2. उपकल्प	1. एवज़ी, बदलू, स्थानापन्न —	1. एवज़ी, प्रतिस्थानी
	(क्रिया) प्रतिस्थापित करना		(क्रिया) प्रतिस्थापित करना, के स्थान में रखना, बदले में रखना	(क्रिया) प्रतिस्थापित करना, के स्थान में रखना	(क्रिया) प्रतिस्थापित करना, स्थान में रखना, स्थान में स्थापित रखना, स्थानापन्न करना	
Succeeding	1. अनुवर्ती, उत्तरवर्ती	1. अनुवर्ती	1. अनुवर्ती	1. अनुवर्ती, उत्तरवर्ती, पीछे का, बाद का	1. अनुवर्ती उत्तरवर्ती, परवर्ती, पश्चातवर्ती, बाद का	1. अनुवर्ती
Succession	1. उत्तराधिकार, उत्तरवर्तन	1. उत्तराधिकार 2. अनुक्रम	1. उत्तराधिकार 2. अनुक्रम, अनुक्रमण 3. परंपरा-शृंखला 4. विकासक्रम (वन)	1. उत्तराधिकार, उत्तरवर्तन 2. अनुक्रम, अनुक्रमण	1. उत्तराधिकार, उत्तरानुवर्तन 2. अनुक्रम, अनुक्रमण	1. उत्तराधिकार 2. अनुक्रम

1	2	3	4	5	6	7
Successor	1. उत्तराधिकारी	1. उत्तराधिकारी, अनुवर्ती	1. उत्तराधिकारी, अनुवर्ती	1. उत्तराधिकारी, उत्तरवर्ती	1. उत्तराधिकारी, उत्तरानुवर्ती, परवर्ती, क्रमानुयायी	1. उत्तराधिकारी
Suit	1. दावा, मुकद्दमा, वाद	1. दावा, मुकद्दमा, वाद	1. दावा, मुकद्दमा, वाद	1. मुकद्दमा, वाद	1. दावा, मुकद्दमा, वाद,व्यवहारवाद 2. जोड़ा 3. अच्छा	1. दावा, मुकद्दमा, वाद
Summary	1. सारांश, संक्षेप 1. (वि०) संक्षिप्त, सरसरी	1. सारांश, संक्षेप	1. संक्षेप 1. (वि०) सरसरी	1. सारांश, संक्षेप 1. (वि०) संक्षिप्त, संक्षेपत:, क्षिप्र, तुरत	1. सारांश, संक्षेप 1. (वि०) संक्षेपत: संक्षिप्त, सांक्षेपिक, समासत:	1. सारांश, संक्षेप
Summary trial	1. संक्षिप्त विचारण	1. संक्षिप्त विचारण	1. सरसरी विचार	1. संक्षिप्त विचारण	1. संक्षिप्त विचार, संक्षिप्त परीक्षण, संक्षेपत: अन्वीक्षा, सक्षिप्त न्याय	1. संक्षिप्त विचार
Sumptuary allowance	1. सत्कार भत्ता, आतिथ्य भत्ता, समुचरी भत्ता	1. सत्कार भत्ता, आतिथ्य भत्ता	1. आतिथ्य भत्ता	1. सत्कार भत्ता, समचुअरी भत्ता	1. सत्कार भत्ता, आतिथ्य भत्ता, उपभोग भत्ता	1. सत्कार भत्ता, आतिथ्य भत्ता
Superannuation	1. निवर्तन, अधिवर्तिता	1. अधिवार्षिकी आयु	1. निवर्तन, अधिवर्तिता, बुढ़ापा	1. अधिवर्षिता, वार्धक्य	1 अधिवर्षिता अधिवार्षिकी, नियत सेवावधि	1. निवर्तन
Superannuate	1. निवर्तन, निवृत्त होना	1. निवृत्त होना	1. निवृत्त होना, निवृत्त करना, अधिवर्ष घोषित करना	1. वार्धक्य-निवर्तन, अधिवर्ष निवृत्त होना	1. वार्द्धक्य निर्वतन, निवृत होना	1. निवर्तन, निवृत होना

1	2	3	4	5	6	7
Superintendent	1. अधीक्षक	1. अधीक्षक	1. अधीक्षक	1. अधीक्षक	1. अधीक्षक	1. अधीक्षक
Superior	1. वरिष्ठ, उच्च	1. वरिष्ठ, उच्च	1. वरिष्ठ, उच्चतर. प्रवर, श्रेष्ठ, उपरिष्ठ	1. वरिष्ठ, उच्च, उच्चतर, उत्कृष्ठ, प्रवर, प्रकष्ट,सुपर	1. वरिष्ठ, उच्च, उच्चतर, उत्कृष्ट, उत्तम, उपरिक, श्रेष्ठ	1. वरिष्ठ, उच्च
Superscribe	1. उपर लिखना	1. ऊपर लिखना	1. ऊपर लिखना	1. ऊपर लिखना	1. ऊपर लिखना, बाहर लिखना	1. ऊपर लिखना
Superscription	1. उपरिलेख, सरनामा 2. पता	1. उपरिलेख 2. पता	1. उपरिलेख 2. पता	1. उपरिलेखन	1. उपर्यंकन 2. पता	1. उपरिलेखन 2. पता
Supersede	1. अतिक्रमण करना, अधिक्रमण करना	1. अतिक्रमण करना, निष्प्रभाव करना	1. अतिक्रमण करना	1. अवक्रमण करना	1. अवक्रम करना, अतिष्ठित करना, अभिष्ठित करना, शून्य करना, निष्प्रभाव करना, अधिक्रमण करना, पीछे छोड़ना	1. अतिक्रमण करना अधिक्रमण करना
Supersession	1. अधिक्रमण	1. अधिक्रमण, निवर्तन	1. अधिक्रमण, अतिक्रमण, निवर्तन	1. अवक्रमण	1. अवक्रमण, अधिक्रमण, अभिष्ठान, अतिष्ठान	1. अधिक्रमण
Supervision	1. पर्यवेक्षण, देखरेख	1. पर्यवेक्षण, देखरेख	1. पर्यवेक्षण, देखरेख देखभाल	1. पर्यवेक्षण	1. पर्यवेक्षण, देखरेख, देखभाल	1. पर्यवेक्षण, देखरेख
Supervisor	1. पर्यवेक्षक, सुपरवाइज़र	1. पर्यवेक्षक	1. पर्यवेक्षक, सुपरवाइज़र	1. पर्यवेक्षक	1. पर्यवेक्षक	1. पर्यवेक्षक

1	2	3	4	5	6	7
Supplement	1. जोड़वंध 2. अनुपूरक 1. (क्रि०) जोड़ना 2. अनुपूरण	1. जोड़ना 2. संपूरक	1. जोड़ना 2. अनुपूरक 1. (क्रि०)पूरा करना, अनुपूर्ति करना	1. परिशिष्ट 2. पूरक, अनुपूरक 1. (क्रि०) अनुपूरित करना	1. परिशिष्ट 2. पूरक, संपूरक, अनुपूरक 1. (क्रि०)पूर्ति करना	1. जोड़ना 2. अनुपूरक
Supplementary	1. अनुपूरक	1. पूरक	1. अनुपूरक, पूरक	1. अनुपूरक, पूरक	1. अनुपूरक, पूरक, संपूरक	1. पूरक
Supplementary Budget	1. अनुपूरक बजट	1. पूरकबजट	1. अनुपूरक बजट, पूरक बजट (आयव्ययक)	1. अनुपूरक बजट, पूरक बजट	1. अनुपूरक बजट, पूरक बजट (आयव्ययक)	1. अनुपूरक बजट
Supplementary grant	1. अनुपूरक अनुदान	1. पूरक अनुदान	1. अनुपूरक अनुदान पूरक अनुदान	1. अनुपूरक अनुदान	1. अनुपूरक अनुदान, पूरक अनुदान	1. अनुपूरक अनुदान, पूरक अनुदान
Supply	1. पूर्ति, प्रदाय (क्रिया) प्रदाय करना	1. पूर्ति	1. पूर्ति, संपूर्ति प्रदाय, संभरण, विवरण (क्रिया) प्रदान करना, संभरण करना, संपूर्ति करना	1. आपूर्ति (क्रिया) आपूर्ति करना	1. पूर्ति, प्रदाय, सवरण रसद (क्रिया) प्रदाय करना, संभरण करना, पूर्ति करना रसद देना	1. पूर्ति, प्रदाय (क्रिया) प्रदान करना
Support	1. समर्थन	1. समर्थन, सहायता,	1. समर्थन, सहारा, अवलंब 2. टेक, आधार	1. समर्थन, पुष्टि 2. टेक, आलंब	1. समर्थन, सहारा 2. टेक, आलम्ब, आधार, आश्रय	1. समर्थन

1	2	3	4	5	6	7
				3. अनुपोषण, सहायता	3. उपजीविका	
	(क्रिया) आलम्ब करना	(क्रिया) भरण-पोषण करना	(क्रिया) समर्थन करना, भरण-पोषण करना		(क्रिया) समर्थन देना, भरण-पोषण करना, सहायता देना, आधार/ठेक देना	
Supreme Court	1. उच्चतम न्यायालय	1. उच्चतम/ सर्वोच्च न्यायालय	1. उच्चतम न्यायालय/ सर्वोच्च न्यायालय	1. उच्चतम न्यायालय/ सर्वोच्च न्यायालय	1. उच्चतम न्यायालय/ सर्वोच्च न्यायालय	1. उच्चतम न्यायालय
Surcharge	1. अधिभार	1. अधिभार	1. अधिभार	1. अधिभार	1. अधिभार, विशेष कर	1. अधिभार
Surety	1. प्रतिभू, ज़ामिन	1. प्रतिभू, ज़ामिन	1. प्रतिभू, ज़ामिन	1. प्रतिभू, ज़ामिन	1. प्रतिभू, ज़ामिन, ज़मानतदार	1. प्रतिमू, ज़ामिन
	2. ज़मानत	2. ज़मानत	2. ज़मानत	2. ज़मानत	2. प्रतिभूति/ ज़मानत 3. असंदिग्धता	2. ज़मानत
Surety-Bond	1. ज़मानत बंधपत्र	1. ज़मानत बंधपत्र	1. ज़मानत बंधपत्र	1. प्रतिभू-बंधपत्र, ज़ामिन बंधपत्र	1. ज़मानत बंधपत्र	1. ज़मानत बंधपत्र
Surface Inspection	1. ऊपरी निरीक्षण	1. ऊपरी निरीक्षण	1. ऊपरी निरीक्षण	1. ऊपरी निरीक्षण	1. ऊपरी निरीक्षण	1. ऊपरी निरीक्षण
Surname	1. कुलनाम	1. कुलनाम	1. कुलनाम, अधिनाम	1. कुलनाम, उपनाम	1. कुलनात, उपनाम गोत्रनाम	1. कुलनाम
Surplus	1. अधिशेष	1. अधिशेष, बेशी	1. अधिशेष, बचत, अधिकता	1. अधिशेष, बचत, बेशी	1. अधिशेष, बचत	1. अधिशेष, बचत

1	2	3	4	5	6	7
Surprise check	1. आकस्मिक जाँच	1. आकस्मिक जाँच	1. आकस्मिक जाँच	1. औचक जाँच, अचानक जांच	1. आकस्मिक जाँच	1. आकस्मिक जाँच
Surrender	1. अभ्यर्पण	1. अभ्यर्पण	1. अभ्यर्पण, समर्पण 2. अभित्याग, अभित्यजन	1. अभ्यर्पण, आत्मसमर्पण, कब्जा करना	1. अभ्यर्पण, आत्मसमर्पण	1. समर्पण
Surviving	1. अवशिष्ट 2. उत्तरजीवी	1. अवशिष्ट 2. उत्तरजीवी	1. अवशिष्ट 2. उत्तरजीवी	— 2 उत्तरजीवी	— 2. उत्तरजीवी, जीवित बचा हुआ, जीवित बचनेवाला	— 2. उत्तरजीवी, जीवित बचनेवाला
Suspend	1. मुअत्तल करना, निलंबित करना	1. मुअत्तिल करना, निलंबित करना	1. मुअत्तिल करना, निलंबित करना	1. मुअत्तिल करना, निलंबित करना, स्थगित करना, रोक देना	1. मुअत्तिल करना, निलंबित करना, स्थगित करना, लटकाना	1. मुअत्तिल करना निलंबित करना, रोक देना
Suspension	1. मुअत्तली, निलंबन	1. मुअत्तली, निलंबन	1. मुअत्तली, निलंबन	1. मुअत्तली, निलंबन 2. स्थगन	1. मुअत्तली, निलंबन 2. स्थगन	1. मुअत्तली, निलंबन
Survey	1. सर्वेक्षण	1. सर्वेक्षण	1. सर्वेक्षण	1. सर्वेक्षण 2. भूमाप, परिमाप	1. सर्वेक्षण, सर्वे 2. माप, भूमापन परिमाप, क्षेत्रमापन 3. निरीक्षण, संवीक्षण	1. सर्वेक्षण

1	2	3	4	5	6	7
Survey, Sample	1. नमूना सर्वेक्षण	1. नमूना सर्वेक्षण	1. नमूना सर्वेक्षण	1. नमूना सर्वेक्षण	1. नमूना सर्वेक्षण	1. नमूना सर्वेक्षण
Symbol	1. प्रतीक	1. प्रतीक	1. प्रतीक, संकेत	1. प्रतीक, संकेत	1. प्रतीक, चिह्न संकेत	1. प्रतीक
Symposium	1. परिसंवाद	1. परिसंवाद	1. परिसंवाद	1. परिसंवाद	1. परिसंवाद, संगोष्ठी	1. परिसंवाद
Syllabus	1. पाठ्य विवरण	1. पाठ्य विवरण	1. पाठ्य विवरण	1. पाठ्य विवरण पाठ्यचर्या	1. पाठ्यक्रम, पाठ्यचर्या	1. पाठ्यक्रम
System	1. निकाय, तंत्र, पद्धति, प्रणाली	1. पद्धति, प्रणाली	1. तंत्र, पद्धति, प्रणाली 2. व्यवस्था, क्रम	1. तंत्र, पद्धति, प्रणाली 2. व्यवस्था	1. तंत्र, पद्धति, प्रणाली 2. व्यवस्था, क्रम 3. प्रथा, शैली	1. तंत्र, पद्धति, प्रणाली, निकाय
Syndicate	1. अभिषद्, सिंडीकेट	1. सिंडीकेट	1. अभिषद्, सिंडीकेट	1. अभिषद्, सिंडीकेट	1. अभिषद्, सिंडीकेट, संघ 2. व्यवसाय संघ 3. पत्रसंघ	1. सिंडीकेट
Systematic	1. व्यवस्थित, प्रायिक	1. व्यवस्थित, प्रायिक	1. व्यवस्थित, क्रमबद्ध	1. व्यवस्थित, सुव्यवस्थित, प्रायिक 2. वर्गीकृत 3. वैहिक, शारीरिक	1. व्यवस्थित क्रमबद्ध	1. व्यवस्थित

T

Table	1. सारणी/तालिका 2. मेज़	1. सारणी 2. मेज़	1. सारणी 2. मेज़/पटल	1. सारणी/तालिका 2. मेज़/पटल	1. सारणी/तालिका 2. मेज़/पटल/ पटल पर रखना	1. सारणी/तालिका —

1	2	3	4	5	6	7
Table of Contents	1. विषय-सूची	1. विषय-सूची	1. विषय-सूची	1. विषय-सूची	1. विषय-सूची, विषय-तालिका, अनुक्रमणिका	1. विषय-सूची
Table Officer	1. पटल-अधिकारी	1. पटल-अधिकारी	1. पटल-अधिकारी	1. पटल-अधिकारी	1. पटल अधिकारी	1. पटल अधिकारी
Table of the house	1. सभा-पटल	1. सभापटल	1. सभापटल	1 सभापटल	1. सभापटल	1. सभापटल
Tabulated	1. सारणीबद्ध	1. सारणीबद्ध	1. सरणीबद्ध	1. सरणीबद्ध	1. सरणीबद्ध	1. सरणीबद्ध
Tabulation	1. सारणीयन, सारणीकरण, सारणी बनाना	1. सारणीकरण, सारणी बनाना	1. सारणीयन, सारणीकरण	1. सारणीयन, सारणीकरण, सारणी बनाना	1. सारणीयन, सारणीकरण, तालिका, निबंधन	1. सारणीकरण
Tally card	1. मिलान कार्ड	1. मिलान कार्ड	1. मिलान कार्ड	1. मिलान कार्ड, अनुमेलन पत्रक	1. मिलान कार्ड	1. मिलान कार्ड
Target	1. लक्ष्य	1. लक्ष्य	1. लक्ष्य 2. निशान, टार्गेट	1. लक्ष्क, लक्ष्यांक 2. निशाना, टार्गेट	1. लक्ष्य, उद्देश्य 1. निशान, टार्गेट	1. लक्ष्य
Tariff	1. टैरिफ़ 2. दर-सूची	1. टैरिफ़ 2. दर-सूची	1. टैरिफ़, प्रशुल्क, शुलकदर 2. दर-सूची, प्रशुल्क सूची,, शुलकदर सूची 3. शुल्क पद्धति 4. आयात-निर्यात शुल्क	1. टैरिफ़, परियात 2. दर.सूची शुलकदर सूची, चुंगीतालिका 3. शुल्क पद्धति 4. आयात-निर्यात शुल्क, परियात शुल्क प्रशुल्क, चुंगी	1. टैरिफ़, परियात शुल्क, टैरिफ़ प्रशुल्क 2. शुल्कदर सूची 3. शुल्क पद्धति 4. आयात-निर्यात कर परियात शुल्क, प्रशुल्क	1. टैरिफ़ 1. दर-सूची

1	2	3	4	5	6	7
Tax-Assessor	1. कर-निर्धारक	1. कर-निर्धारक	1. कर-निर्धारक	1. कर-निर्धारक	1. कर-निर्धारक	1. कर-निर्धारक
Taxable	1. कर-योग्य	1. कर-योग्य	1. कर-योग्य, करदाय	1. कर-योग्य, करदेय, कराधेय,करारोप्य	1. कर-योग्य, करदेय कराधेय	1. कर-योग्य
Taxation	1. कर लगाना, कराधान, करारोपण	1. कर लगाना, कराधान, करारोपण	1. कर लगाना, कराधान, करारोपण	1. कर लगाना, कराधान, करारोपण, करारोप विनिर्धारण	1. कर लगाना, कराधान, करारोपण, कर-निर्धारण	1. कराधान
Taxation Inspector	1. कराधान-निरीक्षक	1. कराधान-निरीक्षक	1. कराधान-निरीक्षक	1. कराधान-निरीक्षक	1. कराधान-निरीक्षक	1. कराधान-निरीक्षक
Technical	1. तकनीकी, प्राविधिक, शिल्पिक	1. तकनीकी, प्राविधिक, शिल्पिक	1. तकनीकी, प्राविधिक, शिल्पिक, शिल्पीय 2. परिभाषिक	1. तकनीकी, प्राविधिक, प्रावैधिक, शिल्पिक, शिल्पी 2. परिभाषिक 3. प्रौद्योगिक, औद्योगिक	1. तकनीकी, प्राविधिक, शिल्पिक, शिल्प-, शिल्पीय 2. पारिभाषिक 3. यंत्र-चातुर्य-संबंधी, तान्त्रिक, तंत्रात्मक	1. तकनीकी, प्राविधिक, शिल्पिक
Technical advice	1. तकनीकी सलाह	1. तकनीकी सलाह	1. तकनीकी सलाह	1. तकनीकी सलाह, तकनीकी राय	1. तकनीकी सलाह, तकनीकी, परामर्श	1. तकनीकी सलाह
Technique	1. तकनीक	1. तकनीक	1. तकनीक, प्रविधि	1. तकनीक, टेक्नीक, प्रविधि, शिल्प	1. तकनीक, प्रविधि, शिल्प, तंत्र, प्रक्रिया यंत्रचातुर्य,	1. तकनीक

1	2	3	4	5	6	7
				2. क्रियाविधि	2. कार्यपद्धति, कला, कौशल, शैली	
Technology	1. प्रौद्योगिकी	1. प्रौद्योगिकी, टैक्नोलाजी	1. प्रौद्योगिकी, प्रोद्योग	1. प्रौद्योगिकी, औद्योगिकी, टैक्नोलोजी	1. प्रौद्योगिकी, टैक्नोलोजी	1. प्रौद्योगिकी
	2. उद्योग विद्या	2. उद्योग विद्या	2. उद्योग विद्या	2. शिल्पविज्ञान	2. शिल्पविज्ञान, कलाविज्ञान	2. उद्योग विद्या
Telecommunication	1. दूर-संचार	1. दूर-संचार	1. दूर-संचार	1. दूर-संचार	1. दूर-संचार	1. दूर-संचार
Telegram	1. तार	1. तार	1. तार, टेलीग्राम	1. तार, टेलीग्राम	1. तार	1. तार
Telegram Code	1. कोडतार	1. कोडतार	1. कोडतार	1. कोडतार	1. कोडतार	1. कोडतार
Telegram Cypher	1. बीज-लेख तार	1. बीज-लेख तार	1. बीज-लेख तार	1. बीज-लेख तार	1. बीज लेख तार	1. बीज-लेख तार
Telegram Enclair	1. शब्दबद्धतार	1. शब्दबद्धतार	1. शब्दबद्धतार	1. शब्दबद्धतार, असांकेतिक तार	1. शब्दबद्धतार	1. शब्दबद्धतार
Telegraphist	1. तारसंकेतक	1. तारसंकेतक	1. तारसंकेतक	1. तारसंकेतक, तारेषक	1. तारसंकेतक	1. तारसंकेतक
Telephone-Exchange	1. टेलीफ़ोन केन्द्र	1. टेलीफ़ोन केन्द्र	1. टेलीफ़ोन केन्द्र	1. टेलीफ़ोन केन्द्र	1. टेलीफ़ोन केन्द्र, टेलीफ़ोन एक्सचेंज, दूरभाष केन्द्र	1. टेलीफ़ोन केन्द्र
Telephone-Operator	1. टेलीफ़ोन प्रचालक	1. टेलीफ़ोन प्रचालक	1. टेलीफ़ोन परिचालक, टेलीफ़ोन ऑपरेटर	1. टेलीफ़ोन प्रचालक	1. टेलीफ़ोन प्रचालक	1. टेलीफ़ोन प्रचालक

1	2	3	4	5	6	7
Teleprinter	1. दूरमुद्रक, टेलीप्रिंटर	1. दूरमुद्रक, टेलीप्रिंटर	1. दूरमुद्रक, टेलीप्रिंटर	1. दूरमुद्रक, टेलीप्रिंटर	1. दूरमुद्रक, टेलीप्रिंटर	1. दूरमुद्रक, टेलीप्रिंटर
Temporal	1. कालिक	1. कालिक	1. कालिक	—	1. कालिक	1. कालिक
	2. ऐहिक (विधि)	2. ऐहिक	2. ऐहिक	2. ऐहिक	2. ऐहिक, सांसारिक, दुनियावी, अनित्य	2. ऐहिक
				3. संखास्थि, शंख कपालास्थि		
Temporary	1. अस्थायी	1. अस्थायी	1. अस्थायी	1. अस्थायी	1. अस्थायी, अल्पकालिक	1. अस्थायी, अल्पकालिक
Temporary appointment	1. अस्थायी नियुक्ति	1. अस्थायी नियुक्ति	1. अस्थायी नियुक्ति	1. अस्थायी नियुक्ति	1. अस्थायी नियुक्ति	1. अस्थायी नियुक्ति
Tender	1. टेंडर/निविदा	1. टेंडर/निविदा	1. टेंडर/निविदा	1. टेंडर/निविदा, निविदान	1. टेंडर/निविदा प्रस्तुति, प्रस्ताव	1. निविदा
	2. (क्रिया) टेंडर देना	2. टेंडर देना	2. टेंडर देना	2. निविदा देना, निविदा करना	2. निविदा देना, निविदा करना	2. टेंडर देना
	3. प्रस्तावित करना		3. देना, प्रस्तुत करना	3. देना	3. देना, करना, प्रस्तुत करना	3. देना, प्रस्तावित करना
			4. (विशेषण) सुकुमार	4. सुकुमार कोमल, सुडौल	4. सुकुमार, कोमल	
Tenet	1. सिद्धान्त, नियम	1. सिद्धान्त, नियम	1. सिद्धान्त	1. सिद्धान्त, मत	1. सिद्धान्त, मत; श्रद्धा, विश्वास	1. सिद्धान्त, नियम
Tentative	1. अस्थायी, परीक्षात्मक	1. अस्थायी	1. प्रायोगिक, परीक्षात्मक	1. प्रयोगात्मक, परीक्षात्मक, आज़माइशी	1. अस्थायी, परीक्षात्मक, प्रयोगात्मक	1. अस्थायी, परीक्षात्मक
				2. अनन्तिम	2. अल्पकालिक	

1	2	3	4	5	6	7
Tenure	1. अवधि, कार्यकाल	1. अवधि	1. अवधि, कार्यकाल, पदावधि	1. अवधि, कार्यकाल, पदावधि	1. अवधि, कार्यकाल भोगावधि	1. अवधि, कार्यकाल
	2. पट्टा, भूधृति	2. पट्टा	2. पट्टा, भूधृति पट्टेदारी	2. भूधृति	2. पट्टा, पट्टेदारी, भूधृति, भूस्वत्व भूमिधारण स्वत्व	2. पट्टा, भूधृति
			3. धारणा, धारणाधिकार	3. धारणाधिकार	3. धारणावधि	
Tenure of office	1. पदावधि	1. पदावधि	1. पदावधि,	1. पदावधि, कार्यकाल	1. पदावधि, कार्यकाल पदधारण-काल	1. पदावधि
Tenure of Work	1. ठेका-अवधि	1. ठेका-अवधि	1. ठेका-अवधि	1. ठेका-अवधि	1. ठेका-अवधि	1. ठेका-अवधि
Tenure-post	1. सावधिक पद	1. सावधिक पद	1. सावधिक पद, नियतकालिक पद	1. सावधिक पद, सावधि पद	1. सावधिक पद	1. सावधिक पद
Term	1. अवधि, मियाद,	1. अवधि, मियाद	1. अवधि	1. अवधि, मियाद	1. अवधि, मियाद	—
	2. शर्त, निबंधन	2. शर्त	—	2. शर्त, बंधेज	—	
	3. शब्द	3. शब्द	3. शब्द	3. शब्द, पद	3. शब्द, पद	
			4. उपसत्र	4. उप-सत्र	4. काल	
Terminable	1. समापनीय, समाप्य	1. समापनीय	1. समापनीय, समाप्य, पर्यवसेय	1. समापनीय, समाप्य, पर्यवसेय	1. समापनीय, समाप्य, सावधि, अवसेय, पर्यवसेय	1. समापनीय, समाप्य
Terminal	1. आवधिक	1. आवधिक	1. आवधिक	1. आवधिक	1. आवधिक, सावधि, नियतकालीन	1. आवधिक

1	2	3	4	5	6	7
			2. सीमान्तिक, सीमा	2. टर्मिनल	2. सीमा, टर्मिनल	
			3. उपसात्रिक, छमाही	—	—	
			4. अंतिम	4. अंतिम, भार्गांत	4. अन्तिम, अन्त्य	
			5. सिरा	5. सिरा	5. सिरा, अवसान	
				6. अग्र, अग्रिय		
Terminal charges	1. चुंगी	1. चुंगी	1. चुंगी	1. चुंगी	1. चूंगी	1. चूंगी
Terminal Toll Tax	1. सीमांत पथ-कर	1. सीमांत पथ-कर	1. सीमांत/सीमाकर, चुंगी	1. सीमांत पथ-कर	1. सीमांत पथ-कर	1. सीमांत पथ-कर
Termination	1. समाप्ति	1. समाप्ति	1. समाप्ति, पर्यावसान	1. समाप्ति, पर्यवसाय, अवसाय	1. समाप्ति, पर्यवसाय, अवसान	1. समाप्ति
			2. अंतभाग	2. अंत भाग, खत्म होना	2. अन्त, छोर	
Terms and Conditions	1. शर्तें	1. शर्तें	1. शर्तें	1. शर्तें और बन्धेज	1. निबन्धन और शर्तें	1. शर्तें
Terms of reference	1. विचारार्थ विषय	1. विचारार्थ विषय	1. विचारार्थ विषय, अधिकारादेश	1. विचारार्थ विषय, विचारणीय विषय, निर्देश निबन्धन, निर्देश विषय	1. विचारणीय विषय, निर्देश-पद	1. विचारार्थ विषय
Terms of Service	1. नौकरी की शर्तें	1. नौकरी की शर्तें	1. नौकरी की शर्तें, सेवा की शर्तें	1. नौकरी की शर्तें	1. नौकरी की शर्तें	1. नौकरी की शर्तें
Territorial Army	1. प्रादेशिक सेना	1. प्रादेशिक सेना	1. प्रादेशिक सेना	1. प्रादेशिक सेना	1. प्रादेशिक सेना	1. प्रादेशिक सेना

1	2	3	4	5	6	7
Test	1. परीक्षण, परख जाँच	1. परीक्षा, जाँच	1. परीक्षा, परख, जाँच	1. परीक्षा, परख, जाँच 2. कसौटी (क्रिया) जाँचना, परखना	1. परीक्षा, जाँच 2. कसौटी (क्रिया)जाँचना, परखना	1. परीक्षण, परख, जाँच
Test charge	1. परीक्षण-खर्च	1. जाँचखर्च	1. जाँचखर्च	1. परीक्षण-व्यय, जाँचखर्च	1. जाँचखर्च	1. जाँचखर्च
Test check	1. जाँच-परीक्षण	1. जाँच-परीक्षण	1. जाँच-परीक्षण	1. जाँच-परीक्षण नमूना-जाँच	1. जाँच-परीक्षण	1. जाँच-परीक्षण
Testamentary	1. वसीयती	1. वसीयती	1. वसीयती, इच्छापत्रीय, वसीयत-	1. वसीयती, इच्छापत्रीय	1. वसीयती	1. वसीयती
Testimonial	1. शंसापत्र	1. शंसापत्र	1. शंसापत्र, शीलपत्र	1. शंसापत्र	1. प्रशंसा-पत्र, प्रमाणपत्र, प्रमाणलेख	1. शंसापत्र
Testing-report	1. परीक्षण रिपोर्ट, जाँच-रिपोर्ट	1. जाँच-रिपोर्ट	1. परीक्षण रिपोर्ट, जाँच-रिपोर्ट	1. परीक्षण रिपोर्ट, जाँच-रिपोर्ट	1. जाँच-रिपोर्ट	1. जाँच-रिपोर्ट
Text (of a letter)	1. कलेवर, मज़मून	1. कलेवर, मज़मून, विषयवस्तु	1. कलेवर, मज़मून, मूलपाठ, पाठ	1. कलेवर, मज़मून	1. मज़मून, मूलपाठ, मूल, पाठ	1. कलेवर, मज़मून
Ticket Counter	1. टिकट गणक	1. टिकट गणक	1. टिकट गणक	1. टिकट गणक	1. टिकट गणक	1. टिकट गणक
Time barred	1. कालातीत	1. कालातीत, कालबाधित	1. कालातीत, कालबाधित	1. कालबाधित	1. कालातीत, कालातिक्रांत, मियाद खत्म होना	1. कालातीत

1	2	3	4	5	6	7
Time limit	1. कालावधि	1. कालावधि	1. कालावधि	1. समयावधि, मीआद, काल-सीमा	1. कालावधि समयमान	1. कालावधि
Time scale	1. समय-मान, कालमान	1. समय-मान, कालमान	1. समय-मान, वेतन कालमान	1. समय-मान, कालमान 2. कालवेतन मान	1. वेतन कालमान	1. समय-मान, कालमान
Time schedule	1. समय अनुसूची	1. समय अनुसूची	1. समय अनुसूची, समय-सारणी	1. समय अनुसूची समय-तालिका	1. समय अनुसूची	1. समय अनुसूची
Time table	1. समय-सारणी	1. समय-सारणी	1. समय-सारणी	1. समय-सारणी	1. समय-सारणी	1. समय-सारणी
Title	1. शीर्षक	1. शीर्षक	1. शीर्षक, नाम	1. शीर्षक, नाम, अभिधान, पदनाम	1. शीर्षक	1. शीर्षक
	2. ख़िताब, पदवी	2. पदवी	2. पदवो	2. पदवी, उपाधि, ख़िताब	2. पदवी, ख़िताब	2. पदवी
	3. हक़	3. हक़	3. हक़, अयाम	3. हक़, स्वत्व	3. हक़, स्वत्व	3. हक़
Token	1. सांकेतिक	1. संकेत	1. प्रतीक	1. संकेत	1. सांकेतिक	1. संकेत
	2. टोकन	2. टोकन	2. टोकन	2. टोकन	2. टोकन	2. टोकन
Toll	1. टोल, पथकर, राहदारी	1. पथकर	1. पथकर	1. पथकर, राहदारी	1. टोल	1. पथकर, टोल
Top priority	1. परम अग्रता, परम पूर्वता	1. परम अग्रता	1 परम अग्रता, परम पूर्वता, सर्व पूर्वता	1. परम पूर्वता, उच्चप्राथमिकता, सबसे पहले	1. परम अग्रता, परम पूर्वता, सर्वप्राथम्य, सर्वाधिक प्राथमिकता	1. परम अग्रता
Top secret	1. परम गुप्त	1. परम गुप्त	1. परम गुप्त, परम गोपनीय	1. परम गुप्त	1. परम गुप्त	1. परम गुप्त

1	2	3	4	5	6	7
Topic	1. प्रकरण, विषय, प्रसंग	1. विषय, प्रसंग	1. विषय, प्रसंग	1. प्रकरण, विषय, प्रसंग	1. विषय, प्रसंग	1. प्रकरण, विषय, प्रसंग
Tour	1. दौरा	1. दौरा	1. दौरा 2. पर्यटन	1. दौरा 2. पर्यटन	1. दौरा	1. दौरा
Tourism	1. पर्यटन	1. पर्यटन	1. पर्यटन	1. पर्यटन	1. पर्यटन	1. पर्यटन
Trade agency	1. व्यापार-अभिकरण, व्यापार-एजेंसी	1. व्यापार-एजेंसी	1. व्यापार-अभिकरण	1. व्यापार-अभिकरण, व्यापार-एजेंसी	1. व्यापार-एजेंसी	1. व्यापार-एजेंसी
Tradesman	1. दस्तकार, कारीगर	1. दस्तकार, कारीगर	1. दस्तकार, कारीगर	1. शिल्पिक, व्यवसायी 2. व्यापारी	1. दस्तकार, कारीगर 2. व्यापारी	1. दस्तकार, कारीगर
Traffic	1. यातायात	1. यातायात	1. यातायात 2. व्यापार	1. यातायात, ट्रैफ़िक 2. व्यापार, पणन	1. यातायात, ट्रैफ़िक 2. व्यापार, पण्य, क्रय-विक्रय	1. यातायात
Trainer	1. प्रशिक्षक	1. प्रशिक्षक	1. प्रशिक्षक	1. प्रशिक्षक	1. प्रशिक्षक	1 प्रशिक्षक
Training	1. प्रशिक्षण, ट्रेनिंग	1. प्रशिक्षण, ट्रेनिंग	1. प्रशिक्षण	1. प्रशिक्षण, ट्रेनिंग	1. प्रशिक्षण	1. प्रशिक्षण
Transaction	1. संचालन	1. संचालन 2. लेनदेन	1. संचालन 2. लेनदेन 3. व्यवहार, संव्यहार	1. कार्य-संपादन 2. लेनदेन, सौदा 3. व्यवहार, संव्यहार	1. संचालन 1. लेनदेन, सौदा 3. व्यवहार 4. कार्य, कार्यवाही	1. संचालन
Transcriber	1. लिप्यंतरकार, प्रतिलेखक	1. लिप्यंतरकार, प्रतिलेखक	1. लिप्यंतरकार, प्रतिलेखक	1. अनुलेखक, प्रतिलेखक	1. लिप्यंतरकार, प्रतिलेखक	1. लिप्यंतरकार, प्रतिलेखक
Transcription	1. प्रतिलेखन, नक़ल, लिप्यंतरण	1. प्रलेखन, नक़ल	1. प्रतिलेखन, लिप्यंतरण	1. प्रतिलेखन, नक़ल, अनुकलन 2. रिकार्ड, प्रत्यंकन	1. प्रतिलेखन, लिप्यंतरण	1. नक़ल

1	2	3	4	5	6	7
Transfer	1. (सं०) बदली, अंतरण, स्थानान्तरण,	— स्थानान्तरण हस्तान्तरण	1. बदली, अंतरण, स्थानान्तरण, हस्तान्तरण	1. बदली, अंतरण, स्थानान्तरण, हस्तान्तरण	1. बदली, हटाव, अंतरण, स्थानान्तरण, हस्तान्तरण	1. बदली, स्थानान्तरण, हस्तान्तरण
			2. संक्रम, संक्रमण	2. संक्रमण	—	
	(क्रि०) बदली होना, बदली करना, अंतरित करना, अंतरण करना	स्थानान्तरण करना, हस्तान्तरण करना	बदली होना, अंतरित होना, स्थानान्तरित करना, हस्तान्तरित करना	बदली करना, बदली होना, स्थानान्तरण करना, अन्तरण करना, अन्तरित करना	बदली करना, स्थानांतरित करना, अन्तरण करना, हस्तान्तरित करना	
Transhipment	1. यानान्तरण	1. यानान्तरण, बाह्यान्तरण	1. यानान्तरण	1. यानान्तरण, नौकान्तरण	1. यानान्तरण	1. यानान्तरण
Transit	1. संक्रमण	1. संक्रमण	1. संक्रमण	1. संक्रान्ति, यात्र्योतर गमन	1. संक्रमण, संक्रमण-व्यवस्था	1. संक्रमण
	2. अभिवहन		2. पारगमन, यात्रामार्ग, मार्गस्थ, मार्ग	2. अभिवहन, पारगमन, पारनयन, आना-जाना	2. पारनयन, गुज़रना, आना-जाना	
			3. चलान (माल)			
Transit-duty	1. संक्रमण शुल्क	1. संक्रमण शुल्क	1. संक्रमण शुल्क	1. पारनयन शुल्क	1. संक्रमण शुल्क	1. संक्रमण शुल्क
Transit-Inspector	1. पारवहन निरीक्षक	1. पारवहन निरीक्षक	—	—	1. पारवहन निरीक्षक	1. पारवहन निरीक्षक
Transit pass	1. पारगमन-पास	1. पारगमन-पास	1. पारगमन-पास, रवन्ना	1. पारगमन-पास	1. पारगमन-पास	1. पारगमन-पास

1	2	3	4	5	6	7
Transitional	1. संक्रमणकालीन	1. संक्रमणकालीन	1. संक्रमणकालीन	1. संक्रमणकालीन, अन्तःकालीन, संकान्तिकालीन	1. संक्रमणकालीन, अन्तःकालीन	1. संक्रमणकालीन
Transition samples	1. संक्रम नमूने	1. संक्रम नमूने	1. संक्रम नमूना	1. संक्रमण-नमूना	1. संक्रमण नमूने	1. संक्रम नमूने
Translation	1. अनुवाद	1. अनुवाद	1. अनुवाद	1. अनुवाद, स्थानान्तरण	1. अनुवाद, भाषान्तर	1. अनुवाद
Transliteration	1. लिप्यंतरण	1. लिप्यंतरण	1. लिप्यंतरण, लिप्यंतर	1. लिप्यंतरण	1. लिप्यंतरण	1. लिप्यंतरण
Transmission	1. प्रसार	1. प्रसार	1. प्रसारण, संचरण, पारगमन, पारेषण 2. संक्रमण 3. प्रेषण, भेजना	1. संचरण, संचारण, पारेषण	1. प्रसार	1. प्रसार
Transmitting	1. प्रसारण	1. प्रसारण	1. प्रसारण	1. प्रसारण, पारेषण	1. प्रसारण, पारेषण, संप्रेषण, प्रक्षेपण	1. प्रसारण
Transport	1. परिवहन	1. परिवहन	1. परिवहन	1. परिवहन	1. परिवहन, यातायात, 2. देशान्तरण	1. परिवहन
Transportation	1. परिवहन	1. परिवहन	1. निर्वासन, कालापानी	1. परिवहन, निर्वासन	1. परिवहन	1. परिवहन
Transposition	1. उलटना	1. उलटना	1. उलटना	1. उलटना, पक्षान्तरण, स्थानान्तरण	1. उलटना	1. उलटना

1	2	3	4	5	6	7
Travelling allowance	1. यात्रा भत्ता	1. यात्रा भत्ता	1. यात्रा भत्ता	1. यात्रा भत्ता	1. यात्रा भत्ता, प्रवास-भत्ता, सफ़र-भत्ता	1, यात्रा भत्ता
Treasurer	1. कोषपाल	1. कोषपाल	1. कोषपाल, कोषाध्यक्ष	1. कोषपाल, कोषाध्यक्ष, खज़ांची	1. कोषाध्यक्ष, खज़ांची	1. कोषपाल
Treasury	1. कोष, ख़ज़ाना	1. कोषागार, ख़ज़ाना	1. कोषागार, कोष, ख़ज़ाना	1. कोषागार, कोष, ख़ज़ाना, राजकोष	1. कोषागार, कोष, ख़ज़ाना, राजकोष, निधि, कोषालय, धनागार	1. ख़ज़ाना
Trial	1. जांच, परख	1. जाँच, विचारण	1. विचारण, विचार करना	1. विचारण 2. परीक्षण	1. जाँच, विचार, 2. परीक्षण, परीक्षा, अन्वीक्षा 3. कसौटी	1. जाँच, परख
Tribal Welfare	1. आदिवासी कल्याण	1. आदिवासी कल्याण	1. आदिवासी कल्याण	1. आदिवासी कल्याण	1. आदिवासी कल्याण	1. आदिवासी कल्याण
Tribunal	1. अधिकरण	1. अधिकरण	1. अधिकरण, न्यायाधिकरण	1. अधिकरण, न्यायाधिकरण	1. अधिकरण, न्यायाधिकरण	1. अधिकरण
Triplicate	1. (विशे०) तिहरा, तीसरी प्रति (सं०) तृतीयक	1. तिहरा, तीसरी प्रति	1. तिहरा, तीसरी प्रति (सं०) तृतीयक	1. तिहरा, तीसरी प्रति (सं०) तृतीयक	1. तिहरा, तीसरी प्रति (सं०) तीन प्रतियाँ	1. तिहरा, तीसरी प्रति 1. तीन प्रतियाँ
Truce	1. अपहार, युद्धविराम संधि	1. अपहार, युद्धविराम संधि	1. अपहार, विराम संधि	1. विराम संधि, युद्ध विश्रान्ति	1. अवहार, बिराम संधि	1. युद्धविराम, संधि

1	2	3	4	5	6	7
True copy	1. पक्की नकल, सही प्रतिलिपि	1. सही प्रतिलिपि	1. पक्की नकल, सही प्रतिलिपि, शुद्ध प्रतिलिपि, शुद्ध प्रति	1. पक्की नकल, सही प्रति, सच्ची प्रतिलिपि, शुद्ध प्रति	1. पक्की नकल, सही प्रतिलिपि, सच्ची प्रति, सत्य प्रतिलिपि	1 पक्की नकल, सही प्रतिलिपि
Trust	1. न्यास, ट्रस्ट 2. विश्वास	1. न्यास	1. न्यास, ट्रस्ट 2. विश्वास	1. न्याय, ट्रस्ट 2. विश्वास (क्रिया) भरोसा करना, विश्वास करना	1. न्यास, ट्रस्ट 2. विश्वास, भरोसा	1. न्यास, ट्रस्ट 2. विश्वास
Trustee	1. न्यासी, ट्रस्टी	1. न्यासी	1. न्यासी	1. न्यासी, ट्रस्टी न्यासधारी	1. न्यासी, ट्रस्टी	1. न्यासी, ट्रस्टी
Type	1. (संज्ञा) टाइप, छापा, मुद्रलेख (क्रिया) टंकित करना, टाइप करना	1. टाइप, 2. प्रकार (क्रिया) टंकित करना	1. टाइप, छापा, मुद्रलेख 2. प्रकार, रूप, प्रतिरूप 3. निदर्शन, उपलक्षक (क्रिया) टंकित करना	1. टाइप, टंकन, छापा 2. प्रारूप, प्रकार (क्रिया) टंकित करना, टाइप करना	1. टाइप, छापा, मुद्रलेख, मुद्र 2. प्रारूप, नमूना प्रकार, जाति (क्रिया) मुद्र-लिखित करना, टाइप करना	1. टाइप, छापा, मुद्रलेख (क्रिया) टंकित करना, टाइप करना
Typescript	1. टाइप प्रति	1. टाइप प्रति	1. टाइप प्रति	1. टंकित प्रति	1. टाइप प्रति	1. टाइप प्रति
Typewriter	1. टाइपराइटर	1. टाइपराइटर	1. टाइपराइटर, टंकण यंत्र	1. टाइपराइटर, टंकन यंत्र	1. टाइपराइटर	1. टाइपराइटर
Typewriting	1. टाइपकारी, टाइप करना,टंकण	1. टंकण	1. टंकण, टाइपकारी, टाइप करना	1. टाइप करना, टंकन	1. टाइप करना, टंकण, मुद्रलेख	1. टाइप करना, टंकण

1	2	3	4	5	6	7
Typist	1. टाइपिस्ट, टाइपकार टंकक	1. टाइपिस्ट, टंकक	1. टाइपिस्ट, टाइपकार, टंकक	1. टाइपिस्ट, टंकक	1. मुद्रलेखक	1. टाइपिस्ट, टाइपकार,टंकक

U

1	2	3	4	5	6	7
Ultimate	1. अंतिम/चरण	1. अंतिम/चरम	1. अंतिम/चरम/ परम	1. अंतिम/परम	1. अंतिम/चरम परम/अंत का	1. अंतिम
Ultimate goal	1. अंतिम लक्ष्य	1. अंतिम लक्ष्य	1. अंतिम लक्ष्य	1. अंतिम लक्ष्य	1. अंतिम लक्ष्य	1. अंतिम लक्ष्य
Ultimate objective	1. अंतिम उद्देश्य	1. अंतिम उद्देश्य	1. अंतिम उद्देश्य	1. अंतिम उद्देश्य	1. अंतिम उद्देश्य	1. अंतिम उद्देश्य
Ultimo	1. गतमास का	1. गतमास	1. गतमास का	1. गतमास का/ गतमास	1. गतमास का/ गतमास/गत/ गतमास में	1. गतमास का
Ultra Vires	1. शक्तिबाह्य	1. शक्तिबाह्य	1. शक्तिबाह्य/ अधिकार बाह्य/ अधिकारातीत	1. शक्तिबाह्य/ शक्ति के परे/ अधिकारातीत	1. शक्तिबाह्य/ शक्ति से परे/ अधिकार से परे/ अधिकारबाह्य	1. शक्ति के परे
Umpire	1. निर्णेता/अम्पायर/ पंच/अधिनिर्णायक	1. निर्णेता/अम्पायर पंच/अधिनिर्णायक	1. निर्णेता/अम्पायर	1. अम्पायर/ अधिनिर्णायक	1. अम्पायर/ पंच/प्रमाणपुरुष	1. पंच/अम्पायर/ प्रमाणपुरुष
Unaided	1. असहायताप्राप्त	1. असहायताप्राप्त	1. असहायताप्राप्त	1. असहायताप्राप्त	1. असहायताप्राप्त	1. असहायताप्राप्त
Unanimity	1. एकमत/एकमत्य/ मतैक्य/ सर्वसम्मति	1. एकमत/मतैक्य/ सर्वसम्मति	1. एकमत/एकमत्य/ मतैक्य/ सर्वसम्मति	1. एकमत/मतैक्य/ सर्वसम्मति	1. एकमत/एकमत्य/ सर्वसम्मत	1. एकमत
Unanimous	1. एकमत/सर्वसम्मत	1. एकमत/ सर्वसम्मत	1. एकमत/ सर्वसम्मत	1. एकमत/ सर्वसम्मत	1. एकमत/ सर्वसम्मत	1. एकमत/ सर्वसम्मत

1	2	3	4	5	6	7
Unauthorised	1. अनधिकृत/ अप्राधिकृत	1. अनधिकृत/ अप्राधिकृत	1. अनधिकृत/ अप्राधिकृत	1. अनधिकृत/ अप्राधिकृत/ नाजायज़	1. अनधिकृत/ अप्राधिकृत/ बिना अधिकार के/ नाजायज़	1. अनधिकृत/ बिना अधिकारके/ नाजायज़
Unavoidable	1. अनिवार्य/ अपरिहार्य	1. अनिवार्य/ अपरिहार्य	1. अनिवार्य/ अपरिहार्य	1. अपरिहार्य/ अपरिवर्जनीय	1. अनिवार्य/ अपरिहार्य	1. अनिवार्य/ अपरिहार्य
Uncashed	1. बिना भुनाया	1. बिना भुनाया	1. बिना भुनाया	—	1. बिना भुनाया	1. बिना भुनाया
Unconditional	1. बिना शर्त	1. बिना शर्त	1. बिना शर्त/ अशर्त/ शर्त रहित	1. बिना शर्त/ अशर्त/शर्त रहित	1. बिना शर्त/अशर्त	1. बिना शर्त
	2. उपबंधरहित		2. अप्रतिबंध	2. निरुपाधि	2. निरुपाधिक/ अप्रतिबंध	
Unconfirmed	1. अपुष्ट	1. अपुष्ट	1. अपुष्ट	1. अपुष्ट/असंपुष्ट	1. अपुष्ट	1. अपुष्ट
Uncontested	1. निर्विरोध/ अविरोध	1. निर्विरोध	1. निर्विरोध	1. निर्विरोध/ अविरोध	1. निर्विरोध/ अविरोध	1. निर्विरोध/ अविरोध
Uncovered demand	1. अपूरित माँग	1. अपूरित माँग	1. अपूरित माँग	1. अपूरित/निरावृत माँग	1. अपूरित माँग	1. अपूरित माँग
Under	1. अधीन/अवर	1. अधीन/अवर	1. अवर/अनु/ अधीन	1. अधीन/अवर/अनु	1. अधीन/अवर	1. अधीन/अवर
	2. कम/न्यून	2. कम	2. कम/न्यून	2. कम/न्यून	2. कम/न्यून	2. कम/न्यून
Under age	1. अल्पवय/कमउम्र	1. अल्पवय/कमउम्र	1. अल्पवय/कमउम्र	1. अल्पवय/कमउम्र	1. अल्पवय/कमउम्र	1. अल्पवय/कमउम्र
Under certificate of posting	1. डाक प्रमाणित	1. डाक प्रमाणित	1. डाक प्रमाणित	1. डाक प्रमाणित/ डाक प्रमाण पत्र के साथ	1. प्राप्त प्रेषण-पत्र	1. डाक प्रमाणित
Under consideration	1. विचाराधीन	1. विचाराधीन	1. विचाराधीन	1. विचाराधीन	1. विचाराधीन विचारगत	1. विचाराधीन
Under estimate	1. अवप्राक्कलन/ कम अनुमान	1. अवप्राक्कलन/ कम अनुमान	1. अवप्राक्कलन/ कम अनुमान	1. अवप्राक्कलन/ न्यून प्राक्कलन/	1. अवप्राक्कलन/ कम अनुमान/	1. कम कूतना/ कम अनुमान

1	2	3	4	5	6	7
				कम कूतना	कम आँकना/ कम कूतना/ अल्पगणन	कम आँकना
Under reference	1. प्रसंगाधीन	1. प्रसंगाधीन	1. प्रसंगाधीन	1. प्रसंगाधीन	1. प्रसंगाधीन	1. संदर्भाधीन
Understanding	1. समझौता/ 2. समझदारी/समझ 3. बोध/प्रतिपत्ति	1. समझौता/ 2. समझ	1. समझौता — 3. प्रतिपत्ति	1. समझौता 2. समझ/समझदारी 3. अवबोध/ समझने की शक्ति 4. बात तय करके	1. समझौता/ 2 समझ	1. समझौता/ 2. समझ
Undertake	1. लेना	1. लेना	1. कार्य हाथ में लेना, उत्तरदायित्व लेना	1. हाथ में लेना/ भार लेना/ ज़िम्मा लेना	1. हाथ में लेना/ लेना/ज़िम्मा लेना/ उत्तरदायित्व लेना	1. लेना
	2. वचन देना/ वचनबद्ध होना	2. वचन देना	2. वचन देना	2. वचन देना	2. वचन देना/ स्वीकार करना	2. वचन देना
Undertaking	1. उपक्रम	1. उपक्रम	1. उपक्रम/कार्य/ व्यवसाय, प्रतिष्ठान	1. उपक्रम/उद्यम	1. उपक्रम/उद्योग/ औद्योगिक कारोबार	1. उपक्रम
	2. वचन/वचनबंध/ ज़िम्मा लेना/ भार अपने ऊपर लेना	2. वचन	2. वचन/ उत्तरदायित्व	2. वचन/प्रतिश्रुति	2. वचन/वचनदान/ प्रतिश्रुति/ उत्तरदायित्व/ लेना/ग्रहण	2. वचन/वचनबंध ज़िम्मा लेना, भार अपने ऊपर लेना
Undervaluation	1. अल्पमूल्यांकन	1. अल्पमूल्यांकन	1. अवमूल्यांकन, अल्पमूल्यांकन	—	1. न्यूनमूल्यांकन	1. अवमूल्यांकन

1	2	3	4	5	6	7
Undesirable	1. अवांछनीय	1. अवांछनीय	1. अवांछनीय	1. अवांछनीय	1. अवांछनीय/ निरर्थक	1. अवांछनीय
Undignified	1. अशोभन/अभद्र/ मर्यादाहीन	1. अभद्र	1. अशोभन/ अगौरवान्वित	1 अशोभन/अभद्र/ मर्यादाहीन	1. अशोभन/अभद्र मर्यादाहीन	1. अभद्र
Undivided	1. अविभाजित/ अविभक्त	1. अविभाजित	1. अविभक्त	1. अविभक्त	1. अविभक्त	1. अविभाजित
Undue	1. अनुचित, असम्यक्	1. अनुचित	1. अनुचित/ अनावश्यक	1. अनुचित, असम्यक्	1. अनुचित, अनावश्यक	1. अनुचित
Undue influence	1. अनुचित प्रभाव, असम्यक् प्रभाव	1. अनुचित प्रभाव	1. अनुचित प्रभाव, असम्यक् असर	1. अनुचित प्रभाव, असम्यक् असर	1. अनुचित प्रभाव, असम्यक् असर	1. अनुचित प्रभाव
Unemployment	1. बेकारी/ बेरोज़गारी	1. बेकारी/ बेरोज़गारी	1. बेकारी/ बेरोज़गारी	1. बेकारी/ बेरोज़गारी	1. बेकारी/ बेरोज़गारी/ वृत्तिहीनता	1. बेकारी/ बेरोज़गारी
Unexpected	1. अप्रत्याशित	1. अप्रत्याशित,	1. अप्रत्याशित	1. अप्रत्याशित	1. अप्रत्याशित/ अनपेक्षित/ अकल्पित	1. अप्रत्याशित
Unexpired	1. असमाप्त/ अनवसित	1. असमाप्त	1. असमाप्त/ अनवसित	1. असमाप्त	1. असमाप्त अनवसित/अनतीत	1. असमाप्त
Unfavourable	1. प्रतिकूल/ अननुकूल	1. प्रतिकूल	1. प्रतिकूल/ अननुकूल	1. प्रतिकूल/ अननुकूल	1. प्रतिकूल/ अननुकूल	1. प्रतिकूल
Unforeseen	1. अदृष्ट/ अनवेक्षित	1. अदृष्ट	1. अदृष्ट/ अनवेक्षित/ अप्रत्याशित	1. अदृष्टपूर्व/ अनवेक्षित/ अपूर्वदृष्ट/ अनपेक्षित/ अकल्पित/अतर्कित	1. अदृष्ट/ अनवेक्षित	1. अदृष्ट

1	2	3	4	5	6	7
Unicameral	1. एकसदनी	1. एकसदनी	1. एकसदनी	1. एकसदनी	1. एकसदनी/ एकसदनीय/ एकसदनात्मक	1. एकसदनी
Uniform	1. एकरूप	1. एकरूप	1. एकरूप/एकसा/ समान/एकसमान/ एकसार	1. एकरूपात्मक/ एक सम/समरूप/ एक समान/समान	1. एकरूप/ एक-सा/समान/ एक सम/विध	1. एकरूप
	2. वर्दी	2. वर्दी	2. वर्दी/वेश	2. वर्दी/वेश/ गणवेश	2. वर्दी/वेश/ गणवेश	2. वर्दी
Uniformity	1. एकरूपता	1. एकरूपता	1. एकरूपता/ समानता/ एकसारी	1. एकरूपता/ समानता/ एक समानता	1. एकरूपता/ समानता	1. एकरूपता
Unilateral	1. एकपक्षीय	1. एकपक्षीय	1. एकपक्षीय/ एकतरफ़ा	1. एकपक्षीय/ एकतरफ़ा	1. एकपक्षीय/ एकपार्श्विक	1. एकपक्षीय
Union	1. संघ	1. संघ	1. संघ	1. संघ/यूनियन 2. मेल 3. जोड़	1. संघ/सम्मिलन 2. मेल 3. जोड़/संयोग	1. संघ
Unit	1. एकक	1. एकक	1. एकक/एकांक एकांश	1. एकक	1. एकक	1. एकक
	2. मात्रक	—	2. मात्रक	2. मात्रक	2. मात्रक/मात्रा	—
	3. इकाई/यूनिट	3. इकाई	3. इकाई/यूनिट	3. इकाई	3. इकाई/यूनिट/अंग	3. इकाई/यूनिट
Unofficial	1. आशासनिक/ अशासकीय/ अनौपचारिक ग़ैर-सरकारी	1. अशासकीय/ ग़ैर-सरकारी	1. अशासकीय/ अनौपचारिक/ ग़ैर-सरकारी	1. अशासकीय/ अनौपचारिक/ अनाधिकारिक ग़ैर-सरकारी	1. अशासकीय/ अनाधिकारिक/ अनाधिकारीय/ ग़ैर-सरकारी	1. अशासकीय

1	2	3	4	5	6	7
Unparliamentary	1. असंसदीय	1. असंसदीय	1. असंसदीय	1. असंसदीय	1. असंसदीय/ अशिष्ट/असभ्य	1. असंसदीय
Unqualified	1. अप्रतिबद्ध	1. बिनाशर्त	—	1. बिनाशर्त अप्रतिबद्ध/ अविशेषित	—	—
	2. अयोग्य	2. अयोग्य	2. अयोग्य/अनर्ह	2. अयोग्य/अनर्ह/ अनर्हित	2. अयोग्य/अनर्ह/ अनर्हित	2. अयोग्य
Unregistered	1. अपंजीकृत	1. अपंजीकृत/ अरजिस्ट्रीकृत	1. अपंजीकृत/ अरजिस्ट्रीकृत	1. अपंजीकृत/ अपंजीयित/ अरजिस्ट्रीकृत/ बिनारजिस्ट्री	1. अपंजीकृत/ बिनारजिस्ट्री/ अरजिस्ट्रीकृत	1. बिनारजिस्ट्री
Unskilled	1. सामान्य/ अकुशल	1. सामान्य/ अकुशल	1. अकुशल/ बेहुनर	1. अकुशल	1. अकुशल	1. अकुशल
Unstarred	1. अतारांकित	1. अतारांकित	1. अतारांकित	—	1. अतारांकित	1. अतारांकित
Untenable	1. असमर्थनीय/ अपुष्ट	1. असमर्थनीय/ अपुष्ट	1. असमर्थनीय/ अपुष्ट	—	1. असमर्थनीय/ अरक्षणीय/ न ठहरने योग्य	1. असमर्थनीय/ अपुष्ट
Unwieldy	1. दुर्वह	1. दुर्वह	1. दुर्वह/ भारी-भरकम	—	1. दुर्वह	1. दुर्वह
Upgrade	1. ग्रेड बढ़ाना/ कोटि उच्चकरना	1. ग्रेड बढ़ाना	1. ग्रेड बढ़ाना/ उच्चकोटि करना/ उन्नत करना/ उच्च श्रेणी में चढ़ाना	1. ग्रेड बढ़ाना/ ऊँची कोटि में लाना/ दरजा बढ़ाना/ उत्क्रमित करना	1. ग्रेड बढ़ाना/ उच्चकोटि करना	1. ग्रेड बढ़ाना
Upgrading	1. उन्नयन	1. उन्नयन	1. उन्नयन	1. उन्नयन/उत्क्रमण	1. उन्नयन	1. उन्नयन

1	2	3	4	5	6	7
Uphold	1. पुष्ट करना/ मर्यादा बनाये रखना	1. पुष्ट करना/ मर्यादा बनाये रखना	1. समर्थन करना/ स्थिर रखना	1. पुष्ट करना/ रक्षा करना/ ऊँचे उठाये रखना/ मर्यादा बनाये रखना/ बहाल रखना/ बरकरार रखना 2. महत्त्व देना	1. पुष्ट करना/ समर्थन करना/ मर्यादा बनाये रखना	1. पुष्ट करना/ मर्यादा बनाये रखना
Upper	1. ऊपरी 2. उच्च	1. ऊपरी 2. उच्च	1. ऊपरी 2. उच्च	1. ऊपरी/उपरला/ उपरि 2. उच्च	1. ऊपरी 2. उच्च	1. ऊपरी 2. उच्च
Up-to-date	1. आज तक का/ अद्यतन	1. अद्यावधि	1. आज तक का/ अद्यतन/ अद्यावधिक/ नवीनतम	1. आज तक का/ अद्यतन/ अद्यावधि/ नवीनतम/ आज तक/ताज़ा	1. आज तक का/ अद्यतन/ अद्यावधिक/ आधुनिकतम/ ताज़ा/आदिनांक/ समीचीन	1. आज तक का/ अद्यतन
Urban	1. नगरीय/शहरी	1. नगरीय/शहरी	1. नगरीय/नगर	1. नगरीय/नगर शहरी	1. नगरीय/नगर-संबंधी/शहरी	1. नगरीय/शहरी
Urgent	1. अविलम्ब/अर्जेंट/ तुरन्त/ अति आवश्यक	1. अतिआवश्यक/ तुरन्त	1. अतिआवश्यक/ तुरन्त/ आवश्यक/अर्जेंट	1. अतिआवश्यक/ शीघ्र/अर्जेंट/ अविलम्बनीय	1. अत्यावश्यक/ तुरन्त/ज़रूरी	1. अविलम्ब/तुरन्त
Usual	1. सामान्य/प्रायिक	1. सामान्य	1. सामान्य/प्रायिक	1. सामान्य/प्रायिक/ बदस्तूर	1. सामान्य	1. सामान्य

V

1	2	3	4	5	6	7
Vacancy	1. रिक्ति/रिक्तता	1. रिक्त/रिक्तपद	1. रिक्ति/रिक्तता खाली जगह/ रिक्त स्थान	1. रिक्ति/खाली जगह/खालीपद/ रिक्तपद/ रिक्तस्थान/रिक्तता	1. रिक्ति/ रिक्त स्थान/ खाली जगह/ रिक्तता	1. रिक्ति
Vacant (Post)	1. रिक्त (पद)	1. रिक्त	1. रिक्त/रिक्ति	1. रिक्त	1. रिक्त/शून्य	1. रिक्त
Vacate	1. खाली करना	1. खाली करना	1. खाली करना/ रिक्त करना	1. खाली करना/ रिक्त करना	1. खाली करना/ रिक्त करना	1. खाली करना
Vacation	1. अवकाश/ विश्रामावकाश	1. अवकाश/ विश्रामावकाश	1. अवकाश/ विश्रामकाल/ दीर्घावकाश 2. खाली करना/ रिक्त करना	1. अवकाश/ दीर्घावकाश/ लम्बी छुटटी/ विश्रामकाल	1. अवकाश/ विश्रामावकाश/ काल दीर्घावकाश/ लंबी छुट्टी	1. अवकाश
Vaccination	1. टीका	1. टीका	1. टीका	1. टीका	1. टीका	1. टीका
Vague	1. अस्पष्ट/ अनिश्चित	1. अस्पष्ट/ अनिश्चित	1. अस्पष्ट/ अनिश्चित	1. अस्पष्ट/धुंधला 2. गोलमटोल/ गोलमोल	1. अस्पष्ट/ अनिश्चित/संदिग्ध	1. अस्पष्ट/ अनिश्चित
Valid	1. विधिमान्य	1. विधिमान्य	1. विधिमान्य/ वैध/सबल/ मान्य/साधु/ युक्तिसंगत/ सत्य/तर्कसिद्ध	1. विधिमान्य/वैध मान्य/जायज़	1. विधिमान्य/ मान्य/वैध विधिवत/ औचित्ययूर्ण 2. मजबूत/ठोस/दृढ़	1. विधिमान्य

1	2	3	4	5	6	7
Validity	1. विधिमान्यता	1. विधिमान्यता	1. मान्यता/साधुता	1. विधिमान्यता/ वैधता/ प्रामाण्य/मान्यता	1. विधिवत्ता/ वैधता/मान्यता 2. औचित्य 3. मजबूती/दृढ़ता	1. विधिमान्यता
Valuation	1. मूल्यांकन	1. मून्यांकन	1. मूल्यांकन	1. मूल्यांकन	1. मूल्यांकन	1. मूल्यांकन
Variation	1. विभिन्नता/ परिवर्तन	1. विभिन्नता/ परिवर्तन	1. विभिन्नता/ परिवर्तन/ फेरफार/घटबढ़/ अन्तर/रूपान्तर विचरण	1. विभिन्नता/ परिवर्तन/ फेरफार/घटबढ़/ रूपभेद/विविधता/ परिणमन/ उतार-चढ़ाव हेरफेर/विचरण	1. विभिन्नता/ परिवर्तन/ फेरफार/ घटबढ़/ रूपान्तर	1. विभिन्नता/ परिवर्तन
Venue	1. स्थान/स्थल	1. स्थान/स्थल	1. स्थान/स्थल	1. स्थान/स्थल	1. स्थान/स्थल 2. घटनास्थल 3. अपराधस्थल 4. मिलनस्थल	1. स्थान
Verification	1. सत्यापन	1. सत्यापन	1. सत्यापन 2. जाँच/परीक्षा	1. सत्यापन 2. निकषण 3. मिलान	1. सत्यापन 2. जाँच-पड़ताल	1. सत्यापन
Verified Copy	1. सत्यापित प्रति	1. सत्यापित प्रति	1. सत्यापित प्रति	1. सत्यापित प्रति	1. सत्यापित प्रति	1. सत्यापित प्रति
Version	1. अनुवाद 2. रूप/पाठ न	1. अनुवाद 2. रूप/पाठ 3. कथन	1. अनुवाद 2. रूप/पाठ/ संस्करण 3. कथन	1. भाषान्तर 2. संस्करण 3. कथन/बयान	1. अनुवाद 2. पाठ 3. कथन	1. अनुवाद 2. रूप 3. कथन

1	2	3	4	5	6	7
Vessel	1. जलयान/पोत	1. जलयान/पोत	1. जलयान/पोत 2. वाहिनी (वन)/ वाहिका 3. कलश/भाण्ड	1. जलयान/पोत/ जहाज 2. वाहिनी/वाहिका 3. पात्र/बर्तन	1. जलयान/पोत — 3. पात्र/बर्तन/भाजन	1. जलयान/पोत
Veto	1. वीटो/ निषेधाधिकार	1. वीटो/ निषेधाधिकार	1. वीटो/ निषेधाधिकार	1. वीटो/ निषेधाधिकार	1. वीटो/ निषेधाधिकार/ रोध-अधिकार/ अभिषेध	1. वीटो/ निषेधाधिकार
Vice	1. उप-	1. उप- 2. दुर्गुण (के बदले में/के स्थान में)	1. उप-	1. उप- 2. दुर्गुण	1. उप- 2. दुर्गुण/व्यसन/ अवगुण	1. उप-
Vice-Chairman	1. उपाध्यक्ष/ उपसभापति	1. उपाध्यक्ष/ उपसभापति	1. उपाध्यक्ष/ उपसभापति/ अनुसभापति	1. उपाध्यक्ष/ उपसभापति	1. उपाध्यक्ष/ उपसभापति	1. उपाध्यक्ष उपसभापति
Vice-Chancellor	1. कुलपति	1. कुलपति	1. कुलपति/ उपकुलपति	1. कुलपति	1. उपकुलपति	1. कुलपति
Vice President	1. उपराष्ट्रपति 2. उपाध्यक्ष/ उपसभापति	1. उपराष्ट्रपति 2. उपाध्यक्षं/ उपसभापति	1. उपराष्ट्रपति 2. उपसभापति	1. उपराष्ट्रपति 2. उपाध्यक्ष/ उपसभापति	1. उपराष्ट्रपति 2. उपाध्यक्ष/ उपसभापति	1. उपराष्ट्रपति 2. उपाध्यक्ष/ उपसभापति
Vigilance	1. सतर्कता/चौकसी	1. सतर्कता/चौकसी	1. सतर्कता/चौकसी	1. सतर्कता/चौकसी/ निगरानी	1. सतर्कता/ चौकसी/ जागरूकता/ सावधानता	1. सतर्कता/चौकसी
Violation	1. अतिक्रमण/ उल्लंघन	1. अतिक्रमण/ उल्लंघन	1. अतिक्रमण/ उल्लंघन	1. अतिक्रमण/ उल्लंघन/भंग	1. अतिक्रमण/ उल्लंघन/भंग	1. उल्लंघन/भंग

1	2	3	4	5	6	7
Visa	1. वीज़ा/प्रवेश-पत्र	1. वीज़ा/प्रवेश-पत्र	1. वीज़ा/प्रवेश-पत्र	1. वीसा/वीज़ा/ प्रवेश-पत्र/ प्रवेशानुज्ञा	1. वीसा/प्रवेशपत्र/ देशागमन/ अनुमतिपत्र	1. वीज़ा/प्रवेशपत्र
Vis-a-Vis	1. -के सामने/ -की तुलना में/ -बनाम	1. -के सामने/ -की तुलना में	1. -के सामने/ -की तुलना में	1. आमने-सामने/ तुलना में	1. आमने-सामने/ तुलना में सम्मुखीन	1. -के सामने/ -की तुलना में/ -बनाम
Visit	1. (सं०) आगमन	1. आगमन	1. आगमन	1. अभ्यागमन	1. भ्रमण	1. आना
	2. वीक्षण/निरीक्षण	2. वीक्षण/निरीक्षण	2. वीक्षण/ उपनिरीक्षण	2. परिदर्शन	2. निरीक्षण/ मुआइना	2. निरीक्षण
	3. भेंट/मुलाकात	3. भेंट/मुलाकात	3. भेंट/मुलाकात	3. मुलाकात	3. भेंट/दर्शन 4. साक्षात्कार	3. भेंट/मुलाकात
	1. (क्रि०) आना/ जाना	1. आना	1. जाना	1. जाना	1. जाना/ भ्रमण करना	1. आना/जाना
	2. निरीक्षण करना	2. निरीक्षण करना	2. उपनिरीक्षण करना	2. मुआइना करना	2. मुआइना करना/ निरीक्षण करना	2. निरीक्षण करना
	3. भेंट करना/ मुलाकात करना	3. मुलाकात करना	3. देखने या मिलने जाना	3. मुलाकात करना/ मिलना/ दर्शन देना/ देखना/भेंट करना	3. मुलाकात करना/ भेंट करना/ दर्शन करना/ देखना	3. भेंट करना/ मुलाकात करना
Visiting artist	1. अतिथि कलाकार	1. अतिथि कलाकार	1. अतिथि कलाकार	1. अतिथि कलाकार	1. अतिथि कलाकार	1. अतिथि कलाकार
Visitor	1. आगंतुक/दर्शक/ मुलाकाती	1. दर्शक/आगंतुक	1. आगंतुक/दर्शक	1. दर्शक/दर्शनार्थी मुलाकाती/ मिलनेवाला/ परिदर्शक	1. आगंतुक/दर्शक मुलाकाती/ दर्शनार्थी/ मिलनेवाला/ परिदर्शक	1. दर्शक/मुलाकाती

1	2	3	4	5	6	7
			2. अभ्यागत	2. अभ्यागत/अतिथि	2. अभ्यागत 3. साक्षात्कार करनेवाला	
Visitor (of a university)	1. कुलाध्यक्ष	1. कुलाध्यक्ष	1. कुलाध्यक्ष/ कुलप्रभु	1. कुलाध्यक्ष	1. कुलाध्यक्ष	1. कुलाध्यक्ष
Visitor's book	1. आगंतुक पंजी	1. आगंतुक पंजी	1. आगंतुक पंजी/ अभ्यागत पंजी	1. दर्शक-पंजी/ परिदर्शक-पुस्तिका 2. मुलाकाती बही	1. आगंतुक पंजी/ दर्शक-पंजी/ अभिप्राय पंजी 2. मुलाकाती पंजी	1. आगंतुक पंजी 2. मुलाकाती पंजी
Visitor's-gallery	1. दर्शक-दीर्घा	1. दर्शक-दीर्घा	1. दर्शक-दीर्घा	1. दर्शक-दीर्घा/ दर्शक-वीथी/ गैलरी	1. दर्शक-दीर्घा/ दर्शक-वीथी/ दर्शक-गैलरी	1. दर्शक-दीर्घा
Vital statistics	1. जीवन-संबंधी आँकड़े/ जन्म-मृत्यु सांख्यिकी	1. जीवन-संबंधी आँकड़े	1. जीवन-संबंधी आँकड़े/ जन्म-मृत्यु के आँकड़े/ जन्म-मरण आँकड़े	1. जीवन-आँकड़े/ जीवन-मरण आँकड़े/ जन्म-मृत्यु आँकड़े/ जन्म-मरण-संबंधी आँकड़े	1. जीवनांक/ जीवन-समंक/ जन्म-मृत्यु आँकड़े/ जन्म-मरण-संबंधी आँकड़े	1. जीवन-संबंधी आँकड़े
Viva Voce	1. मौखिक परीक्षा	1. मौखिक परीक्षा	1. मौखिक परीक्षा	1. मौखिक परीक्षा (वि०) मौखिक	1. मौखिक परीक्षा वाक्परीक्षा (वि०) मौखिक	1. मौखिक परीक्षा
Vocabulary	1. शब्दावली	1. शब्दावली	1. शब्दावली/ शब्दभंडार	1. शब्दावली/ शब्दभंडार/ शब्द-संग्रह/ शब्द-निचय	1. शब्दावली/ शब्दभंडार/ शब्दसंग्रह/ शब्दकोश	1. शब्दावली

1	2	3	4	5	6	7
Vocation	1. व्यवसाय	1. व्यवसाय	1. व्यवसाय	1. व्यवसाय/वृत्ति	1. व्यवसाय	1. व्यवसाय
Void	1. शून्य	1. शून्य	1. शून्य/विधिरद्द/ निष्प्रभाव	1. शून्य/हीन/ प्रभावहीन	1. शून्य/हीन/ प्रभावहीन/व्यर्थ	1. शून्य
Volume	1. आयतन 2. मात्रा/परिमाण 3. जिल्द/खंड	— 2. परिमाण 3. पुस्तक/ग्रंथ	1. आयतन 2. मात्रा/परिमाण 3. जिल्द/खंड/बंध	1. आयतन 2. मात्रा/परिमाण 3. जिल्द/खंड	1. आयतन 2. मात्रा/परिमाण 3. जिल्द/ग्रंथ ग्रंथखंड	1. आयतन 2. मात्रा 3. जिल्द/खंड
Voluntary	1. स्वैच्छिक	1. स्वैच्छिक	1. स्वैच्छिक/ऐच्छिक	1. स्वैच्छिक/ऐच्छिक स्वेच्छया	1. स्वैच्छिक/ऐच्छिक स्वेच्छापूर्ण	1. स्वैच्छिक
Votable	1. मतदेय	1. मतदेय	1. मतदेय	1. मतदेय	1. मतदेय/ मतदानयोग्य	1. मतदेय
Vote	1. मत/वोट (क्रि०) मत देना/ वोट देना	1. मत/वोट	1. मत/वोट (क्रि०) मत देना/ मत द्वारा स्वीकार करना	1. मत/वोट (क्रि०) मत देना	1. मत/वोट/राय (क्रि०) मत देना/ वोट देना मत द्वारा स्वीकृत करना/ राय देना	1. मत/वोट (क्रि०) मत देना वोट देना
Voted	1. दत्तमत	1. दत्तमत	1. मतदेय/स्वीकृत	1. मतदेय/मतदत्त	1. दत्तमत/ मतपारित	1. दत्तमत
Voucher	1. वाउचर	1. वाउचर	1. वाउचर/व्ययपत्र	1. वाउचर/ प्रमाणक 2. आधार पत्र	1. वाउचर/ प्रमाणक	1. वाउचर
Voyage	1. समुद्रयात्रा	1. समुद्रयात्रा	1. समुद्रयात्रा	1. समुद्रयात्रा/ जलयात्रा	1. समुद्रयात्रा/ जलयात्रा	1. समुद्रयात्रा

1	2	3	4	5	6	7
			W			
Wage	1. मज़दूरी/मज़ूरी	1. मज़दूरी	1. मज़दूरी/मज़ूरी/ पारिश्रमिक/वेतन/ भृति/पगार	1. मज़दूरी/मज़ूरी	1. मज़दूरी/मज़ूरी/ पारिश्रमिक/पगार	1. मज़दूरी/मज़ूरी
Wage, Living	1. निर्वाह मज़दूरी	1. निर्वाह मज़दूरी	1. निर्वाह मज़दूरी	1. निर्वाह मज़दूरी/ निर्वाह मज़ूरी	1. निर्वाह मज़दूरी/ निर्वाह मज़ूरी	1. निर्वाह मज़दूरी
Waiting list	1. प्रतीक्षा-सूची	1. प्रतीक्षा-सूची	1. प्रतीक्षा सूची	1. प्रतीक्षा सूची प्रतीक्षक सूची	1. प्रतीक्षा-सूची/ प्रतीक्षक सूची	1. प्रतीक्षा-सूची
Waiving	1. छूट	1. छूट	1. छूट	1. छूट/छोड़देना/ अधित्याग	1. छूट	1. छूट
Ward	1. वार्ड	1. वार्ड	1. वार्ड/हलका (नगर का भाग) 2. कक्ष/रोगीकक्ष (चिकित्सालय) 3. अभिरक्षित	1. वार्ड/कक्ष 2. रोगीकक्ष 3. संरक्षित/प्रतिपाल्य	1. विभाग/वार्ड 2. कक्ष/रोगीकक्ष 3. प्रतिपाल्य/पाल्य/ 4. प्रतिपालित/ अभिरक्षित व्यक्ति	1. वार्ड
Ward-keeper	1. वार्डरक्षक	1. वार्डरक्षक	1. वार्डरक्षक	1. वार्डरक्षक	1. वार्डरक्षक	1. वार्डरक्षक
Warden	1. वार्डन	1. वार्डन	1. वार्डन/छात्रपाल/ अभिरक्षक	1. वार्डन/प्रतिपाल/ आवासपाल	1. वार्डन/छात्रपाल	1. वार्डन
Warehouse	1. गोदाम/ भांडागार	1. गोदाम/ भांडागार	1. गोदाम/ भांडागार/ संग्रहागार	1. गोदाम/ भांडागार/ मालगोदाम	1. गोदाम/ भांडागार/ भण्डार/ मालगोदाम	1. गोदाम/भांडागार

1	2	3	4	5	6	7
Warning	1. चेतावनी	1. चेतावनी	1. चेतावनी	1. चेतावनी	1. चेतावनी/ प्रबोधन	2. चेतावनी
Warrant	1. वारंट/अधिपत्र	1. वारंट	1. वारंट/अधिपत्र	1. वारंट/अधिपत्र 2. समादेश पत्र/ अधिदेश पत्र	1. वारंट/अधिपत्र 2. प्रमाणपत्र	1. वारंट
Wastage	1. छीजन/बरबादी	1. छीजन/बरबादी	1. छीजन/बरबादी/ क्षय/क्षति/हानि	1. छीजन/बरबादी/ छय	1. छीजन/बरबादी	1. छीजन/बरबादी
Waste Land	1. परती भूति	1. परती भूमि	1. परती भूमि/ बंजर भूमि	1. बंजर भूमि	1. बंजर भूमि/ पड़तभूमि/ ऊसर भूमि	1. परती भूमि
Watch & Ward	1. पहरा व निगरानी	1. पहरा व निगरानी	1. पहरा-निगरानी/ पहरा-चौकी	1. पहरा-निगरानी	1. पहरा व निगरानी/ रक्षा पहरा/ रक्षा प्रहरी	1. पहरा व निगरानी
Watcher	1. प्रहरी/चौकीदार	1. प्रहरी/चौकीदार	1. प्रहरी/चौकीदार	1. प्रहरी/पहरेदार/ चौकीदार	1. प्रहरी/पहरेदार/ पहरेवाला	1. चौकीदार
Waybill	1. मार्गपत्रक/रवन्ना	1. मार्गपत्रक/रवन्ना	1. मालसूची/रवन्ना 2. यात्री सूची	1. मार्गपत्रक/रवन्ना	1. मार्गपत्रक/रवन्ना	1. मार्ग-पत्रक/ रवन्ना
Ways and means	1. अर्थोपाय	1. अर्थोपाय/ मार्गोपाय	1. अर्थोपाय	1. अर्थोपाय/ उपाय और साधन	1. अर्थोपाय/ मार्गोपाय/ उपाय एवं साधन	1. अर्थोपाय
Wear and tear	1. टूट-फूट	1. टूट-फूट	1. टूट-फूट/घिसाई	1. टूट-फूट/ घिसाई-पिटाई	1. टूट-फूट/छीज	1. टूट-फूट
Weeding (of records)	1. छँटाई (अभिलेख)	1. छँटाई	1. छँटाई	1. छँटाई (अभिलेख)	1. छँटाई	1. छँटाई

1	2	3	4	5	6	7
Welcome	1. (सं०) स्वागत	1. स्वागत	1. स्वागत	1. स्वागत/ सादर गृहीत/ अभिनन्दन	1. स्वागत/ शुभागमन/ अभ्यर्थना	1. स्वागत
	(क्रि०) स्वागत करना	(क्रि०) स्वागत करना	(क्रि०) स्वागत करना, अभिनन्दन करना	(क्रि०) स्वागत करना, अभिनन्दन करना	(क्रि०) स्वागत करना	(क्रि०) स्वागत करना
Welcome, Address of	1. अभिनन्दन पत्र	1. अभिनन्दन पत्र	1. अभिनन्दन पत्र	1. अभिनन्दन पत्र/ अभिनन्दन भाषण	1. अभिनन्दन पत्र	1. अभिनन्दन पत्र
Welfare Officer	1. कल्याण अधिकारी	1. कल्याण अधिकारी	1. कल्याण अधिकारी	1. कल्याण अधिकारी	1. कल्याण अधिकारी	1. कल्याण अधिकारी
Welfare-state	1. कल्याणकारी राज्य	1. कल्याणकारी राज्य	1. कल्याणकारी राज्य	1. कल्याणकारी राज्य	1. कल्याणकारी राज्य	1. कल्याणकारी राज्य
Whip	1. सचेतक	1. सचेतक	1. सचेतक (संसद)	1. सचेतक	1. सचेतक/प्रतोद/ ह्विप	1. सचेतक
			2. कशांगवृक्ष (वन)	2. कोड़ा/कमची/ कशा	2. कोड़ा/चाबुक/ कशा	
Whitepaper	1. श्वेत-पत्र	1. श्वेत-पत्र	1. श्वेत-पत्र	1. श्वेत-पत्र	1. श्वेत-पत्र	1. श्वेत-पत्र
Whole time	1. पूर्णकालिक	1. पूर्णकालिक	1. पूर्णकालिक	1. पूर्णकालिक/ पूर्णकाल	1. पूर्णकालिक/ पूर्णकाल	1. पूर्णकालिक
Wing	1. स्कंध/खंड	1. स्कंध/खंड	1. स्कंध/पिंग कक्ष/प्रशाखा/ पक्ष (विभाग)	1. स्कंध/खंड/पक्ष	1. स्कंध/खंड/पक्ष	1. स्कंध/खंड
			2. पार्श्व (भवन) बाज़ू	2. विंग	2. कक्ष/बाज़ू भवन विभाग	
			—	3. पंख/पर	3. पंख/पर	

1	2	3	4	5	6	7
Wireless	1. बेतार	1. बेतार	1. बेतार	1. बेतार	1. बेतार	1 बेतार
Withdrawal	1. वापसी	1. वापसी	1. वापसी	1. वापसी/पीछे हटना	1. वापसी	1. वापसी
			2. निकासी	2. निकासी/रुपया निकालना	2. निकासी	
			3. प्रत्याहरण	3. प्रत्याहरण/ उठा लेना/ वापस लेना	3. प्रत्याहरण	
Witness	1. साक्षी/गवाह	1. साक्षी/गवाह	1. साक्षी/गवाह	1. साक्षी/गवाह	1. साक्षी/गवाह	1. साक्षी/गवाह
			2. गवाही/साक्ष्य		2. साक्ष्य	
Work agent	1. एजेंट/कारिंदा	1. एजेंट/कारिंदा	1. एजेंट/कारिंदा	—	1. एजेंट/कारिंदा	1. एजेंट/कारिंदा
Worker	1. कामगार	—	1. कामगार	1. कामगार/कर्मी/ कार्यकर्त्ता	1. कामगार	1. कामगार
				2. श्रमिक/मज़दूर/ कर्मकार		
Working	1. (वि०) कार्यकारी	1. कार्यकारी	1. कार्यकारी	1. कार्यवाहक	1. कार्यकारी/ कार्यवाहक	1. कार्यकारी
	2. श्रमजीवी			2. श्रमजीवी		
	3. व्यावहारिक/ कामचलाऊ	3. व्यावहारिक	3. व्यावहारिक/ कामचलाऊ	3. काम के लायक		
	4. सक्रिय/चालू		4. सक्रिय/चालू	4. काम करने वाला/ चालू	4. चालू	
		5. कार्य कार्य (समिति)				
		6. आधारभूत				

1	2	3	4	5	6	7
	1. (सं०) कार्यचालन	—	1. कार्य	1. क्रिया/कार्यचालन/ कार्य-प्रणाली/ कार्यकरण/ कामकाज	1. क्रिया/ कार्यप्रणाली	
Workingdays	1. कार्य दिवस/ काम के दिन	1. कार्य दिवस/ काम के दिन	1. कार्य दिवस	1. कार्य दिवस/ काम के दिन	1. कार्य दिवस/ काम के दिन/ कार्यकारी दिवस	1. कार्य दिवस/ काम के दिन
Workinghours	1. कार्य-समय/ काम के घंटे	1. कार्य समय/ काम के घंटे	1. कार्य-समय	1. कार्य-समय/ काम के घंटे/ काम-घंटे	1. कार्य-समय/ काम के घंटे	1. कार्य-समय/ काम के घंटे
Working knowledge	1. व्यावहारिक ज्ञान	1. व्यावहारिक ज्ञान	1. व्यावहारिक ज्ञान	1. कामचलाऊ ज्ञान	1. कामचलाऊ ज्ञान	1. कामचलाऊ ज्ञान
Workmanship	1. कर्मकौशल	1. कर्मकौशल	1. कर्मकौशल	1. कर्मकौशल 2. कारीगरी	1. कर्मकौशल	1. कर्म-कौशल
Works	1. संकर्म 2. कर्मशाला 3. निर्माण	1. कर्म 2. कर्मशाला 3. निर्माण	1. संकर्म/कर्म 2. कर्मशाला/ कर्मालय 3. निर्माण/ निर्माणकार्य 4. कृतियाँ (कला आदि)	1. संकर्म 2. निर्माणशाला कर्मशाला 3. निर्माण	1. कर्मान्त 2. कर्मशाला 3. निर्माण	—
Worksheet	1. कार्यपत्रक	1. कार्यपत्रक	1. कार्यपत्रक	1. कार्यपत्रक	1. कार्यपत्रक	1. कार्यपत्रक
Workshop	1. वर्कशाप/ कर्मशाला 2. कार्यगोष्ठी	1. वर्कशाप/ कर्मशाला	1. कर्मशाला/ कर्मालय	1. वर्कशॉप/ कर्मशाला	1. वर्कशाप/ कर्मशाला/ कारख़ाना	1. वर्कशाप/ कर्मशाला

1	2	3	4	5	6	7
Writ	1. रिट	1. रिट	1. रिट/प्रादेश	1. रिट/आदेश	1. रिट/प्रादेश/ प्रशिष्टि	1. रिट
Write off	1. बट्टेखाते डालना	1. बट्टेखाते में डालना/ अपलेखन करना	1. बट्टेखाते में डालना	1. बट्टेखाते डालना/ बट्टेखाते लिखना/ अपलिखित करना/मिटाना/ काटना	1. बट्टे खाते में डालना/ उपलेखन करना	1. बट्टेखाते डालना

X

X-Ray Technician	1. एक्सरे प्रविधिज्ञ/ एक्सरे तकनीशियन	1. एक्सरे प्रविधिज्ञ/ एक्सरे तकनीशियन	1. एक्सरे तकनीशियन	1. एक्स-रे प्रविधिज्ञ	1. एक्स-रे प्रविधिज्ञ/ एक्स-रे तकनीशियन	1. एक्स-रे प्रविधिज्ञ/ एक्सरे तकनीशियन

Y

Year-book	1. अब्दकोश	1. अब्दकोश	1. अब्दकोश	1. अब्दकोष	1. अब्दकोश/ वर्षबोध/वर्षग्रंथ	1. अब्दकोश
Year to year	1. वर्षानुवर्ष	1. वर्षानुवर्ष	1. वर्षानुवर्षी	1. वर्ष/प्रतिवर्ष/ अनुवर्ष	1. वर्षानुवर्ष	1. वर्षानुवर्ष
Yearly	1. वार्षिक	1. वार्षिक	1. वार्षिक/सालाना	1. वार्षिक	1. वार्षिक/सलाना	1. वार्षिक

1	2	3	4	5	6	7

Z

Zonal	1. मंडलीय/ कटिबंधीय 2. आंचलिक	1. मंडलीय	1. क्षेत्रीय/ कटिबंधीय 2. आंचलिक	1. क्षेत्रीय/ कटिबंधीय 2. आंचलिक	1. मंडलीय/कटि० 2. आंचलिक	1. मंडलीय
Zone	1. अंचल/ज़ोन	1. अंचल/ज़ोन	1. अंचल/ज़ोन/ परिक्षेत्र 2. कटिबंध पट्टी (वन) 3. उपसंस्तर (भूमि)	1. अंचल/ज़ोन इलाका/क्षेत्र 2. कटिबंध	1. अंचल/परिक्षेत्र/ प्रदेश/इलाका 2. कटिबंध	1. अंचल/ज़ोन

कुछ अँग्रेज़ी पदबंधों तथा वाक्यों के हदी पर्याय

Abandonment of claim	दावे का परित्याग
Above cited	ऊपर उद्धृत
Above mentioned, Above noted, Above quoted	उपर्युक्त, उपरिलिखित
Above said	उपर्युक्त, पूर्वोक्त
Absence on...regularised as leave due	दिनांक······की अनुपस्थिति को देय छुट्टी के रूप में नियमित किया गया
Absent without leave	बिना छुट्टी अनुपस्थित
Acceded to	स्वीकार है
Acceptance is awaited	स्वीकृति की प्रतीक्षा है
Accepted, allocated and passed for payment	स्वीकृत, विनिहित और भुगतान के लिए पास किया गया
Accepted on trial basis	परीक्षण के आधार पर स्वीकृत
Accepted provisionally	अनन्तिम रूप से स्वीकृत
Accord approval/sanction to...	कृपया······को अनुमोदित/मंजूर करें
According to merit	योग्यतानुसार
According to report	रिपोर्ट के अनुसार
According to the seniority	वरिष्ठतानुसार
According to the terms of agreement signed at the time of appointment Shri......is entitled to the benefit claimed for	नियुक्ति के समय किये गये करार की शर्तों के अनुसार श्री······उस लाभ के हक़दार हैं, जिसकी उन्होंने माँग की है
Accused was bailed out	अभियुक्त को ज़मानत पर छोड़ दिया गया
Acknowledgement may be obtained	इसकी पावती माँगी जाए
Acknowledge receipt of the letter	पत्र की पावती दें
Action as proposed may be taken	प्रस्तावित कार्रवाई की जाए
Action at once please	कृपया फ़ौरन/तुरंत कार्रवाई करें
Action has been taken accordingly	तदनुसार कार्यवाही/कार्रवाई की गई है
Action has already been taken in the matter	मामले में कार्रवाई की जा चुकी है
Action has not yet been initiated	कार्रवाई अभी शुरू नहीं हुई है
Action is required to be taken early	शीघ्र कार्रवाई अपेक्षित है
Action is under way	कार्रवाई की जा रही है
Action may be taken accordingly	तदनुसार कार्रवाई की जाए
Action may be taken as proposed	यथा प्रस्तावित कार्रवाई की जाए
Actual expenses incurred may be paid	वास्तविक ख़र्च का भुगतान किया जाए
Additional requirements should be indicated only for unavoidable and inescapable items	अपरिहार्य और अनिवार्य वस्तुओं के बारे में ही अतिरिक्त माँगें दर्शाई जाएँ
Address all concerned	सर्वसम्बन्धित को लिखा जाए
Adequate reasons	समुचित कारण
Ad-hoc appointment	तदर्थ नियुक्ति

Administrative approval may be obtained — प्रशासनिक अनुमोदन प्राप्त किया जाए
A draft D.O. letter addressed to...is put up for approval — ······के नाम अ० स० पत्र का प्रारूप अनुमोदनार्थ प्रस्तुत है
A draft reply is put up for approval — उत्तर का मसौदा अनुमोदनार्थ प्रस्तुत है
Advance arrangements are necessary — पहले से प्रबन्ध करना आवश्यक है
Advance copy — अग्रिम प्रति
Advance for purchase of stationery may be sanctioned — लेखन-सामग्री की ख़रीद के लिए पेशगी मंज़ूर की जाए/अग्रिम स्वीकार किया जाए
Advance from pay/provident fund is permissible — वेतन/भविष्यनिधि से पेशगी दी जा सकती है
Advance notice is necessary in this case — इस मामले में अग्रिम सूचना देना आवश्यक है
Advance of T. A. may please be arranged — कृपया यात्रा-भत्ते की पेशगी का प्रबंध कर दिया जाए
Advise......that the transfer proposed would not be in order — ···को सूचित करें कि प्रस्तावित स्थानान्तरण नियम के अनुकूल नहीं होगा
Advise accordingly — तदनुसार सूचित करें
Advise further development — आगे की प्रगति से अवगत कराएँ
Advise telegraphically — तार द्वारा सूचित करें
Advise the action taken — की गयी कार्रवाई से अवगत कराएँ
Advise the party that...... — पार्टी को सूचित करें कि···
Advise this office of the result of the enquiry — इस कार्यालय को जाँच के परिणाम से अवगत कराएँ

Affidavit submitted by the employee is not in order — कर्मचारी द्वारा प्रस्तुत शपथपत्र नियमानुकूल नहीं है
After adequate consideration — समुचित विचार के बाद
After discussion — विचार-विमर्श के बाद
After issue — जारी होने के बाद
After perusal — देख लेने के बाद
After taking into consideration all aspects of the question — प्रश्न के सभी पहलुओं पर विचार करने के बाद
After the expiry of...... — ···के बाद/···की समाप्ति पर
Against/within the extant rules — वर्तमान नियमों के विपरीत/अनुसार
Agenda is sent herewith — कार्यसूची साथ भेजी जा रही है
Agenda of the meeting — बैठक की कार्यसूची
Agenda will follow — कार्यसूची बाद में भेजी जायेगी
Agreed to — सहमति है
All concerned should note carefully — सभी संबंधित व्यक्ति इसे ध्यान से नोट कर लें
All concerned to note — सर्व संबंधित नोट करें
All correspondence relating to the matter should be placed on file — मामले से संबंधित पूरा पत्र-व्यवहार फ़ाइल में रखा जाए
Allotment from the quota reserved — आरक्षित कोटे से आबंटन
All ostentatious expenditure should be eschewed — सभी तड़क-भड़क वाले खर्चों से बचा जाए
All round economy in expenditure is needed — ख़र्चे में चौतरफ़ा क़िफ़ायत करने की ज़रूरत है, व्यय में सभी प्रकार की मितव्ययिता अपेक्षित है

Amended claim has been received — संशोधित दावा मिल गया है

Am I to presume that — क्या मैं यह मान लूँ कि

(This) amount has become irr-ecoverable, may be written of — यह राशि अब वसूल होने योग्य नहीं है, इसे बट्टे खाते में डाल/लिख दिया जाए

Amount overpaid may be calculated and recovered — अधिक भुगतान की गयी रक़म का हिसाब लगाकर उसे वसूल किया जाए

Amount proposed earlier can not be enhanced — पूर्वप्रस्तावित रक़म में कोई वृद्धि नहीं की जा सकती

Annual review is in progress — वार्षिक समीक्षा की जा रही है

Annual verification certificate has not been received so far — वार्षिक सत्यापन प्रमाण-पत्र अभी तक नहीं मिला है

Anticipated cost — प्रत्याशित लागत

Anticipated expenditure — प्रत्याशित व्यय

Anti-corruption measures should be intensified — भ्रष्टाचार-निरोधक उपाय दृढ़ किये जाएँ

Any further delay in the receipt of the above documents will tell upon the timely submission of the statement — उपर्युक्त प्रलेखों की प्राप्ति में और अधिक विलम्ब से समय पर विवरण भेजने में कठिनाई होगी

Apart from this — इसके अलावा/अतिरिक्त

Appeal does not lie — अपील नहीं की जा सकती

Appeal has been rejected — अपील ख़ारिज़ कर दी गयी हैं

Appeal is time barred — अपील समय-बाधित है, अपील मियाद आरिज़ है

Appear for interview — साक्षात्कार के लिए उपस्थित हों

Appellant has requested for a persoanl hearing which is permissible but is not obligatory — अपीलकर्ता ने निजी सुनवाई के लिए प्रार्थना की है जिसकी अनुमति दी जा सकती है लेकिन ऐसा करना अनिवार्य नहीं है

Appended below — नीचे दिया गया है

Appended herewith — संलग्न है, नत्थी है, अनुलग्न है

Applicable to — पर लागू है, पर लागू होता है

Application has not been made in proper form — आवेदन-पत्र सही रूप में नहीं दिया गया है

Application has not been received in the Branch — अर्ज़ी अनुभाग में प्राप्त नहीं हुई है

Application may be rejected — अर्ज़ी नामंज़ूर की जाए, प्रार्थनापत्र अस्वीकृत किया जाए

Applications may be submitted by...at the latest. No applications will be entertained after that date. — अर्ज़ी अधिक से अधिक इस महीने की··· तारीख़ तक आ जानी चाहिए। इस तारीख़ के बाद कोई भी अर्ज़ी नहीं ली जायेगी।

Apply for withdrawal from the provident fund — भविष्य निधि से रक़म निकालने के लिए अर्ज़ी दें

Appointment is temporary and will not offer any title to permanent employment — नियुक्ति अस्थायी है और इससे स्थायी नियुक्ति का हक़ नहीं मिलता

Appropriate action — समुचित/उपयुक्त कार्यवाही/कार्रवाई

Approval may be accorded — अनुमोदन प्रदान कर दिया जाए

Approved as proposed — यथाप्रस्ताव अनुमोदित

Approved draft typed and put up for signature please — अनुमोदित मसौदा टाइप करके हस्ताक्षर के लिए प्रस्तुत है

Approved subject to the objection in para 2 above — ऊपर पैरा 2 में निर्दिष्ट आपत्तियों के अलावा अनुमोदित

Approxiate physical progress — काम की अनुमानित स्थूल प्रगति की

of the work should be furnished early — सूचना शीघ्र दी जाए

Arrange early disposal of the case — मामले को जल्दी निपटाने की व्यवस्था करें

Arrangements are being made to ensure timely submission of report — समय पर रिपोर्ट भेजने की व्यवस्था की जा रही है

Arrange to return the papers early — कागज़ात शीघ्र लौटाने की व्यवस्था करें

Arrange to regularise the transaction — इस लेन-देन को नियमित करें

Arrange to settle exchange — अदला-बदली के निपटान की व्यवस्था करें

Arrear report has not been received — बकाया काम की रिपोर्ट अभी नहीं मिली है

Arrears have been cleared off — बाकी कार्य पूरा कर दिया गया है

Arrival report — पहुँचने की रिपोर्ट

Articles asked for are out of stock — जो वस्तुएँ माँगी गयी हैं, स्टाक में नहीं हैं

As above — जैसा कि ऊपर दिया गया है

As against — की तुलना में/के मुक़ाबले

As already pointed out — जैसा कि पहले बताया जा चुका है

As a matter of fact — वास्तव में/दरअसल

As amended — यथा-संशोधित

As and when — जब और जैसे

As an ad-hoc measure — तदर्थ उपाय के रूप में

As an exceptional case — अपवादतः, अपवाद रूप में

As a permanent/temporary/precautionary measure — स्थायी/अस्थायी/ऐहतियाती उपाय के रूप में

As approved by the Board — बोर्ड द्वारा यथा अनुमोदित

As a result of — के परिणामस्वरूप

As a rule — नियमतः, नियमानुसार

As a special case — विशेष मामला मान कर

As an exceptional case — अपवाद (के) रूप में

As compared to — की तुलना में

As contained in the minutes above — जैसा कि ऊपर कार्यवृत्त में दिया हुआ है

As decided — जैसा कि निर्णय किया गया (है)

As desired by you — आपकी इच्छानुसार, जैसा कि आपने चाहा है

As desired by you on phone on date — जैसा कि आज आपने फ़ोन पर कहा

As desired in your letter quoted above — जैसा कि आपके उपर्युक्त पत्र में कहा गया है

As discussed — विचार-विमर्श के अनुसार

As early as possible — जितनी जल्दी हो सके, यथाशीघ्र, शीघ्रातिशीघ्र, यथासंभव शीघ्र

As explained in the foregoing para — जैसा कि पूर्ववर्ती पैरा में बताया गया है

As far as circumstances permit — परिस्थितियों के अनुसार जहाँ तक सम्भव हो

As far as permissible — जहाँ तक अनुज्ञेय/अनुमेय हो

As far as possible — जहाँ तक संभव हो, यथासंभव

As far as practicable — जहाँ तक व्यावहारिक हो

As for instance — उदाहरण के लिए, उदाहरणार्थ

As furnished below, as given below — जैसा कि नीचे दिया गया है

As here in after provided — जैसा कि इसमें आगे कहा गया है

As indicated below/above — जैसा कि नीचे/ऊपर बताया गया है
As in force for the time being — जैसा कि इस समय लागू है
As is usually done — जैसा कि प्रायः किया जाता है
As it involves legal complication, opinion of law officer my be sought in the matter — इस मामले में कानूनी जटिलताएँ हैं इसलिए इसमें विधि अधिकारी की राय ली जाए
Ask explanation of the staff concerned — संबंधित कर्मचारी/कर्मचारियों से जवाब तलब किया जाए
As laid down in the rules — जैसा कि नियमों में निर्धारित है
As listed below — जैसा कि नीचे की सूची में दिया गया है
As may be considered expedient — जैसा कि उचित हो
As may be deemed fit — जैसा ठीक समझा जाए
As may be mutually agreed upon — जैसा कि आपस में तय हो जाए
As my be necessary — जैसा आवश्यक हो
As may be specified — जैसा निर्दिष्ट किया जाए
As mentioned above — जैसा कि ऊपर कहा गया है
As mentioned below — जैसा कि नीचे कहा गया है
As modified — यथासंशोधित
As notified — जैसा कि अधिसूचित किया गया है
As of right — अधिकार के रूप में
As ordered — आदेशानुसार
As per conversation — बातचीत के अनुसार
As per details below — नीचे लिखे ब्यौरे के अनुसार
As per extant orders — वर्तमान आदेशों के अनुसार
As per instructions — हिदायत के अनुसार/अनुदेशानुसार
As per noting at page... — पृष्ठ···पर दी गयी टिप्पणी के अनुसार
As per concluding para — अन्तिम पैरे के अनुसार
As per orders on page... — पृष्ठ···पर दिये हुए आदेशों के अनुसार
As per penultimate para — उपांत्य/अन्तिम से पहले पैरे के अनुसार
As per rules — नियमतः, नियमानुसार
As per verbal orders — मौखिक आदेशानुसार
As per your orders — आपके आदेशानुसार
As pointed out above — जैसा कि ऊपर बताया गया है
As proposed — यथाप्रस्तावित
As recommended — संस्तुति/सिफ़ारिश के अनुसार
As regards — के संबंध में
As regards the instructions in para...above — उपर्युक्त पैरा···में दी गई हिदायतों के संबंध में
As regards the particular matter in question — जहाँ तक संदर्भाधीन मामले का सम्बन्ध है
As required — आवश्यकतानुसार
As required under the rules — जैसा कि नियमों के अधीन अपेक्षित है/हो
As revised — यथासंशोधित
As soon as possible — यथासम्भव शीघ्र, यथाशीघ्र
As suggested above/below — जैसा कि ऊपर/नीचे सुझाया गया है, जैसा कि ऊपर/नीचे सुझाया गया है
As the case may be — जैसी स्थिति हो, यथास्थिति
As there is no clear vacancy at...the request of Shri...for transfer can not be acceded to — चूँकि···पर कोई जगह खाली नहीं है इसलिए स्थानान्तरण के लिए··· का निवेदन स्वीकार नहीं किया जा सकता
As usual — सदा की भाँति
As verbally instructed — ज़बानी हिदायत के अनुसार, मौखिक आदेश/अनुदेश के अनुसार

At his own option — स्वयं अपनी इच्छा से
At once please — कृपया तुरंत
Attached here with — साथ नत्थी है
Attention is invited to circular office memo No....dated...on the subject quoted above — उपर्युक्त विषय पर तारीख़…के परिपत्र कार्यालय ज्ञापन संख्या…की ओर ध्यान आकर्षित किया जाता है
Attention : Shri... — श्री……ध्यान दें
At the close of the month — महीने के अन्त में
At the end of — के अन्त में
At the instance of — के कहने पर
At the maximum of the scale — वेतनमान के अधिकतम पर
At way-side stations — रास्ते के छोटे स्टेशनों पर
Audit may be requested — लेखा-परीक्षा विभाग से अनुरोध किया जाए
Authorisation letter with specimen signature of the bearer — (पत्र) वाहक के नमूने के हस्ताक्षर से युक्त प्राधिकार-पत्र
Authority competent to sanction/make payment/decide the case — मंज़ूरी देने/भुगतान करने/मामले का फ़ैसला करने के लिए समर्थ प्राधिकारी
Average attendance per month comes to... — महीने की औसत उपस्थिति…है
Await further report — आगे और विवरण की प्रतीक्षा करें
Attention is invited — की ओर ध्यान दें
Await arrival — आने तक प्रतीक्षा करें
Await further advice/report — आगे और सूचना/रिपोर्ट की प्रतीक्षा करें
Await reply — उत्तर की प्रतीक्षा करें
Await return of the employee from leave — कर्मचारी की छुट्टी से वापस आने की प्रतीक्षा करें

Back reference — पिछला संदर्भ
Balance of payment — बक़ाया भुगतान
Balance to be completed — बक़ाया काम पूरा करना है
Ban on creation of posts — नये पद के सृजन पर रोक
Ban on future promotion — भावी पदोन्नति पर रोक
Ban on recruitment — भर्ती पर रोक
Ban on the filling of posts — पद भरने पर रोक
Barred by time — समय-बाधित, मियाद-आरिज़
Before his pay is concurred in — उसके वेतन के संबंध में सहमति देने से पहले
Before the date of submission — पेश करने की तारीख़ से पहले
Behind schedule — अनुसूचित समय से पीछे
Besides what has been stated above — जो ऊपर कहा गया है, उसके अलावा
Bill has been verified, this is in order, may be passed for payment — बिल का सत्यापन कर लिया गया है। यह ठीक है। भुगतान के लिए पारित/पास किया जाए
Bill has not been prepared correctly — बिल सही-सही नहीं बनाया गया है
Bills have been drawn — बिलों पर अदायगी ली जा चुकी है
Bill is returned herewith with the following objections — बिल निम्नलिखित आपत्तियों के साथ वापस किया जाता है
Bill outstanding — बक़ाया बिल
Bills for signature please — कृपया बिलों पर हस्ताक्षर कर दें
Bills passed — बिल पास कर दिये गए
Break in service has been condoned — सेवाक्रम में भंग को क्षमा कर दिया गया है
Brief for the meeting are being — बैठक के लिए पक्ष-सार पक्ष-कथन/

prepared — ब्रीफ तैयार किया जा रहा है
Brief history of the case is as follows — मामले का संक्षिप्त इतिहास इस प्रकार है
Brief summary of the case is placed below — मामले का सारांश नीचे रखा है
Bring this to the notice of all concerned — इसे सभी संबंधित लोगों के ध्यान में लाया जाय
Brought forward — अग्रानीत
Budget provision exists — बजट में व्यवस्था है
Budget provision is not adequate — बजट-व्यवस्था पर्याप्त नहीं है
By and by — धीरे-धीरे, क्रमश:
By mistake — ग़लती से
By reason of — के कारण
By the order of — के आदेश से
By virtue of — के नाते, की हैसियत से

Call for applications — आवेदनपत्र माँगे जाए
Call for explanation — जवाब तलब किया जाए
Call for the file — फ़ाइल मँगायी जाए
Call upon to show cause — कारण बताने को कहा जाए
Can not be acceded to — स्वीकार नहीं किया जा सकता
(Shri)...cannot be spared till a substitute is provided — जब तक एवज़ी नहीं दिया जाता, श्री …को भारमुक्त नहीं किया जा सकता
Car not available — कार उपलब्ध नहीं है
Car under repairs — कार की मरम्मत हो रही है
Carry out orders — आदेश का पालन करें
Case has been badly delayed — मामले में बहुत देर लग गयी है
Case has been closed — मामला समाप्त कर दिया गया है
Case is filed — मामला फ़ाइल कर दिया गया है
Case is not traceable — फाइल नहीं मिल रही है
Case is put up for orders please — मामला आदेश के लिए प्रस्तुत है
Case is resubmitted as directed on prepage — पिछले पृष्ठ पर दिये गये निदेश के अनुसार मामला फिर से प्रस्तुत किया जाता है
Case is to be reviewed — मामले पर पुनः विचार करना है, मामला पुनर्विचारणीय है
Cases under consideration — विचाराधीन मामला
Case is under investigation — मामले की जाँच की जा रही है, मामला विचाराधीन है
Case may be processed in accordance with the extant orders on the subject — इस विषय से संबंधित वर्तमान आदेश के अनुसार मामले पर कार्रवाई की जाए
Causes beyond the control of the employee — कर्मचारी के क़ाबू से बाहर के कारण
Certificate by the competent authority is required — समर्थ प्राधिकारी का प्रमाणपत्र अपेक्षित है
Charge handed over — कार्यभार सौंप दिया
Charge sheet has been read out and explained to the employee — आरोप-पत्र कर्मचारी को पढ़कर सुना और समझा दिया है
Chase the case — मामले की प्रगति पर निगाह रखें, मामले की प्रगति पर ध्यान देते रहें
Check and give remarks — जाँच करें और कैफ़ियत दें
Checked and found correct — जाँच की और सही पाया

Chief Auditor does not agree to close the case	मुख्य लेखा-परीक्षक मामले को समाप्त करने के पक्ष से नहीं है
Circular letter will be issued to all concerned	सभी संबंधित व्यक्तियों को परिपत्र भेजा जाएगा
Circulate this information/order among all the employees	इस सूचना/आदेश से सभी कर्मचारियों को अवगत कराएँ
Cited above	ऊपर दिया हुआ, ऊपर उद्धृत
Claimant has served a notice of suit for recovery of Rs.... on account of shortage/damage	कमी/क्षति के कारण दावेदार ने…रु० वसूल करने के लिए मुक़दमे का नोटिस दिया है
Claim is time-barred	दावा समय-बाधित/मियाद-आरिज़ है
Claims inspector reports that...	दावा-निरीक्षक ने रिपोर्ट दी है कि…
Close watch is being kept on the case	मामले पर पूरी नज़र रखी जा रही है
Communicate the message immediately	संदेश तुरंत भेजें
Communication referred to in the P.U.C. does not appear to have been received in this office	ऐसा प्रतीत होता है कि विचाराधीन पत्र में उल्लिखित पत्र इस कार्यालय में प्राप्त नहीं हुआ
Competent authority may kindly decide	सक्षम अधिकारी कृपया निर्णय दें
Competent authority's sanction is necessary	समर्थ प्राधिकारी की मंज़ूरी अपेक्षित है
Compliance with orders is still awaited	आदेश के अनुपालन की अभी प्रतीक्षा है
Concurrence for the creation/extention of the following posts is required	निम्नलिखित पदों का सृजन करने/अवधि बढ़ाने की सहमति अपेक्षित है
Concurrence of the Finance Branch is necessary	वित्त-शाखा की सहमति आवश्यक है
Conduct is questionable	आचरण आपत्तिजनक है
Confidential report/file	गोपनीय रिपोर्ट/मिसिल (फ़ाइल)
Connect previous papers	पिछले कागज़ नत्थी करें
Connect relevant papers and put up	सम्बद्ध कागज़ों के साथ प्रस्तुत करें
Consider it again	इस पर पुनर्विचार करें
Consider properly	समुचित रूप से विचार करें
Consultation is necessary	परामर्श आवश्यक है
Consolidated report may be furnished	समेकित रिपोर्ट प्रस्तुत करें
Contract may be terminated	संविदा/ठेका समाप्त कर दिया जाए
Contention is not correct	तर्क ठीक नहीं है
Conversion of temporary posts into permanent ones	अस्थायी पदों का स्थायी पदों में बदलना
Convey your financial concurrence/approval	अपनी वित्तीय सहमति/अनुमोदन की सूचना दें
Copy of the court judgement is being obtained	अदालत के फ़ैसले की नक़ल मंगवायी जा रही है
Copy enclosed for ready reference	तत्काल हवाले के लिए प्रतिलिपि संलग्न है
Copy forwarded to...for information and necessary action	प्रतिलिपि…को सूचना और आवश्यक कार्रवाई के लिए प्रेषित

Copy of the booklet is enclosed for necessary action — पुस्तिका की एक प्रति आवश्यक कार्रवाई/कार्यवाही के लिए संलग्न है

Copy of the letter referred to above is sent herewith — उल्लिखित पत्र की प्रति इसके साथ भेजी जा रही है

Copy of the minutes is enclosed for your information — कार्यवृत्त की एक प्रति आपके सूचनार्थ संलग्न है

Copy together with 5 spares is forwarded to... — पाँच अतिरिक्त प्रतियों सहित प्रति··· को प्रेषित

Correspondence reffered to above — उल्लिखित पत्र-व्यवहार/पत्राचार

Correspondence resting with your letter — आपके पत्र के साथ का पत्र-व्यवहार

Correspondence resting with your D.O. letter No.... — आपके अर्ध-सरकारी पत्र सं०···के साथ का पत्र-व्यवहार

Course of action suggested in para...of noting at...may kindly be approved — पृष्ठ······की टिप्पणी के पैरा······में सुझायी गयी कार्रवाई का अनुमोदन करें

Cut already imposed on entertainment and hospitality fund should be scrupulously enforced — मनोरंजन और अतिथि-सत्कार पर पहले से की गयी कटौती कड़ाई से लागू की जानी चाहिए

Currency of the post expires on... — पद की अवधि···को समाप्त होती है

Currency of the post may be extended upto the end of the financial year — पद की अवधि वित्तीय वर्ष के अन्त तक के लिए बढ़ा दी जाए

D.D. Message (Damage and deficiency) — क्षति एवं कमी सम्बन्धी संदेश

Date of the pass may be extended — पास की तारीख बढ़ा दी जाए

Day to day administration work — दैनिक प्रशासनिक कार्य

Dealer to see me with his remarks — निपटान क्लर्क अपनी टिप्पणियों सहित मुझसे बात करें

Debit for Rs....debitable to head...is accepted — रु०······का नाम खाता स्वीकार किया जाता है। इस रकम को शीर्ष ······के अन्तर्गत नामे डाला जाए

Decision is awaited — निर्णय की प्रतीक्षा है

Decrease is due to... — कमी···के कारण है

Delay causes much difficulty in the compilation of statistics — देर के कारण आँकड़ों के संकलन में बहुत कठिनाई होती है

Delay in disposal — निपटारे में देरी

Delay in returning the file is regretted — फ़ाइल के लौटाने में हुई देर के लिए खेद है

Delay in submission of the case is regretted — मामले को प्रस्तुत करने में हुई देर के लिए खेद है

Delay in the payment of pay and allowances — वेतन और भत्ते के भुगतान में देर

Delay should be avoided — देर नहीं होनी चाहिए

Delay was unavoidable — विलम्ब अपरिहार्य था

Demand is inescapable — माँग अनिवार्य है

Demi-official letter of even no. — समसंख्यक अर्ध-सरकारी पत्र

Departmental action is in progress — विभागीय कर्रवाई की जा रही है

Department may please see for comments — विभाग कृपया टिप्पणी के लिए देख ले

Department will be advised accordingly — विभाग को तदनुसार सूचित कर दिया जाएगा

Deserves promotion out of turn	(कर्मचारी) अपनी बारी से पहले तरक्की पाने योग्य है
Despite several reminders, no reply has been received so far	कई बार याद दिलाने के बाद भी अभी तक उत्तर नहीं मिला है
Detailed particulars may be furnished to accounts office.	लेखा कार्यालय को विस्तृत विवरण भेजा जाए
Disadvantages of the proposal out-weigh the advantages, it can not be accepted	प्रस्ताव से लाभ की तुलना में हानि अधिक है, इसे स्वीकार नहीं किया जा सकता
Discrepancy should be reconciled	विसंगति का समाधान कर लिया जाए
Discussed	विचार-विमर्श कर लिया, बात कर ली
Discussed and dropped	विचार-विमर्श के बाद इसे समाप्त कर दिया गया
Discused with...	...से विचार-विमर्श कर लिया है
Discuss with papers	सम्बन्धित कागज़ लेकर विचार-विमर्श करें
Disposal of routine papers	नेमी कागज़ों का निपटारा
D.A.O. has not given his concurrence to the proposal	मंडल लेखा अधिकारी प्रस्ताव से सहमत नहीं है
Does not seem to have been received in this office	इस कार्यालय में प्राप्त हुआ नहीं जान पड़ता
Does not stand to reason	तर्कसंगत नहीं है
Do the needful	आवश्यक कार्रवाई करें
Draft approved as amended	मसौदा संशोधित रूप में अनुमोदित किया जाता है
Draft as amended,may be issued	यथासंशोधित मसौदा जारी किया जाए
Draft circular put up for signature	परिपत्र का मसौदा हस्ताक्षर के लिए प्रस्तुत है
Drft for approval please	मसौदा अनुमोदनार्थ प्रस्तुत है
Draft has been amended accordingly	मसौदा तदनुसार संशोधित कर दिया गया है
Draft is put up accordingly	तदनुसार मसौदा प्रस्तुत है
Draft letter has been amended as desired and is put up for approval as desired please	निदेशानुसार पत्र के मसौदे में संशोधन कर दिया गया है और अनुमोदन के लिए प्रस्तुत है
Draft may now be issued	प्रारूप अब जारी कर दिया जाए
Draft need not be issued	प्रारूप को जारी करने की आवश्यकता नहीं है
Draft reply is placed for approval	उत्तर का मसौदा अनुमोदनार्थ प्रस्तुत है
Draft reply on the lines suggested above may be put up	उपर्युक्त सुझावों के आधार पर उत्तर का मसौदा तैयार करें
Due to dislocation of the traffic	यातायात के अव्यवस्थित होने के कारण
Due to negligence	लापरवाही के कारण
Due to non-receipt/late receipt	···न मिलने/देर से मिलने के कारण
Due to omission	चूक के कारण
Due to oversight	ध्यान न रहने के कारण
Due to unavoidable circumstances	अपरिहार्य परिस्थितियों के कारण
Duly sanctioned	विधिवत् मंज़ूर किया हुआ
Duly verified	विधिवत् सत्यापित
During our discussion held last month	पिछले महीने हमारे विचार-विमर्श के दौरान
During the period under review	समीक्षाधीन अवधि में

Early orders are solicited — शीघ्र आदेश देने की प्रार्थना है, कृपया शीघ्र आदेश दें

Early reply will be highly appreciated — यदि उत्तर शीघ्र भेज दें तो बड़ी कृपा होगी

Economy report — मितव्ययिता रिपोर्ट

Effective steps should be taken to clear the arrears — बक़ाया काम के निपटारे के लिए कारगर उपाय किये जाएँ

Eligiblity is certified — पात्रता प्रमाणित की जाती है

Employee requests following amendments in the pass — कर्मचारी ने पास में निम्नलिखित संशोधन करने की प्रार्थना की है

Empowered to sanction — मंज़ूरी देने का अधिकार है

Enquire into the case and report early — मामले की जाँच करें और शीघ्र रिपोर्ट दें

Enquiries made reveal that the matter has been badly delayed — जांच से मालूम हुआ है कि मामले में बहुत देर लगा दी गयी है

Enquiry has been ordered — जांच का आदेश दे दिया गया है

Enquiry has not been held in a proper manner — जाँच सही ढंग से नहीं की गयी है

Enquiry proceedings — जाँच की कार्यवाही

Ensure prompt and speedy implmentation — शीघ्र कार्यान्वयन सुनिश्चित करें

Entry in leave account/service recrod for initials please — छुट्टी लेखे सेवा-अभिलेख में की गयी प्रविष्टि आद्यक्षर के लिए प्रस्तुत है

Estimate is under preparation — प्राक्कलन तैयार किया जा रहा है

Estimates should be complete in all respects — प्राक्कलन हर तरह से पूर्ण होना चाहिए

Every encouragement should be given — सब तरह से प्रोत्साहन दिया जाए

Examine the proposal in the light of observation at 'A' above — ऊपर 'ए' अंकित अंश पर दी गयी टिप्पणी का ध्यान में रखते हुए प्रस्ताव की जाँच करें

Ex-Party decision — एकपक्षीय निर्णय

Excess fare ticket — अतिरिक्त भाड़ा टिकट

Ex-gratia payment — अनुग्रह के रूप में भुगतान

Expedite submission of report — रिपोर्ट शीघ्र भिजवाने की व्यवस्था करें

Expenditure for boarding and lodging will be met by the department — भोजन और निवास का ख़र्च विभाग द्वारा दिया जायेगा

Explanation may be called for — स्पष्टीकरण माँगा जाए

Explanation of the staff concerned should be called for — सम्बन्धित कर्मचारी से जवाब तलब किया जाए

Explain why disciplinary action should not be taken against you — बतायें कि आपके विरुद्ध अनुशासन की कार्रवाई क्यों न की जाए

Ex-post facto sanction — कार्योत्तर मंज़ूरी

Facilities are not available — सुविधाएँ उपलब्ध नहीं हैं

Facts of the case in brief are as follows — संक्षेप में मामले के तथ्य इस प्रकार हैं

F(E) may please see noting above with reference to their query on pre-page — वित्त (स्थापना) पिछले पृष्ठ पर अपनी पृच्छा के सम्बन्ध में कृपया ऊपर लिखी टिप्पणी देखें

Figures for the corresponding period of the last year are not readily available — पिछले वर्ष की इसी अवधि के आँकड़े तत्काल उपलब्ध नहीं हैं

Figures have been compiled and shown in attached statement — आँकड़े संकलित कर लिए गये हैं और संलग्न विवरण में दिये गये हैं

File a suit against them — उनके विरुद्ध दावा दायर करें

Files are indexed according to booking particular — फ़ाइलों को बुकिंग विवरण के अनुसार सूचीबद्ध किया जाता है

File in question is placed below — अपेक्षित फ़ाइल नीचे रखी है

File may be referred to Ministry...for comments — यह फ़ाइल टिप्पणी के लिए...मंत्रालय को भेज दी जाए

File may kindly be returned early after keeping extracts — उद्धरण रखने के पश्चात कृपया इस फ़ाईल को शीघ्र लौटा दें

File papers — कागज़ फ़ाइल किये जाएँ

Final bill is not on the prescribed form — अन्तिम बिल निर्धारित प्रपत्र/फ़ार्म पर नहीं है

Final concurrence is accorded — अन्तिम सहमति दी जाती है

Final decision when arrived at will be communicated — अन्तिम विनिश्चय हो जाने पर सूचित किया जायेगा

Financial concurrence to the creation of the following post is necessary/has been asked for — नीचे लिखे पदों के सृजन के लिए वित्तीय सहमति आवश्यक है/माँगी गयी है

Financial concurrence to the proposal is awaited — प्रस्ताव पर वित्तीय सहमति की प्रतीक्षा है

Financial implications of the proposals made by...duly vetted by A/C are furnished — ...द्वारा बनाये गये प्रस्ताव के वित्तीय फलितार्थ प्रस्तुत किये जा रहे हैं। लेखा विभाग ने इसकी विधिवत् पड़ताल कर ली है

Fix a date for the metting — बैठक के लिए कोई तारीख़ नियत की जाए

Fix up responsibility — जवाबदेही ठहरायी जाये

Fix up some date — कोई तिथि निश्चित कर दें/लें

Following employees are confirmed in their existing posts with effect from the date shown against each — निम्नलिखित कर्मचारी अपने वर्तमान पद पर उनके नाम के सामने दी गयी तारीख से स्थायी किये जाते हैं

Following confirmations are hereby ordered — निम्नलिखित कर्मचारियों को इसके द्वारा स्थायी किया जाता है

Following is an extract of Board's orders on the subject — इस विषय पर बोर्ड के आदेश का उद्धरण नीचे दिया गया है

Following remarks ore offered — कैफ़ियत इस प्रकार है

Following suggestions — निम्नांकित सुझाव

Following transfers and postings will take effect immediately — निम्नलिखित स्थानान्तरण और तैनातियाँ तत्काल लागू होंगी

For administrative approval please — कृपया प्रशासनिक अनुमोदन करें

For attestation please — कृपया तसदीक करें

For compliance — अनुपालन के लिए/अनुपालनार्थ

For concurrence please — सहमति के लिए

For early compliance — शीघ्र अनुपालन के लिए, कृपया शीघ्र कार्यवाही करें

For early remarks please — कृपया शीघ्र कैफ़ियत/रिमार्क/अभ्युक्ति दें

For examination and report in due course — जाँच करने और यथासमय रिपोर्ट देने के लिए

For facility of reference — संदर्भ की सुविधा के लिए

For favour of necessary action — उचित कार्रवाई के लिए

For favour of orders — आदेश देने की कृपा करें, आदेशार्थ

For financial concurrence please — कृपया वित्तीय सहमति प्रदान करें

For good and satisfactory reasons — संतोषजनक एवं पर्याप्त कारणों से

For immediate action please — कृपया तत्काल कार्रवाई करें

Eor immediate attention — तुरन्त ध्यान दें

For information and guidance — सूचना और मार्गदर्शन के लिए

For information and necessary action — सूचना और आवश्यक कार्रवाई के लिए

For information and order — सूचना और आदेश के लिए

For information only — केवल सूचना के लिए

For kind approval of the inter-divisional transfers — अन्तर्मण्डलीय स्थानान्तरण के अनुमोदन के लिए प्रस्तुत

For information and orders, if any, please — सूचनार्थ और आदेश (यदि देना चाहें) के लिए

Formal approval is necessary, the same may be obtained — औपचारिक अनुमोदन आवश्यक है। प्राप्त किया जाये

For onward transmission — आगे भेजने के लिए

For onward transmission to the Board — आगे बोर्ड को भेजने के लिए

For obvious reasons — स्पष्ट कारणों से

For orders, if the credit be afforded to the station — कृपया आदेश दें कि क्या स्टेशन के जमा खाते में डाल दिया जाए

For orders, if this may be procured through local purchases — क्या इसे स्थानीय बाजार से खरीदा जाये ? आदेशार्थ प्रस्तुत

For orders please, if action may be taken on the lines indicated above — कृपया आदेश दें कि क्या उपर्युक्त संकेत के अनुसार कार्रवाई की जाये

For orders please if the claim may be repudiated — कृपया आदेश दें कि क्या दावा अस्वीकार कर दिया जाये

For orders please if the papers may be handed over to Claims inspector for enquiry and report — कृपया आदेश दे कि क्या जाँच करने और रिपोर्ट देने के लिए काग़ज़ दावा निरीक्षक को दे दिये जाएँ

For orders please whether security deposit of Rs....be refunded to the contractor — कृपया आदेश दें कि क्या ठेकेदार को ···रुपये की ज़मानत लौटा दी जाये

For perusal and orders please — कृपया देखें और आदेश दें

For reasons explained above — ऊपर बताये गये कारणों से

For reasons now explained we concur in the proposal — अब जो कारण बताए गये हैं उनको दृष्टि में रखते हुए हम इस प्रस्ताव पर अपनी सहमति देते हैं

For reasons stated in para... above — ऊपर पैरा······में बताये गये कारणों से

For reconsideration — पुनर्विचार के लिए

For remarks and return — कैफ़ियत के साथ लौटाने के लिए

For sanction/approval please — मंज़ूरी/अनुमोदन के लिए

For signature, if approved, please — यदि अनुमोदन करते हों, तो कृपया हस्ताक्षर कर दें

For such action as considered necessary — यथावश्यक कार्रवाई के लिए

For suitable action — उपर्युक्त कार्रवाई के लिए

For verification — सत्यापन के लिए

Forwarded for consideration — विचारार्थ अग्रसारित

Forwarded to...Branch for disposal — निपटारे के लिए···शाखा को प्रेषित

Full payment sanctioned — पूरे भुगतान की मंज़ूरी दी

Fund may be provided by reappropriation	पुनर्विनियोग द्वारा निधि की व्यवस्था की जाए
Funds are available within sanctioned budget	मंज़ूर बजट में रकम उपलब्ध
Funds will be asked for	रकम माँगी जायेगी
Funds will be made available by reappropriation	पुनर्विनियोग द्वारा रकम उपलब्ध की जायेगी
Funds will be provided	धन की व्यवस्था की जायेगी
Furnish details	ब्यौरा दें
Furnish details as to how the amount of claim has been arrived at	कृपया ब्यौरा दे कि दावे की रकम किस प्रकार निर्धारित की गयी है
Furnish information urgently	सूचना शीघ्र भेजें
Furnish your definite instructions regarding disposal of the claim	दावे का निपटारा करने के लिए कृपया अपने निश्चित अनुदेश दें
Further advice may be awaited	अगली सूचना की प्रतीक्षा करें
Further communication will follow	आगे फिर लिखा जायेगा
Further correspondence in this respect may please be addressed to...	कृपया इस सम्बन्ध में आगे…से पत्र व्यवहार करें
Further report is awaited	आगे की रिपोर्ट की प्रतीक्षा है
G.M. has recommended at under	महाप्रबन्धक ने निम्नलिखित सिफ़ारिश की है
G.M's sanctian is necessary	महाप्रबन्धक की मंज़ूरी आवश्यक है
Get clarification of the staff concerned	सम्बन्धित कर्मचारियों से स्पष्टीकरण माँगा जाये
Get bold of the file and see me	फ़ाइल प्राप्त करें तथा मुझसे मिलें
Give necessary facilities	आवश्यक सुविधाएँ दी जाएँ
Give top priority to this work/case	इस काम/मामले को परम अग्रता/वरीयता दी जाए
Hand over charge today	आज कार्यभार सौंप दीजिए
Hard and fast rules	पक्के नियम
Has a clear record of service to his credit	उनका सेनावृत्त निष्कलंक है
Has applied for mutual transfer	…से परस्पर तबादले के लिए अर्ज़ी दी है
Has been accustomed to absenting unauthorisedly	अनधिकृत रूप से ग़ैरहाज़िर रहने का आदी है
Has been dealt with suitably	समुचित कार्रवाई की गयी है
Has been referred to...	…को भेजा गया है
Has he been screened	क्या उनकी जाँच की जा चुकी है ?
Has made a varying statement on different occasions	विभिन्न अवसरों पर अलग-अलग बयान दिया है
Has not been pursuied properly	समुचित ध्यान नहीं दिया गया है
Has not been received in this office	इस कार्यालय में प्राप्त नहीं हुआ है
Has put in an application for leave	छुट्टी के लिए अर्ज़ी दी है
Has reported sick	बीमारी की अर्ज़ी भेजी है
. . . has represented that his pay may be fixed in accordance with new rules	…ने निवेदन किया है कि उनका वेतन नये नियमों के अनुसार नियत किया जाए
Have you gone through the papers	क्या आपने काग़ज़ात देख लिए हैं
Having come to know that . . .	यह जानकर कि…

Having regard to . . .	…को दृष्टि में रखते हुए
Head of the account has not been given on the final bill	अन्तिम बिल पर लेखाशीर्ष नहीं लिखा गया है
Hearing was adjourned	सुनवायी स्थगित कर दी गयी
He disowns ownership	वह इसके स्वामित्व से इनकार करता है
Held in abeyance	आस्थगित रखा गया
He may be warned to be careful in future	उसे भविष्य में सावधान रहने की चेतावनी दी जाए
Here with eaclosed	इसके साथ संलग्न है
His case has been recommended by his department	उसके विभाग ने उसके मामले की सिफ़ारिश की है
His conduct should be watched for some time	कुछ समय तक उसके आचरण पर निगाह रखी जाए
His date of annual increment is...	उसकी वार्षिक वेतन-वृद्धि की तारीख़ …है
His name is not borne in the seniority list	वरिष्ठता/ज्येठता / प्रवरण-सूची में उनका नाम नहीं है
His relations both with those above and below him are cordial	अपने से बड़े और छोटे सभी के साथ उसके सम्बन्ध सौहार्दपूर्ण है
His request is in order	उसकी प्रार्थना नियम-संगत है
House allowance in lieu of free quarter is admissible to the employee	निशुल्क क्वार्टर के बदले कर्मचारी को मकान भत्ता दिया जा सकता है
How the matter stands ?	मामला किस स्थिति में है ?
I agree	मैं सहमत हूँ
I am directed to state that	मुझे यह सूचित करने का निदेश हुआ है
I do not agree with the portion at 'A' above	मैं ऊपर 'ए' अंकित अंश से सहमत नहीं हूँ
If agreed to, he will be advised accordingly	यदि आप सहमत हों, तो उन्हें तदनुसार सूचित कर दिया जायेगा
If agreed to, papers will be filed	यदि आप सहमत हों, तो काग़ज फ़ाइल कर दिये जायेंगे
If any deviation is noticed the same will be viewed seriously	यदि कोई विचलन देखने में आया तो उसे गम्भीर समझा जायेगा
If approved, a letter will be sent on the above lines	यदि अनुमोदन करें तो उपर्युक्त सुझाव के अनुसार पत्र भेज दिया जायेगा
If approved, remarks will be called for from the employee	यदि अनुमोदन करें तो कर्मचारी से कैफ़ियत मांगी जायेगी
If approved, sale value will be refunded to the purchaser	यदि अनुमोदन करें तो विक्रय-मूल्य ख़रीदार को लौटा दिया जायेगा
If approved, the employee will be advised accordingly	यदि अनुमोदन करे तो कर्मचारी को तदनुसार सूचित कर दिया जाएगा
If it is otherwise in order, the proposal may be accepted	यदि प्रस्ताव अन्यथा नियम-संगत हो तो उसे मान लिया जाए
If you will kindly look into this	यदि आप इसे कृपया देख लें
I have no instructions in the matter	मुझे इस मामले में कोई हिदायत नहीं मिली है
I have not yet received any reply from your end	आपके यहाँ से अभी तक मुझे कोई उत्तर नहीं मिला है
I have satisfied myself that the employee is not at fault	मैंने इत्मीनान कर लिया है कि कर्मचारी की ग़लती नहीं है
I have to reply in negative	मुझे नकारात्मक उत्तर देना है
I have to thank you for assistance in the matter	इस मामले में सहायता दी, उसके लिए मैं आपको धन्यवाद देता हूँ
Immediate action please	तत्काल कार्रवाई करें

Immediate disposal of the file is requested — इस फ़ाइल का निपटान शीघ्र करने का अनुरोध किया जाता है/कृपया इस फ़ाइल का निपटान शीघ्र करें

I invite your attention to this important fact — मैं इस महत्वपूर्ण तथ्य की ओर आपका ध्यान दिलाता हूँ

In acknowledging receipt of — ···की पावती भेजते हुए/की प्राप्ति स्वीकार करते हुए

In anticipation of your approval — आपके अनुमोदन की प्रत्याशा में

In any case — किसी भी दशा में/किसी भी हालत में

In any form — किसी भी रूप में

In any special case — किसी विशेष मामले में

In a round-about way — गोल-मोल ढंग से

Incidentally it may be pointed out that... — प्रसंगवश यह उल्लेखनीय है कि—

In compliance with your request — आपकी प्रार्थना स्वीकार करते हुए

In confirmation — ···की पुष्टि में

In conformity with rules — नियमों के अनुरुप

In connection with... — ···के सम्बन्ध में

In consultation with... — ···के परामर्श से

In continuation of... — ···के क्रम में

In continuation of this letter — इस कार्यालय के पत्र संख्या···के क्रम में

In contravention... — ···के विपरीत

Inconvenience caused is very much regretted — जो असुविधा हुई उसके लिए अत्यन्त खेद है/असुविधा के लिए खेद है

In correspondence with — से पत्र-व्यवहार में

In course of checking — जाँच के दौरान

Increment deferred by...days L.W.P. — ··दिन की बिना वेतन छुट्टी के कारण वेतनवृद्धि उतने दिनों के लिए स्थगित की गयी

Increment in sub-grade granted — मूल ग्रेड में वेतन/वृद्धि मंजूर की गयी

Indents for signature please — इंडेंट/मांगपत्र हस्ताक्षर के लिए प्रस्तुत है

In due course — यथासमय

In each case — हर मामले में

Inform accordingly — तदनुसार सूचित करें/किया जाए

Inform all concerned — सर्व सम्बन्धित को सूचित करें

Information has already been sent under this office letter No.... — इस कार्यालय के पत्र संख्या···के अधीन सूचना पहले ही भेजी जा चुकी है

Information has been obtained from the office concerned — सम्बन्धित कार्यालय से सूचना मँगा ली गयी है

Information is still awaited from some of the — कुछ···से सूचना अभी भी नहीं मिली है

Inform the candidate — उम्मीदवार को सूचित किया जाए

In full and final payment — कुल और चुकता भुगतान

In good faith — सद्भावेन/सद्भाव से

In his absence — उनकी अनुपस्थिति में/ उनकी ग़ैर-हाजिरी में

In lieu of — के बदले

In order to avoid delay — ताकि देर न हो

In order to ensure that — यह सुनिश्चित करने के लिए कि

In order to safeguard against... — ···से बचाव के लिए

Inordinate delay — अत्यधिक विलम्ब

In other respects — अन्य बातों में

In partial modification of this office order No....dated... — इस कार्यालय के तारीख···के आदेश संख्या···में आंशिक आशोधन करते हुए

In pursuance of	के अनुसार
Inquiry into the case has been completed	मामले की जाँच कर ली गयी है
In reference to	के संदर्भ में
In reply to	के उत्तर में
In respect of	के सम्बन्ध में
In similar cases/circumstances	इसी प्रकार के मामलों में/परिस्थितियों में
In so far as	जहाँ तक कि
Inspector should be deputated to enquire and report	जाँच करके रिपोर्ट देने के लिए निरीक्षक तैनात किया जाए
Inspite of repeated reminders the information has not been received so far	बार-बार याद दिलाने के बावजूद अभी तक सूचना नहीं मिली है
Inspite of the fact	इस तथ्य के बावजूद
Inspite of thorough search the relevant file is not traceable	भली-भाँति खोज करने पर भी संबंधित फ़ाइल मिल नहीं रही है
Instruct and fix up the date	कृपया अनुदेश दें और तारीख निश्चित करें
Instructions has been issued	हिदायत जारी कर दी गयी है
Instructions were issued but these have not been acted upon	हिदायत दी गयी थी, लेकिन उस पर अमल नहीं किया गया है
In supersession of this office order No....	कार्यालय आदेश संख्या· · ·का अतिक्रमण करते हुए
Interim reply may be given	अन्तरिम उत्तर भेज दिया जाए
In that respect	उस विषय में
In the absence of any rules, past practice is the law.	नियमों के अभाव में पिछली परिपाटी क़ानून है
In the circumstances stated above	ऊपर बतायी गयी परिस्थितियों में
In the concluding para	अन्तिम पैरा में
In the course of	के दौरान
In the event of	की हालत में/ के होने पर
In the existing vacancy	मौजूदा ख़ाली जगह में
In the first instance	सबसे पहले/सर्वप्रथम
In the following manner	निम्नलिखित ढंग से
In the immediate future	निकट भविष्य में
In the interest of	के हित में
In the light of the above	जो कुछ ऊपर कहा गया है उसे देखते हुए
In the matter of	के मामले में
In the meantime following remarks will be passed in the register	इस बीच रजिस्टर में निम्नलिखित कैफ़ियत दर्ज कर दी जायेगी
In the meanwhile	तब तक
In the preceding paragraph	इससे पहले के पैरा में/पूर्ववर्ती पैरा में
In the prescribed proforma	विहित प्रोफ़ार्मा में
In the presence of...	· · ·की मौजूदगी में
In the usual way	सामान्य रूप से
In this connection attention is invited to the notice at pp.... ...of the file No....	इस सम्बन्ध में फ़ाइल संख्या· · ·के पृष्ठ · · ·की टिप्पणी की ओर ध्यान दिलाया जाता है
In this connection it may be pointed out that	इस सम्बन्ध में यह उल्लेखनीय है कि
In view of the present exigencies of work to deal with	कार्य करने की वर्तमान आवश्यकताओं को ध्यान में रखते हुए
In view of the circumstances	परिस्थितियों को देखते हुए

In view of the circumstances stated above we may agree to the suggestion — ऊपर बतायी गयी परिस्थितियों में हम सुझाव मान लें
In view of the urgency — तात्कालिक आवश्यकता को देखते हुए
In view of what has been stated above, I agree with the above note — जो कुछ ऊपर कहा गया है उसे देखते हुए, मैं ऊपर की टिप्पणी से सहमत हूँ
I fully agree with office note — कार्यालय की टिप्पणी से मैं पूरी तरह सहमत हूँ
I regret to inform you that your proposal has not been accepted — मैं खेद के साथ सूचित करता हूँ कि आपका प्रस्ताव स्वीकार नहीं किया गया है
Irrespective of — का लिहाज़ किये बिना/ का विचार किये बिना
Is a very vital point in the case — यह मामले का अत्यन्त महत्वपूर्ण पहलू है
I shall be highly obliged for the assistance — सहायता के लिए मैं अत्यन्त आभारी होऊँगा
Is in the process of finalisation — अन्तिम रूप दिया जा रहा है
Is not covered by rules — नियमों में इसके लिए व्यवस्था नहीं है
Is not permitted by the rules — नियम-सम्मत नहीं है
Is not practicable — यह व्यवहार्य नहीं है
Is not traceable as having been received — ···के प्राप्त होने का प्रमाण नहीं मिलता
Is punishable under rule... — नियम···के अधीन दण्डनीय है
Is requested to peruse the note and fix a date for the interview — से अनुरोध है कि टिप्पणी का अवलोकन करें और साक्षात्कार के लिए तारीख़ नियत करें
Is reverted to his substantive post/grade — उन्हें अपने मूल पद/ग्रेड में लौटाया जाता है
Is self-explanatory — स्वतः स्पष्ट है
Issue as modified/amended — यथासंशोधित जारी करें
Issue immediate reminder — तत्काल अनुस्मारक भेजें
Issue warning — चेतावनी दें
Issue reminder urgently — तुरन्त अनुस्मारक भेजें
It appears that... — ऐसा जान पड़ता है कि···
It gives us pleasure to inform you that... — आपको सूचित करते हुए हमें हर्ष होता है कि···
It has already been brought to your notice — पहले ही आपका ध्यान इस ओर दिलाया जा चुका है
It has been noticed that — यह देखा गया है कि
It has since been decided that — यह निर्णय किया गया है कि
It is a side issue — यह एक गौण प्रश्न है
It is a fit case for appeal against the judgement of the lower court — निचली अदालत के निर्णय के विरुद्ध अपील करने के लिए, यह उपर्युक्त मामला है
It is a fit case for prosecution — मुकदमा चलाने के लिए यह उपयुक्त मामला है
It is a matter of regret that — खेद की बात है कि
It is an open secret that — यह खुला रहस्य है कि
It is in order and sanction may be accorded — यह नियमसंगत है, मंज़ूरी दे दी जाए
It is being experienced that — यह अनुभव किया जा रहा है कि
It is conceded — यह मान लिया गया है
It is defective — यह ख़राब/दोषपूर्ण है
It is desirable to call for fresh tender — नये टेंडर मांगना वांछनीय है

It is difficult to proceed with the case	मामले में आगे कार्रवाई करना कठिन है
It is felt that	ऐसा जान पड़ता है कि
It is for consideration whether the request should be accepted	विचारणीय है कि क्या प्रार्थना स्वीकार कर ली जाए
It is irregular and cannot be covered by any stretch of interpretation of the rules.	यह अनियमित है और चाहे जिस तरह व्याख्या की जाए, इसे नियमसंगत नहीं ठहराया जा सकता
It is neither a case for prosecution nor for departmental action	इस मामले में न मुकदमा चलाया जा सकता है और न विभागीय कार्रवाई की जा सकती है
It is notified for general information	आम सूचना के लिए इसे अधिसूचित किया जाता है
It is not proposed to hold an open enquiry in this case	इस मामले में खुली जाँच करने का विचार नहीं है
It is not the occassion for criticism	यह आलोचना का अवसर नहीं है
It is obvious that	यह स्पष्ट है कि
It is possible that	यह संभव है कि
It is regretted that the estimate has not been prepared in accordance with extant instructions	खेद है कि खर्च का अनुमान मौजूदा हिदायतों के अनुसार तैयार नहीं किया गया है
It is suggested that...	सुझाव है कि
It is understood that...	मालूम हुआ है कि · · ·
It is within your powers	यह आपके अधिकार में है
It may also be mentioned It may further be added	यह भी कहा जा सकता है
It requires prior approval	इसके लिए पूर्व अनुमोदन आवश्यक है
It should be obtained by personal contact	इसे व्यक्तिगत सम्पर्क द्वारा हासिल किया जाए
It will be greatly appreciated if the requisite information is expedited	यदि अपेक्षित सूचना शीघ्र भेज दें, तो बड़ी कृपा होगी
I wish to inform you that	मैं आपको बताना चाहता हूं कि
I would like to see	मैं देखना चाहूँगा
Joined duty	कार्यभार ग्रहण किया
Joint enquiry has been ordered by the ...	···ने संयुक्त जाँच का आदेश दिया है
Justification has been accepted	औचित्य मान लिया गया है
Justification is necessary	औचित्य आवश्यक है
Justify your proposal	अपने प्रस्ताव को औचित्य दें
Keeping in view	दृष्टि में रखते हुए
Keep in abeyance	आस्थगित रखा जाए
Keep pending	निर्णयार्थ रोक रखें
Keep this in view	इसे दृष्टि में रखें
Keep up the progress	प्रगति बनाये रखें
Keep with the file	फ़ाइल में रखा जाए
Kindly accord concurrence	कृपया सहमति प्रदान करें
Kindly acknowledge receipt	कृपया पावती भेजें
Kindly advise if the claim may be treated as closed	कृपया सूचित करें कि क्या मामला समाप्त समझा जाए
Kindly advise whether the claims have been disposed of	कृपया सूचित करें कि क्या दावों का निपटारा कर दिया गया है
Kindly check	कृपया जाँच कर लें
Kindly confirm	कृपया पुष्टि करें

Kindly consider — कृपया विचार करें
Kindly countersign — कृपया प्रतिहस्ताक्षर करें
Kindly expedite disposal/reply — कृपया शीघ्र निपटारा करें/उत्तर दें
Kindly instruct further — कृपया आगे अनुदेश दें
Kindly look into it — कृपया इसे देख लें
Kindly record essentiality certificate — कृपया अनिवार्यता प्रमाणपत्र दें
Kindly refer to my demi-official letter — कृपया मेरा अर्ध-सरकारी पत्र देखें
Kindly refer to your letter/ D.O. No....dated... — कृपया ता०· ·का अपना पत्र/अर्ध-सरकारी पत्र सं०· · ·देखें
Kindly review the case — कृपया मामले पर पुर्नविचार करें

Later on — बाद में
Law officer for opinion please — विधि अधिकारी कृपया अपनी राय दें
Leave asked for may be sanctioned — माँगी गयी छुट्टी मंजूर की जाए
Leave is due at his credit — इनकी छुट्टी बाकी है
Leave not due — छुट्टी बाकी नहीं है
Leave on ground of sickness may be granted — बीमारी के कारण छुट्टी दे दी जाए
Letter put up for approval and signature please — अनुमोदन और हस्ताक्षर के लिए पत्र प्रस्तुत है
Letter of acceptance — स्वीकृति-पत्र
Liable to a termination on one week's notice — एक सप्ताह के नोटिस पर समाप्त किया जा सकता है
Liable to disciplinary action — अनुशासन की कार्रवाई की जा सकती है
Liability in case of payment will devolve on your Railway — भुगतान किये जाने की स्थिति में दायित्व आपकी रेल का होगा
Linked file is kept below — संबद्ध फाइल नीचे लगी है
List of absentees should be prepared early — अनुपस्थिति व्यक्तियों की सूची शीघ्र तैयार की जाए
Locate the irregularities/discrepancies — अनियमितताओं/असंगतियों का पता लगाएँ
Long over due — बहुत अत्यावधिक/ निर्धारित समय से काफ़ी पिछड़ गया है/ बहुत पहले से अपेक्षित

Look after the work — काम देखें
Look into the matter — मामले को देखें/ मामले पर ध्यान दें
Losses may be written off — नुकसान को बट्टे खाते में डाला जाए
Loss is not due to negligence, carelessness or dishonesty on the part of any staff — किसी कर्मचारी की लापरवाही, असावधानी या बेईमानी के कारण यह हानि नहीं हुई है
Lot of delay has occurred in the disposal of this case and this could have been avoided — इस मामले के निपटारे में बहुत अधिक विलम्ब हो गया है और इससे बचा जा सकता था
Lowest quotations may be accepted — सबसे कम दर स्वीकार कर ली जाए
Lowest rate acceptable — न्यूनतम दर स्वीकार्य है

Maintenance of discipline — अनुशासन बनाये रखना
Make interim arrangement — अन्तरिम प्रबन्ध करें
Make special note of the decision — इस निर्णय को विशेष रूप से नोट करें
Make use of... — . . .का उपयोग करें
Matter has already been considered — मामले पर विचार किया जा चुका है

Matter has been considered मामले पर विचार किया गया है
Matter has been examined मामले की जाँच की गयी है
Matter is dropped इस मामले को समाप्त कर दिया गया है
Matter is receiving attention मामले पर ध्यान दिया जा रहा है
Matter is still under consideration मामला अभी विचाराधीन है
Matter is under consideration मामला विचाराधीन है/ मामले पर विचार हो रहा है
Matter is under correspondence and you will be advised in due course मामले के सम्बन्ध में पत्र-व्यवहार चल रहा है और आपको यथासमय सूचित किया जाएगा
Matter is under disposal मामले का निपटारा हो रहा है
Matter is under investigation मामले की जाँच की जा रही है
Matter of extreme urgency अत्यंत आवश्यक मामला
Matter may be referred to मामला· · ·को भेजा जाए
Matter may be treated as most urgent मामला अत्यन्त आवश्यक समझा जाए
Matter needs thorough investigation मामले की पूरी जाँच की आवश्यकता है
May an interim reply be given क्या अन्तरिम उत्तर दे दिया जाए
May a reference be made to क्या· · ·को लिखा जाए
May be approved अनुमोदित किया जाए
...May be asked to offer remarks · · ·से कैफ़ियत देने के लिए कहा जाए
May be cancelled रद्द कर दिया जाए
May be concurred in सहमति प्रदान की जाए
May be debited to · · ·के नामे डाला जाए
May be deferred मुल्तवी रखा जाए
May be destroyed नष्ट कर दिया जाए
May be filed फ़ाइल कर दिया जाए
May be forwarded to... · · ·को भेज दिया जाए
...May be informed accordingly · · ·को तदनुसार सूचित किया जाए
May be permitted अनुमति दे दी जाए
May be perused देख लिया जाए
May be reverted to the former post पिछले पद पर परावर्तित किया जाए
May be sanctioned मंजूर किया जाए
May be taken into account ध्यान रखा जाए
May be treated as closed समाप्त समझा जाए
May kindly accord sanction कृपया मंजूरी दें
May kindly peruse कृपया देख लें
...May like to see · · ·शायद देखना चाहें
May please furnish the requisite information कृपया अपेक्षित सूचना दें
May please see after issue of the reply उत्तर भेज दिये जाने के बाद कृपया देख लें
May please see before issue जारी होने से पहले कृपया देख लें
May please see for information कृपया सूचनार्थ देख लें
May the matter pend ? क्या मामले पर निर्णय रोक रखा जाए ?
May the propoposal be accepted क्या प्रस्ताव स्वीकार कर लिया जाए
May we alter the destination station of the pass ? क्या पास में लिखा गया गन्तव्य स्टेशन बदल दिया जाए
May we alter the route of the pass ? क्या पास में लिखा गया रास्ता बदल दिया जाए?

Meeting has been fixed for the next month — बैठक अगले महीने रखने का निश्चय किया गया है
Meeting has been postponed — बैठक स्थगित कर दी गयी है
Must be rigidly adhered to — कड़ाई के साथ पालन किया जाए
My personal opinion differs from your suggestions — मेरी व्यक्तिगत राय आपके सुझावों से भिन्न है
My personal opinion in the matter is that — इस मामले में मेरी व्यक्तिगत राय यह है कि
Name has been entered in the list — नाम सूची में दर्ज कर लिया गया है
Necessary action may be taken — आवश्यक कार्रवाई की जाए
Necessary correction may be carried out — आवश्यक संशोधन कर लिया जाए
Necessary facilities may be made available to the inspection party — जाँच दल को आवश्यक सूचनाएँ दी जाएँ
Needful has been done — ज़रूरी कार्रवाई कर दी गयी है
Needs amendment — · · ·संशोधन अपेक्षित है
Needs close supervision — अच्छी तरह/सूक्ष्म रूप से देख भाल की जानी चाहिए
Next hearing has been fixed for... — अगली सुनवाई· · ·को होगी
No action is necessary — कोई कार्रवाई अपेक्षित/आवश्यक नहीं है
No action seems to be called on our part — हमारी ओर से इसपर कोई कार्रवाई अपेक्षित नहीं जान पड़ती
Next increment in the officiating post is due — स्थानापन्न पद पर अगली वेतन-वृद्धि देय है
No change is considered necessary — कोई परिवर्तन आवश्यक नहीं है
No decision has so far been taken in the matter — इस मामले में अभी तक कोई निर्णय नहीं लिया गया है
No funds are available — रक़म उपलब्ध नहीं है
No further action is called for — आगे कोई कार्रवाई अपेक्षित नहीं है
No further action is called for by this Branch on the letter/minutes — पत्र/कार्यवृत्त पर इस शाखा द्वारा आगे कोई और कार्रवाई अपेक्षित नहीं है
No further action is necessary — आगे कोई कार्रवाई अपेक्षित नहीं है
No maxima or minima have been laid down — कोई अधिकतम या न्यूनतम सीमा निर्धारित नहीं की गयी है
Nomination of members — सदस्यों का नामन
No need to send a reply — उत्तर भेजने की आवश्यकता नहीं
No progress has been made in the matter — मामले में कोई प्रगति नहीं हुई है
No such representation has been received — इस तरह का कोई अभ्यावेदन नहीं मिला है
Note and return — नोट करके वापिस करें
Not in vogue — प्रचलित नहीं है
No travelling allowance will be allowed for appearing at the interview — साक्षात्कार में आने के लिए कोई यात्रा-भत्ता नहीं दिया जायेगा
Noted and returned — नोट करके वापिस किया जाता है
Notes and orders at page...may be seen in this connection — इस सम्बन्ध में पृष्ठ· · ·पर दिये गये आदेश और टिप्पणियाँ देख ली जाएँ
Noted for future guidance — भविष्य में मार्गदर्शन के लिए नोट कर लिया

Note does not bring out clearly that — टिप्पणी में यह स्पष्टतः नहीं बताया गया है कि
Noted please — नोट कर लिया
Nothing is due from the contractor — ठेकेदार से कुछ भी लेना शेष नहीं है
Noting on page 3 ante recalls the case — पीछे पृष्ठ 3 की टिप्पणी इस मामले का स्मरण कराती है
Not in vogue — प्रचलित नहीं है
Not satisfactory — सन्तोषजनक नहीं है
Not traceable — पता नहीं चलता
Not yet received — अभी तक नहीं मिला/मिली

Objection is not valid — आपत्ति वैध नहीं है
Objection is withdrawn — आपत्ति वापस ली जाती है
Observation made by...are reproduced below for your information and necessary action — ··द्वारा प्रकट किये गये विचार आपके सूचनार्थ और आवश्यक कार्रवाई के लिए उद्धृत हैं
Obtain formal sanction — औपचारिक स्वीकृति प्राप्त कीजिए
Offer of appointment has been sent to him — उन्हें नियुक्ति का प्रस्ताव भेजा गया है
Officiating arrangements proposed are in the order of seniority — प्रस्तावित स्थानापन्न व्यवस्था वरिष्ठता के अनुसार है
On a limited scale — सीमित मात्रा में
On an ad-hoc basis — तदर्थ आधार पर
On an average — औसतन
On occasions like this — इस तरह के अवसरों पर
On examination into the matter — मामले की जाँच करने पर
On file please — कृपया मिसिल के साथ प्रस्तुत करें
On humanitarian grounds — मानवीय आधार पर
On receipt of your reply, the case will be reveiwed — आपका उत्तर प्राप्त होने पर इस मामले की समीक्षा की जाएगी
On receipt of — के मिलने पर/के प्राप्त होने पर
On the basis of — के आधार पर
On the completion of — की समाप्ति पर/के पूरा होने पर
On the contrary — इसके विपरीत
On the ground of seniority — वरिष्ठता के आधार पर
On the one hand — एक ओर/एक तरफ़
On the whole — कुल मिलाकर
On verification it was found that — जाँच से मालूम हुआ कि
Option for pension — पेंशन के लिए विकल्प
Option has to be given — विकल्प देना है
Orders have been communicated — आदेश की सूचना दी जा चुकी है
Orders of the competent authority are required — समर्थ प्राधिकारी का आदेश अपेक्षित है
Orders were communicated to the employees concerned — सम्बन्धित कर्मचारियों को आदेश की सूचना दे दी गयी थी
Order was cancelled — आदेश रद्द कर दिया गया
Other than booked route — निर्धारित मार्ग से भिन्न मार्ग
Out-turn/output not satisfactory — उत्पादन/निकासी संतोषप्रद नहीं है
Over the phone — टेलीफ़ोन पर
Over-writing should be avoided — लिप्तलेखन से बचिए

Page...for perusal and orders please — कृपया पृष्ठ··देखें और आदेश दें

Papers are sent here with — काग़ज़-पत्र इसके साथ भेजे जा रहे हैं
Papers at once — काग़ज़ फ़ौरन पेश किये जाएँ/भेजे जाएँ
Papers may be passed on to... — कागज़···को भेज दिए जाएँ
Papers please — कृपया काग़ज़ पेश करें
Papers put up as desired — निदेशानुसार काग़ज़ प्रस्तुत है
Party is/is not entitled for any refund — पार्टी रकम वापस करने की हकदार है/नहीं है
Pass may be debited to his account — पास उनके नामे दर्ज किया जाए
Payment of wages was delayed — मज़दूरी के भुगतान में देर हो गयी
Pay order No. . . . has been cancelled — अदायगी आदेश सं०···रद्द कर दिया गया है
Pend for the present — अभी निर्णय रोक रखा जाए
Pending adjustments — समायोजन होने तक
Pending confirmation — पुष्टि होने तक
Pending receipt of... — ···के प्राप्त होने तक
Pend reply — उत्तर रोक रखें
Penultimate paragraph of the letter/note — पत्र/टिप्पणी का अन्तिम से पहला/उपांत्य पैरा
Performance improved — काम में सुधार हुआ
Period of absence is covered by proper medical certificate — गैरहाज़िरी की अवधि के लिये उपयुक्त डाक्टरी प्रमाण-पत्र दिया गया है
Period of suspension will count as leave due — निलम्बन की अवधि देय छुट्टी समझी जायेगी
Permission to prefix and suffix holidays has been given — पहले और बाद में पड़नेवाली छुट्टियाँ साथ जोड़ने की अनुमति दे दी गयी है
Personal attention is required — व्यक्तिगत रूप से ध्यान देने की आवश्यकता है
Personal hearing — व्यक्तिगत सुनवाई
Place on file — फ़ाइल पर रखें
Placed under suspension — निलम्बित किया गया/मुअत्तल किया गया
Place of occurrence — घटनास्थल
Please acknowledge receipt — कृपया पावती दें
Please advise — कृपया सूचित करें
Please advise all concerned and take necessary action — कृपया सर्व सम्बन्धित को सूचित करें
Please arrange to spare Shri... ...at the earliest — कृपया श्री···को यथाशीघ्र भारमुक्त करने का प्रबन्ध करें
Please check up — कृपया जाँच करें/देख लें
Please circulate and file — कृपया परिपत्रित करके फ़ाइल कर दें.
Please confirm — कृपया पुष्टि करें
Please discuss — कृपया चर्चा करें/बात करें
Please expedite reply — कृपया शीघ्र उत्तर भेजें
Please fix the date and time for the meating — कृपया बैठक की तारीख़ और समय नियत करें
Please hand over charge to... — कृपया···को कार्यभार सौंप दें
Please instruct — कृपया हिदायत दें
Please investigate and report — कृपया जाँच करके रिपोर्ट दें
Please issue challan or work order — कृपया चालान या निर्माण-आदेश जारी करें
Please issue the pass, if due — यदि पास देय हो, तो जारी कर दें
Please note down on the notice board and engagement diary — कृपया नोटिस बोर्ड पर और कार्य-डायरी में लिख दें
Please note in the register — कृपया रजिस्टर में नोट कर दें
Please note that — कृपया ध्यान रखें कि···

Please obtain the explanation of staff concerned — कृपया सम्बन्धित कर्मचारी/कर्मचारियों से जवाब-तलब करें
Please peruse page...in this connection — इस सम्बन्ध में कृपया पृष्ठ···देखें
Please prepare a precis of the case — कृपया मामले की संक्षेपिका तैयार करें
Please put up a self contained note (summary) — कृपया स्वतःपूर्ण टिप्पणी (सारांश) प्रस्तुत करें
Please put up draft reply — कृपया उत्तर का मसौदा पेश करें
Please put up papers early — कृपया काग़ज़ जल्दी प्रस्तुत करें
Please recast draft as discussed — विचार-विमर्श के अनुसार मसौदे में परिवर्तन करें
Please see the preceding notes — कृपया पिछली टिप्पणियाँ देख लें
Please refer to my/our D.O. letter — कृपया मेरा/हमारा अर्ध-सरकारी पत्र देखें
Please refer to this office letter No.... dated... followed by a reminder dated... and arrange to send the requisite information early — कृपया इस कार्यालय का दि० ··· का पत्र सं० ··· और दि० ··· का स्मरण-पत्र देखें और अपेक्षित सूचना शीघ्र भिजवाने की व्यवस्था करें
Please reply by return and oblige — कृपया लौटती डाक से उत्तर देकर अनुगृहीत करें
Please report as to how the matter now stands — कृपया बतायें अब मामला किस स्थिति में है
Please report immediately — कृपया तत्काल रिपोर्ट दें
Please re-submit... duly corrected at an early date — कृपया ··· ठीक करके शीघ्र फिर पेश करें
Please see — कृपया मुझसे मिलें
Please see over-leaf — कृपया पिछला पृष्ठ देखें
Please see portion side-lined 'A' above for remarks — कृपया ऊपर पार्श्वरेखांकित अंश 'ए' देखें और कैफ़ियत दें
Please sign the certificate below, if you desire to sanction leave — यदि आप छुट्टी मंजूर करना चाहें, तो कृपया नीचे रखे प्रमाण-पत्र पर हस्ताक्षर कर दें
Please speak — कृपया बात करें
Please submit without further delay — कृपया अविलम्ब प्रस्तुत करें/फ़ौरन पेश करें
Please submit your explanation on or before... — कृपया अपना जवाब ··· को या इससे पहले दें
Please treat this as urgent — कृपया इसे आवश्यक समझें
Please turn over — कृपया पृष्ठ/पन्ना उलटें
Plea taken by the employee is not acceptable — कर्मचारी द्वारा दिया गया तर्क मान्य नहीं है
Postpone for the present — इस समय स्थगित रखें
Post remained unfilled for the reason that — पद ख़ाली रहने का कारण यह है कि
Posts reserved for SC/ST will have to be filled by other community employees — अनुसूचित जाति/अनुसूचित जनजाति के लिए आरक्षित पदों को दूसरे समुदाय के कर्मचारियों में से भरना होगा
Practical side of the case — मामले का व्यावहारिक पहलू
Previous orders may be seen at page... — पिछला आदेश पृष्ठ ···पर देखा जा सकता है
Previous papers on the subject were transferred to... — इस विषय से संबंधित पिछले काग़ज़ ···को भेज दिये गये थे
Previous papers please — कृपया पिछले कागज़ दिखायें/भेजें
Previous papers put up as desired — निर्देशानुसार पिछले काग़ज़ पेश हैं

Procedure should be strictly adhered to — कार्यविधि/क्रियाविधि का कड़ाई से पालन होना चाहिए
Process the case for settlement — निपटारे के लिए फ़ाइल तैयार करें
Progress is slow — प्रगति अत्यंत धीमी है
Progress made in this respect may be reported to this office from time to time — इस संबंध में होने वाली प्रगति की सूचना इस कार्यालय को समय-समय पर दी जाए
Proof is lacking — सबूत नहीं है/प्रमाण नहीं है
Proposal accepted — प्रस्ताव स्वीकार है
Proposal cannot be agreed to — प्रस्ताव को स्वीकार नहीं किया जा सकता
Proposal has been vetted and concurred by... — ...ने प्रस्ताव देख लिया है और उससे सहमत है
Proposal is in order — प्रस्ताव नियमसंगत है
Proposal is self explanatory — प्रस्ताव अपने आप में स्पष्ट है
Proposal lacks justification — प्रस्ताव का औचित्य नहीं है
Proposal, required to be vetted by Finance branch — प्रस्ताव पर वित्त शाखा की सहमति ज़रूरी है
Proposal to arrange direct purchase of material is agreed to — सामग्री की सीधी ख़रीद की व्यवस्था का प्रस्ताव स्वीकार है
Provision to roster for all recruitment and promotion categories must be completed latest by... — सभी भर्ती और पदोन्नति वाली कोटियों के लिए रोस्टर व्यवस्था... तक पूरी लागू कर दी जानी चाहिए
Public property — सार्वजनिक सम्पत्ति
Published for general information — सर्वसाधारण की जानकारी के लिए प्रकाशित/अधिसूचित
Put a draft reply accordingly — तदनुसार उत्तर का मसौदा पेश करें
Put into commission — चालू करें
Put up draft of D. O. to all heads of deptts. — सभी विभागाध्यक्षों के नाम अर्ध-सरकारी पत्र का मसौदा पेश करें
Put up for orders please — आदेशार्थ प्रस्तुत है/पेश है
Put up for further orders please — आगे आदेश के लिए प्रस्तुत है/पेश है
Put up for information please — सूचनार्थ प्रस्तुत
Put up for perusal please — अवलोकनार्थ प्रस्तुत
Put up for signature please — हस्ताक्षर के लिए प्रस्तुत है
Put up indent — इंडेंट पेश करें/इंडेंट पेश किया जाये
Put up papers immediately — काग़ज़ तुरन्त पेश करें/पेश किये जायें
Put up reference — संदर्भ प्रस्तुत करें
Put up requisition — माँग प्रस्तुत करें

Quash the proceedings — कार्यवाही रद्द कर दें
Questionable conduct — सन्देहात्मक आचरण
Question does not arise — सवाल नहीं उठता
Quotation of firm is reasonable — फ़र्म की दर उचित है
Quote reference — संदर्भ बताएँ/हवाला बताएँ

Reasons for delay be explaind — देरी के कारण बताये जाएँ
Reasons for variation are given below — घट-बढ़ के कारण इस प्रकार हैं
Recommended for favourable consideration — अनुकूल विचार के लिए सिफ़ारिश की जाती है
Recovery from pay — वेतन से वसूली
Recovery of the advance will be effected from the current months's pay — पेशगी की वसूली चालू महीने के वेतन से की जायेगी
Reference your note on pr-epage — पिछले पृष्ठ पर टिप्पणी के संदर्भ में

Refer endorsement on folio... and call for papers — पृष्ठ···का पृष्ठांकन देखें और काग़ज मँगाएँ

Refer the matter to the Board for orders — आदेश के लिए मामला बोर्ड को भेजा जाए

Refund of freight — भाड़े की वापसी

Regarding letter under reference — संदर्भाधीन पत्र के संबंध में

Regretted, leave cannot be sanctioned at present — खेद है, अभी छुट्टी नहीं दी जा सकती

Regretted, the proposal cannot be agreed to — खेद है, प्रस्ताव स्वीकार नहीं किया जा सकता

Rejected stores may be returned — अस्वीकृत सामान लौटा दिया जाए

Rejection memo — अस्वीकृति पत्र

Relative seniority — सापेक्ष वरिष्ठता

Relevant orders are flagged — संगत आदेशों पर पर्चियाँ लगा दी गयी हैं

Relevant papers to be put up — सम्बद्ध काग़ज़ प्रस्तुत किये जाएँ

Relevant records are not available — सम्बद्ध अभिलेख/रिकार्ड उपलब्ध नहीं हैं

Relief cannot be arranged — एवजी का प्रबन्ध नहीं हो सकता

Relinquish charge — कार्यभार छोड़ना

Remind after a week — एक हफ़्ते के बाद याद दिलाएँ

Reminder is being issued — स्मरणपत्र भेजा जा रहा है

Reminder may please be issued — स्मरणपत्र भेजा जाए

Repeated warnings have had no effect upon him — बार-बार चेतावनी देने का उस पर कोई असर नहीं हुआ है

Reply, already sent vide my letter No. of... — उत्तर भेजा जा चुका है; मेरा ता०··· का पत्र सं०···देखें

Reply atonce — तुरंत उत्तर दें

Reply held up for want of information from your office — आपके कार्यालय से जानकारी के अभाव में उत्तर नहीं भेजा जा सका है

Reply is awaited from... — ···के उत्तर की प्रतीक्षा है

Reply is under issue today — उत्तर आज भेजा जा रहा है

Reply over due — उत्तर में बहुत देर हो गई है

Reply to our communication of at S. No. 15 has not been received — क्रमांक 15 पर लगे हमारे पत्र का उत्तर नहीं मिला है

Reply was sent to the party accordingly — पार्टी को तदनुसार उत्तर भेज दिया गया था

Reply will be sent on the above lines — ऊपर लिखे अनुसार उत्तर दिया जायेगा

Report compliance immediately — अनुपालन करके तुरन्त सूचित करें

Report for duty — काम पर हाजिर हों

Report has not been scrutinized in your office — आपके दफ़्तर में रिपोर्ट की छान-बीन नहीं की गयी है

Report is awaited — रिपोर्ट की प्रतीक्षा है

Request cannot be met with — प्रार्थना स्वीकार नहीं की जा सकती

Required information is being obtained from...and will be furnished on receipt — अपेक्षित जानकारी ··· से मंगायी जा रही है और प्राप्त होने पर भेज दी जायेगी

Required information is furnished herewith — अपेक्षित सूचना इसके साथ भेजी जा रही है

Required papers are placed below — अपेक्षित काग़ज़ात नीचे रखे हैं

Requires modification — आशोधन की आवश्यकता है

Requires personal sanction of — —की वैयक्तिक मंजूरी/स्वीकृति अपेक्षित है

Requisite files are placed below — अपेक्षित फ़ाइलें नीचे रखी हैं
Requisite information has already been given — अपेक्षित सूचना दी जा चुकी है
Responsibility should be fixed — ज़िम्मेदारी ठहरायी जाए
Resubmitted as desired — आदेशानुसार फिर प्रस्तुत है
Result is not satisfactory — परिणाम संतोषजनक नहीं है
Result of reference to...is awaited — ···को भेजे गये पत्र के परिणाम की प्रतीक्षा है
Resume of the case is given in ensuing para — इस मामले का सारवृत्त आगे के पैरा में दिया जा रहा है
Resume of the case is given below — मामले का सारवृत्त नीचे दिया गया है
Return of the file is awaited — फ़ाइल वापस आने की प्रतीक्षा है
Return of the file may be expedited — फ़ाइल कृपया शीघ्र वापिस कीजिए
Retrospective effect cannot be given to this order — इस आदेश को पीछे की तारीख़ से लागू नहीं किया जा सकता
Revised draft is submitted herewith as desired — यथाअपेक्षित संशोधित मसौदा प्रस्तुत है
Revised draft memorandum is put up as desired by... — ···की इच्छानुसार ज्ञापन का परिशोधित मसौदा प्रस्तुत है
Revision necessary — परिशोधन ज़रूरी है
Rough estimate of the expenditure involved is below — प्रत्याशित व्यय का मोटा अनुमान नीचे दिया गया है
RRules applicable to the case — इस मामले में लागू नियम
Rule was not enforced rigidly — नियम कड़ाई से लागू नहीं किया गया
Sanctioned as a special case — विशेष मामले के रूप में मंजूर किया गया
Sanctioned, if due — यदि देय हो, तो मंजूर किया जाता है
Sanction has been accorded — मंजूरी दे दी गयी है
Sanction may be conveyed — मंजूरी की सूचना दे दी जाए
Sanction is hereby accorded to the grant of honorarium — इस पत्र द्वारा मानदेय की मंजूरी दी जाती है
Sanction may please be accorded to the proposed imprest of Rs... — कृपया···रु० के प्रस्तावित अग्रदाय की मंजूरी दें
Sanction of the competent authority may be obtained — समर्थ प्राधिकारी की मंजूरी ली जाये
Section has no comment to offer — ···अनुभाग को इस पर कोई टिप्पणी नहीं करनी है
...Section may please see — ···अनुभाग कृपया देख ले
Scheduled arrival/departure — अनुसूचित आगमन/प्रस्थान
Seen and passed on to...for n/a — देख लिया। इसे···को आवश्यक कार्रवाई के लिए भेजा जा रहा है
Seen and returned — देख कर वापिस किया जाता है
Seen, file — देख लिया, फ़ाइल किया जाए/फ़ाइल कर दें
Seen, thanks — देख लिया, धन्यवाद
See with papers — संबंधित काग़ज़ लेकर मिलें
Severe disciplinary action will be taken — अनुशासन की कड़ी कार्रवाई की जाएगी
Should be given top priority — परम अग्रता दी जाए
Should be taken in hand atonce — फ़ौरन कार्रवाई शुरू की जाए
Shown as above/under — जैसा कि ऊपर/नीचे दिखाया गया है
Speak with papers today — काग़ज़ लेकर आज ही बात करें
Sprecimen signature of Shri... are given below — श्री···के नमूने के हस्ताक्षर नीचे दिये गये हैं

Staff strength is not adequate — कर्मचारियों की संख्या पर्याप्त नहीं है

Staff strength needs to be augmented — कर्मचारियों की संख्या बढ़ाने की आवश्यकता है

Staff are being instructed to adhere to instructions rigidly — कर्मचारियों से कहा जा रहा है कि हिदायतों का सख्ती से पालन करें

Staff at fault may be taken up as per rules — दोषी कर्मचारी/कर्मचारियों पर नियमानुसार कार्रवाई की जाए

Staff will be considered for compensatory off in lieu of attendence on Sunday — रविवार की उपस्थिति के एवज़ में कर्मचारियों को एवज़ी छुट्टी दी जायेगी

Statement is attached — विवरण/बयान संलग्न/साथ नत्थी है

Statement of outstanding cases has been compilcd — बक़ाया मामलों का विवरण तैयार कर लिया गया है

Statements are quite contradictory — बयान/विवरण परस्पर विरोधी हैं

Subject is still under reference — इस विषय पर अभी पत्र-व्यवहार हो रहा है

Subject is treated as closed — यह विषय समाप्त समझा जाता है

Subject to the approval of... — ···द्वारा अनुमोदित होने पर

Subject to the condition of... — ···की शर्त पर

Submitted for approval/consideration/information/orders — अनुमोदनार्थ/विचारार्थ/सूचनार्थ/आदेशार्थ प्रस्तुत

Substitute may be appointed as an interim arrangement — अन्तरिम व्यवस्था के रूप में एवज़ी नियुक्त किया जाए

Sufficient notice has not been given — पर्याप्त नोटिस नहीं दिया गया है

Sufficient proof is not forthcoming — पर्याप्त प्रमाण नहीं मिल रहा है

Suggestion may be accepted — सुझाव मान लिया जाए

Suitable reply may be given — समुचित उत्तर भेज दिया जाए

Summary of the case is sent herewith — मामले का सारांश साथ भेजा जा रहा है

Supplementary salary bill has been preferred — अनुपूरक वेतन बिल बना दिया गया है

Supply does not conform to the approved sample — सप्लाई अनुमोदित नमूने के अनुरूप नहीं है

Surprise check — अचानक जाँच

Take no action — कोई कार्रवाई न की जाए

Take such steps as may be necessary — ऐसे उपाय किये जाएँ जो आवश्यक हों/आवश्यक उपाय किये जाएँ

Temporary post may be converted into permanent — अस्थायी पद को स्थायी किया जाए

Thank you for your suggestion — आपके सुझाव के लिए धन्यवाद

The issue is being examined afresh in detail — मामले की फिर से ब्यौरेवार/विस्तार से जाँच की जा रही है

There is no cause to modify the orders already passed — जो आदेश पहले दिया जा चुका है, उसमें आशोधन करने का कोई कारण नहीं है

There is no point in pursuing the case further — मामले में आगे कार्रवाई का कोई तुक नहीं है

There is no record to show that — यह सिद्ध/प्रमाणित करने के लिए कोई रिकार्ड/अभिलेख नहीं है कि

There is nothing on papers to show that — यह सिद्ध करने के लिए काग़ज़ों में कुछ नहीं है कि

These papers may be shown to ...for information and guidance — ये काग़ज़ सूचना और मार्गदर्शन के लिए···को दिखा दिये जाएँ

This being his first offence he may be dealt with leniently	यह उसका पहला अपराध है, इसलिए कार्रवाई करते समय मुलायमियत बरती जाए
This does not concern this office	इसका इस कार्यालय से कोई संबंध नहीं है
This has already been replied to	इसका उत्तर दिया जा चुका है
This has crossed our letter at S. No....	इसके यहाँ प्राप्त होने से पहले ही क्रम संख्या···का हमारा पत्र भेजा जा चुका था
This has reference to this office earlier correspondence at S. No.	यह पत्र इस कार्यालय के पहले पत्र-व्यवहार के पत्र संख्या···के संदर्भ में है
This has the approval of...	इसे···का अनुमोदन प्राप्त है
This is a general complaint	यह एक आम शिकायत है
This is as per your verbal instructions	यह आपके मौखिक आदेशानुसार है
This is not admissible under the rules	नियमों के अधीन यह स्वीकार्य नहीं है
This is entirely within the competence of...	यह पूर्ण रूप से···के अधिकार में है
This is in accordance with the extant rules	यह वर्तमान नियमों के अनुसार है
This is inadmissible	यह अस्वीकार्य है
This is receiving attention	इस पर ध्यान दिया जा रहा है
This is to bring to your kind notice	यह आपका ध्यान दिलाने के लिए है
This is within your power	यह आपके अधिकार में है
This is within your power of sanction	इसकी मंज़ूरी देना आपके अधिकार में है
This matter has been finalised	इस मामले को अंतिम रूप दिया जा चुका है
This may be pursued	इस पर निगाह रखी जाए
This may be passed on to... for n/a	इसे आवश्यक कार्रवाई के लिए···को भेजा जाए
This may please be acknowledged	कृपया इसकी पावती भेजें
This may please be approved	कृपया इसका अनुमोदन करें
This may be regularised by effecting recoveries	इसे वसूली द्वारा विनियमित किया जाए
This may be suitably amended	इसमें उपयुक्त संशोधन किया जाये
This may please be treated as urgent	कृपया इसे अविलम्बनीय समझें/इस पर तुरंत कार्रवाई करें
This office letter will be treated as cancelled	इस कार्यालय का पत्र रद्द समझा जायेगा
This para may be dropped	यह पैरा निकाल दिया जाए
This requires administrative appproval	इसके लिए प्रशासनिक अनुमोदन अपेक्षित है
This requires sanction	इसके लिए मंज़ूरी अपेक्षित है
This requires your personal attention	इसमें आपका व्यक्तिगत ध्यान अपेक्षित है
This sanction will operate with effect from...	यह मंज़ूरी···से लागू होगी
This should be approved by competent authority	इसका अनुमोदन समर्थ प्राधिकारी द्वारा होना चाहिए
This subject does not concern this Section	यह विषय इस अनुभाग का नहीं है
This subject was discussed in the meeting	बैठक में इस विषय पर विचार-विमर्श हुआ था

This violates the extant rules	इससे मौजूदा नियमों का उल्लंघन होता है
This will eliminate unncessary delay	इससे अनावश्यक विलम्ब नहीं होगा
This will take effect from...	यह···से लागू होगा
Typed letter is put up for signature	टंकित/टाइप किया हुआ पत्र हस्ताक्षर के लिए प्रस्तुत है
Ultimate responsibility is that of the employee	अन्तिम दायित्व कर्मचारी का है
Unauthorised absence has been regularised	अनधिकृत अनुपस्थिति का नियमन कर दिया गया है
Under process	कार्रवाई की जा रही है
Under such circumstances	ऐसी परिस्थिति में
Unless otherwise provided	जब तक कि अन्यथा न कहा गया हो
Unless the context otherwise requires	जब तक कि प्रसंग में अन्यथा अपेक्षित न हो
Unloaded from original seal intact wagon	जिस माल डिब्बे से माल उतारा गया उसकी मूल सील अक्षत थी
Until further orders	आगे/अगला आदेश मिलने तक
Up-keep of coaching stock	सवारी डिब्बों का रख-रखाव
Urgent attention may please be given	कृपया शीघ्र ध्यान दें
Urgently required	शीघ्र आवश्यकता है/शीघ्र चाहिए
Variation in figures is due to	आंकड़ों में घटाबढ़ी/घटबढ़ का कारण यह है कि
Verified and found correct	जाँच कर ली, सही है
Verification is required from...	···से सत्यापन अपेक्षित है
Vide endorsement above	उपर्युक्त पृष्ठांकन देखिए
Vide file attached	संलग्न फ़ाइल देखिए
Vide folio flaged	पर्ची लगा पृष्ठ देखिये
Waving of maximum age limit	अधिकतम आयु-सीमा में छूट देना
Warned to be careful in future	भविष्य में सावधान रहने की चेतावनी दी गयी
Watch the activities	गतिविधियों पर निगरानी रखें
We agree with 'A' above	हम ऊपर 'ए' से सहमत हैं
We are not concerned with it	इसका हमसे संबंध नहीं है
We agree as a very special case. This should not, however, be quoted as a precedent	इसे बहुत विशेष मामला मानकर हम सहमति देते हैं, परन्तु इसका आगे उदाहरण रूप में उल्लेख न किया जाए
We have no remarks to offer	हमें कोई टिप्पणी नहीं करनी है
We have no further comments	हमें आगे और कुछ नहीं कहना है
Wharfage amounting to Rs...... may be foregone	···रु० का स्थान-शुल्क छोड़ दिया जाये
What delays	देरी क्यों हो रही है/क्यों देर हो रही है
What is the position	क्या स्थिति है
Will be dealt with severely	कड़ी कार्रवाई की जायेगी
Will be discussed at the next meeting	आगामी बैठक में विचार-विमर्श किया जायेगा
Will be replied to accordingly	तदनुसार उत्तर भेजा जायेगा
Will be spared by...	···तक भार-मुक्त कर दिया जायेगा
Wire/reminder/D.O. is put up for signature please, if approved	तार/स्मरणपत्र/अर्ध-सरकारी पत्र प्रस्तुत है, यदि अनुमोदन करते हों, तो कृपया हस्ताक्षर कर दें
With effect from...	···से
With full particulars	पूरे विवरण के साथ
Within reasonable time	यथोचित समय के भीतर
Within the jurisdiction of...	···के क्षेत्राधिकार में